お茶の水女子大学附属高等学校

〈収録内容〉

2024年度 ……………………………… 数・英・理・社・国
※国語の大問一は、問題に使用された作品の著作権者が二次使用の許可を出していないため、問題を掲載しておりません。

2023年度 ……………………………… 数・英・理・社・国
※国語の大問一は、問題に使用された作品の著作権者が二次使用の許可を出していないため、問題を掲載しておりません。

2022年度 ……………………………… 数・英・理・社・国

2021年度 ……………………………… 数・英・理・社・国

2020年度 ……………………………… 数・英・理・社・国

DL 2019年度 ……………………………… 数・英・理・社

DL 平成30年度 ……………………………… 数・英・理・社

便利なDLコンテンツは右のQRコードから

解答用紙　過去年度　非対応 リスニング

⇒

※データのダウンロードは2025年3月末日まで。
※データへのアクセスには、右記のパスワードの入力が必要となります。 ⇒ 070995

〈合格最低点〉

※学校からの合格最低点の発表はありません。

本書の特長

実戦力がつく入試過去問題集

- ▶ 問題 …………… 実際の入試問題を見やすく再編集。
- ▶ 解答用紙 …… 実戦対応仕様で収録。
- ▶ 解答解説 …… 詳しくわかりやすい解説には、難易度の目安がわかる「基本・重要・やや難」の分類マークつき（下記参照）。各科末尾には合格へと導く「ワンポイントアドバイス」を配置。採点に便利な配点つき。

入試に役立つ分類マーク

基本 確実な得点源！
受験生の 90%以上が正解できるような基礎的、かつ平易な問題。
何度もくり返して学習し、ケアレスミスも防げるようにしておこう。

重要 受験生なら何としても正解したい！
入試では典型的な問題で、長年にわたり、多くの学校でよく出題される問題。
各単元の内容理解を深めるのにも役立てよう。

やや難 これが解ければ合格に近づく！
受験生にとっては、かなり手ごたえのある問題。
合格者の正解率が低い場合もあるので、あきらめずにじっくりと取り組んでみよう。

合格への対策、実力錬成のための内容が充実

- ▶ 各科目の出題傾向の分析、合否を分けた問題の確認で、入試対策を強化！
- ▶ その他、学校紹介、過去問の効果的な使い方など、学習意欲を高める要素が満載！

解答用紙ダウンロード 解答用紙はプリントアウトしてご利用いただけます。弊社ＨＰの商品詳細ページよりダウンロードしてください。トビラのＱＲコードからアクセス可。

UD FONT 見やすく読みまちがえにくいユニバーサルデザインフォントを採用しています。

お茶の水女子大学附属高等学校

▶交通　丸ノ内線茗荷谷駅下車徒歩6分
有楽町線護国寺駅下車徒歩13分

〒112-8610　東京都文京区大塚2-1-1
☎　03-5978-5856
[illegible]s://w[illegible].ac.jp

沿　革

明治15年，現在の文京区湯島1丁目（通称お茶の水）に，東京女子師範学校附属高等女学校が創設された。同20年，官制改正によって文部省直轄学校となり，東京高等女学校と改称。ついで，同23年，女子高等師範学校附属高等女学校に改編された。大正12年の関東大震災の際に校舎を焼失し，昭和7年に現校舎が竣工し移転。同13年，西武新宿線久米川駅東南の地に1500m^{2}の勤労作業場郊外園を開設した。同23年，学制改革により，新制附属高等学校（女子のみ）となって，同27年にお茶の水女子大学文教育学部附属高等学校となり，現在に至る。

特　色

本校は，お茶の水女子大学に附属する女子のみの全日制課程普通科の高等学校として高等普通教育を行う。また，お茶の水女子大学の計画に基づき高等学校教育の理論と実際に関する実験的研究をすすめるとともに，学生の教育実習に当たる使命を担っている。

以前は「お茶の水女学校」と呼ばれ，優秀な女生徒が集まっていた。現在も，東京都内では慶應義塾女子高校とならび，女子高校ではトップレベルの難関校である。ほとんどの生徒が進学し，例年，国立・私立の主要大学へ進学している。

●在籍生徒数

各学年3クラス　全校9クラス
各学年定員120名
（内約半数が附属中学からの進学者）

●農場実習

勤労教育の一環として，東村山市の郊外園で年数回農場実習を行っている。

●奨学金

日本学生支援機構（旧日本育英会）など一般的なものの他，作楽会（本校同窓会）の奨学金がある。

●留学

AFS，YFU，EF，PIEEなどの機関を通して，毎年3～5名が，アメリカ，ヨーロッパなどに留学している。本校では，定められた留学規定を満たせば，留学中の単位が認められる。また，海外からの留学生も毎年（第2学年に1～3名）受け入れている。

●主な学校行事

下記3行事全体の名称を輝鏡祭（ききょうさい）と言う。なお，体育祭，ダンスコンクールの一般公開は行っていない。

体育祭　5月
文化祭　9月
ダンスコンクール　10月

生徒会

文化系

新聞部
箏曲部
華道部
合唱部
吹奏楽部
大自然科学部
茶道部
MAC部（ミュージック愛好会）
漫画研究部
アフガン☆ボランティア部
書道部
競技かるた部

運動系

バレーボール部
硬式テニス部
バドミントン部
バスケットボール部
中国武術部
ダンス部

同好会

総合芸術同好会
クッキング同好会
軽文学同好会
クイズ研究同好会

併設校

お茶の水女子大学附属幼稚園
お茶の水女子大学附属小学校
お茶の水女子大学附属中学校
お茶の水女子大学

進　路

お茶の水女子大学
筑波大学
東京大学
千葉大学
東京工業大学
一橋大学
早稲田大学
東京理科大学
国際基督教大学
慶應義塾大学
上智大学
立教大学　など

◎応募状況◎

年度	募集数	応募数	受験者	合格者	倍率
2019	120	371	326	107	3.0
2020	120	298	259	105	2.5
2021	120	381	327	107	3.1
2022	120	440	386	108	3.6
2023	120	392	346	106	3.3
2024	120	322	258	111	2.3

※募集人数は附属中学校からの入学者（例年約60名）を含む。

数学

出題傾向の分析と 合格への対策

●出題傾向と内容

本年度の出題数は，大問が5題，小問14題(設問数19題)であった。1.の小問群が2題と例年より少なかった。

1.の小問群は，平方根を含む式の計算。2.は人とバスの動きについての方程式の応用問題。3.は関数・グラフと図形の融合問題で，対称形を利用できる。4.は箱ひげ図の読み取りの問題。5.は平面図形の総合問題。

どの問題も中学数学の基本的事項，重要事項に基づいて，応用力，思考力，直観力などを必要とする内容であり，さまざまな解法が考えられる問題も多く，レベルは高い。また，途中の計算や経過も書くようになっている。

✔学習のポイント

常日頃から，図やグラフを書きながら学習したり，式や計算を簡潔にまとめたりすることをこころがけよう。

●2025年度の予想と対策

来年度もいろいろと工夫された問題が，設問数にして12～18題程度出題されるだろう。

本校の問題は柔軟な思考力を必要とするものばかりであるが，その土台となるのは，やはり基本的な知識と考え方である。年度によっては，定義や基本定理，計算法則を直接問う問題も出されている。まずは教科書内容を完全に把握し，その上で，標準レベル以上の問題集などで練習を重ねておこう。

日常生活で出会う事柄がテーマにされたり，数学の感覚を確かめる独特の問題が出題されたりすることもある。日常的な事象を数学的に捉える眼も養っておこう。

▼年度別出題内容分類表 ……

出題内容			2020年	2021年	2022年	2023年	2024年
数と式		数の性質	○		○		
		数・式の計算	○	○		○	○
		因数分解					
		平方根		○	○	○	○
方程式・不等式		一次方程式				○	○
		二次方程式	○	○	○	○	
		不等式					
		方程式・不等式の応用			○	○	○
関数		一次関数	○	○	○	○	○
		二乗に比例する関数	○	○	○		○
		比例関数		○			
		関数とグラフ	○	○	○	○	○
		グラフの作成					
図形	平面図形	角度		○	○		○
		合同・相似		○			○
		三平方の定理	○		○	○	○
		円の性質			○		○
	空間図形	合同・相似				○	
		三平方の定理				○	
		切断				○	
	計量	長さ	○				○
		面積	○			○	○
		体積					
		証明					
		作図	○	○	○	○	○
		動点					
統計		場合の数		○			
		確率	○	○	○	○	
		統計・標本調査					○
融合問題		図形と関数・グラフ	○	○	○	○	○
		図形と確率					
		関数・グラフと確率					
		その他					
その他				○			

英語

出題傾向の分析と合格への対策

●出題傾向と内容

本年度は聞き取り問題，書き取り問題，長文問題4題，和文英訳の出題であった。7は例年英作文だったが本年度は和文英訳に変わった。その他の形式に大きな変化はなく，読解中心，記述式の解答中心であった。

長文問題は，要約文完成，内容に関する問題，適文選択，与えられた単語を順序を変えずに全て用い，最低限の必要な語を加えて正しい英文を作る問題と，角度を変えた様々な出題形式となっている。大量の英文を速く読みつつ，いかに内容を正確に読み取れるかが最大のポイントである。要約文完成問題では本文中の語句や表現を別の語や表現に書き換える力が求められている。記述による解答には，日本語・英語両方の文章構成力が要求されている。全体的にみて，かなりレベルの高い出題となっている。

✔学習のポイント

速読の練習を充分に行おう。
学習した語句や表現を使って，英文を書く練習をしておこう。

●2025年度の予想と対策

来年度も和文英訳が出題されるか，または英作文に戻るかはわからないので，どちらの準備もしておく必要がある。

長文問題対策としては，さまざまなタイプの長文に慣れておくこと。教科書レベルのものから，だんだん量が多く難しいものへと読みこなし，文脈をつかみながら迅速に読めるようにしておきたい。英作文に関しては社会的なテーマや学校生活などをあらかじめ想定して，40～50語で書いてみるとよいだろう。放送問題対策としては，CD，テレビ，ラジオを活用して，聞き取り，書き取りの練習をしておこう。

問題量が多いので，時間配分に気をつけて問題を解く練習もしておこう。

▼年度別出題内容分類表 ……

	出題内容	2020年	2021年	2022年	2023年	2024年
話し方・聞き方	単語の発音					
	アクセント					
	くぎり・強勢・抑揚					
	聞き取り・書き取り	○	○	○	○	○
語い	単語・熟語・慣用句	○	○	○	○	○
	同意語・反意語					
	同音異義語					
読解	英文和訳(記述・選択)					
	内容吟味	○	○	○	○	○
	要旨把握	○	○	○	○	○
	語句解釈				○	○
	語句補充・選択	○	○	○	○	○
	段落・文整序					
	指示語					
	会話文					
文法・作文	和文英訳					○
	語句補充・選択					
	語句整序					
	正誤問題					
	言い換え・書き換え					
	英問英答					
	自由・条件英作文	○	○	○	○	
文法事項	間接疑問文				○	
	進行形				○	
	助動詞				○	
	付加疑問文					
	感嘆文					
	不定詞		○	○	○	○
	分詞・動名詞					○
	比較	○			○	○
	受動態				○	○
	現在完了		○	○		○
	前置詞	○	○	○	○	○
	接続詞				○	
	関係代名詞					○

お茶の水女子大学附属高等学校

理科

出題傾向の分析と 合格への対策

●出題傾向と内容

例年，大問数6問程度，小問数は50問程度である。そのうち大問2問が小問集合であり，残る4問が1つの分野を掘り下げた問題である。

本年度の出題も広範囲にわたり，物理・化学・生物・地学分野から均等に出題されている。試験時間に対し，問題文や選択肢が長く，問題数がかなり多く，記号選択だけでなく，図示や記述，計算も多いため，かなりのスピードが要求される。記号選択では，「すべて選べ」と複数を選択させる問題が多いので，あやふやな知識では正解できない。また，各分野とも計算問題が多い。特に，生物分野の計算問題が特徴的である。新知識を与えて応用する問題や，実験観察の考察問題も多い。

✓学習のポイント

質の高い問題に数多く接することで，幅広く深い理解を心がけよう。

●2025年度の予想と対策

本年までと同様に，各分野を幅広く，深く問うバランスの取れた出題が予想される。

1，2のような小問集合はてきぱきと，また，3～6のような考察を含む問題はじっくりと，試験時間を意識して解く必要がある。

実験・観察については，方法やその結果と考察についてとらえておく必要がある。問題の質が高いので，長めの良問に数多くあたり，根本からの本質的な理解を心がけよう。教科書の用語をおさえるだけでなく，資料集の図などにも目を通しておきたい。生物分野を含め，計算練習は充分にこなすこと。さらに，ふだんの生活からも科学的な知識を吸収するように努力したい。

▼年度別出題内容分類表 ……

	出題内容	2020年	2021年	2022年	2023年	2024年
第一分野	物質とその変化	○	○	○	○	○
	気体の発生とその性質	○	○			
	光と音の性質		○	○	○	○
	熱と温度	○		○	○	
	力・圧力	○	○	○	○	○
	化学変化と質量		○	○	○	○
	原子と分子	○	○	○	○	○
	電流と電圧	○	○	○	○	○
	電力と熱				○	
	溶液とその性質	○	○	○	○	
	電気分解とイオン	○	○	○		
	酸とアルカリ・中和			○	○	○
	仕事			○	○	
	磁界とその変化	○			○	○
	運動とエネルギー			○	○	
	その他	○			○	
第二分野	植物の種類とその生活	○	○		○	
	動物の種類とその生活	○		○		○
	植物の体のしくみ	○	○	○	○	
	動物の体のしくみ		○	○	○	○
	ヒトの体のしくみ	○	○	○	○	○
	生殖と遺伝	○	○			○
	生物の類縁関係と進化					
	生物どうしのつながり				○	
	地球と太陽系	○	○	○	○	○
	天気の変化	○	○	○	○	○
	地層と岩石	○	○	○		○
	大地の動き・地震				○	
	その他	○				

お茶の水女子大学附属高等学校

社会

出題傾向の分析と合格への対策

●出題傾向と内容

本年度の大問構成は，大問5題と昨年同様であった。また，1～2行の記述問題は7題と，昨年より減った。例年通りかなりの分量があり，時間内に解答することが大変であることは変わらない。

地理はいくつかの統計資料を含めて，短時間に正確に判断する力が必要とされた。

歴史では，学習がおろそかになりがちな史料の読み取りもかなり出題された。

公民では，日本国憲法の基礎的な内容から，経済のしくみに関する問題など，多面的な知識と判断力を問う問題も出題された。

✔学習のポイント

・地理は資料を読み慣れること。
・歴史は重要なテーマ史を忘れずに。
・公民は時事的要素を中心に学習すること。

●2025年度の予想と対策

分野別の出題量には変化があるので，来年以降の動向を見守る必要がある。内容的には大きな変化が見られず，教科書の知識を正確に理解した上で実践問題で応用力をつけたい。記述対策としては，事象に対する原因や結果，影響をまとめる練習が効果的である。さらに現代社会の情勢を世界的な視点でとらえる習慣を身につけるようにしたい。

地理は常に統計資料に目を通すことと同時にその年の話題となった地域に注目すること。歴史は時代ごとの流れ，テーマごとの内容の把握が大切。公民は日頃から新聞などに目を通し，問題意識を持って生活することである。

▼年度別出題内容分類表 ……

出題内容			2020年	2021年	2022年	2023年	2024年
地理的分野	（日本）	地形図	○		○		
		地形・気候・人口	○	○	○	○	○
		諸地域の特色					
		産業	○	○	○	○	○
		交通・貿易	○		○		
	（世界）	人々の生活と環境					○
		地形・気候・人口	○	○		○	○
		諸地域の特色					○
		産業	○	○	○	○	○
		交通・貿易			○	○	○
	地理総合						
歴史的分野	（日本史）	各時代の特色	○	○	○	○	○
		政治・外交史	○	○	○	○	○
		社会・経済史		○	○	○	○
		文化史	○	○	○	○	○
		日本史総合					
	（世界史）	政治・社会・経済史	○	○	○		○
		文化史					
		世界史総合					
	日本史と世界史の関連		○	○			
	歴史総合						
公民的分野	家族と社会生活						
	経済生活		○		○	○	○
	日本経済		○		○	○	
	憲法（日本）		○	○	○		○
	政治のしくみ		○	○	○	○	○
	国際経済		○				
	国際政治		○			○	○
	その他				○	○	○
	公民総合						
各分野総合問題							

国語

出題傾向の分析と 合格への対策

●出題傾向と内容

大問構成は，本年度も現代文2題と古文1題の計3題であった。

現代文は論説文と小説からの出題で，内容をとらえる設問を中心に，漢字の読み書き，語句の意味などが出題された。記述問題は，本年度は字数制限のないものと，30字～100字のものが，6問出題された。論説文，小説，古文それぞれからの出題で内容の理解を問う問題であった。

古文は『発心集』から出題された。古語の意味，口語訳，大意などが出題された。文脈を把握したうえで，内容を的確に読み取る力を試す内容であった。

学習のポイント

記述力をつけることが重要。要点をとらえて要約することのほか，小説では心情，人物像を理由をもとに説明できるように練習しよう。

●2025年度の予想と対策

来年度も，現代文の読解問題が2題，古文が1題という大問構成が予想される。現代文の文種は，論説文2題になることもあるが，小説との二本立てで学習しておくようにしよう。和歌や俳句など，韻文を含む文章が出題されることもあるので，基本知識は身につけておく必要がある。古文は，深い内容理解が求められるので，正確な口語訳ができるようにしておきたい。

設問が難解なので，常に出題意図を正しく読み取ることを意識して取り組もう。選択問題での見極めもきちんとできるように，多くの問題にあたって自信をつけておくとよい。漢字や文法もまんべんなくやっておこう。

▼年度別出題内容分類表 ……

出題内容			2020年	2021年	2022年	2023年	2024年
内容の分類	読解	主題・表題					
		大意・要旨	○	○	○	○	○
		情景・心情	○	○	○	○	○
		内容吟味	○	○	○	○	○
		文脈把握	○	○	○	○	○
		段落・文章構成					
		指示語の問題	○		○	○	
		接続語の問題					
		脱文・脱語補充	○	○		○	○
	漢字・語句	漢字の読み書き	○	○	○	○	○
		筆順・画数・部首					
		語句の意味	○	○	○	○	○
		同義語・対義語					
		熟語	○				
		ことわざ・慣用句		○			
	表現	短文作成					
		作文(自由・課題)					
		その他					
	文法	文と文節					
		品詞・用法		○	○		
		仮名遣い	○				
		敬語・その他	○				
	古文の口語訳		○	○	○	○	○
	表現技法		○		○		○
	文学史					○	
問題文の種類	散文	論説文・説明文	○	○	○	○	○
		記録文・報告文					
		小説・物語・伝記	○	○	○	○	○
		随筆・紀行・日記					
	韻文	詩					
		和歌(短歌)					
		俳句・川柳					
	古文		○	○	○	○	○
	漢文・漢詩						

お茶の水女子大学附属高等学校

2024年度　合否の鍵はこの問題だ!!

数　学　1. (2)，2.，3.，4.，5.

1. (2)　本文解説では後半で$A^m \times B^m = (AB)^m$を利用したが，普通に計算してもかまわない。

2.　2地点間を同じ向きに進む2者の場合は追い越されるまでに進む道のりが等しく，逆方向に進む場合には2者の進む道のりの和が2地点間の道のりになる。

3.　二等辺三角形は頂角の二等分線と底辺の垂直二等分線は一致する。放物線はy軸について対称であり，2直線$y=tx$と$y=-tx$もy軸について対称なので△OABも△OCDも二等辺三角形となる。面積が求めやすい。

4.　箱ひげ図を作るとき，データの個数によって四分位数の求め方が違ってくる。データの総数をa個として，aが奇数の場合は第2四分位数は小さい方から数えて$\frac{a+1}{2}$番目であり，aが偶数のときには$\frac{a}{2}$番目と$\frac{a}{2}+1$番目の数の平均となる。本問題では，Aグループは8人だから，4番目と5番目の平均となる。Bグループでは9人だから5番目となる。第1四分位数は第2四分位数を考えた後で，aが奇数のときは小さい方から$\frac{a-1}{2}$個のうちの中央の数を求め，aが偶数のときは小さい方から$\frac{a}{2}$個のうちの中央の数を求める。第2四分位数を求めるときと同様に，$\frac{a-1}{2}$や$\frac{a}{2}$が奇数のときは1を足して2で割ることで小さい方から何番目かを見つける。偶数のときには2で割って，その順番の数と次の順番の数の平均を求める。本問題で第1四分位数を求めるには，Aグループは$8 \div 2 = 4$，Bグループは$(9-1) \div 2 = 4$　いずれも偶数なので，$4 \div 2 = 2$　2番目と3番目の平均が第1四分位数となる。

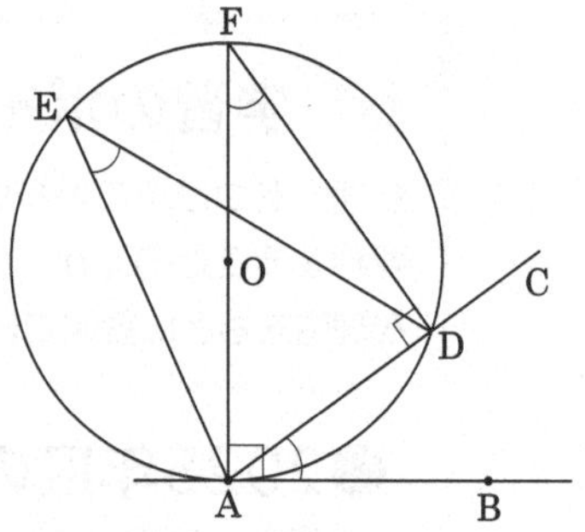

5.　本校を受験しようとする人なら当然知っていることとして，本文解説では定理を使って説明した部分がある。右図で，円Oが直線ABに接するとき，∠BAC＝∠DEAであることは次のように証明できる。接線と接点を通る半径は垂直に交わるから，直径AFを引くと，∠FAB＝90°　直径に対する円周角は90°なので，∠ADF＝90°　よって，∠BAC＝90°－∠DAF＝∠DFA　弧ADに対する円周角なので，∠DFA＝∠DEA　したがって，∠BAC＝∠DEA

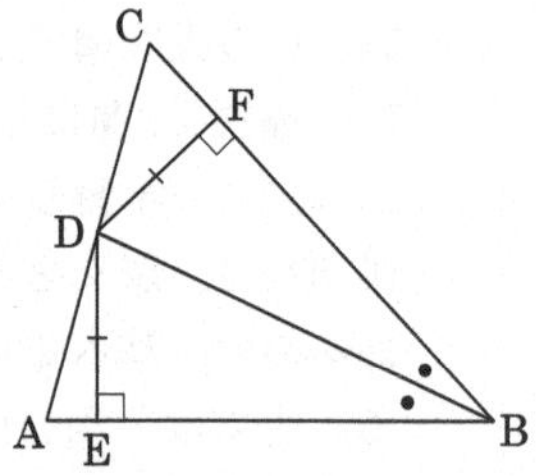

右図でBDが∠ABCの二等分線であるとき，AD：CD＝BA：BCであることは次のように証明できる。△BADと△BCDはAD，CDを底辺とみたときの高さが共通なので，△BAD：△BCD＝AD：CD　点DからBA，BCに垂線DE，DFを引くと，角の二等分線上の点は角を作る2辺から等しい距離にあるから，DE＝DF　高さが等しいので，△BAD：△BCD＝BA：BC　よって，AD：CD＝BA：BC

◎　本校の過去問題集は，数年分まとめて取り組んでみると，中学数学の最良の参考書・問題集だといえる。できたとかできないとかではなく，数学を研究するつもりで取り組もう。

英　語　6

6は語句を与えられている順にすべて用い，さらに必要最低限な語を加えて英文を完成させる問題。他校に例を見ない本校独自の出題形式であり，例年出題されているので，必ず過去問を使って練習しておこう。補う語は主に，冠詞(a，the)か所有代名詞(my，his，their など)，および前置詞である。冠詞と所有代名詞は＜名詞＞の前，または＜形容詞＋名詞＞の前に付く。前置詞も同様に＜名詞＞の前，または＜形容詞＋名詞＞の前に付く。また，be動詞を補うことも多く，その場合は主語の数と時制に注意しなくてはならない。これらの点を踏まえて，問題を解こう。

(4)は現在の事実に反する仮定法過去の文。＜If ＋主語＋動詞の過去形 ～，主語＋助動詞の過去形＋動詞の原形 …＞という形で「もし～なら，…だろう」を表す。ここでは if 節が後ろに置かれている。

There would not be these flowers　　if you didn't have a crack.

　助動詞の過去形＋動詞の原形　　　　if ＋主語＋動詞の過去形

　←＜There are ＋名詞の複数形＞

　　「～がある」

「これらの花はないだろう」　　　　　「もしお前がひび割れを持っていなければ」

→「もしお前にひび割れがなかったら，これらの花はないだろう」

理　科　3 (2)・(4)

例年通り，試験時間に対して分量の多い試験問題である。計算や文記述や描図も多く，記号選択問題も単純な選択肢ばかりではないので，時間内に解き上げるのは苦労するだろう。

3は，太陽系の惑星に関する問題である。

(2)は，火星の質量を求める問題である。質量÷直径で平均密度が求められるが，その質量と直径は，地球を1とした値なので，地球の値と比べてみるしかない。

　地球　　質量1　　直径1　　　平均密度　5.51g/cm^3

　火星　　質量Y　　直径0.53　　平均密度　3.93g/cm^3

火星は地球に比べて，質量がY倍，体積が0.53^{3}倍だから，密度は$\frac{Y}{0.53^3}$倍である。このことから，5.51$\times\frac{Y}{0.53^3}=3.93$が成り立ち，$Y=\frac{3.93}{5.51}\times0.53^3=0.106\cdots$と求まる。

(4)は，太陽から遠いほど，公転周期が大きいことが予想され，表で確認できる。なお，密度が最大なのは地球，質量と直径が最大なのは木星，平均の表面温度が最大なのは金星であり，いずれも太陽からの距離と関係がない。なお，詳しい計算をすると，太陽からの距離の3乗と，公転周期の2乗が比例する関係にある。

社　会　1

受験生が不得意とする世界地理の問題で，難易度のやや高い問題も含まれていたことから，苦戦した受験生が多かったかもしれない。

問1は，地形断面図についての問題。アラビア半島の大半は台地状の地形であることを知っていないと，正解するのは難しいだろう。また，標高の目盛りが4つのグラフで異なることに気がついたか，どうかもポイントであった。問2は雨温図についての問題。4つの地点の気候の違いがわかりやすいので，正解率は高かったと思われる。このレベルの問題が正解できないと本校を合格することは難しくなる。問3の(1)は「ドバイ」からアラブ首長国連邦が問われていることがわかったか，どうか。これで点数に差がついたと思われる。問3の(2)は，アラブ首長国連邦の人口ピラミッドの特徴を説明する論述問題。アラブ首長国連邦は，オイルマネーを背景に，ビルやインフラなどの建設が急速に進められていること，その建設現場で働いているのは男性を中心とした外国人労働者であることが理解できていれば，満点がとれるだろう。この大問中，最も点数に差がついた問題と思われる。本校らしい良問である。(3)は日本の主な原油の輸入相手国が理解できているか，どうかが問われた。また，(4)は西アジアの宗教についての設問。イスラエルがユダヤ人を中心に建国されたことを知っていれば正解するのは容易である。

国　語　三　問三

★なぜこの問題が合否を分けたのか

語句の意味を精確にとらえる知識が試される設問である。文脈から語句の意味を判断するとともに，語句の正確な意味にも注意して解答しよう。

★こう答えると「合格できない」！

正算僧都の様子は，これより前に「わが身いみじく貧しくて，……年の暮れ，雪深く降りて，訪ふ人もなく，ひたすら烟絶えたる時ありけり。」とあることから，「たえだえしき」と「烟絶えたる時ありけり」を対応させて，「食事も十分にできない様子」とするイを選ばないようにしよう。「たえだえしき」という語句の意味も考えて解答しよう！

★これで「合格」！

「たえだえ」は，とぎれとぎれ，という意味なので，便りもとぎれとぎれになり，あまり交わしていない，とするウを選ぼう。とぎれとぎれ，は，烟が絶える(炊飯の煙も立たない)という意味にはならないので注意しよう。

2024年度

入　試　問　題

2024年度

お茶の水女子大学附属高等学校入試問題

【数　学】（50分）　＜満点：100点＞

【注意】 1．解答用紙には，特に指示がない限り，計算，説明なども簡潔に記入し，作図に用いた線は消さずに残しておきなさい。

2．根号$\sqrt{\ }$や円周率πは小数に直さず，そのまま使いなさい。

3．問題用紙の図は必ずしも正確ではありません。

4．携帯電話，電卓，計算機能付き時計を使用してはいけません。

1． 次の問いに答えなさい。

(1)　次の方程式を解きなさい。

$$(3x-2\sqrt{2})(2x+\sqrt{2})=\sqrt{2}(\sqrt{2}x-1)(x+\sqrt{2})$$

(2)　次の式を計算し，簡単にしなさい。

$$\left(\frac{\sqrt{3}}{\sqrt{5}-2}-\frac{4\sqrt{3}}{3-\sqrt{5}}\right)^7\times\left(-\sqrt{\frac{1}{9}}\right)^6$$

2． 蘭子さんは，丘のふもとのＰ地点から2400ｍ離れた頂上のＱ地点の間を，走って30分間で１往復する。Ｐ地点からＱ地点へ向かう上りと，Ｑ地点からＰ地点へ戻る下りを走る速さの比は４：５とし，上り下りともそれぞれ一定の速さで走る。また，Ｑ地点に着いたらすぐにＰ地点へ引き返すこととする。

また，Ｐ地点とＱ地点の間を片道10分間で往復するバスがあり，バスの速さは上りも下りも同じ速さかつ一定で，ＰＱ間には停留所はなく，Ｐ地点，Ｑ地点では１分間停車しすぐに発車する。

蘭子さんは，８時にＰ地点を出発し，バスは８時１分にＱ地点を発車した。

このとき次の問いに答えなさい。

(1)　蘭子さんがＰ地点からＱ地点へ向かうときの速さは分速何ｍか求めなさい。

(2)　蘭子さんが走り始めてから，初めてバスとすれ違う時刻は８時何分何秒か求めなさい。

(3)　蘭子さんはＱ地点からＰ地点へ戻る途中でバスとすれ違ったが，その後しばらくして足が痛くなり，ある地点からはそれまで走っていた速さの$\frac{1}{3}$の速さで歩き続け，Ｑ地点から下ってきたバスと同時にＰ地点に到着した。蘭子さんが歩いた道のりは何ｍか求めなさい。

3． 放物線①$y=sx^2$（$s<0$）と２つの直線②$y=tx$，③$y=-tx$（$t>0$）において，①と②，①と③の原点Ｏでない方の交点をそれぞれ点Ａ，Ｂとおく。△ＯＡＢが正三角形で，その面積が$9\sqrt{3}$であるとき，次の問いに答えなさい。

(1)　tの値を求めなさい。

(2)　ｓの値を求めなさい。

(3)　さらに，放物線④$y=px^2$（$p<0$）を考える。④と②，④と③の原点Ｏでない方の交点をそれぞれ点Ｃ，Ｄとおくとき，点Ｃ，Ｄの座標と△ＯＣＤの面積Ｓをpを用いて表しなさい。

4． 下の箱ひげ図は，8人のAグループと9人のBグループの10点満点の小テストの結果を表している。このとき，次の問いに答えなさい。

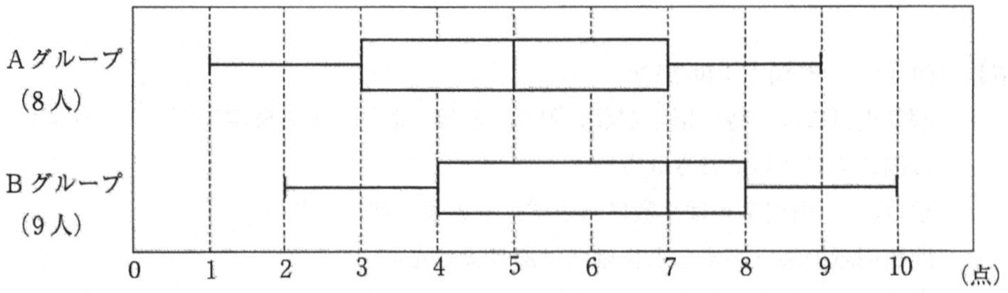

(1) 次の①～④について，正しいものには○，間違っているものには×，正誤が判断できないものには△を記入しなさい。

① Aグループと Bグループの範囲および四分位範囲はそれぞれ等しい。

② Bグループは7点以上の人が5人いる。

③ Aグループの最高点は1人である。

④ Bグループの最高点は1人である。

(2) Aグループの平均点を求めなさい。

(3) Bグループの平均点は何点以上であるか答えなさい。

5． △ABCに対し，∠ABCの二等分線と辺ACの交点をDとする。直線ABと点Aで接し，点Dを通る円を円Oとする。

(1) 解答欄の図に，円Oを作図しなさい。ただし，作図に用いた線は消さずに残しておくこと。作図に関係のない図や線は書きこまないこと。

(2) △ABCにおいて，∠ABCの大きさを$a°$とする。さらに，∠C＝90°，AB＝10，AC＝8とする。このとき次の問いに答えなさい。

① 直線BDと円Oとの2つの交点のうち点Dでない方を点Eとする。∠DEAを$a°$を用いて表しなさい。

② 線分DAの長さを求めなさい。また，円Oの直径をAFとするとき，AFの長さを求めなさい。

③ 線分BDの長さ，および△AFEの面積Sを求めなさい。

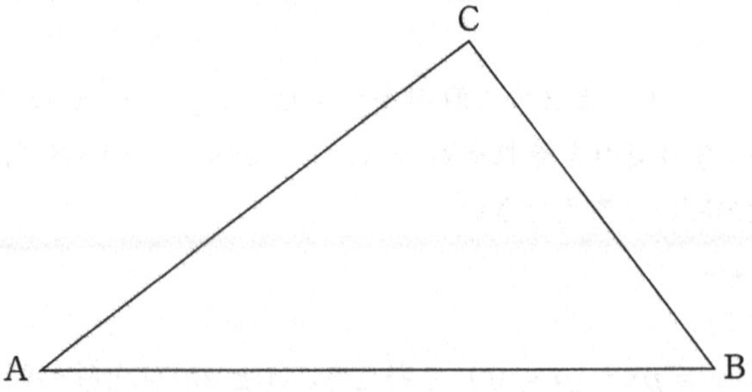

【英　語】（50分）　＜満点：100点＞

【注意】 問題の**1**と**2**は放送による問題です。放送の指示に従って答えなさい。
なお必要ならば，聞きながらメモをとってもかまいません。

1 **【聞き取りの問題】** 英文が1回のみ読まれます。よく聞いて，次の問いの答えとして最も適切なものを，**ア**から**エ**の中から1つ選び，記号で答えなさい。

(1) What does the speaker say about her neighbors?
- **ア** The garden of the Johnson family is very large and very wide.
- **イ** The Johnson family has lived in this area longer than the speaker's family.
- **ウ** The Johnson family lives next to the Brown family.
- **エ** The Brown family has a good relationship with the speaker.

(2) Which tree in the garden has the most fruit this year?
- **ア** A peach tree　　**イ** An apple tree
- **ウ** An orange tree　　**エ** A lemon tree

(3) What animals can you see in the garden now?
- **ア** An old cat and two dangerous dogs
- **イ** A white cat and a large dog
- **ウ** A gray cat and a small dog
- **エ** Two large cats and a friendly dog

(4) Why is there a tent in the garden?
- **ア** Because the speaker sees stars at night.
- **イ** Because the speaker's brother camps in the garden.
- **ウ** Because the speaker's father doesn't like the cold weather.
- **エ** Because the speaker's mother doesn't want to go camping.

2 **【書き取りの問題】** 英文が3回読まれます。よく聞いて，下線部を正しく埋めなさい。ただし，英文は2回目のみゆっくり読まれます。

There are a few things that make me happy.
First, I like to spend time with my family.

(1) They ____
____.

Second, I love music.

(2) I ____
____.

Finally, playing sports makes me happy.

(3) I ____
____.

※リスニングテストの放送台本は非公表です。

3 次の英文を読んで，その内容と一致するように，後の要約文の空所１から13に適切な英語一語を入れなさい。

Since ancient times, athletes have always looked for ways to win competitions. Athletes can be winners with better *training, better coaching, and better food. They can also improve performance with better *equipment: better shoes, better *skis, or a better tennis racket. Even the early *Greeks used *engineering to make a better *discus to throw. However, people want sports to be fair. For this reason, sports organizations make rules about athletes, equipment, and the game itself.

*Nowadays, new technology is helping athletes. From *high-tech clothing to *artificial arms and legs, there are many new ways to improve performance. However, many people worry that technology can give some athletes an *advantage. It can make competitions unfair. Also, often only *wealthier athletes and teams can buy expensive, high-tech equipment. Do we want the best athlete to win or the athlete with the best equipment to win?

The story of high-tech *swimsuits shows how technology can make sports unfair. Several years ago, sports engineers invented a new material for swimsuits. It had many *qualities of *shark skin. When swimmers used the swimsuits made of this material, they swam faster and *floated better. The material also sent more *oxygen to swimmers' *muscles.

Companies introduced these new high-tech swimsuits in 2008. Soon, swimmers using the suits began *breaking world swim records *at a surprising rate. In the 2008 Beijing Olympic Games, swimmers broke 25 world records. Twenty-three of those swimmers wore the high-tech suits. *By comparison, Olympic swimmers broke only eight world records in 2004. Then, in the 2009 *World Championships, swimmers broke 43 world records. People knew that the new suits were helping athletes. In January 2010, *International Swimming Federation banned the high-tech suits. Most swimmers were happy about the *ban. One Olympic swimmer said, "Swimming is actually swimming again. It's not who's wearing what suit. We're all under the same *guidelines."

In the two years after the ban, swimmers broke only two world records. Clearly the expensive, high-tech suits were the reason behind the faster swimming times. The suits gave some swimmers an unfair advantage.

Better equipment is not always a bad thing, of course. New equipment can certainly be good for a sport. For example, tennis rackets *used to be *wooden. The heavy rackets could break and cause *injuries. In the 1980s, companies introduced new high-tech *carbon rackets. They are easier and safer to use. The new rackets have made tennis more *enjoyable for *average tennis players. Technology has improved equipment in all sports, from skiing to *bicycle racing.

The question is this: When does technology create an unfair advantage? In the future, sports engineers may invent an artificial leg that is better than a real leg. Will it be *acceptable for competitions? Do high-tech *contact lenses give *golfers an advantage? Can runners use special shoes to run faster? These questions do not have easy answers. We must *make sure that technology does not make sports unfair. However, we should welcome *improvements that make sports safer for all.

【Adapted from McVeigh,J.,&Bixby, J. *Q: Skills for Success Reading and Writing 2.*】

【要約文】

There are many things which (1) athletes to win. Those things include better training, better coaching, better food, and better equipment (2) as shoes, skis, tennis rackets, and swimsuits. To make sports (3), rules about athletes, equipment, and the game are created. As the technology develops, however, more athletes use high-tech equipment to perform (4). Because only wealthy athletes can get such expensive high-tech equipment, it may not be (3). When companies introduced new high-tech swimsuits, a lot of world records were (5). The new swimsuits made the swimmers (6) faster and brought more oxygen to swimmers' muscles. After a swimming organization banned the suits, the number of new world records (7), and many swimmers welcomed the ban. On the other hand, there are some (8) points about such high-tech equipment. For example, new high-tech carbon tennis rackets that were developed in the 1980s are safer to use because they are (9) than wooden rackets. People can enjoy (10) tennis with those new rackets. Technology will keep improving and a lot of new high-tech equipment will be (11) for athletes in the future. We should be (12) when we introduce such high-tech equipment because we want sports to be (3). But we should accept the fact that we can play sports more (13) thanks to high-tech equipment.

(注) training 「トレーニング」 equipment 「用品，用具」 ski 「スキー板」
Greek 「ギリシャ人」 engineering 「工学」 discus 「(競技用の) 円盤」
nowadays 「最近は，今日では」 high-tech 「ハイテクな，先端技術を使用した」
artificial 「人工の」 advantage 「有利な点，強み」 wealthy 「裕福な」 swimsuit 「水着」
quality 「特性」 shark 「サメ」 float 「浮かぶ」 oxygen 「酸素」 muscle 「筋肉」
break 「(記録を) 破る，更新する」 at a ～ rate 「～な速さで」
by comparison 「対して，比較して」 World Championships 「世界選手権」
International Swimming Federation 「世界水泳連盟」 ban 「禁止」
guideline 「ガイドライン，指針」 used to ～ 「かつては～だった」 wooden 「木製」
injury 「けが」 carbon 「カーボン製」 enjoyable 「楽しめる，楽しい」 average 「普通の」
bicycle racing 「競輪」 acceptable 「容認できる」 contact lens 「コンタクトレンズ」
golfer 「ゴルファー」 make sure that ... 「確実に. . . する」 improvement 「改良」

4 下の英文を読んで，次の問いに日本語で答えなさい。

(1) 下線部(1)とは何か，具体的に２つ答えなさい。

(2) 下線部(2)は，どのようなことに役立ちましたか。

(3) 下線部(3)とは何か，具体的に２つ答えなさい。

In 1867, a baby girl named Sara Breedlove was born on a cotton farm in *Louisiana. Her parents were *freed slaves, and her early life was not easy. At age 7, she became an *orphan. She married at age 14, but her husband died *by the time she was 20, and she had to support her young daughter by herself. Like many other young *African-American women, she left *the South in the late 1880s for a better life in the big cities of the Northern *states. She went to *St. Louis, Missouri and lived with her four brothers there. She began *earning money by washing clothes and cooking.

Most people would *simply *struggle and try to survive. But Sara had a special talent for *turning difficulties into opportunities. She suffered from a health condition that made her hair *fall out. She looked for products in stores that might help. But *none of them were made for African-American women's hair.

Then her *spirit and *personality *set her apart from others. She worked to solve (1) her problems instead of just accepting them. And then she turned her solution into a successful business. She began by *experimenting with many *homemade *cures and products from stores. And she asked for advice from her brothers working as barbers.

In 1905, she moved to *Denver, Colorado, to work as a *sales agent for Annie Malone, a businesswoman selling *hair-care and beauty products. This job helped her develop *marketing ideas. Then she married Charles J. Walker, a newspaper owner. He *encouraged and helped her to start business. With her new married name, Madam C.J. Walker started a *mail-order sales business, a beauty *salon and a beauty *training school in *Pittsburgh, Pennsylvania. In 1910, she moved to *Indianapolis, Indiana, to start a factory that could make her beauty products for African-American women. *At its peak, her company *employed more than 3,000 people, and her products were sold by more than 15,000 sales agents in the United States and other countries. (2) She also *operated *a chain of beauty colleges. These helped other African-American women find better jobs and start their businesses.

Although her business grew large and *complex, (3) the reasons for her success were simple. She provided services to African-American women in a market which did not sell beauty products to them before. The Madam C.J. Walker *brand offered hair-care products designed to let African-American women *bring out the true beauty of their hair.

As her business became a success, she worked to improve the lives of others. She provided jobs for black women who had few opportunities at the time. She supported black colleges and universities. She died in New York in 1916 at age 51. Her life of struggle, inspiration, success and *service to others has been an *encouraging example ever since.

【Adapted from *Seventeen Motivational Business Stories in English.*】

（注） Louisiana 「ルイジアナ州」 freed slave 「解放された奴隷」 orphan 「孤児」
by the time ... 「. . . までに」 African-American 「アフリカ系アメリカ人の」
the South 「(アメリカ) 南部」 state 「州」
St. Louis, Missouri 「ミズーリ州セントルイス (地名)」 earn 「稼ぐ」 simply 「単に」
struggle 「もがく；苦闘」 turn ～ into ... 「～を. . . に変える」 fall out 「抜け落ちる」
none of ～ 「～のうちどれも. . . ない」 spirit 「気力，情熱」 personality 「性格，人間的魅力」
set ～ apart from ... 「～を. . . と区別する，～を. . . から隔てる」
experiment with ～ 「～の実験をする」 homemade 「手作りの」 cure 「治療薬」
Denver, Colorado 「コロラド州デンバー (地名)」 sales agent 「販売代理人，販売員」
hair-care 「ヘアケアの，髪の手入れ用の」 marketing 「マーケティング，販売促進活動」
encourage ～ to ... 「～が. . . するように促す」 mail-order sales 「通信販売の」
salon 「(美容の) 店，サロン」 training 「訓練，養成」
Pittsburgh, Pennsylvania 「ペンシルバニア州ピッツバーグ (地名)」
Indianapolis, Indiana 「インディアナ州インディアナポリス (地名)」 at its peak 「最盛期に」
employ 「雇う」 operate 「経営する」 a chain of beauty colleges 「美容専門学校のチェーン」
complex 「複雑である」 brand 「ブランド，銘柄」 bring out ～ 「～を引き出す」
service to ～ 「～への奉仕，貢献」 encouraging 「励みとなる」

5 次の英文の意味が通るように，空所 1 から 6 に入れるのに最も適切な選択肢を，後のアから力の中から選び，記号で答えなさい。ただし，同じものを 2 回以上用いてはいけません。

*Soft drink companies *aggressively *advertise to children on TV, in stores, and in other places that attract young children. There are many reasons for this. [1] A young child who drinks a *certain type of *soda will probably become a customer *for life.

[2] *While it is not healthy for adults, it can be very *harmful to younger people and especially children. *Worse, many studies have found that both *regular sodas and *diet sodas are *connected to weight *gain. While it is difficult for an adult to *lose weight, it is more difficult for an *overweight child to lose weight. For this child, losing weight may become a *lifelong battle. In addition, too much soda is connected to serious medical problems such as *diabetes and heart disease, and recently it was found that soda may cause cancer. [3] Some say that all the sugar may *cause younger people to *misbehave.

[4] Recently, things have changed. In many elementary schools in

America, sodas and "*sports drinks" (which also have a lot of sugar and no *nutritional value) are not allowed. Some studies say that "diet" sodas cause people to gain weight faster than regular sodas. Diet sodas may have fewer *calories, but they have a mix of chemicals which may cause people to eat more.

To *lessen weight gain and reduce health problems, many countries want to decrease soda sales. [5] Some health experts suggest that, like *alcohol and *cigarettes, soda cans should have *warning labels to let people notice that these drinks have no nutritional value, make people fat, and cause health problems. Soft drink companies disagree with these ideas, of course.

*Compared to other countries, Japan has few overweight children. [6] Experts worry that Japan, too, may soon have these same health problems.

【Adapted from Shimaoka, T., & Berman, J. *Life Topics.*】

ア Many people worry that so much *advertising to children will make them believe that soda is safe and even healthy.

イ However, the number is increasing.

ウ Many people are against advertising to children and want to make sodas expensive by adding a large *tax.

エ It also causes many other health problems including weak *bones and teeth.

オ Probably the most important is that children first begin to develop their taste at a young age.

カ Soda has no nutritional value.

（注） soft drink 「ソフトドリンク」 aggressively 「積極的に」 advertise 「宣伝する」
certain 「特定の」 soda 「炭酸飲料」 for life 「一生にわたって」 while ... 「...の一方で」
harmful 「害を及ぼす」 worse 「さらに悪いことに」 regular soda 「砂糖入りの炭酸飲料」
diet soda 「砂糖の代わりに人工甘味料が入った炭酸飲料」 connected to ～ 「～と関係がある」
gain 「増加；増やす」 lose 「減らす」 overweight 「標準体重を超えた」
lifelong battle 「生涯続く奮闘」 diabetes 「糖尿病」 cause ～ to ... 「～が...する原因となる」
misbehave 「不適切な行動をとる」 sports drink 「スポーツドリンク」
nutritional value 「栄養価」 calorie 「カロリー」 lessen 「減らす」 alcohol 「酒」
cigarette 「たばこ」 warning label 「警告表示」 compared to ～ 「～と比較して」
advertising 「宣伝すること」 tax 「税金」 bone 「骨」

6 例にならって，次の(1)から(6)の［ ］内の語句を，順序を変えずにすべて用い，最低限必要な語を加えて，話の筋が通るように英文を完成させなさい。

【例】 Last week, Emma [went, grandmother's house, forest].
→ went to her grandmother's house in the forest

* * * * *

An old woman had two large pots. She used them to carry water. She *hung each of these pots at the ends of a pole which she carried across her neck. One of the pots had a *crack *while the other pot was perfect and carried water up to the *brim. At the end of the long walk from the stream to the house, the cracked pot arrived only half full.

This went on every day for two years. The woman always brought home only one and a half pots of water. Of course, (1)[perfect pot, proud, itself] while the poor cracked pot was *ashamed. It felt sad that it could not *fill fully and be *completely useful to the woman.

So one day, (2)[cracked pot, spoke, woman], "I am ashamed because this crack *causes water to *leak out *all the way back to your house." The old woman smiled, "Did you notice that there are beautiful flowers on your side of the path, but not on the other pot's side?" The pot seemed *puzzled. She continued, "That's because I have always known about your *defect, and so I planted flower seeds on your side of the path. Every day while we walked back from the stream, you watered them. For two years, I (3)[able, pick, these flowers, decorate] the table. There (4)[would, not, these flowers, if, you, not, have, crack]."

Nobody (5)[perfect, and all, us, have, own defects]. But these defects make our lives very interesting and valuable. You just have to *take each person as they are and (6)[look, good points, them].

（注） hung < hang　crack「ひび，割れ目；砕く，ひびを入れる」　while ...「...の一方で」
brim「（鉢の）縁，へり」　ashamed「恥じている」　fill fully「完全に満たす」
completely「十分に」　cause ～ to ...「～が...する原因となる」　leak out「漏れる」
all the way back to ～「～に戻るまでずっと」　puzzled「困惑している」　defect「欠点」
take ～ as they are「～をありのままに受け入れる」

7 次の(1)(2)の日本語の意味になるように，下線部を英語で埋め，文を完成させなさい。

(1) 今年，あなたは映画を何本見ましたか。

(2) 私はあなたに，あなたが映画館で見た映画のうちの１つを，紹介してほしいです。

(1) ____?

(2) I ____

____.

【理　科】（50分）　＜満点：100点＞

1　次の各問いについて，それぞれの解答群の中から答えを選び，記号で答えなさい。なお，「すべて選びなさい」には，1つだけ選ぶ場合も含まれます。

(1)　光の進み方の説明として正しいものをすべて選びなさい。

ア　入射角と反射角は常に同じである。
イ　入射角と屈折角は常に同じである。
ウ　入射角が大きくなるにつれて，屈折角は小さくなる。
エ　入射角が大きくなるにつれて，屈折角は大きくなる。
オ　入射角が大きくなるにつれて，反射角は大きくなる。
カ　物体の表面で光がはね返ることを入射という。
キ　夕方になると影が長くなるのは，屈折の影響である。
ク　水が入ったカップに入れたスプーンが折れて見えるのは，屈折の影響である。

(2)　右図のように同じ質量の箱A，Bが角度30°の斜面上に乗って静止している。箱Aと斜面には摩擦はないが，箱Bと斜面には摩擦が生じている。このとき，箱Bにはたらく摩擦力の向きと大きさについて正しいものを選びなさい。

ア　向き：a　　大きさ：Aの重力より小さい
イ　向き：a　　大きさ：Aの重力と同じ
ウ　向き：a　　大きさ：Aの重力より大きい
エ　向き：b　　大きさ：Aの重力より小さい
オ　向き：b　　大きさ：Aの重力と同じ
カ　向き：b　　大きさ：Aの重力より大きい

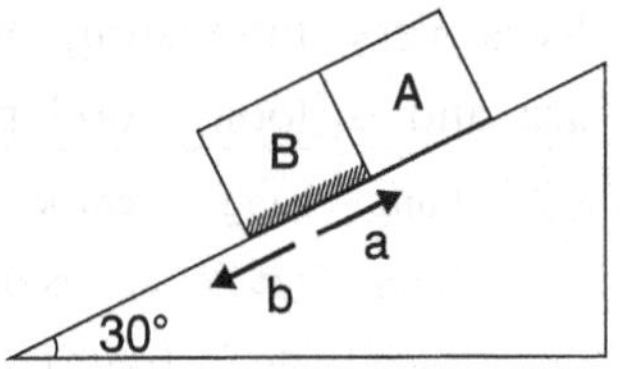

(3)　3種類の白い粉末があり，それぞれ食塩，砂糖，炭酸水素ナトリウムのいずれかである。それぞれの粉末に対して，実験a～dのうち2つを行い，3種類の物質を判別したい。このとき，判別することができない実験の組み合わせとして正しいものを選びなさい。

a　アルミニウムはくの容器に入れて十分に加熱し，黒色にこげるかを調べる。
b　アルミニウムはくの容器に入れて十分に加熱し，加熱前後の質量を比較する。
c　水に溶かし，水溶液に電気が流れるかを調べる。
d　水に溶かし，フェノールフタレイン溶液を加えて色の変化を観察する。

ア　aとb　　**イ**　bとc　　**ウ**　cとd　　**エ**　aとc　　**オ**　aとd

(4)　サボテンの花弁は1枚ずつ分かれている。このことから，サボテンの特徴として当てはまるものをすべて選びなさい。

ア　離弁花類である　　**イ**　合弁花類である　　**ウ**　単子葉類である
エ　双子葉類である　　**オ**　裸子植物である　　**カ**　被子植物である
キ　茎の断面を見たとき維管束が円形に並んでいる
ク　茎の断面を見たとき維管束が全体に散らばっている

(5)　生物のふえ方や遺伝の説明として正しいものを選びなさい。

ア　単細胞生物は無性生殖のみでふえる。
イ　動物には無性生殖でふえるものはない。

ウ　栄養生殖でふえたサツマイモやジャガイモは，1つずつ形が異なるので遺伝子が異なる。

エ　有性生殖でも染色体の数が親と子で同じなのは，受精後に半分の染色体が消滅するためである。

オ　植物の有性生殖である受粉では，めしべの細胞とおしべの細胞のそれぞれが体細胞の半分の染色体の数になっている。

(6)　①，②のグラフの形として正しいものをそれぞれ選びなさい。

①　飽和水蒸気量と気温の関係について，横軸に気温〔℃〕，縦軸に飽和水蒸気量〔g／m^3〕をとって作成したグラフ

②　BTB溶液を入れた硫酸に，溶液が青色になるまで水酸化バリウム水溶液を加えたとき，横軸に加えた水酸化バリウム水溶液の体積〔mL〕，縦軸に溶液全体のイオンの数をとって作成したグラフ

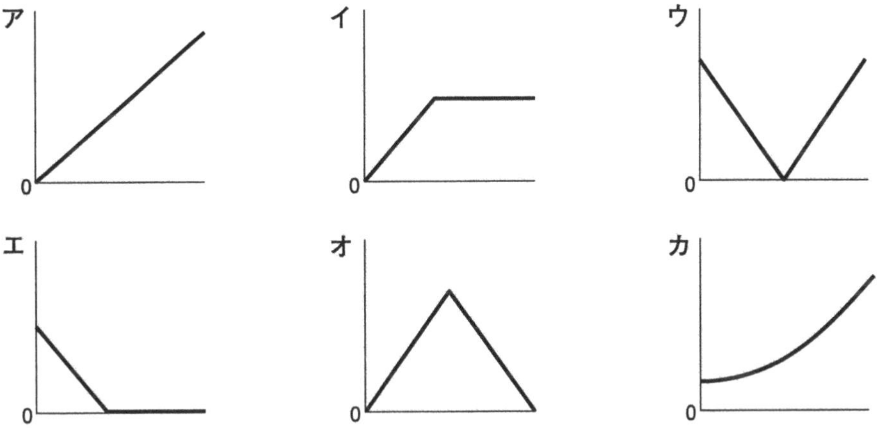

(7)　以下の文章の（**A**），（**B**）に入る語句として正しいものをそれぞれ選びなさい。

右図は四季でいうと（　**A**　）の特徴的な天気図である。この天気図の等圧線だけから考えると，関東地方に吹く風はほぼ（　**B**　）の風になるが，地球の自転の影響等で向きが変化し北西の風になる。

ア　春　　**イ**　夏　　**ウ**　秋　　**エ**　冬

オ　東　　**カ**　西　　**キ**　南　　**ク**　北

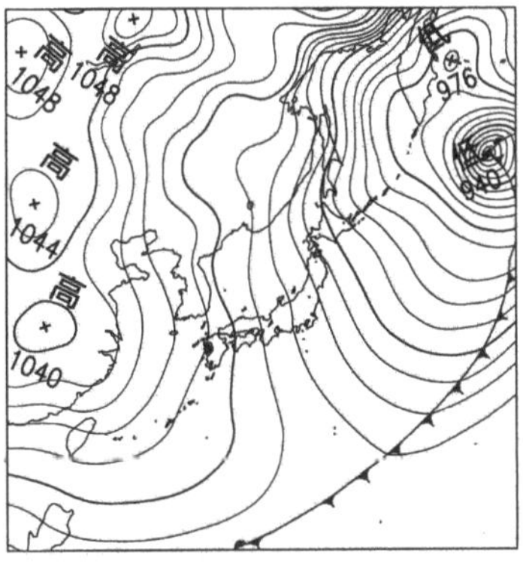

2　次の各問いに答えなさい。

(1)　水の密度は4℃で最大の1.00 g/cm^3となる。冷えて氷になると密度は急激に減少し，0℃の氷では0.92 g/cm^3である。4℃の水500cm^3を冷やしてすべて0℃の氷にしたとき，体積は何cm^3になるか，整数で答えなさい。

(2)　うすい塩酸に亜鉛板と銅板を入れ，これらの金属板とモーターを導線でつなぐと，モーターが回転した。亜鉛板と銅板の質量の変化をそれぞれ説明しなさい。

(3) 右図のように高さ10cm，底面積10cm²，質量200 g の直方体をばねばかりにつるして水中に沈めていく実験をした。水面から直方体の底面までの距離を深さとする。

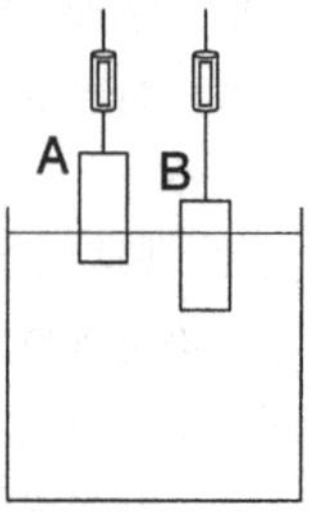

① 深さ2.0cmに沈めたAのとき，ばねばかりは180 g をさしていた。深さ8.0cmに沈めたBのとき，浮力の大きさは何Nか。ただし，100 g の物体にかかる重力の大きさを1Nとする。

② 直方体を深さ20cmまで沈めたとき，沈めた深さを横軸に，ばねばかりの値を縦軸にしてグラフを描きなさい。ただし，直方体の底面は水槽の底に付いていないものとする。

(4) 右図はヒトの目を横から見た断面図である。Aの部分は透明で，やわらかく厚みを変えることができる。このような特徴をもつのは何のためか，説明しなさい。

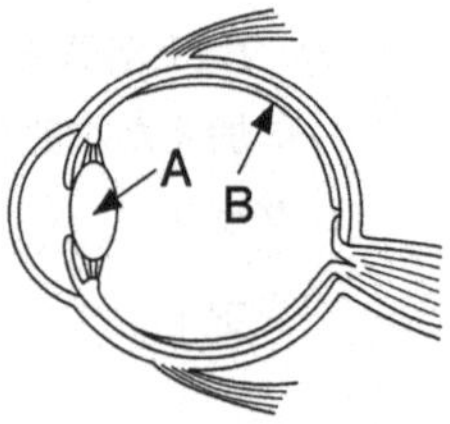

(5) (4)の図のAを通った光がBの膜にある感覚細胞（視細胞）によって光の刺激を受け取る。Bの膜のうち，束ねられた神経があるために，構造上感覚細胞がない部分を○で囲みなさい。

(6) 火成岩の表面をルーペで観察しスケッチをしたところ，右図のようになった。このつくりを何というか答えなさい。

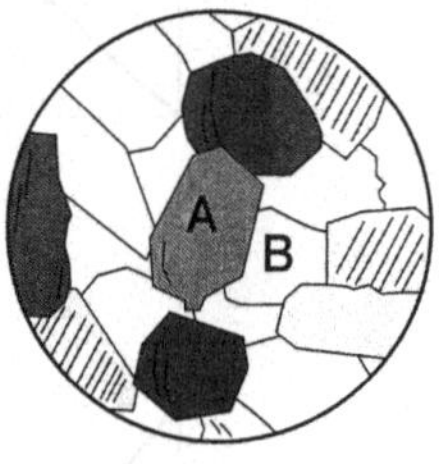

(7) (6)の図のAのように特徴的な形をしている鉱物と，BのようにAの形に沿うような形をしている鉱物が見られる。この形の違いは鉱物が結晶化する温度の違いで生じている。AとBの鉱物が結晶化する温度の違いを説明しなさい。

3 惑星の様々なデータをまとめた表と下の文章をふまえて，あとの各問いに答えなさい。

天体名	密度〔g/cm³〕	質量	公転周期〔年〕	直径	太陽からの距離	平均の表面温度〔℃〕	大気組成〔%〕				大気圧
							N_2	O_2	CO_2	X，He	
土星	0.69	95.2	29.5	9.45	9.55	-180	-	-	-	99以上	※
木星	1.33	317.8	11.9	11.21	5.20	-150	-	-	-	99以上	※
火星	3.93	Y	1.88	0.53	1.52	-60	3.4	-	96	-	0.006
金星	5.24	0.82	0.62	0.95	0.72	460	2.7	-	95	-	90
水星	5.43	0.06	0.24	0.38	0.39	170	ほとんどない				
地球	5.51	1	1	1	1	15	78	21	0.04	-	1

質量，直径，太陽からの距離，大気圧は地球を1としたときの比率である。
※：地表が特定できないため，大気圧を定めることができない。

地球型惑星では，太陽からの距離が ① ほど，太陽からのエネルギーを多く受け取ることができる。金星は火星よりも密度と直径が大きいことから ② も大きく，大気を保持しやすい。以上のことから，太陽からの距離が ① 水星や，大気組成が類似している火星よりも，金星は平均の表面温度が高い。地球は，酸素を含む大気を保持し，太陽からの距離がほどよく， ③ が存在するため生命が宿ることができる惑星である。このように，生命が存在し続けられる領域をハビタブルゾーンという。

(1) 表の X に入る気体を化学式で答えなさい。

(2) 表の Y に入る値を小数点以下第1位まで答えなさい。

(3) 文章中の ①，② に入る語句を答えなさい。

(4) 表から公転周期との関係として，正しいものを選び記号で答えなさい。

ア　密度が大きいほど公転周期が大きい

イ　質量が大きいほど公転周期が大きい

ウ　太陽からの距離が大きいほど公転周期が大きい

エ　直径が大きいほど公転周期が大きい

オ　平均の表面温度が高いほど公転周期が大きい

(5) 太陽は太陽系の全質量の99.86％を担っている。太陽系で2番目に質量が大きい木星と比較したとき，太陽は木星の質量の約何倍か，正しいものを選び記号で答えなさい。

ア　約10倍　　イ　約100倍　　ウ　約1000倍　　エ　約10000倍　　オ　約100000倍

(6) 金星の大気圧から，金星の地表1 cm^{2}あたりにかかる力は何Nか。地球の大気圧を1000hPaとして計算しなさい。

(7) 文章中の ③ に入る適切な言葉を5文字程度で答えなさい。

4　電流計と電圧計のアナログメーターの部分（「メーター機構」という）の構造はどちらも同一で，**図1**のように主にコイルと磁石で構成されている。電流が流れることでコイルが回転し，コイルについている針が動く。針のふれる大きさは，流れる電流に対して比例する。このメーター機構には小さいながらも抵抗があり，その抵抗の値は0.02Ωである。メーター機構に電流を流すと500mAで目盛りいっぱいに振れることがわかっている。以下の各問いに答えなさい。

図1

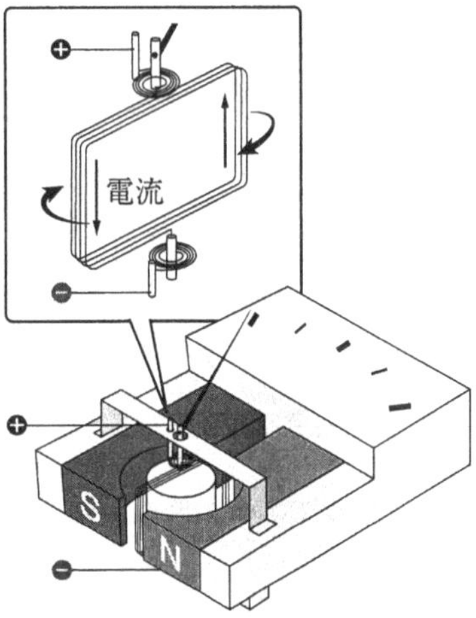

(1) **図1**のようにコイルに電流が流れるとき，コイルの磁界の向きとして正しいものを選び記号で答えなさい。

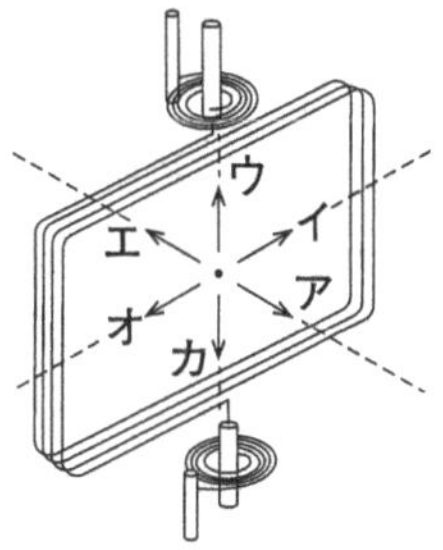

(2) メーター機構に500mAの電流が流れたとき，メーター機構にかかる電圧は何Vか。

(3) メーター機構に12.5Ωの抵抗器と3.13Vの電源をすべて直列につないだ。このとき，メーター機構が示す電流の値は何mAか。

(4) **図 2** のようにメーター機構に0.02Ωの抵抗器と電源装置をつないだ。メーター機構の針が目盛りいっぱいに振れたとき，電源装置に流れる電流は何Aか。

図２

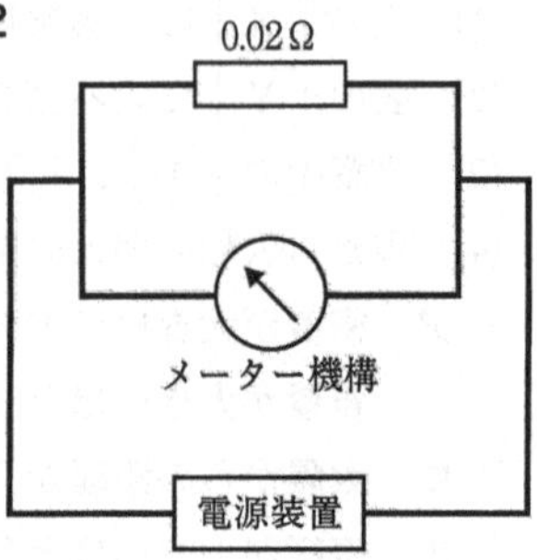

(5) (4)のように0.02Ωの抵抗器をつないだメーター機構を「電流計」として**図 3** の回路につないで電流を測定した。**図 3** の回路の8.0Ωの抵抗器にかかる電圧は何Vか，小数点以下第 2 位まで答えなさい。

図３

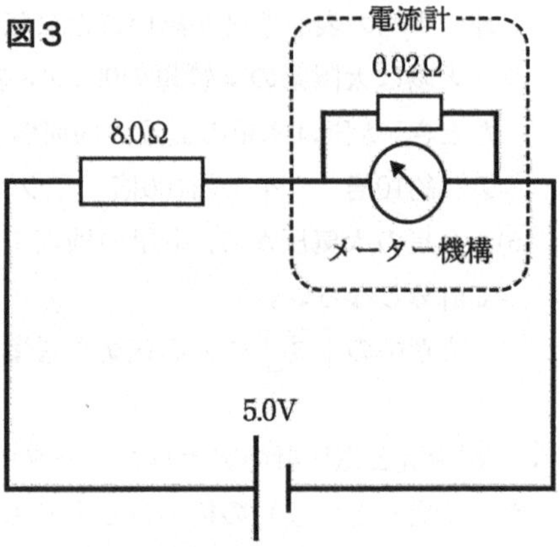

(6) (5)においてメーター機構の針の様子として正しいものを選び記号で答えなさい。

ア　　**イ**　　**ウ**　　**エ**　　**オ**

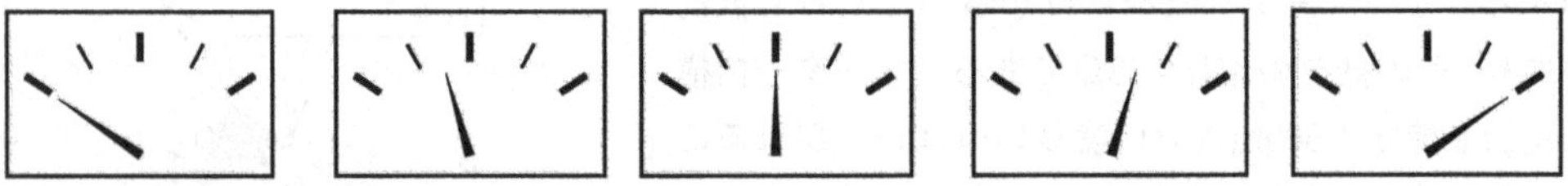

(7) このメーター機構を電圧計として使いたい。メーター機構に20Ωの抵抗器を直列につないで「電圧計」としたとき，最大何V程度まで測定できるか，正しいものを選び記号で答えなさい。

ア　10V程度　　**イ**　12V程度　　**ウ**　15V程度　　**エ**　18V程度　　**オ**　20V程度

(8) より大きい電流や電圧を測定したい場合，メーター機構に抵抗器をどのようにつなげるとよいか，正しいものをそれぞれ選び記号で答えなさい。

ア　抵抗が小さい抵抗器を並列につなぐ　　**イ**　抵抗が小さい抵抗器を直列につなぐ
ウ　抵抗が大きい抵抗器を並列につなぐ　　**エ**　抵抗が大きい抵抗器を直列につなぐ
オ　抵抗器をつながない

5　化学変化について考える際には，物質の性質や変化の様子に着目して考える定性的な視点と，物質の量に着目して考える定量的な視点の両方をもつことが重要である。鉄と硫黄から硫化鉄が生成される変化について，この 2 つの視点から考察する。以下の各問いに答えなさい。

Ⅰ．定性的に化学変化を考える

鉄粉と硫黄を乳鉢でよく混ぜ合わせ，2 本の試験管に分けて入れた。そのうち 1 本の試験管について，右図のように混合物の上部を加熱し，色が赤色に変わり始めたところで加熱をやめ，しばらく静置した。これを試験管Aとする。もう1本の試験管は，何もしなかった。これを試験管Bとする。

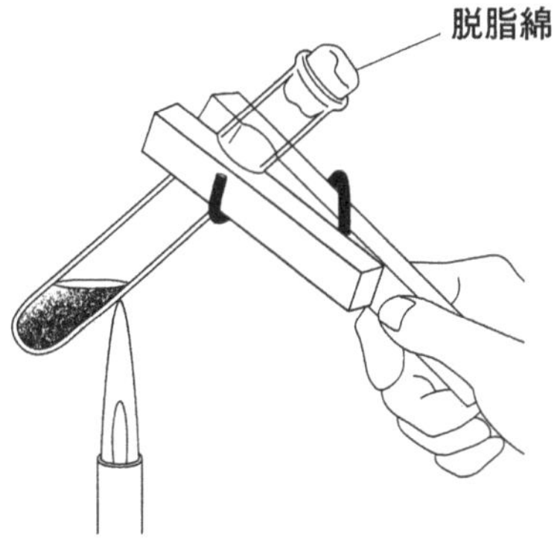

試験管AとBに磁石を近づけると，①Aは磁石に引きつけられなかったが，Bは引きつけられた。また，試験管AとBの中身を少量とり，うすい塩酸を加えたところ，②Aからはにおいのある気体が発生し，Bからはにおいのない気体が発生した。

(1)　鉄と硫黄から硫化鉄が生成される変化を化学反応式で表しなさい。

(2)　下線部①について，この結果からわかることとして正しいものを選び記号で答えなさい。

ア　硫黄と混ぜ合わせることで，鉄が別の物質に変化したことがわかる。

イ　硫黄と混ぜ合わせて加熱することで，鉄が別の物質に変化したことがわかる。

ウ　加熱後の試験管Aには，鉄が残っていることがわかる。

エ　加熱後の試験管Aには，硫黄が残っていることがわかる。

オ　鉄と硫黄を混ぜ合わせることで，磁石を引きつける力が強くなることがわかる。

(3)　下線部②について，試験管AとBで発生した気体の物質名をそれぞれ答えなさい。

(4)　試験管Aでは，加熱をやめた後も反応はそのまま進んだ。一方，銅と酸素の反応では，加熱をやめると徐々に温度が下がり，反応が停止する。この2つの反応はどちらも発熱反応であるが，変化の様子に違いが見られる。試験管Aで加熱をやめた後も反応が進む理由として正しくなるように，次の文章の空欄に適切な文を入れなさい。

鉄と硫黄の反応では，反応によって発生する熱（エネルギー）が［　　　　　　］。

Ⅱ．定量的に化学変化を考える

水素原子と炭素原子の質量の比は1：12である。この1や12は，原子量と呼ばれ，元素ごとに決まった値をもつ。原子量は，非常に小さな粒子である原子の質量を相対的に表す数値として重要な役割をもつ。

下の表のように鉄粉と硫黄をさまざまな割合ではかり取り，乳鉢でよく混ぜ合わせて試験管にいれたものを，試験管C～Eとする。これらを試験管Aと同様に加熱した。

	試験管C	試験管D	試験管E
鉄粉〔g〕	10.0	8.0	6.0
硫黄〔g〕	2.0	4.0	6.0

硫黄と鉄の原子量はそれぞれ32，56である。つまり，硫黄原子と鉄原子の質量比は32：56であるため，硫黄32 gと鉄56 gの中には同じ数の原子が含まれる。このとき含まれる原子の数をN個とすると，化学反応式より，硫黄原子N個と反応する鉄原子の数は［　③　］個であるといえる。試験

管 E には，反応前に硫黄原子が ④ 個，鉄原子が ⑤ 個含まれているため，加熱後一部の ⑥ が反応せずに残ることがわかる。

(5) 文章中の ③ ～ ⑥ について，③～⑤は N を用いた文字式を，⑥は「鉄」または「硫黄」を答えなさい。

(6) 加熱後に生成される硫化鉄の質量が最も大きいものを試験管 C ～ E から選び記号で答えなさい。また，そのとき生成される硫化鉄の質量は何 g か。ただし，割り切れない場合は小数点以下第 1 位まで答えること。

6 茶実子《ちゃみこ》さんは校外学習で牧場を訪れている。蘭子さんとともにウシを観察していると，そこに飼育員がやってきた。飼育員との会話および学校に戻った後の蘭子さんとの会話を読み，以下の各問いに答えなさい。

茶実子「さっきからずっと口をもぐもぐさせているね。お食事中かな？」

蘭　子「でもしばらく見ているけど，牧草を口に入れるところは見てないよね。」

飼育員「これは『反すう』といって，一度胃の中に入ったものをまた口に戻し，多量のだ液と混ぜながら噛《か》むことを何度も繰り返しているんだよ。1 日のうち10時間くらいはもぐもぐしているよ。」

茶実子「すごい！私もお母さんに『よく噛んで食べなさい』って言われるから，ウシを見習わなくちゃ。」

蘭　子「Ⅰよく噛むことで消化がよくなるって先生も言っていたね。」

飼育員「でも，ウシのだ液には消化酵素がなく，草のⅡ繊維質やデンプンを分解することができないんだ。ウシのだ液は，消化とは別の役割をもっているよ。」

茶実子「じゃあ，草しか食べないウシはどうやって栄養を得ているんですか？」

飼育員「その秘密は，胃にある。ウシは，第一胃から第四胃と呼ばれる 4 つの胃を持っているんだ。第一胃は消化液を出さないけど，微生物が生息しているよ。」

蘭　子「その微生物に草を分解してもらっているということですか？」

飼育員「その通り！口から取り入れた草は，Ⅲ第一胃で一部の微生物によって分解され，お酢にも含まれる酢酸などの脂肪酸が生成されるんだ。それをもとに，ウシはエネルギーを得ているよ。」

茶実子「他の 3 つの胃はどんなはたらきをしているんですか？」

飼育員「第二胃は反すうするときに胃の内容物を口に押し戻すポンプのような役割をしているよ。そして，分解が十分に進むと第三胃で水分や一部の養分が吸収され，Ⅳヒトの胃と同じはたらきをもつ第四胃に送られ，消化酵素による消化が進むんだ。」

茶実子「ヒトとは食べているものが違うのに，同じはたらきの胃があるのはなぜだろう。」

飼育員「第四胃では，草の一部も消化するけど主に【　X　】を消化しているんだよ。」

蘭　子「なるほど！ウシは 4 つの胃のおかげで，草だけでもこんなに大きな体を保つことができるんですね。」

茶実子「以前，ニュース番組でウシの『げっぷ』が地球温暖化の原因のひとつになっていると聞いたのですが，それも胃のはたらきに関係していますか？」

飼育員「第一胃に存在する微生物のはたらきによってメタンが生成されて，それがげっぷとして体外に排出されているんだ。１頭のウシは１日に約400Ｌのメタンを排出するよ。」

蘭　子「メタンが温室効果ガスのひとつだって理科の授業で習ったよね。でも，ウシのげっぷなんて大した量にならない気がするけど……。」

（後日，学校にて）

茶実子「飼育員さんから聞いた話をもとに，ウシのメタン排出量を計算してみよう。」

蘭　子「１頭から１日に400Ｌ排出されるって言っていたよね。ウシの胃の中の温度にあたる39℃では，メタンは16Ｌで10ｇになるみたい。」

茶実子「１年を365日とすると，１頭から年間で［　A　］kgのメタンが排出されることになるね。」

蘭　子「地球上では約15億頭のウシが飼育されているんだって。化石燃料の採掘や畜産など，人類の活動によるメタン排出量は年間で約６億4000万トンと書いてある記事を見つけたよ。」

茶実子「６億4000万トンの約［　B　］％がウシによるものということになるね。」

蘭　子「メタン排出量の削減に向けて，たしかにこれは無視できない量だね。」

茶実子「最近は，げっぷに含まれるメタンの量を減少させる方法の開発が進んでいるみたい。ウシは私たちの食生活を支えてくれる大切な存在だから，うまく共存していく必要があるね。」

(1)　下線部Ⅰのヒトの理由として正しいものを選び記号で答えなさい。

ア　よく噛むことで，だ液に含まれる消化酵素の濃度が上がるから。

イ　よく噛むことで，あごの筋肉が発達し，強い力で噛めるようになるから。

ウ　よく噛むことで，食べ物が小さく砕かれ，消化酵素と反応しやすくなるから。

エ　よく噛むことで，食べ物が小さく砕かれ，消化酵素なしでも分解できるから。

(2)　下線部Ⅱについて，次の①，②に答えなさい。

①　繊維質が主成分で，細胞膜の外側にある植物細胞にのみ存在するつくりを何というか。

②　草食動物は草の繊維質を食べるのに適した歯の特徴をもつ。その特徴をひとつあげ，どのように適しているか，説明しなさい。

(3)　下線部Ⅲについて，ウシの第一胃は脂肪酸が生成されるにも関わらず，pHが中性付近に保たれ，微生物がはたらきやすい環境になっている。pHが中性付近に保たれる仕組みを説明しなさい。

(4)　下線部Ⅳについて，次の①，②に答えなさい。

①　ウシの第四胃の胃液に含まれる酵素の名称を答えなさい。

②　会話文中の【Ｘ】に入る語句を会話文中から抜き出して答えなさい。

(5)　会話文中の［　A　］に入る数値を答えなさい。

(6)　会話文中の［　B　］に入る数値を選び記号で答えなさい。

ア　3.1　　**イ**　21.4　　**ウ**　31.2　　**エ**　42.6　　**オ**　68.8　　**カ**　78.6

【社　会】（50分）　＜満点：100点＞

【注意】 解答は原則として漢字で記入しなさい。

1　次の地図を見て，下の各問いに答えなさい。

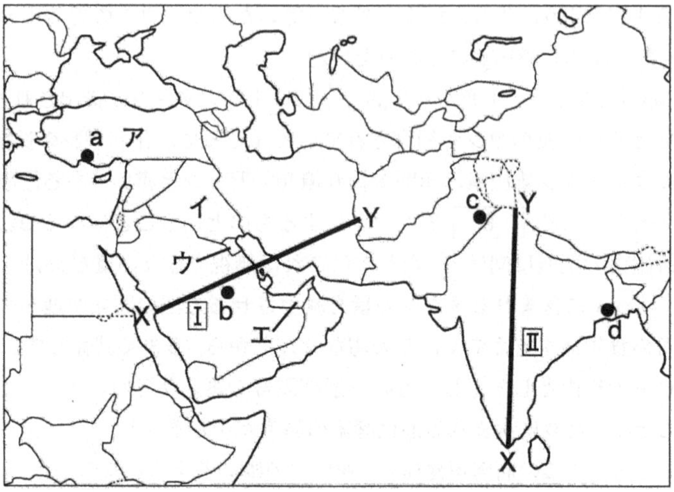

〔問１〕 次の**ア**から**エ**は，地図中の線 Ⅰ および線 Ⅱ の断面図を示したものである。線 Ⅰ および線 Ⅱ の断面図として適切なものを，次の**ア**から**エ**の中からそれぞれ選び，記号で答えなさい。なお，線 Ⅰ と線 Ⅱ の**X**と**Y**は，断面図の**X**と**Y**に対応している。

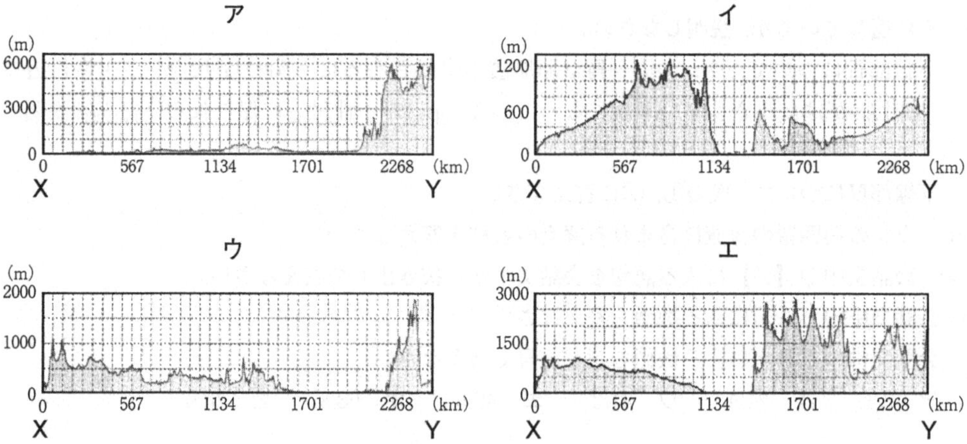

地理院地図より作成

〔問２〕 次のページの**ア**から**エ**の雨温図は，地図中の都市**a**から**d**のいずれかのものである。都市**a**から**d**の雨温図として適切なものを，次の**ア**から**エ**の中からそれぞれ選び，記号で答えなさい。

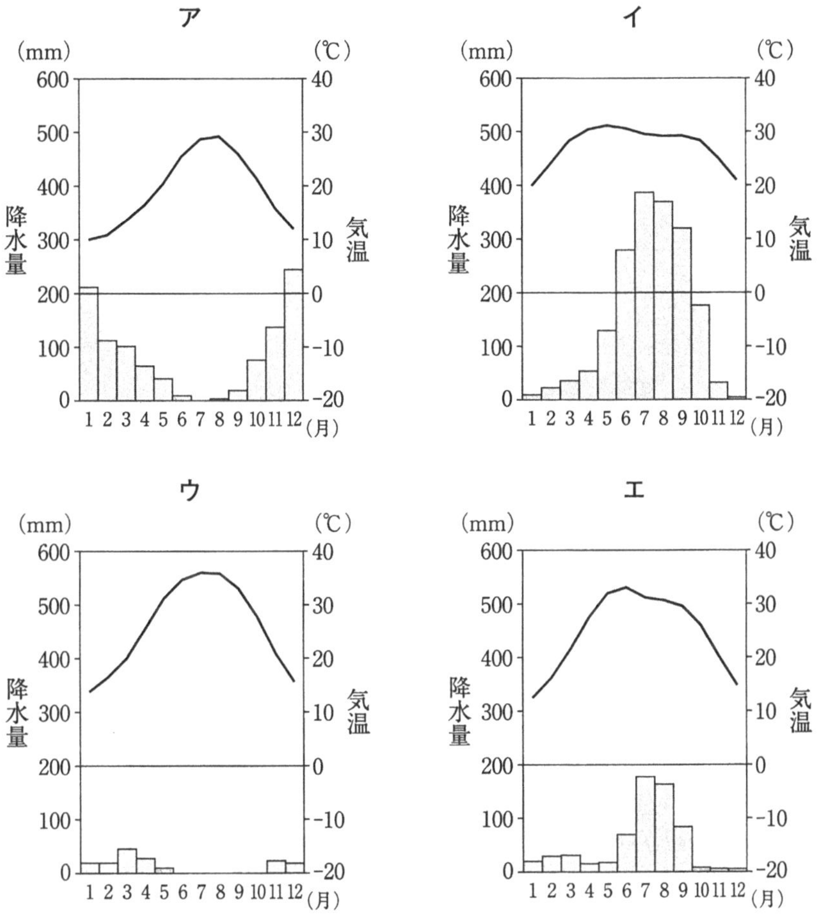

気象庁「世界の天候データツール」より作成

〔問3〕　次の文章を読み，下の各問いに答えなさい。

中央アジアや西アジアは，鉱産資源の輸出が国の経済を支えている国が多い。石油依存からの脱却をめざして産業の多角化を進める①**A**の国では，ドバイに自由貿易地域を設けて地域の運輸・物流の拠点となることをめざしている。②原油の輸出収入が多く比較的人口が少ない国では，1人あたりGDPも高くなる傾向がある。また，これらの地域に住む人々は，③イスラム教を信仰する人が多い。

(1)　文章中の下線部①**A**の国の位置として適切なものを，前ページの地図中の**ア**から**エ**の中から1つ選び，記号で答えなさい。

(2)　次のページの図は，文章中の下線部①**A**の国の人口ピラミッドを示したものである。この国の人口ピラミッドがこのような形をしているのはなぜか，説明しなさい。

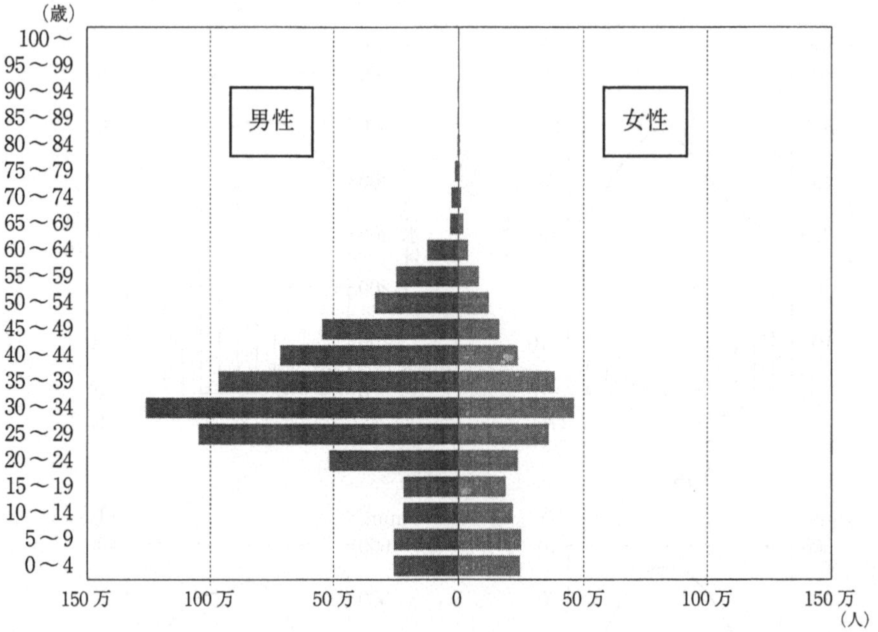

World Population Prospects 2019 より作成

(3) 文章中の下線部②原油に関連して，次の表は世界の原油輸出量（2020年），世界の原油生産量（2021年），日本の原油輸入先（2021年）の上位の国とその割合を示したものである。表中の**B**から**D**にあてはまる国の組み合わせとして適切なものを，下の**ア**から**カ**の中から１つ選び，記号で答えなさい。なお，表中の**A**は，文章中の下線部①**A**の国である。

世界の原油輸出量

国名	%
（ B ）	16.3
（ C ）	11.6
イラク	8.2
（ D ）	7.7
カナダ	7.6

世界の原油生産量

国名	%
（ D ）	18.5
（ B ）	12.2
（ C ）	12.2
カナダ	6.0
イラク	4.6

日本の原油輸入先（量）

国名	%
（ B ）	39.1
A	35.0
クウェート	8.4
カタール	7.8
（ C ）	3.6

『世界国勢図会 2023/24』などより作成

ア　B：アメリカ合衆国　C：サウジアラビア　D：ロシア
イ　B：アメリカ合衆国　C：ロシア　D：サウジアラビア
ウ　B：サウジアラビア　C：アメリカ合衆国　D：ロシア
エ　B：サウジアラビア　C：ロシア　D：アメリカ合衆国
オ　B：ロシア　C：アメリカ合衆国　D：サウジアラビア
カ　B：ロシア　C：サウジアラビア　D：アメリカ合衆国

⑷　下線部③イスラム教に関連して，国民の多数が信仰している宗教がイスラム教ではない国として適切なものを，次の**ア**から**エ**の中から１つ選び，記号で答えなさい。

ア　イスラエル　　**イ**　ウズベキスタン　　**ウ**　カタール　　**エ**　シリア

〔問４〕　南アジアでは，気候の違いを生かした農業がみられる。特にインドは，小麦，米，茶，綿花などの大生産地として知られている。次の**ア**から**エ**の表は，小麦(2021年)，米(2021年)，茶(2021年)，綿花（2020年）のいずれかの生産量上位の国と，その割合を示したものである。茶と綿花の表として適切なものを，次の**ア**から**エ**の中からそれぞれ１つ選び，記号で答えなさい。

ア　（%）

インド	25.3
中国	24.4
アメリカ合衆国	13.1
ブラジル	11.4
パキスタン	5.0

イ　（%）

中国	27.0
インド	24.8
バングラデシュ	7.2
インドネシア	6.9
ベトナム	5.6

ウ　（%）

中国	17.8
インド	14.2
ロシア	9.9
アメリカ合衆国	5.8
フランス	4.7

エ　（%）

中国	48.8
インド	19.4
ケニア	8.3
トルコ	5.1
スリランカ	4.6

『世界国勢図会 2023/24』より作成

〔問５〕　次の表の南アジアの国において，人口に占める信者の割合が最も多い宗教の組み合わせとして適切なものを，次の**ア**から**エ**の中から１つ選び，記号で答えなさい。

	インド	スリランカ	ネパール	パキスタン	バングラデシュ
ア	ヒンドゥー教	仏教	仏教	イスラム教	仏教
イ	仏教	ヒンドゥー教	仏教	ヒンドゥー教	ヒンドゥー教
ウ	ヒンドゥー教	仏教	ヒンドゥー教	イスラム教	イスラム教
エ	イスラム教	ヒンドゥー教	仏教	イスラム教	イスラム教

2　次の文章を読み，下の各問いに答えなさい。

日本列島は，大地の変動が活発な①変動帯に位置している。このため，地震や②火山活動による災害も各地で発生している。地震によって海底の地形が変形した場合には，（　**A**　）が発生することもあり，2011年に起きた東北地方太平洋沖地震では，沿岸部に大きな被害がもたらされた。

また，毎年のように③台風などによる④大雨に見舞われる地域もある。台風にともなう気圧の低下や強風は，海水面を上昇させる（　**B**　）を引き起こし，海水が防波堤をこえて沿岸の地域に流れ込むこともある。

日本では，これらの自然災害に対して，⑤さまざまな取り組みが行なわれている。

〔問１〕　文章中の空欄（**A**）と（**B**）にあてはまる適切な語句を，それぞれ**漢字２字**で答えなさい。

〔問２〕　下線部①変動帯に関して，環太平洋地域の変動帯に**含まれないもの**を，次の**ア**から**エ**の中から１つ選び，記号で答えなさい。

ア　アンデス山脈　　　　　　　**イ**　カムチャッカ半島

ウ　グレートディバイディング山脈　**エ**　ロッキー山脈

〔問３〕　下線部②火山に関連して，八ヶ岳や浅間山のふもとでみられる農業について述べた文として適切なものを，次の**ア**から**エ**の中から１つ選び，記号で答えなさい。

ア　ふもとの高原は，シラスとよばれる火山の噴出物が厚く積もる，水が得にくい土地であったが，農業用水の整備によって，茶の栽培が盛んになった。

イ　ふもとの高原は，火山灰が積もる栄養分かとぼしい土地であったが，堆肥などを用いて改良を重ねることで，大規模な小麦の栽培が盛んになった。

ウ　ふもとの高原では，温暖な気候を生かし，夏が旬である野菜を端境期にあたる冬から春にかけて出荷する促成栽培が盛んである。

エ　ふもとの高原では，暑さに弱い野菜を夏に栽培できる利点を生かして，冷涼な気候を生かしたキャベツやレタスなどの栽培が盛んである。

〔問４〕　下線部③台風に関して，次の表は，1951年から2014年の日本における台風の上陸数と，死者・行方不明者200人以上，または家屋倒壊・流出20,000棟以上の被害が生じた台風とその被害状況を示したものである。表から読み取れる被害状況の変化の特徴と，そのような変化が生じた社会的背景を説明しなさい。

年代	上陸数	被害状況		
		年／台風番号	死者・行方不明者数（人）	家屋倒壊・流出数（棟）
1951～1960年	32	1951年／台風15号	943	221,118
		1953年／台風13号	478	86,398
		1954年／台風12号	146	39,855
		1954年／台風15号	1,761	207,542
		1955年／台風22号	68	85,554
		1956年／台風9号	36	37,341
		1956年／台風12号	43	32,044
		1958年／台風22号	1,269	16,743
		1959年／台風7号	235	76,199
		1959年／台風15号	5,098	833,965
1961～1970年	33	1961年／台風18号	202	499,444
		1964年／台風20号	56	71,269
		1965年／台風15号	28	58,951
		1965年／台風23号	73	63,436
		1966年／台風24・26号	318	73,166
		1970年／台風10号	27	48,652
1971～1980年	24	―	―	―
1981～1990年	26	―	―	―
1991～2000年	28	1991年／台風19号	62	170,447
		1998年／台風7・8号	18	21,165
		1999年／台風18号	36	47,150
2001～2010年	28	2004年／台風18号	47	57,466
2011～2014年	11	―	―	―

『気象災害の事典』などより作成

〔問5〕 下線部④大雨に関して，次の図は，ハザードマップの一部である。図中で網掛けされている範囲で大雨により発生する可能性のある災害を**漢字3字**で答えなさい。

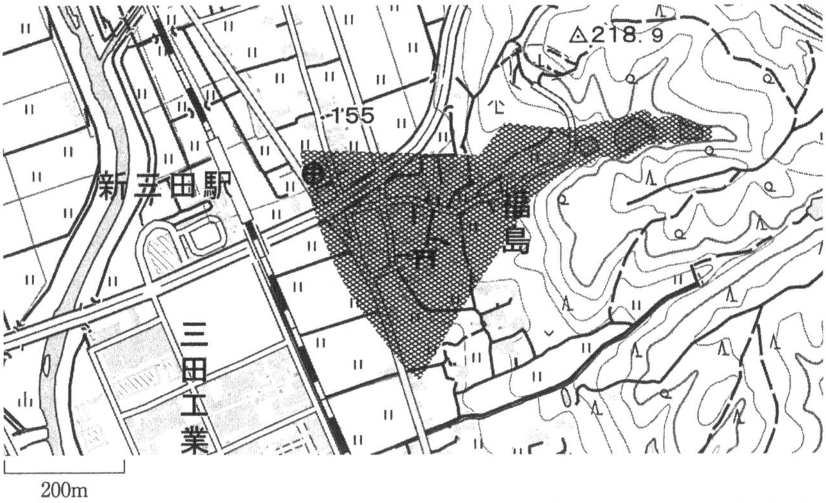

重ねるハザードマップより作成

〔問6〕 下線部⑤に関して，このような取り組みの1つにハザードマップの整備があり，ハザードマップには複数の種類がある。洪水ハザードマップに記載しなくてよい事項として適切なものを，次の**ア**から**エ**の中から1つ選び，記号で答えなさい。

ア 浸水の予想される範囲　　**イ** 液状化現象に注意すべき地域
ウ 想定される浸水の深さ　　**エ** 避難場所や避難経路

3 ある生徒は，銭に関するレポートをまとめました。レポートに用いた**年表**，**図**，**レポートのまとめ**を読み，下の各問いに答えなさい。

年表　銭の鋳造（発行）に関する歴史

683年	①天武天皇が銅銭の使用を命じる	
708年	（ A ）を鋳造する	↑
760年	万年通宝を鋳造する	
765年	神功開宝を鋳造する	
796年	隆平永宝を鋳造する	X
9世紀	6種類の銭を鋳造する	
907年	延喜通宝を鋳造する	
958年	乾元大宝を鋳造する	↓
		Y
1615年頃	元和通宝を鋳造する	↑
1636年頃	寛永通宝を鋳造する	Z
1835年	②天保通宝を鋳造する	↓

図　本朝十二銭

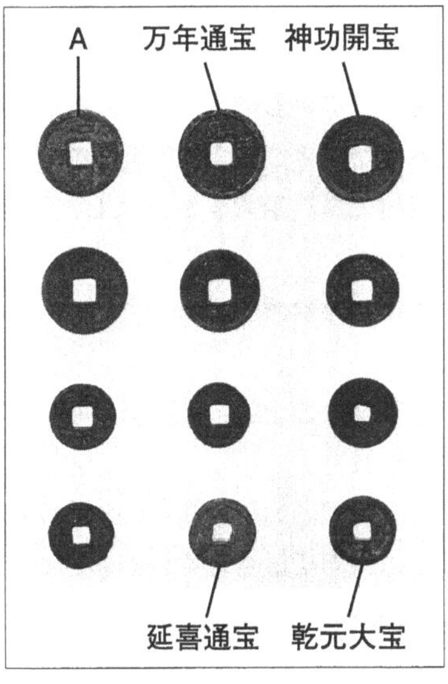

レポートのまとめ

日本では，8 世紀から10世紀半ばにかけて，10人の天皇が12種類の銭の鋳造（発行）を命じており，これらを本朝十二銭という。**年表**や**図**からは，本朝十二銭はだんだんと（　B　）がわかる。そして（　C　）の鋳造後，長期にわたって銭は鋳造されなかった。このことから，③10世紀後半には，銭を鋳造することができなくなったのだと考えた。

17世紀前半に最初に鋳造された寛永通宝は，名称を変えずに何度も鋳造され，19世紀半ばまで用いられた。1835年に鋳造された天保通宝は，寛永通宝100枚分の価値を持つとされ，日本で初めての額面を現物に明示する銭となった。

〔問 1〕 **年表**中の空欄（A）にあてはまる適切な語句を答えなさい。

〔問 2〕 **レポートのまとめ**中の空欄（B）にあてはまる適切なものを，次の**ア**から**エ**の中から**2つ**選び，記号で答えなさい。

ア　大きくなり，質が高まっていったこと

イ　小さくなり，質が下がっていったこと

ウ　新しい貨幣の鋳造を命じられる間隔が狭くなっていったこと

エ　新しい貨幣の鋳造を命じられる間隔が開いていったこと

〔問 3〕 **レポートのまとめ**中の空欄（C）にあてはまる適切な語句を答えなさい。

〔問 4〕 **年表**中の下線部①に関する次の各問いに答えなさい。

⑴　この内容が記されている，日本で最も古い正史を**漢字 4 字**で答えなさい。

⑵　これ以前の日本について述べた次のⅠからⅢを年代の古い順に正しく並べたものとして適切なものを，下の**ア**から**カ**の中から 1 つ選び，記号で答えなさい。

Ⅰ　中大兄皇子が蘇我蝦夷を倒して，中央集権化を進めた。

Ⅱ　聖徳太子が役人の心がまえを示すため，憲法十七条を定めた。

Ⅲ　倭王武らが中国に朝貢し，支配権を認めてもらった。

ア　Ⅰ→Ⅱ→Ⅲ　　**イ**　Ⅰ→Ⅲ→Ⅱ　　**ウ**　Ⅱ→Ⅰ→Ⅲ

エ　Ⅱ→Ⅲ→Ⅰ　　**オ**　Ⅲ→Ⅰ→Ⅱ　　**カ**　Ⅲ→Ⅱ→Ⅰ

〔問 5〕 **年表**中の下線部②天保通宝に関連して，この通貨が鋳造された頃の社会について述べた文として**適切でないもの**を，次の**ア**から**エ**の中から 1 つ選び，記号で答えなさい。

ア　飢饉が続き，多くの餓死者が出たため，大規模な一揆や打ちこわしが起こらなくなった。

イ　農村では貧富の差が拡大し，土地を手放して小作人になる者や，都市部へ出稼ぎに行く者が増えていた。

ウ　都市では貸本屋が多くつくられ，『東海道中膝栗毛』などの文芸作品が多くの人に読まれていた。

エ　薩摩藩などでは，特産品の販売など商業活動に力を入れ，藩の財政を立て直そうとする改革が進められた。

〔問 6〕 **年表**中の**X**の時期に関する次の各問いに答えなさい。

⑴　この時期に最も長くつかわれた京を答えなさい。

⑵　この時期の文化について述べた文として**適切でないものを**次の**ア**から**エ**の中から 1 つ選び，記号で答えなさい。

ア　浄土信仰が各地に広まり，藤原頼通は平等院鳳凰堂をつくらせた。

イ　唐の僧鑑真が日本に正式な仏教の教えを伝えた。

ウ　貴族は唐風の文化を好み，漢文の詩を盛んにつくった。

エ　天台宗をはじめた最澄が，比叡山に延暦寺をたてた。

〔問７〕 **年表**中の**Ｙ**の時期に関する次の各問いに答えなさい。

(1)　この時期のできごとについて述べた次のⅠからⅢを年代の古い順に正しく並べたものとして適切なものを，下の**ア**から**カ**の中から１つ選び，記号で答えなさい。

Ⅰ　オスマン帝国がビザンツ帝国をほろぼした。

Ⅱ　チンギス・ハンがモンゴル帝国をたてた。

Ⅲ　ポルトガル人が日本に鉄砲を伝えた。

ア　Ⅰ→Ⅱ→Ⅲ　　**イ**　Ⅰ→Ⅲ→Ⅱ　　**ウ**　Ⅱ→Ⅰ→Ⅲ

エ　Ⅱ→Ⅲ→Ⅰ　　**オ**　Ⅲ→Ⅰ→Ⅱ　　**カ**　Ⅲ→Ⅱ→Ⅰ

(2)　次の図は，**Ｙ**のある時期に描かれたものである。右の人物が左の人物にお金を貸している場面であり，**Ｙ**の時期にも日本で銭が用いられたことがわかる。当時，銭を鋳造せずにどこから手に入れたのか，答えなさい。

〔問８〕 年表中の**Ｚ**の時期のできごとについて述べた次のⅠからⅢを年代の古い順に正しく並べたものとして適切なものを，下の**ア**から**カ**の中から１つ選び，記号で答えなさい。

Ⅰ　公事方御定書という裁判の基準となる法律を定めた。

Ⅱ　大名が領地と江戸を１年おきに往復する参勤交代が制度化された。

Ⅲ　蝦夷地の調査を行ない，俵物の輸出を拡大した。

ア　Ⅰ→Ⅱ→Ⅲ　　**イ**　Ⅰ→Ⅲ→Ⅱ　　**ウ**　Ⅱ→Ⅰ→Ⅲ

エ　Ⅱ→Ⅲ→Ⅰ　　**オ**　Ⅲ→Ⅰ→Ⅱ　　**カ**　Ⅲ→Ⅱ→Ⅰ

〔問９〕 **レポートのまとめ**中の下線部③に関して，生徒は，10世紀後半に銭を鋳造することができなくなったという仮説を追究していて，次のページの資料１と２を見つけた。銭が鋳造されなくなったことや，資料１と２から読み取れる内容をふまえて，10世紀頃の日本の政治や社会がどのような状況にあったと考えられるか，説明しなさい。

資料１　延喜の荘園整理令（902年）（一部，要約）

諸国の悪賢い人は税や労役を逃れようとして，都の有力な家とつながりを持ち，あるいは田を名目上寄進したといい，役人などが勝手に立ち入らないように標識を立てる。役人はそれがうそだとわかっていても，都の有力者に遠慮してこうした行為を禁止しない。そのため，有力者の荘園であると主張して，税を納めない。

資料２　『古今著聞集』に記された10世紀半ばの政治（一部，要約）

村上天皇の時代（946～967年），天皇が，諸官庁の雑用に使われる老人が南の階段の付近に控えていたのをお呼びになって，「今の政治に対して，世間はどのように申しておるか」とおたずねになったので，「すばらしいと申しております。ただし，雑事を担当する部署に松明（たいまつ）が運び込まれ，調などの一部が保管される場所には草が茂っております」とお答えしたので，天皇はたいそう面目ないと思われた。松明がいるというのは，政務がはんざつになり，儀式が夜までかかっているからである。保管所に草が茂っているというのは，諸国に朝廷の威令（いれい）が届かず，租税が集まらないからであろう。ずいぶん上手に申し上げたものである。

4　次の**資料１**から**資料３**を読んで，これに関するあとの各問いに答えなさい。なお資料は一部省略・改変し，わかりやすい日本語にしてある。

資料１

①ローズベルト大統領，蔣介石大元帥およびチャーチル総理大臣は…次の一般的声明を発した。…三大同盟国は日本国の侵略を制止しかつこれを罰するために今回の戦争を戦っている。…

同盟国の目的は日本国より…満州，（　A　）および澎湖諸島のような日本国が清国人から盗み取った一切の地域を中華民国に返還することにある。…

前記三大国は朝鮮の人民の奴隷状態に留意し，やがて朝鮮を自由かつ独立のものとする決意を有する。…

内閣府ホームページより引用・一部改変

資料２

ああ，去る11月17日の変は，全世界中でいまだかつてなかった事である。隣国に対して外交を行なうことができず，他人が我々に代わって外交をするというのは，国がないのと同じである。…日本が条約に信を置かず，盟約を守らない罪について言えば，下関条約より日露宣戦書にいたるまで，大韓の自主独立をうたって我が国の領土を保全するとねんごろに述べたことが何度かあったにもかかわらず，みなたやすくこれを廃棄して少なくない難題を突きつけた。…ついには…今回の新条約を結ばせた。さらにソウルに（　B　）府を設置して，外交権を日本に移し…た。…

我が国は…名分は中国の藩属（はんぞく）だったとしても，土地と人民と政事は，みな我々の自立・自主のもとにあり，少しも中国の干渉をうけなかった。…②壬辰倭乱でもたとえ大明国の救援があったにせよ，完勝をおさめて国権を回復できたのは，ひとえに我が兵士が倭の70余隻の船をノリャンで沈没させた功績によるものである(注)。…

注　ノリャン（露梁）の海戦は，丁酉再乱の際のできごとである。

『原典朝鮮近代思想史』４より引用・一部改変

資料３

米国大統領の（　C　）氏が提出した③対独講和の基礎的な条件，すなわち十四か条の中に，国際連盟と④民族自決の条件がある。これに対して英，仏，日およびその他各国が内容ではすでに国際連盟に賛同した。だから国際連盟の本領，すなわち平和のための根本的解決である民族自決に対してはもちろん賛成するだろう。各国が賛同の意を表した以上，国際連盟と民族自決は（　C　）１人の私的な話ではなく，世界の公言であり，希望的な条件ではなく既成の条件となった。…

『原典朝鮮近代思想史』４より引用・一部改変

〔問１〕 **資料１**から**資料３**中の空欄（A）から（C）にあてはまる適切な語句を答えなさい。

〔問２〕 **資料１**中の下線部①ローズベルト大統領のもとで行われた，農産物や工業製品の生産量制限・価格調整やテネシー川流域の総合開発に代表される公共事業など政府が積極的に経済を調整した政策を何とよぶか，答えなさい。

〔問３〕 **資料２**中の下線部②壬辰倭乱はどのようなできごとか，関わった人物を明記して**10字以内**で答えなさい。

〔問４〕 **資料３**中の下線部③対独講和に関して，次の資料は対独講和条約に関する「大阪朝日新聞」の記事である。空欄(D)にあてはまる適切な語句を答えなさい。ただし，資料は一部省略・改変し，わかりやすい日本語にしてある。また出題の都合上，掲載年月日は示していない。

「南洋統治上の声明」(外務省公表)
…連合国最高会議の決議および対独平和条約の規定の結果として，日本は赤道以北南太平洋諸島の（　D　）を引き受くることとなり，続いて昨年12月の国際連盟理事会はその統治条項を決定したるをもって，帝国政府はその条項により極力当該（とうがい）地域住民の物質的および精神的幸福ならびに社会的進歩の増進を図らんがために，目下適当なる統治機関の制定準備中にして，近く各島より軍政を撤去するの運びにいたるべし。…

〔問５〕 **資料３**中の下線部④民族自決の考えの影響を受けて，**資料３**が書かれた時期に朝鮮半島で生じたできごとを答えなさい。

〔問６〕 **資料１**から**資料３**を出された年代の古い順に正しく並べたものとして適切なものを，次の**ア**から**カ**の中から１つ選び，記号で答えなさい。

ア　資料１→資料２→資料３　　**イ**　資料１→資料３→資料２
ウ　資料２→資料１→資料３　　**エ**　資料２→資料３→資料１
オ　資料３→資料１→資料２　　**カ**　資料３→資料２→資料１

5 次の文章を読み，下の各問いに答えなさい。

今年は万国郵便連合（UPU）の前身である一般郵便連合の創設から150周年にあたる。万国郵便連合は，全世界の住民間の通信を容易にするために郵便業務の質を高めることを任務とする①国連専門機関で，現在は日本人の目時政彦氏が②国際事務局長を務めている。

郵便は情報伝達の重要な手段の一つであり，郵便制度の信頼性を高めるには通信の（　A　）が守られることが重要である。しかし，第二次世界大戦中の日本では，国防上の理由で郵便物の検閲が行われた。そこで日本国憲法第21条は「（　B　），結社及び言論，出版その他一切の（　C　）の自由は，これを保障する」と定め，さらに「検閲は，これをしてはならない。通信の（　A　）は，これを侵してはならない」と明記し，権利を保障している。

郵便を用いて，契約書や③訴状などの重要な文書が送られている。選挙の際には，選挙が④公示や告示されると，居住する自治体の選挙管理委員会から投票所入場券が郵送される。この入場券を投票所に持参すると，円滑に投票用紙を受け取ることができる。⑤さまざまな事情があって投票所に行くことが難しい人のために，郵便により投票する仕組みもある。

日本では1871年に郵便制度が創設され，現在は約２万４千の郵便局がある。郵便局は⑥手紙や荷物の送付だけでなく貯金や送金の業務も行なっており，⑦金融機関としての役割もになう。これらは，長きにわたって国営事業だったが，⑧民営化が進められて2007年には日本郵政株式会社を含む複数の⑨株式会社が設立された。ただし，民営化後も郵便料金は政府の認可や政府への届け出が必要とされる（　D　）としてあつかわれている。日本国内，そしてグローバルな郵便ネットワークは私たちの生活にとって重要な社会基盤であり，これを維持し，発展させていくことが重要である。

〔問１〕 文章中の空欄（A）から（D）にあてはまる適切な語句を答えなさい。

〔問２〕 文章中の下線部①国連専門機関に関連して，次の文章はある国連専門機関の憲章からの抜粋である。この文章が示す国連専門機関を下のアからエの中から１つ選び，記号で答えなさい。なお資料は一部省略・改変してある。

> 戦争は人の心の中で生まれるものであるから，人の心の中に平和のとりでを築かなければならない。
>
> 相互の風習と生活を知らないことは，人類の歴史を通じて世界の諸人民の間に疑惑と不信をおこした共通の原因であり，この疑惑と不信のために，諸人民の不一致があまりにもしばしば戦争となった。…
>
> 政府の政治的および経済的取りきめのみに基づく平和は，世界の諸人民の…永続する誠実な支持を確保できる平和ではない。よって平和は，失われないためには，人類の知的および精神的連帯の上に築かなければならない。
>
> 出典は出題の都合上省略

ア UNICEF　**イ** UNESCO　**ウ** ILO　**エ** IAEA

〔問３〕 文章中の下線部②国際事務局長に関連して，次の文章は万国郵便連合一般規則第126条の抜粋である。万国郵便連合の国際事務局長・次長と日本の地方自治体の首長・副知事・副市長村長の選出方法や任期を比較して説明した文として適切なものを，次のページのアからエの中から１つ選び，記号で答えなさい。

> 国際事務局長および国際事務局次長は，大会議(注)から大会議までの期間について大会議が選出する。その任期は，４年を下回らないものとし，１回に限って更新することができる。…
>
> 注　大会議は加盟国の代表が参加する最高意思決定機関であり，１か国１票の投票権を持つ。
>
> 総務省ホームページより引用・一部改変

ア　国際事務局長は大会議によって選出され，日本の地方自治体の首長は地方議会によって選出される。

イ　国際事務局長の任期は，日本の地方自治体の首長の任期よりも短い。

ウ　国際事務局長の任期の更新回数には制限があるが，日本の地方自治体の首長の在任期数に制限はない。

エ　国際事務局次長は国際事務局長の指名のみにより任命され，日本の地方自治体の副知事や副市長村長も首長の指名のみにより任命される。

〔問４〕　文章中の下線部③訴状に関連して，民事訴訟について述べた文として**適切でないもの**を，次の**ア**から**エ**の中から１つ選び，記号で答えなさい。

ア　訴えた側を原告，訴えられた側を被告という。

イ　民事訴訟が扱う例として，相続や家族関係の争い，交通事故の損害賠償などがある。

ウ　当事者が判決に従わないとき，裁判所は強制的に判決の内容を執行することができる。

エ　訴状が相手に届き，一度裁判が始まったら，判決が出るまで訴えを取り下げることはできない。

〔問５〕　文章中の下線部④公示に関して，国会議員の総選挙の公示は日本国憲法が定める天皇の国事行為に含まれる。天皇の国事行為として**適切でないもの**を，次の**ア**から**エ**の中から１つ選び，記号で答えなさい。

ア　内閣総理大臣の任命　　**イ**　最高裁判所長官の指名　　**ウ**　国会の召集　　**エ**　衆議院の解散

〔問６〕　文章中の下線部⑤に関連して，公職選挙法では，有権者が投票所に行って自分で投票することを原則としている。この原則について，次の各問いに答えなさい。

(1)　この原則が定められているおもな理由を２つ答えなさい。

(2)　この原則に対して，公職選挙法によって郵便を用いた投票が認められるのは，どのような場合か。具体例を１つあげなさい。

〔問７〕　文章中の下線部⑥に関連して，次の図１は日本の郵便取扱量の推移，図２は日本のインターネット利用率の推移を示している。図１，図２をふまえて，日本の郵便取扱量がなぜ，どのように変化したか説明しなさい。

図１

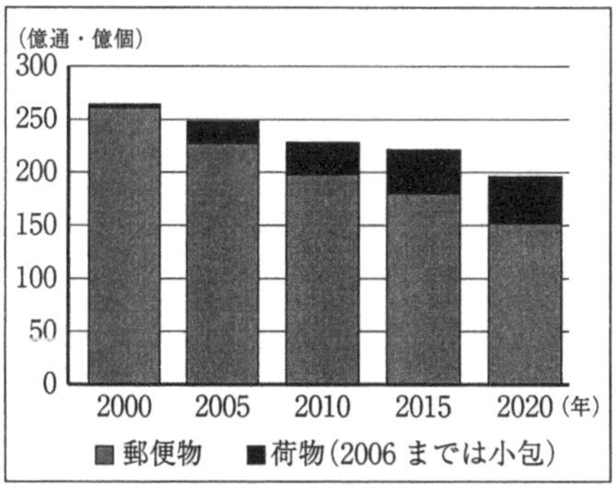

図２

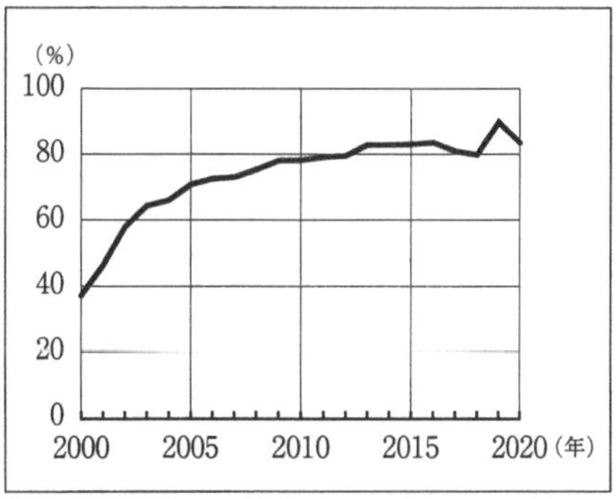

『情報通信白書令和４年版』などより作成

〔問８〕 文章中の下線部⑦金融機関について述べた文として適切なものを，次のアからエの中から１つ選び，記号で答えなさい。

ア 民間の金融機関に含まれるのは銀行と郵便局だけであり，保険会社は含まれない。

イ 民間の金融機関は保有する金の範囲内で紙幣を発行することができる。

ウ 市中銀行は家計や企業から預金を預かり，預金者から利子を受け取る。

エ 市中銀行は，日本銀行に自らの銀行口座を開設している。

〔問９〕 文章中の下線部⑧民営化に関連して，公企業の民営化をすすめることに反対する主張の根拠として最も適切なものを次のアからエの中から１つ選び，記号で答えなさい。

ア 安全な財やサービスをすべての人に安定して供給するべきだ

イ 人件費などの運営にかかるコストを節約するべきだ

ウ 民間企業同士の競争からより良いサービスが生み出されるべきだ

エ 価格は市場メカニズムを通じて決定されるべきだ

〔問10〕 文章中の下線部⑨株式会社に関連して，2006年の会社法によって新たに設立できるようになった会社形態で，株式会社と同様に出資者が有限責任だけを負うものを答えなさい。

イ　いい加減な対応に思われた。

ウ　劣っている人と思われてしまう。

エ　おろかだと思う人はいないだろう。

オ　おろかだと思わずにはいられなかった。

問六　□Ⅰに入れるのに最も適切な一文を次の中から選び、記号で答えなさい。

ア　あらためて益《えき》なき事は、あらためぬをよしとするなり。

イ　すべて、あはれみの深き事、母の思ひに過ぎたるはなし。

ウ　自ら戒めて、恐るべく慎むべきは、このまどひなり。

エ　もののあはれも知らずなりゆくなん、あさましき。

オ　やがてめでたき人に思はれて、さいはひ人と言はれけり。

〔注3〕 西塔…比叡山の三塔の一つ。
〔注4〕 烟…煮炊きする炊事の煙。
〔注5〕 奉り給へる…差し上げなさった。「給へ」は尊敬の意味。
〔注6〕 侍らず…ございません。「侍ら」は丁寧の意味。
〔注7〕 賜びて…お与えになって。
〔注8〕 つかまつる…いたします。
〔注9〕 下臈にては侍れど…身分の低い者ではありますが。

問一 二重傍線部**a**「ねんごろなる」・**b**「いとほしければ」・**c**「あやしくて」のここでの意味として最も適切なものをあとの中から選び、それぞれ記号で答えなさい。

a「ねんごろなる」
ア 息も絶え絶えの　**イ** 心のこもった　**ウ** 親しい仲の
エ 心配な様子の　**オ** 悩ましい

b「いとほしければ」
ア いじらしいので　**イ** 驚いたので　**ウ** 感動したので
エ 気の毒なので　**オ** ほしかったので

c「あやしくて」
ア ありがたく思って　**イ** かわいそうに思って
ウ 心惹かれて　**エ** 不思議に思って
オ 理由が知りたくて

問二 波線部i「おしはかりけん」・ii「あはれに覚ゆる」・iii「故を問ふ」の主語を次の中から選び、それぞれ記号で答えなさい。同じ記号を何度使ってもかまいません。
ア 僧都　**イ** 母　**ウ** 使ひの男

問三 傍線部①「たえだえしき様」とありますが、ここではどのような様子を表していますか。最も適切なものを次の中から選び、記号で答えなさい。
ア 命が尽きようとしている様子
イ 食事も十分にできない様子
ウ 便りもあまり交わしていない様子
エ 長い間誰も訪れていない様子
オ 雪がたいそう深い様子

問四 傍線部②「はらはらと涙を落して食はずなりぬる」について、次の**1**・**2**の各問いに答えなさい。
1 主語を次の中から選び、記号で答えなさい。
ア 僧都　**イ** 母　**ウ** 使ひの男
2 それはなぜですか。四〇字以内で答えなさい。

問五 傍線部③「なほざりにて出来たる物にても侍らず」・④「おろそかに覚えんやは」の解釈として最も適切なものをあとの中から選び、それぞれ記号で答えなさい。

③「なほざりにて出来たる物にても侍らず」
ア いつも手に入らずに困っているのです。
イ いつもは手に入るはずのないものです。
ウ 簡単に出来たためしがございません。
エ 簡単に手に入れた物ではございません。
オ 決して手に入れることができません。

④「おろそかに覚えんやは」
ア いい加減に思うだろうか。

すが、それはなぜですか。最も適切なものを次の中から選び、記号で答えなさい。

ア この兵がどこの中隊か軍の上司に報告しようと思ったから。
イ この兵の最期に立ち会った人間としての責任だと考えたから。
ウ この兵の死顔が疲れてはいるものの若くて美しかったから。
エ この兵のように自分にも死が近づいていることを悟ったから。
オ この兵をせっかく助けようとしたのに善意が無駄になったから。

問四 傍線部②「乱暴な言葉で、しかし大変に愛情をもった口調で答えてやる」とありますが、この時の軍医はどのような気持ちだと考えられますか。五〇字以内で答えなさい。

問五 傍線部③「冷たい汗が流れていた」とありますが、それはなぜですか。最も適切なものを次の中から選び、記号で答えなさい。

ア 終わりの見えない状況の中で、今後も戦い続けていかなければならないことに絶望したから。
イ 敵弾が靴の踵を貫き靴下が見えていたが、全く傷のないことがわかって冷静になったから。
ウ 敵弾に撃ち抜かれたことによって、死に直面している戦場にいるということを実感したから。
エ 砲弾を避けて土の上に頭を横たえたことで、より緊張感が増して全身の痛みが悪化したから。
オ 皆が死と隣り合わせの戦場で、戦闘中に逃げ出そうとした自分を恥ずかしく思ったから。

問六 不思議な覚醒 とは、どのようなことですか。本文全体を踏まえて一〇〇字以内で答えなさい。

三 次の文章を読んで、あとの問いに答えなさい。

[注1]山に、[注2]正算僧都《しゃうざんそうづ》といふ人ありけり。わが身いみじく貧しくて、[注3]西塔の大林《だいりん》といふ所に住みけるころ、歳《とし》の暮れ、雪深く降りて、訪《と》ふ人もなく、ひたすら[注4]烟《けぶり》絶えたる時ありけり。京に母なる人あれど、①たえだえしき様なれば、なかなか心苦しうて、ことさらのありさまをば聞かれじと思へりけるを、雪の中の心細さをやⅰおしはかりけん、もしまた、事の便りにや、もれ聞こえけん、aねんごろなる消息《せうそこ》あり。都だに跡たえたる雪の中に、雪深き嶺《みね》のすまひの心細さなど、常よりも細やかにて、いささかなる物を送りつかはされけり。

思ひ寄らざる程に、いとありがたくⅱあはれに覚ゆる。中にも、この使ひの男の、いと寒げに深き雪を分け来たるがbいとほしければ、まづ火など焼《た》きて、この持ち来たる物して食はす。今食はんとする程に、箸うち立て、②はらはらと涙を落《おと》して食はずなりぬるを、いとcあやしくてⅲ故《ゆゑ》を問ふ。答へていふやう、「[注5]この奉《たてまつ》り給《たま》へる物は、③なほざりにて出来《いでき》たる物にても[注6]侍《はべ》らず。方々尋ねられつれども、叶《かな》はで、母御前のみづから御《み》ぐしの下を切りて、[注7]人に賜《た》びて、その替《かは》りを、わりなくして奉り給へるなり。ただ今これを食べむと[注8]つかまつるに、かの御志の深きあはれさを思ひ出《い》でて、[注9]下臈《げらふ》にては侍れど、いと悲しうて、胸ふたがりて、いかにも喉へ入り侍らぬなり」といふ。これを聞きて、④おろそかに覚えんやは。やや久しく涙流しける。

I

（『発心《ほっしん》集』による。本文を改めたところがある）

[注1] 山…比叡山《ひえいざん》のこと。
[注2] 正算僧都…法性寺《ほっしょうじ》第一一代座主《ざす》（生年未詳～九九〇）。

た。彼は熱い吐息をついてずきずきと顳顬《こめかみ》の痛む頭を土の上に横たえた。もう一寸《ちょっと》だけ踵が高くなっていたなら彼の足は生涯歩行に苦しむことになったろう。もしも彼の頭がもう一寸高かったならば今は知覚をもたない死骸となってこの畑に横たわっていたであろう。

　額と腋《わき》の下から③冷たい汗が流れていた。彼は何とも言えない恐怖を感じて一寸たりとも頭をあげることができなくなってしまった。このような恐怖はこの秋のはじめ[注15]太沽《タークー》に上陸し[注16]天津《てんしん》を出て[注17]子牙河《しがか》ｅエンガンの最初の戦闘のころに幾度か経験したもので、その後はまったく知覚を失っていた、それが今はじめて卒然として甦《よみがえ》って来たのであった。

（石川達三《いしかわたつぞう》『生きている兵隊』による。本文を改めたところがある）

［注1］常州…一九三七年頃に占領した中国江蘇《こうそ》省南部の都市。
［注2］内地…ここでは日本本土のこと。
［注3］大連…中国遼東《りょうとう》半島の南端に近い港湾都市。
［注4］慰問袋…出征兵などを慰めるため、中に娯楽物、日用品などを入れて送る袋。
［注5］ゲエトル…厚地の、すねを包む服装品。
［注6］外套…防寒、防雨のため洋服の上に着る衣類。
［注7］中隊…三、四個の小隊から成る軍隊編制の一つ。
［注8］かたわ…身体に完全でない所があること。現在は差別用語。あとの「不具者」も同じ。
［注9］身を鴻毛の軽きに置く…ここでは、国家のためならいさぎよく一身を投げ捨てるという意味。
［注10］掃蕩…（敵などを）討ちほろぼすこと。
［注11］散兵線…敵前で兵を密集させず、適当の距離を隔てて散開させた兵で形成した戦闘線。
［注12］掩護物…覆い守る物。
［注13］畝…畑に作物を植えつけるため、間隔をおいて上を筋状に高く盛り上げた所。
［注14］五寸…一寸の五倍。一寸は約三センチメートル。
［注15］太沽…「大沽」に同じ。渤海《ぼっかい》湾にのぞむ天津の外港。
［注16］天津…中国華北《かほく》地区東北部の都市。
［注17］子牙河…中国の山西《さんせい》省東部から河北《かほく》省中部を流れる河川。

問一　二重傍線部ａ・ｂ・ｃ・ｄ・ｅのカタカナを漢字に改めなさい。

問二　波線部Ａ「とり止めもない」・Ｂ「酸鼻を極めた」・Ｃ「卒然として」のここでの意味として最も適切なものをあとの中から選び、それぞれ記号で答えなさい。

Ａ　「とり止めもない」
ア　おもしろくない　**イ**　書き残せない
ウ　黙っていられない　**エ**　まとまりのない
オ　むずかしくない

Ｂ　「酸鼻を極めた」
ア　これまでになく珍しい　**イ**　たえきれないほど不快な
ウ　とてつもなく混乱した　**エ**　はなはだしく驚くべき
オ　むごたらしく痛ましい

Ｃ　「卒然として」
ア　あきらかに　**イ**　あらたに　**ウ**　しずかに
エ　たしかに　**オ**　にわかに

問三　傍線部①「今はこの兵の顔をよく覚えておいてやろう」とありま

たであろう。けれども①今はこの兵の顔をよく覚えておいてやろうと思うのであった。その顔はまだ若くて美しかったが、まばらな髯《ひげ》が伸びて永い戦場の疲れが黒い隈《くま》のように白い額に翳《かげ》をつくっていた。

またある兵は腰の関節を弾片でうち砕かれていた。彼は手当をうけながら軍医に向って言った。

「どの位たったら、また戦線へ出られるでしょうか」

軍医は②乱暴な言葉で、しかし大変に愛情をもった口調で答えてやるのであった。

「馬鹿なことを言え。この傷を見ろ」

「[注8]かたわになりますか?」

「なるとも」

すると彼は失望してかすかに笑いをうかべ、やがて日本へ帰されて行くであろう自分の病衣を着た姿と、そして故郷の人々との有様《ありさま》を想像して見るのであった。けれどもそのときはまだ不具者になってから何十年の命を生きながらえて行かなければならないということについては全く考えてはいなかった。

まことに戦場にあっては、近藤一等兵がたびたび疑問を抱いているように、敵の命をごみ屑《くず》のように軽蔑すると同時に自分の命をも全く軽蔑しているようであった。それは[注9]身を鴻毛《こうもう》の軽《かろ》きに置くというほどはっきりした意識をもって自己にその観念を強制したものではなくて、敵を軽蔑しているあいだにいつの間にか我とわが命をも軽蔑する気になって行くもののようであった。彼等は自分の私的生涯ということをどこかに置き忘れ、自分の命と体との大切なことを考える力を失っていたとも言えよう。それは一種の神経衰弱にちかい症状であって、彼等が無傷で戦っているあいだはどれほど戦友が斃《たお》れようとも覚醒するときのないはげしいcムユウ状態のようであった。むしろ戦闘がはげしくなればはげしいほど彼等の昏迷《こんめい》はふかかった。そしてひとたび敵弾が彼等の肉体に穴をあけたとき、c卒然として生きている自分を発見し死に直面している自分をさとるもののようであった。

平尾一等兵は翌日の常州城外の残敵[注10]掃蕩《そうとう》のとき、この不思議な覚醒を経験した。

城外の戦場は一面の畑であった。[注11]散兵線はこの畑の中の全く[注12]掩護《えんご》物のない平面の上に布《し》かれた。平尾は[注13]畑の畝《うね》の低みにころげ込んで銃を撃ちつづけていた。畝の高低の差は僅かに[注14]五寸である。からだがかくされるdドウリはなかった。

そのとき鋭く彼の鉄兜《かぶと》をかすめた敵弾は背の上を水平に通過して靴の踵《かかと》を貫き、右足は太腿《もも》のあたりまで強い衝撃を感じた。

「やられた!」

彼は全身ぞっと鳥肌立って頭髪がじんと痺《しび》れて来るのを自覚した。すると俄《にわ》かに眼の前にひろがっている戦場の風景がいま始めて見る知らない土地であったように、忽然《こつぜん》としてトンネルを出て新しく接した風景であるように感じられた。砲弾の音がはっきりと耳に聞《きこ》え、小銃機銃の音が一つ一つ明瞭に区別して聞かれた。それらはいま突然に鳴りだしたものであって今までは何の物音もない所に自分が居たような不思議な覚醒の感じであった。彼ははじめてこの畑に寝そべっている自分を感じ、身のまわりに如何《いか》に多くの危険があるかを感じて身ぶるいした。

彼はできるだけ身を低めて足首を引き寄せて見た。靴の踵は斜めにうち抜かれて汚れた靴下が見えていたが、しかも全く傷のないことが分《わか》っ

【国　語】（五〇分）〈満点：一〇〇点〉

【注意】字数制限のある問いについては、特に指示がない限り、句読点・記号も一字として数えなさい。

一　※問題に使用された作品の著作権者が二次使用の許可を出していないため、問題を掲載しておりません。

（出典：今井むつみ　秋田喜美『言語の本質』「第1章　オノマトペとは何か」による。）

二　**次の文章を読んで、あとの問いに答えなさい。**

日中戦争時、西沢《にしざわ》部隊の近藤《こんどう》一等兵と平尾《ひらお》一等兵らは、占領直後の[注1]常州《じょうしょう》に着き、城内（城壁で囲まれた区域内）に集まっていた。

夜が来ると彼等《ら》はまた焚火《たきび》をかこんでAとり止めもない雑談をしながら眠るのであった。

[注2]内地の新聞は俺たちの事をどんなに書いているだろうかということ、[注3]大連《だいれん》以来郷里からの手紙も[注4]慰問袋も貰《もら》っていないがどこに溜《た》まっているのだろうかということ。慰問袋というのは後方に居る部隊にばかり渡って前線で本当に働いている部隊には渡らないということ。渡す方法もないのだということ。結局慰問袋は贅沢《ぜいたく》袋であるに過ぎんじゃないかということ。そして焚火の煙が白く立ちこめて鼻や喉を刺激する中で、[注5]ゲエトルも靴もつけたまま[注6]外套《がいとう》を引っかぶって欠伸《あくび》をしながらいつの間にか眠ってしまうのであった。

しかしこの同じ夜、城内の臨時負傷兵収容所の風景はB酸鼻を極めたものであった。

建物は木造に青ペンキを塗った二階建てで何かの役所に使われたもののようであった。二十坪ばかりの広い室の中央に小さいテーブルが置かれ、テーブルの上には一本の蠟燭《ろうそく》が長い炎をあげて揺れていた。明《あか》りと言ってはこの蠟燭一本だけであったから広い室の中はほとんど物の形もさだかには見えない。この室の床の上に七十六人の負傷兵が横たわっていた。傷が足の方である者や肩の方である者は重傷者の寝る場所をひろげてやるために壁に背をよせかけて踞《うずくま》っている。血の臭いと熱のあるaコキの臭いとが蒸れて眼《め》もくらむような空気が立ち罩《こ》めている。重傷者は静かな底ふかい声でかすかに呻《うめ》きつづけ、彼等の間をかきわけるようにして動いている軍医と看護兵との靴音だけが板張りの床に響いた。しかし軍医一人看護兵三人では中々手が回り切らなかった。しかもこの暗さの中では血の固まりと傷口とを見わけることさえも困難であった。

軍医は一人の手当《あて》を終えて次の一人に移って行く。すると彼は自分で無器用に包帯を巻いた左手を慄《ふる》わせながら隣を指して言うのであった。

「軍医殿、この男を見てやって下さい。いま、死んだかも知れません」

軍医は黙って隣の男の瞼《まぶた》を押しひらき、暗い中で額をちかづけてその瞳をのぞきこみ、それから服のボタンをひらいて胸に手を入れて見た。そして前の兵隊のところへ戻って来た。

「もう駄目ですか？」

軍医はそれには答えないでこの兵の傷の手当にとりかかった。兵は傷にさわられる苦痛をこらえながら顔を横に向けて隣の兵の顔と向《むか》いあった。そしてしげしげと死顔《しにがお》を眺めるのであった。どこの[注7]中隊の何という兵であるかも知らない、bセイゼンには一度も口をきいたことはなかっ

2024年度

解 答 と 解 説

《2024年度の配点は解答欄に掲載してあります。》

＜数学解答＞《学校からの正答の発表はありません。》

1. （1） $\frac{\sqrt{2}\pm\sqrt{10}}{4}$ （2） $-\frac{\sqrt{3}}{27}$
2. （1） 分速144m （2） 8時6分$\frac{105}{2}$秒 （3） 270m
3. （1） $\sqrt{3}$ （2） $-\frac{\sqrt{3}}{3}$ （3） C$\left(\frac{\sqrt{3}}{p}, \frac{3}{p}\right)$ D$\left(-\frac{\sqrt{3}}{p}, \frac{3}{p}\right)$ $S=\frac{3\sqrt{3}}{p^2}$
4. （1） ① ○ ② △ ③ × ④ ○ （2） 5点 （3） 6点以上
5. （1） 解説参照 （2） ① $90°-a°$ ② DA＝5 AF＝$\frac{25}{3}$ ③ BD＝$3\sqrt{5}$ S＝$\frac{125}{9}$

○推定配点○

1. 各8点×2　2. （1） 4点 他 各6点×2　3. （3） 各2点×3 他 各6点×2
4. （1） 各3点×4 他 各4点×2　5. （1） 10点 （2） 各4点×5　計100点

＜数学解説＞

1. （小問群－2次方程式，平方根の計算）

（1） $(3x-2\sqrt{2})(2x+\sqrt{2})=\sqrt{2}(\sqrt{2}x-1)(x+\sqrt{2})$　$6x^2+3\sqrt{2}x-4\sqrt{2}x-4=\sqrt{2}(\sqrt{2}x^2+2x-x-\sqrt{2})$　$6x^2-\sqrt{2}x-4=2x^2+\sqrt{2}x-2$　$4x^2-2\sqrt{2}x-2=0$　$2x^2-\sqrt{2}x-1=0$　$x=\frac{\sqrt{2}\pm\sqrt{2-4\times2\times(-1)}}{2\times2}=\frac{\sqrt{2}\pm\sqrt{10}}{4}$

（2） $\frac{\sqrt{3}}{\sqrt{5}-2}-\frac{4\sqrt{3}}{3-\sqrt{5}}$を通分して計算すると，$\frac{\sqrt{3}(3-\sqrt{5})}{(\sqrt{5}-2)(3-\sqrt{5})}-\frac{4\sqrt{3}(\sqrt{5}-2)}{(\sqrt{5}-2)(3-\sqrt{5})}=\frac{3\sqrt{3}-\sqrt{15}-4\sqrt{15}+8\sqrt{3}}{3\sqrt{5}-5-6+2\sqrt{5}}=\frac{-5\sqrt{15}+11\sqrt{3}}{5\sqrt{5}-11}=\frac{-\sqrt{3}(5\sqrt{5}-11)}{5\sqrt{5}-11}=-\sqrt{3}$　また，$-\sqrt{\frac{1}{9}}=-\frac{1}{3}$　よって，$(-\sqrt{3})^7\times\left(-\frac{1}{3}\right)^6=(-\sqrt{3})\times(-\sqrt{3})^6\times\left(-\frac{1}{3}\right)^6=(-\sqrt{3})\times\left(\frac{\sqrt{3}}{3}\right)^6=(-\sqrt{3})\times\left\{\left(\frac{\sqrt{3}}{3}\right)^2\right\}^3=(-\sqrt{3})\times\left(\frac{1}{3}\right)^3=-\frac{\sqrt{3}}{27}$

2. （方程式の応用－速さ）

基本 （1） 蘭子さんがP地点からQ地点へ向かうときの速さを分速$4x$mとすると，Q地点からP地点に戻る速さは分速$5x$mと表せる。休憩なしに30分間で往復するのだから，$\frac{2400}{4x}+\frac{2400}{5x}=30$　$\frac{600}{x}+\frac{480}{x}=30$　$30x=1080$　$x=36$　よって，蘭子さんがP地点からQ地点へ向かうときの速さは，$4\times36=144$(m/分)

（2） 蘭子さんが走り始めてから，初めてバスとすれ違う時刻を8時a分とすると，蘭子さんの走った道のりは$144a$m　バスの速さは分速240mで，バスは蘭子さんが出発してから1分後に発車したのだから走った道のりは$240(a-1)$m　両者の道のりの和がPQ間の道のりになるから，$144a+240(a-1)=2400$　$384a=2640$　$a=\frac{2640}{384}=\frac{55}{8}=6+\frac{7}{8}$　$\frac{7}{8}$分は，$60\times\frac{7}{8}=\frac{105}{2}$(秒)なので，8時6分$\frac{105}{2}$秒にすれ違う。

(3)　バスの運行時刻は，8時a分を8：aで表すと，Q地点8；01出発→P地点8；11到着，8；12出発→Q地点8；22到着，8；23出発→P地点8；33到着　蘭子さんの動きは，P地点からQ地点までは$2400\div144=\frac{50}{3}$(分間)かかるので，Q地点に8；$\frac{50}{3}$に到着してすぐに出発した。P地点にバスと同時に8；33に到着したから，蘭子さんがQ地点からP地点に至るまでにかかった時間は，$33-\frac{50}{3}=\frac{49}{3}$(分間)　蘭子さんの下りの走る速さは分速180mで，歩く速さはその$\frac{1}{3}$の分速60m　よって，蘭子さんが歩いた道のりをxmとすると，$\frac{2400-x}{180}+\frac{x}{60}=\frac{49}{3}$　両辺を180倍して，$2400-x+3x=2940$　$2x=540$　$x=270$　よって，蘭子さんの歩いた道のりは270m

3.　**(関数・グラフと図形－放物線，直線，交点，正三角形，面積)**

基本

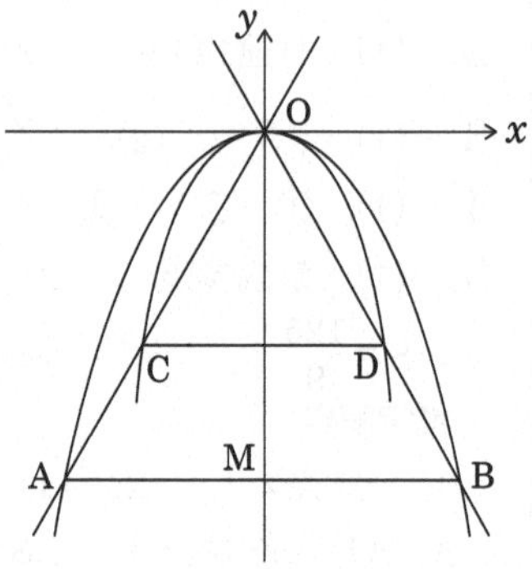

(1)　放物線はy軸について対称である。また，直線$y=tx$と$y=-tx$はy軸について対称である。よって，2点A，Bはy軸について対称であり，辺ABはx軸に平行である。「ABとy軸との交点をMとすると，AM：OM$=1:\sqrt{3}$　AM$=m$とするとOM$=\sqrt{3}m$　A$(-m,\ -\sqrt{3}m)$　$t=\frac{y\text{の増加量}}{x\text{の増加量}}=\frac{\sqrt{3}m}{m}=\sqrt{3}$

(2)　$\triangle\text{OAM}=\frac{1}{2}\times\text{AB}\times\text{OM}=\frac{1}{2}\times2m\times\sqrt{3}m=\sqrt{3}m^2$　これが$9\sqrt{3}$であるとき，$\sqrt{3}m^2=9\sqrt{3}$　$m^2=9$　$m=\pm3$　A$(-3,\ -3\sqrt{3})$　これが放物線$y=sx^2$の上にあることから，$-3\sqrt{3}=9s$　$s=-\frac{3\sqrt{3}}{9}=-\frac{\sqrt{3}}{3}$

(3)　放物線$y=px^2$と$y=\sqrt{3}x$の交点のx座標は，方程式$px^2=\sqrt{3}x$の解として求められる。$px^2-\sqrt{3}x=0$　$x(px-\sqrt{3})=0$　$px-\sqrt{3}=0$　$x=\frac{\sqrt{3}}{p}$　y座標は，$y=\sqrt{3}\times\frac{\sqrt{3}}{p}=\frac{3}{p}$　よって，C$\left(\frac{\sqrt{3}}{p},\ \frac{3}{p}\right)$　同様にして，点Dの座標は，$px^2=-\sqrt{3}x$　$x(px+\sqrt{3})=0$　$x=-\frac{\sqrt{3}}{p}$　$y=\frac{3}{p}$　よって，D$\left(-\frac{\sqrt{3}}{p},\ \frac{3}{p}\right)$　△OCDの面積は，$\text{S}=\frac{1}{2}\times\left(-\frac{2\sqrt{3}}{p}\right)\times\left(-\frac{3}{p}\right)=\frac{3\sqrt{3}}{p^2}$

4.　**(資料の整理－箱ひげ図，範囲，四分位範囲，平均点)**

やや難

(1)　①　Aグループの範囲は$9-1=8$(点)，四分位範囲は$7-3=4$(点)　Bグループの範囲は$10-2=8$(点)，四分位範囲は$8-4=4$(点)　よって，正しいから○

②　Bグループは9人なので，第2四分位数は点数の低い方から5番目である。第1四分位数は点数の低い方から2番目と3番目の平均，第3四分位数は点数の低い方から7番目と8番目の平均である。点数がわからない人を文字で表して9人を点数の低い方から並べると，2，a，b，c，7，d，e，f，10となる。aとbの平均が4点なので，bが7点だとaは1点となって不適当。cが7点ということはあり得る。すると7点以上が6人となる。つまり，7点以上の人は5人の場合も6人の場合もある。ところで，問題文の表現が「5人である」なら間違いであるが，「5人いる」となっている。5人の場合も6人の場合も「5人いる」ことは確かなので，間違いとは言い切れない。よって，この表現では判断できないので△とする。

③　Aグループの8人を，点数がわからない人を文字で表して点数の低い方から並べると，1，g，h，i，j，k，l，9となる。gとhの平均が第1四分位数の3，iとjの平均が第2四分位数の5，kとlの平均が第3四分位数の7である。最高点の9点が2人いたとなると，$k+9=14$なので，kは5点である。1，g，h，5，5，5，9，9のときに同じ箱ひげ図になる。つまり，「最高点は1人である。」と決めつけられない。よって，×

④　Bグループの9人を点数の低い方から並べた2，a，b，c，7，d，e，f，10で考えると，第3四分位数は点数の低い方から7番目と8番目の平均であり，Bグループで最高点の10点が2人いたとすると，第3四分位数が8点であることから，7番目が6点，8番目が10点となる。つまり，2，a，b，c，7，d，6，10，10となるので不都合である。よって，「最高点は1人である。」で正しい。○

(2)　Aグループの8人を点数の低い順に1，g，h，i，j，k，l，9とすると，gとhの平均が3点なので，gとhの合計は6点，iとjの平均が5点だから合計は10点，kとlの平均が7点なので合計は14点　よって，8人全員の合計点は，$1+6+10+14+9=40$　よって，Aグループの平均点は，$40\div8=5$(点)

(3)　Bグループの9人を点数の低い順に2，a，b，c，7，d，e，f，10とすると，aとbの平均点が4点で合計点が8点　eとfの平均点が8点で合計点が16点　cは最も低い場合が，aが4点，bが4点のときの4点であり，dが最も低い場合が7点　よって，合計点が最も低くなるのは，$2+8+4+7+7+16+10=54$　そのときの平均点は$54\div9=6$(点)　したがって，Bグループの平均点は6点以上である。

5.（平面図形ー作図，直角三角形，円，接線と弦の作る角，角の二等分線，相似，長さ.面積）

重要

(1)　接線と接点を通る半径は垂直に交わるので，円の中心Oは点Aを通るABに垂直な直線上にある。…(ア)　点Aと点Dを通る円の中心Oは点Aと点Dから等しい距離にあるから，線分ADの垂直二等分線上にある。…(イ)　(ア)，(イ)の2直線の交点を点Oとして，線分OAを半径とする円を書けばよい。

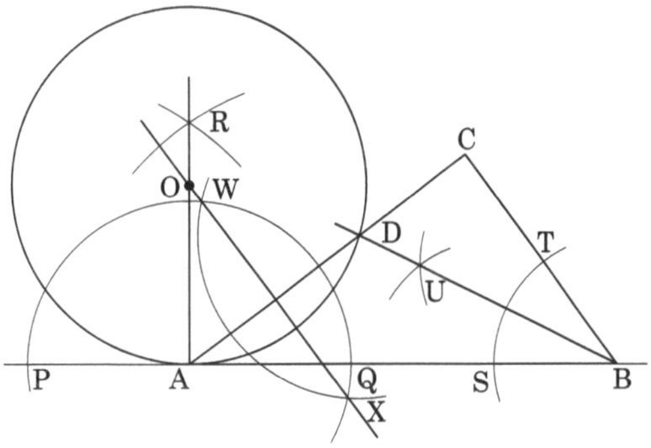

＜作図＞　①　点Aを中心として適当な半径で円を書き，直線ABとの交点をP，Qとする。　②　点P，Qをそれぞれ中心とする等しい半径の円を書き，その交点の1つをRとして直線ARを引く。　③　点Bを中心とする適当な半径の円を書き，直線BA，BCとの交点をそれぞれS，Tとする。　④　点S，Tをそれぞれ中心とする等しい半径の円を書き，その交点の1つをUとする。　⑤　直線BUを引くと直線ACとの交点がDとなる。　⑥　点A，Dをそれぞれ中心とする等しい半径の円を書き，その交点をW，Xとして直線WXを引く。　⑦　直線WXと直線ARの交点がOである。　⑧　点Oを中心として半径OAの円を書けばよい。

(2)　①　円の接線(AB)と接点を通る弦(AD)の作る角(∠CAB)は，その角内にある弧(弧AD)に対する円周角∠DEA)に等しいから，$\angle DEA=\angle CAB=180^\circ-90^\circ-\angle ABC=90^\circ-a^\circ$

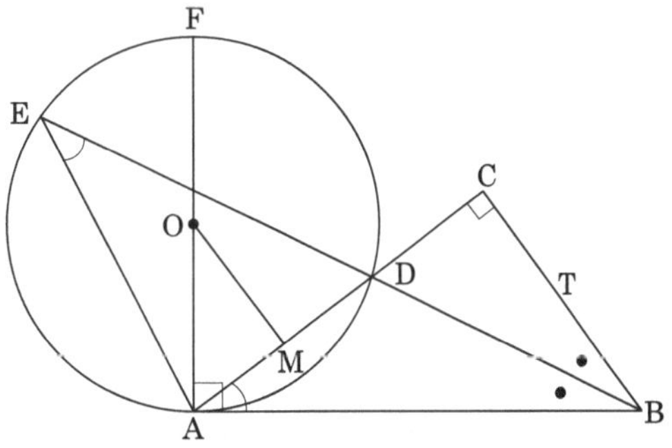

②　BDは∠ABCの二等分線であり，角(∠ABC)の二等分線(BD)は，その角と向かいあう辺(AC)を，その角を作る2辺の比(BA：BC)に分けるので，DA：DC＝BA：BC＝10：6＝5：3　よって，$DA=AC\times\dfrac{5}{5+3}=8\times\dfrac{5}{5+3}=5$　△OADは二等辺三角形なので，OからADに垂線OMを引くとMはADの中点となり，$AM=DM=\dfrac{1}{2}AD=\dfrac{5}{2}$　△OAMと△ABCについて，$\angle OAM=90^\circ-(90^\circ-a^\circ)=a^\circ=\angle ABC$

$\angle$OMA＝$\angle$ACB＝90°だから，△OAM∽△ABC　OA：AB＝AM：BC　OA：10＝$\frac{5}{2}$：6

OA＝$\frac{25}{6}$　よって，AF＝$\frac{25}{6}\times 2=\frac{25}{3}$

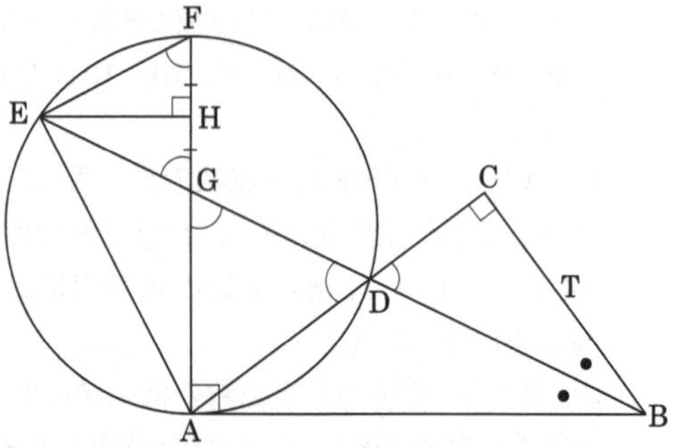

やや難　③　CD＝8－5＝3　△BCDで三平方の定理を用いると，BD＝$\sqrt{BC^2+CD^2}=\sqrt{45}=3\sqrt{5}$
AFとDEの交点をGとする。△ABGと△CBDで，$\angle$ABG＝$\angle$CBD，$\angle$BAG＝$\angle$BCD
よって，△ABG∽△CBD　AG：CD＝AB：CB　AG：3＝10：6　AG＝5　GF＝$\frac{25}{3}-5=\frac{10}{3}$　弧AEに対する円周角なので，$\angle$AFE＝$\angle$ADG，また，AG＝ADなので，△AGDは二等辺三角形だから，$\angle$EGF＝$\angle$AGD＝$\angle$ADG　よって，$\angle$EFG＝$\angle$EGF
△EFGは二等辺三角形である。よって，点EからGHに垂線EHを引くとHはGHの中点になり，GH＝FH＝$\frac{1}{2}$GF＝$\frac{5}{3}$　また，$\angle$EGH＝$\angle$AGD＝$\angle$ADG＝$\angle$BDCなので△EGH∽△BDC
EH：BC＝GH：DC　EH：6＝$\frac{5}{3}$：3　EH＝$\frac{10}{3}$　したがって，△AEFの面積は，$\frac{1}{2}\times$AF$\times$EH＝$\frac{1}{2}\times\frac{25}{3}\times\frac{10}{3}=\frac{125}{9}$

★ワンポイントアドバイス★

1. (2)は通分して計算すると，同じ因数式ができ約分できる。2. (3)はバスの出発時間を順に整理する。3. (1)，(2)は正三角形の高さが1辺の長さの$\frac{\sqrt{3}}{2}$倍であることを利用。4. は文字を使って8人，9人を並べて考えるとよい。5. は等しい角度をさがして三角形の相似を用いる。

＜英語解答＞《学校からの正答の発表はありません。》

1　聞き取りの問題解答省略　**2**　書き取りの問題解答省略

3　1　enable　2　such　3　fair　4　better　5　broken　6　swim　7　decreased　8　good　9　lighter　10　playing　11　made　12　careful　13　safely

4　(1)　髪が抜けてしまう健康上の問題があったことと，アフリカ系アメリカ人女性向けのヘアケア製品が店で売られていなかったこと　(2)　他のアフリカ系アメリカ人の女性たちがより良い仕事を見つけたり自分で起業したりするのに役立った　(3)　今まで市場になかった，アフリカ系アメリカ人女性向けのサービスを提供したことと，アフリカ系アメリカ人の女性たちの髪の美しさを引き出す製品を提供したこと

5　1　オ　2　カ　3　エ　4　ア　5　ウ　6　イ

6　(1)　the perfect pot was proud of itself　(2)　the cracked pot spoke to the woman　(3)　have been able to pick these flowers to decorate　(4)　would be not these flowers if you didn't have a crack　(5)　is perfect and all of us have our own defects　(6)　look at the good points of them

7　(1)　How many movies did you watch this year(?)　(2)　(I) want you to introduce one of the movies that[which]you watched in the theater(.)

○推定配点○

1～4　各3点×23　　5・6　各2点×12　　7　(1)　3点　　(2)　4点　　計100点

＜英語解説＞

1　聞き取りの問題解説省略。

2　書き取りの問題解説省略。

3　**(長文読解問題・論説文：語句補充，要旨把握，比較，受動態，構文，動名詞)**

(全訳)　古代の頃からアスリートたちは競技で勝つ方法を常に探してきた。アスリートたちはより良いトレーニング，より良い指導，そしてより良い食事で勝者になることができる。彼らはより良い用具を使ってパフォーマンスを良くすることもできる。より良いシューズ，より良いスキー板，より良いテニスラケットなど。昔のギリシャ人もより良い円盤を作るために工学を用いた。しかし人々はスポーツが公平であってほしいと思っている。この理由によりスポーツ組織はアスリート，用具，そして試合そのものにルールを設ける。

最近は新しい技術がアスリートを助けている。ハイテク衣料から義手義足まで，パフォーマンスを向上させる新しい方法がたくさんある。しかし多くの人々が，技術は一部のアスリートを有利にすることができると懸念している。それは競技会を不公平にする。また，裕福な選手やチームだけが高価でハイテクな用具を買えることも多い。私たちは最高の選手に勝ってほしいのか，それとも最高の用具を備えた選手に勝ってほしいのか。

ハイテク水着の話は技術がスポーツをどのように不公平にするかということを示す。数年前，スポーツ技術者が水着用の新しい素材を開発した。それはサメの肌の特性を多く備えていた。水泳選手がこの素材でできた水着を利用すると，より速く泳いでより良く水に浮いた。その素材は水泳選手の筋肉により多くの酸素も送った。

企業はこれらの新しいハイテク水着を2008年に導入した。すぐにその水着を使っている選手たちが驚異的な速さで水泳の世界記録を破り始めた。2008年の北京オリンピックで，水泳選手たちは25の世界記録を破った。それらの選手のうち23人がそのハイテク水着を着用した。対して，2004年にはオリンピック水泳選手たちは8つしか世界記録を破らなかった。そして2009年の世界選手権では，水泳選手たちは43の世界記録を破った。人々はその新しい水着がアスリートを助けているのだと知った。2010年1月，国際水泳連盟はそのハイテク水着を禁止した。ほとんどの水泳選手がその禁止を喜んだ。1人のオリンピック水泳選手が言った。「水泳は再び，実際に水泳になりました。誰がどの水着を着ているかということではありません。私たちは皆同じ規定に従っています」

禁止から2年で，水泳選手たちは世界記録を2つしか破らなかった。明らかにその高価でハイテクな水着が早い水泳タイムの理由だった。その水着は何人かの選手に不公平な利点を与えたのだ。

もちろん，より良い用具が常に悪いわけではない。新しい用具は確かにあるスポーツにとって良くなりうる。例えば，テニスラケットはかつて木製だった。その重いラケットは壊れるし怪我の原因になることもあった。1980年代に企業が新しいハイテクのカーボン製ラケットを紹介した。それらはより使いやすくて安全だ。その新しいラケットは普通のテニス選手にとってテニスをもっと楽しくしている。技術はスキーから競輪まで，あらゆるスポーツの用具を改良している。

問題は以下である。技術が不公平な利点を作り出すのはどのような時か。将来，スポーツ技術者が実際の脚より良い義脚を作るかもしれない。それは競技会で受け入れられるか。ハイテクなコンタクトレンズがゴルファーを有利にするか。走者はより速く走るために特別な靴を使うことができるか。これらの問いには簡単な答えがない。私たちは，技術がスポーツを不公平にしないようにしなければならない。しかし私たちは，スポーツを全ての人々に対してより安全にする改良については歓迎するべきだ。

【要約文】(全訳)　アスリートが勝つことを(1)可能にするたくさんのものがある。それらのものには，より良いトレーニング，より良い指導，より良い食事，シューズ，スキー板，テニスラケット，水着(2)などのより良い用具が含まれる。スポーツを(3)公平にするために，アスリート，用具，試合に関するルールが作られている。しかし技術が進歩するにつれて，(4)より良く競技を行うために，ハイテクな用具を使うアスリートが増えている。裕福なアスリートだけがそのような高価なハイテク用具を手に入れられるので，それは(3)公平ではないかもしれない。企業が新しいハイテク水着を導入し，多くの世界記録が(5)破られた。その水着は水泳選手たちをより速く(6)泳がせ，より多くの酸素を水泳選手の筋肉にもたらした。水泳組織がその水着を禁止した後は，世界新記録の数が(7)減り，多くの水泳選手がその禁止を歓迎した。他方，そのようなハイテク用具には(8)良い点もある。例えば，1980年代に開発された，新しいハイテクのカーボン製テニスラケットは，木製ラケットより(9)軽いので，より安全に使える。人々はその新しいラケットで楽しんでテニス(10)をすることができる。技術は進歩し続け，将来，たくさんの新しいハイテク用具がアスリートのために(11)作られるだろう。私たちはそのようなハイテク用具を導入するときには(12)気をつけるべきだ，なぜなら私たちはスポーツが(3)公平であることを望むからだ。しかしハイテク用具のおかげで私たちがスポーツをより(13)安全にすることができるという事実は認めるべきである。

やや難　問　要約文下線部参照。(1)　< enable ＋人＋ to ＋動詞の原形>「(人)が～することを可能にする」　本文第1段落第1，2文参照。助動詞 can「できる」の意味を動詞 enable を使って書き替える。　(2)　such as ～「～のような」　(3)　本文第1段落第5文から fair を抜きだす。　(4)　本文第2段落第2文参照。improve performance「パフォーマンスを向上させる」を perform better「より良く行う」と言い換える。　(5)　本文第4段落第2，3文参照。break「(記録)を破る」を受動態で be broken「破られる」と表す。　(6)　<make ＋人＋動詞の原形>「(人)に～させる」　(7)　本文第4，5段落参照。新しい水着が導入されると多くの世界記録が破られたが，その水着が禁止された後は，2つの世界記録しか破られなかった。よって「減る」という意味の decreaseを過去形にして入れる。　(8)　本文第6段落第2文より good を抜き出す。　(9)　本文第6段落第3～6文参照。木製ラケットは重くて怪我の原因となったが，新しいカーボン製ラケットはそれより「軽い」と考えられる。light を比較級 lighter にして入れる。　(10)　enjoy ～ing「～して楽しむ」　(11)　文脈より受動態で「作られるだろう」とする。make を過去分詞 made にして入れる。　(12)　本文最終段落の内容から，ハイテク用具の導入には考慮しなくてはならない問題があるとわかる。よって We should be careful「私たちは注意すべきだ」とする。　(13)　本文最終段落最終文参照。本文の形容詞の比較級 safer を副詞の比較級 more safely に書き換える。

4 **(長文読解問題・伝記：語句解釈，内容吟味)**

(全訳)　1867年，サラ・ブリードラブという名の女の赤ちゃんがルイジアナ州の綿花農場で生まれた。彼女の両親は解放された奴隷で，彼女の幼い頃の生活は容易ではなかった。7歳で彼女は孤児になった。彼女は14歳で結婚したが，夫は彼女が20歳になるまでに死亡し，彼女は1人で幼い娘を養わなければならなかった。他の多くの若い黒人系アメリカ人女性のように，彼女は北部の州の大都市で，より良い生活を求めて，1880年代に南部を出た。彼女はミズーリ州のセントルイスに行き，そこで自分の4人の兄弟と共に生活した。彼女は洗濯したり料理したりしてお金を稼ぎ始めた。

ほとんどの人ならただもがいて生き延びようとしただけだっただろう。しかしサラには困難をチャンスに変える特別な才能があった。彼女は毛が抜け落ちる健康状態に苦しんでいた。彼女は店で役に立ちそうな商品を探した。しかしアフリカ系アメリカ人女性の髪用に作られたものはなかった。

その時，彼女の気力と性格が，彼女を他の人々から隔てた。彼女は(1)自分の問題をただ受け入れるのではなく解決するために働いた。そしてそれから彼女は自分の解決法をビジネスとして成功させた。彼女はたくさんの手作りの治療薬や店の製品を使って実験をしはじめた。そして彼女は理容師として働いている兄弟たちからもアドバイスを求めた。

1905年，彼女は，ヘアケア製品や美容製品を売る女性実業家，アニー・マーロンの販売代理人として働くために，コロラド州デンバーに引っ越した。この仕事は彼女がマーケティングのアイデアを発展させるのに役立った。そこで彼女は新聞社のオーナーである，チャールズ・J・ウォーカーと結婚した。彼は彼女が起業するのを励まし，助けた。結婚した新しい名前で，C.J.ウォーカー夫人はペンシルバニア州ピッツバーグで，通信販売業，美容院，美容訓練学校を始めた。1910年，アフリカ系アメリカ人女性のための美容製品を作ることのできる工場を始めるために，彼女はインディアナ州インディアナポリスに引っ越した。最盛期には，彼女の会社は3,000人以上を雇用し，彼女の製品はアメリカと他の国で15,000人以上の販売代理人によって販売された。(2)彼女はまた，美容専門学校のチェーンも経営した。これらは他のアフリカ系アメリカ人女性たちがより良い仕事を見つけたり自分で起業したりするのに役立った。

彼女のビジネスは大きく複雑になっていったが，(3)彼女の成功の理由はシンプルだった。彼女は，かつてアフリカ系アメリカ人女性に対して美容製品を売らなかった市場で，彼女たちにサービスを提供した。C.J.ウォーカー夫人のブランドは，アフリカ系アメリカ人女性が自分たちの髪の本当の美しさを引き出すようにデザインされたヘアケア商品を提供した。

彼女のビジネスが成功するにつれ，彼女は他の人の生活を向上させるために働いた。彼女は当時雇用機会がほとんどなかった黒人女性のために仕事を提供した。彼女は黒人の単科大学や総合大学を支援した。彼女は1916年，51歳でニューヨークで亡くなった。彼女の奮闘，ひらめき，成功，そして他者への奉仕の人生はそれ以来人を励ます手本となっている。

(1)　第2段落第3～5文参照。「髪が抜けること」と「アフリカ系アメリカ人女性のヘアケア製品がないこと」の2点について答える。

(2)　下線部(2)の直後の文参照。＜help ＋人＋動詞の原形＞「(人)が～するのに役立つ」

(3)　下線部(3)の直後の2文参照。「今まで売られていなかったアフリカ系アメリカ人女性向けの美容製品を売ったこと」と「アフリカ系アメリカ人女性の髪の美しさを引き出す商品を売ったこと」の2点について答える。

5 （長文読解問題・紹介文：文補充・選択）

(全訳)　ソフトドリンクの会社はテレビ，店舗，その他の幼い子供を引きつける場所において，積極的に子供に対して宣伝する。これにはたくさんの理由がある。[1]おそらく最も重要なものは，子供は幼い頃に味覚を発達させ始めると言うことだ。特定の炭酸飲料を飲む幼い子供はおそらく生涯にわたって顧客になるだろう。

[2]炭酸飲料には栄養価がない。それは大人にとって健康的ではない一方，若者，特に幼い子供たちには非常に有害になりうる。さらに悪いことに，多くの研究によって，砂糖入りの炭酸飲料と人工甘味料入りの炭酸飲料の両方が体重増加と関係があるとわかっている。大人にとって体重を減らすのは難しいが，太りすぎの子供が体重を減らすのはさらに難しい。この子供にとって，体重を減らすことは生涯続く奮闘になるかもしれない。さらに，炭酸飲料の飲みすぎは糖尿病や心臓病などの深刻な医療問題と関係があり，最近には炭酸飲料ががんを引き起こす可能性が発見されている。

[3]またそれは，骨や歯がもろくなることを含む，他の多くの健康問題を引き起こす。全ての糖分は若者が不適切な行動をとる原因になる，という人もいる。

[4]多くの人々が，子供に対する過剰な広告は彼らに炭酸飲料は安全で健康的だとすら信じこませると懸念している。最近，事情は変化してきた。アメリカの多くの小学校で炭酸飲料や「スポーツドリンク」(たくさんの糖分を含み，栄養価もない)は許可されていない。いくつかの研究によると，「ダイエット」の炭酸飲料は通常の炭酸飲料よりも早く体重が増える原因となる。ダイエットの炭酸飲料はカロリーは少ないかもしれないが，人がより多く食べる原因となる化学物質の混合物を含む。

体重増加を減らして健康問題を少なくするために，多くの国が炭酸飲料の売り上げを減らしたいと思っている。[5]多くの人が子供たちへの宣伝に反対し，多額の税金を加えることで炭酸飲料の値段を高くしたいと思っている。酒やたばこのように炭酸飲料の缶も，これらの飲料は栄養価がなく，人を太らせ，健康問題を引き起こすということを知らせる警告ラベルを付けるべきだ，と言う健康の専門家もいる。ソフトドリンクの会社はもちろん，これらの考えに反対している。

他の国と比較して，日本は太りすぎの子供が少ない。[6]しかしその数は増えている。専門家たちは，日本もまもなく同じ健康問題が生じるだろうと懸念している。

問　全訳下線部参照。

やや難 6 **（長文問題・物語文：熟語，時制，冠詞，現在完了，不定詞，仮定法，前置詞）**

（全訳）　ある高齢女性は2つの大きな甕を持っていた。彼女は水を運ぶためにそれらを使った。彼女はこれらの甕を棒の両端に吊るし，それを首にかけて運んだ。その甕の1つはひび割れがある一方，もう片方の甕は完全で縁まで水を入れて運ぶことができた。小川から家まで長時間歩いた後には，ひび割れた甕は半分しか水が入っていなかった。

これが2年間毎日続いた。その女性はいつも水を甕1杯と半分しか家に持って帰ることができなかった。もちろん，(1)その完全な甕は自分自身を誇りに思う一方で，かわいそうにひび割れた甕は恥じていた。それは自分が完全に満たすことができず，十分に女性の役に立てないことを悲しく感じた。

そこである日，(2)そのひび割れた甕はその女性に話しかけた。「私は恥ずかしいです，なぜならこのひび割れのせいで家に戻るまでずっと水が漏れてしまうから」　その高齢女性は微笑んだ。「道のお前の側にはきれいな花があるけれど，もう片方の甕の側にはないことに，お前は気づいたかい？」　その甕は困惑しているようだった。彼女は続けた。「それはね，私はお前の欠点についてわかっているから，私が道のお前の側に花の種を植えたからだよ。毎日小川から歩いて戻ってくる間に，お前はそれらに水やりをしたんだ。2年間，私は(3)ずっとテーブルを飾るためにこれらの花を摘むことができた。(4)もしお前にひび割れがなかったら，これらの花はなかっただろう」

(5)完璧な人は誰もおらず，私たち全員が自分自身の欠点を持っている。しかしこれらの欠点は私たちの生活を非常におもしろくて価値あるものにする。あなたはそれぞれの人をありのままに受け入れ，(6)彼らの良い点を見なければならない。

(1)　perfect pot「完全な甕」は特定のものなので定冠詞 the を付ける。be proud of ～「～を誇りに思う」 過去時制で was proud of itself とする。

(2)　(1)と同様に cracked pot「ひび割れた甕」と woman「女性」にも the を付ける。speak to ～「～に話しかける」を過去形 spoke to ～とする。

(3)　直前に for two years「2年間」とあることから，継続を表す現在完了で I have been able to pick these flowers「これらの花を摘むことができた」とする。to decorate the table「テーブルを飾るために」は目的を表す副詞的用法の不定詞。

(4)　現在の事実に反する仮定は仮定法過去で表す。<If ＋主語＋動詞の過去形 ～，主語＋助動詞の過去形＋動詞の原形 …>「もし～なら，…だろう」 ここでは if 節が後ろに置かれている。

(5)　nobody「誰も～ない」は単数扱いなので be 動詞は is を補う。all of us「私たち全員」 own の前には所有格を置いて「…自身の～」とする。

(6)　look at ～「～を見る」 them の前にはof を置いて「彼らの良い点」とする。

重要 **7** **(和文英訳：疑問詞，現在完了，不定詞，関係代名詞)**

(1)「映画を何本」は How many movies「いくつの映画」とする。

(2)　<want ＋人＋ to ＋動詞の原形>「(人)に～してほしい」の構文にする。「紹介する」は introduce で大問3の長文中に何度も用いられている。one of the movies「映画のうちの1つ」の後ろに目的格の関係代名詞を使って that[which]you watched in the theater「あなたが映画館で見た」と続ける。

★ワンポイントアドバイス★

7は和文英訳問題。昨年度までの英作文問題より取り組みやすくなった。

＜理科解答＞《学校からの正答の発表はありません。》

1　(1)　ア，オ，ク　(2)　イ　(3)　エ　(4)　ア，エ，カ，キ　(5)　オ　(6)　①　カ　②　ウ　(7)　A　エ　B　カ

2　(1)　$543cm^3$　(2)　亜鉛板は減少する，銅板は変化しない　(3)　①　0.8N　②　右図1　(4)　見る対象の遠近に合わせて焦点距離を変えるため。　(5)　右図2　(6)　等粒状組織　(7)　鉱物本来の形に成長したAの方が，Bに比べて結晶化する温度が高い。

図1

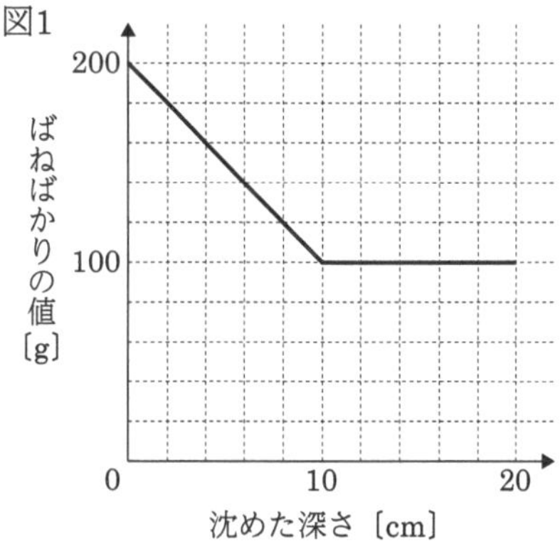

3　(1)　H_2　(2)　0.1　(3)　①　小さい　②　重力　(4)　ウ　(5)　ウ　(6)　900N　(7)　液体の水

図2

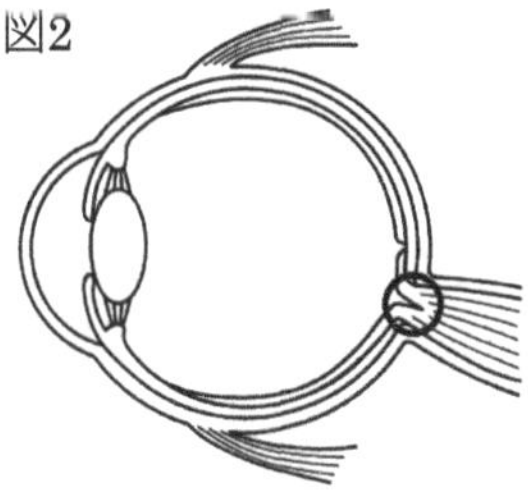

4　(1)　ア　(2)　0.01V　(3)　250mA　(4)　1A　(5)　4.99V　(6)　エ　(7)　ア　(8)　(電流)　ア　(電圧)　エ

5　(1)　Fe＋S→FeS　(2)　イ　(3)　A　硫化水素　B　水素　(4)　反応で吸収した熱よりもずっと大きいから。　(5)　③　N　④　$\frac{3N}{16}$　⑤　$\frac{3N}{28}$　⑥　硫黄　(6)　試験管D，11.0g

6　(1)　ウ　(2)　①　細胞壁　②　臼歯は表面が平らで食物をすりつぶすのに適している。　(3)　反すうのときにアルカリ性のだ液と混ざることで中和している。　(4)　①　ペプシン　②　微生物　(5)　91.25kg　(6)　イ

○推定配点○

各2点×50(1(1)・(4)・(7)，5(3)・(6)各完答)　　　計100点

＜理科解説＞

1 (小問集合－各領域の小問集合)

(1) イ　例えば光が空気から水に入射する場合，入射角が0°のときは屈折角も0°だが，入射角が0°でない場合は，入射角よりも屈折角が小さい。　ウ，エ　多くの場合，入射角が大きくなるにつれ，屈折角は大きくなる。しかし，例えば水から空気に入射する場合，入射角が大きくなると屈折角が90°に達してしまい，それ以上入射角が大きくなると全反射が起こる。　カ　反射という。　キ　光の直進による現象である。

(2) 30°の斜面上にある箱Aの重力のうち，斜面に沿って下向きの分力は，重力の2分の1である。質量の同じ箱Bについても，斜面に沿って下向きの分力は，重力の2分の1である。これら2つの分力の和は，箱Aにはたらく重力に等しい。この和が，箱Bに対し斜面に沿って上向きにはたらく摩擦力とつりあっている。

(3) aは，こげる砂糖とこげない他2つに区別される。bは，変化しない食塩と減少する他2つに区別される。cは流れない砂糖と流れる他2つに区別される。dは赤色に変わる炭酸水素ナトリウムと色が変わらない他2つに区別される。以上より，aとcを組み合わせても，砂糖以外の2つを区別できない。

(4) サボテンの分類は，種子植物＞被子植物＞双子葉類＞離弁花類である。双子葉類なので，茎の断面で維管束は円形に並んでいる。

(5) ア　単細胞生物でも，他の個体と遺伝子を交換して子孫を残すものがあり，これは無性生殖とはいえず，原始的な有性生殖(同形配偶子接合)と考えられる。　イ　例えば扁形動物のプラナリアは，無性生殖の分裂をおこなうこともある。　ウ　栄養生殖は無性生殖の一種であり，親とすべての子の遺伝子の組合せは同じである。　エ　生殖細胞をつくる減数分裂のときに染色体数が半分になるためである。

(6) ①　気温が高くなるほど，飽和水蒸気量は大きくなるが，比例ではない。　②　硫酸と水酸化バリウムの中和でできる塩は硫酸バリウムで，水に溶けず沈殿するため，ちょうど中和したときにはイオンの数は0になる。

(7) 等圧線の間隔が狭く，日本付近では等圧線の方向が南北になっていて，日本の東に低気圧，西に高気圧がある西高東低の気圧配置になっていることがわかる。これは冬の特徴的な気圧配置である。また，風は気圧の高いところから低いところに向かって吹くので，天気図の等圧線だけから考えるとほぼ西の風になるが，地球が北極側から見て反時計回りに自転していることなどから，実際の風向は北西となる。

2 (小問集合－各領域の小問集合)

(1) 4℃の水の密度は1.00g/cm^3だから，水500cm^3の質量は，500×1.00＝500(g)である。これを0℃の氷にすると，密度が0.92g/cm^3になるから，体積は500÷0.92＝543.4…で，四捨五入により543cm^3となる。

重要 (2) 亜鉛Znは電子を放出して溶け，亜鉛イオンZn^{2+}になるため，亜鉛板の質量は減少する。銅板の表面では，水素イオンH^+が電子を受け取り，2個結びついて気体の水素H_2が発生するが，銅Cuは変化しないため，銅板の質量は変化しない。

(3) ①　沈めた深さが2cmのとき，ばねばかりの読みが200gから180gに20g小さくなったので，

浮力が0.2Nはたらいたことがわかる。深さ8cm沈めたときは，2cm沈めたときに比べ，水面下の
重要
体積が4倍になったので，浮力も4倍の0.8Nはたらく。　②　沈めた深さが2cmのとき，ばねばかりの読みが200gから180gに20g小さくなったので，深さが10cmで直方体がすべて沈んだときは5倍の100g小さくなる。それ以上沈めても，水面下の体積は変わらないので浮力も変わらず，ばねばかりの読みも変わらない。

(4)　Aのレンズのふくらみが大きくなると，レンズの焦点距離が短くなるので，近いものを見るのに都合がよい。Aのレンズのふくらみが小さくなると，レンズの焦点距離が長くなるので，遠いものを見るのに都合がよい。このように，Aのレンズのふくらみの変化は，見る対象の遠近の調節のためであり，Aを取り巻く毛様筋と毛様体によって行われる。

(5)　図では，Bの網膜で受け取った光の刺激が，さらに右の視神経から脳へ送られる。視神経が束になって出ている場所には光を受け取る細胞がなく(盲斑，盲点)，物が見えなくなる。

(6)　図の火成岩では，すべての鉱物が大きく成長しており，等粒状組織とよばれる。これは，マグマが地下深部で年月をかけてゆっくり冷えて固まるためにできる。

(7)　Aの鉱物は他の鉱物にじゃまされずに本来の形(自形)に成長できているが，Bの鉱物は他の鉱物のすき間に合わせるように，本来の形ではない(他形)成長のしかたをしている。これは，Aが高温のマグマから早期に結晶になったのに対し，Bはマグマの冷却が進んだころに結晶になったため，そのときすでにできていた鉱物の結晶どうしのすきまに合わせざるを得なかったためである。

3 (太陽系－惑星の特徴)

(1)　木星や土星など大きな惑星は，水素やヘリウムが多くを占めている。大気や表面では気体，液体，固体の水素分子H_2であり，惑星内部では金属としての水素Hとなっている。

重要　(2)　地球に比べ，火星の質量はY倍であり，体積は0.53^3倍である。密度は質量に比例し，体積に反比例するから，$5.51\times Y\div 0.53^3=3.93$　が成り立つ。よって，$Y=3.93\times 0.53^3\div 5.51=0.106$…で，四捨五入により0.1となる。

(3)　①　太陽に近い惑星のほうが，受ける太陽光が強い。　②　惑星表面に大気を保持するはたらきをするのは，重力である。

基本　(4)　表で，公転周期の小さい順は，水星，金星，地球，火星，木星，土星の順である。これは，太陽からの距離の小さい順と同じである。他の数値の順は全く異なる。

(5)　太陽系の質量のうち，太陽の以外の質量は，100－99.86＝0.14(%)である。この0.14%のほとんどが，木星と土星の質量であり，そのほかの惑星や惑星以外の天体の質量はわずかである，つまり，太陽と木星の質量の比は，およそ100：0.1程度といえる。

やや難　(6)　地球の大気圧は1000hPa，つまり100000Paである。表より，金星の大気圧はその90倍だから，9000000Paであり，これは面積$1m^2$に9000000Nの力がはたらく圧力である。面積の$1m^2$＝$10000cm^2$だから，金星の大気圧は，面積$1cm^2$あたりに900Nの力がはたらく圧力といえる。

(7)　生命が誕生し維持されるには，生物体内をくまなくまわる液体が必要であり，最も簡単で大量に存在しうる液体が水である。地球のように，ある程度以上の重力があって水や空気を保持でき，太陽からの距離がほどよく，気体や固体ではなく液体の水が大量に存在できる温度であることが，生命が存在できる条件である。

4 (電流と回路－電流計や電圧計のメーター機構)

(1)　電流の向きに対して時計回りの磁界が生じることから判断する。あるいは，右手の4本指をコイルの電流の向きに合わせれば，親指の向きに磁界が生じていると判断できる。

(2)　メーター機構の抵抗が0.02Ωだから，流れる電流が0.5Aのときにかかっている電圧は，0.02

Ω×0.5A＝0.01(V)である。

(3)　電圧が3.13Vであり，回路の全抵抗は12.5＋0.02＝12.52(Ω)である。流れる電流は$\frac{3.13(\mathrm{V})}{12.52(\Omega)}$＝0.25(A)で，250mAとなる。

(4)　メーター機構には目盛りいっぱいの500mAが流れている。このとき，並列につながった0.02Ωの抵抗は，メーター機構の抵抗と等しいので，この抵抗にも500mAの電流が流れる。よって，電源装置を流れる電流は，500＋500＝1000(mA)，すなわち1Aである。

重要　(5)　抵抗器とメーター機構からなる「電流計」の抵抗は，0.02Ωと0.02Ωの並列つなぎなので，合成抵抗は0.01Ωである。図3の回路全体の抵抗は，8.0＋0.01＝8.01(Ω)なので，流れる電流は，$\frac{5.0(\mathrm{V})}{8.01(\Omega)}=\frac{500}{801}$(A)である。8.0Ωの抵抗にかかる電圧は，$8.0\times\frac{500}{801}=\frac{4000}{801}$＝4.9937…で，四捨五入により4.99Vとなる。つまり，「電流計」にかかる電圧は0に近いものの，完全に0ではなく，本問では約0.01Vだったといえる。

(6)　図3の回路に流れる電流は，(5)のことから$\frac{500}{801}$＝0.6242…(A)である。「電流計」の中で，メーター機構に流れる電流は半分だから，0.3121…Aである。目盛りいっぱいが0.5Aだから，針は半分よりやや多く，エの図が近い。

(7)　抵抗器とメーター機構からなる「電圧計」の抵抗は，0.02Ωと20Ωの直列つなぎなので，合成抵抗は20.02Ωである。これは，メーター機構だけのときの1001倍である。(2)で求めた通り，メーター機構が目盛りいっぱいに振れたときの電圧は0.01Vである。このとき，「電圧計」全体にかかる電圧は，0.01×1001＝10.01(V)である。よって，10V程度まで測定することができる。この「電圧計」は，電圧計にかかった電圧のうち，1001分の1だけをメーター機構にかけることによって，大きい電圧が測れるようにつくったものといえる。

やや難　(8)　メーター機構に流せる電流500mAと，かけられる電圧0.01Vには上限がある。そのため，より大きな電流や電圧を測るときは，上限を超える電流や電圧を別の抵抗に受け持たせる工夫が必要である。大きな電流を図りたいときは，メーター機構に並列に抵抗器をつなぐが，その抵抗に多くの電流を受け持たせるためには，より抵抗の小さい抵抗器のほうがよい。一方，大きな電圧を図りたいときは，メーター機構に直列に抵抗器をつなぐが，その抵抗に多くの電圧を受け持たせるためには，より抵抗の大きい抵抗器のほうがよい。

5　(化合－鉄と硫黄の化合)

(1)　鉄原子と硫黄原子は，1：1の個数比で結びついて硫化鉄となる。

(2)　鉄と硫黄を混ぜただけの試験管Bでは，磁石につくという鉄の性質が維持されている。加熱して化合が起こった試験管Aでは，別の物質ができている。試験管Aは磁石につかないので，鉄が残っていないことが確認できるが，硫黄が残っているかどうかは不明である。

基本　(3)　試験管Aでは，$FeS+2HCl \rightarrow FeCl_2+H_2S$により，無色で腐卵臭があって有毒な硫化水素$H_2S$が発生する。試験管Bでは，$Fe+2HCl \rightarrow FeCl_2+H_2$により，無色無臭の水素$H^2$が発生する。

(4)　鉄と硫黄の化合では，加熱して鉄と硫黄が吸収した熱量よりも，反応によって発生する熱量のほうがずっと大きいため，発生した熱によって未反応の部分へ反応が進んでいく。銅と酸素の反応では，反応によって発生する熱量が小さいため，加熱をやめエネルギーの供給が絶たれると，反応の進行が止まってしまう。

(5)　③　鉄原子と硫黄原子は，1：1の個数比で結びつくので，硫黄原子N個と結びつく鉄原子はN個である。　④　硫黄32gに含まれる原子数がN個だから，試験管Eの硫黄6.0gに含まれる原子数は，$\frac{N}{32}\times6.0=\frac{3N}{16}$〔個〕である。　⑤　鉄56gに含まれる原子数がN個だから，試験管Eの鉄6.0gに含まれる原子数は，$\frac{N}{56}\times6.0=\frac{3N}{28}$〔個〕である。　⑥　硫黄原子と鉄原子の数を比べると，④・

⑤のことから硫黄原子の方が多い。試験管Eでは，硫黄原子と鉄原子が$\frac{3N}{28}$〔個〕ずつ結びつき，原子数が多い硫黄は，一部が未反応のまま残る。

重要 (6)　鉄原子と硫黄原子は，1：1の個数比で結びつくので，鉄と硫黄が過不足なく反応するときの質量比は56：32＝7：4である。この比をもとにすると，試験管Cでは鉄3.5gと硫黄2.0gが化合して硫化鉄が5.5gできる。試験管Dでは鉄7.0gと硫黄4.0gが化合して硫化鉄が11.0gできる。試験管Eでは鉄6.0gと硫黄$4\times\frac{6}{7}$＝3.42…〔g〕が化合して硫化鉄が約9.4gができる。最も多いのは試験管Dである。

6　**(動物－ウシの胃のしくみ)**

(1)　よく噛むと，食べ物が小さく砕かれることで，消化酵素と触れる表面積が大きくなり，分解されやすくなる。アやエのようなことは起こらない。イは起こるかもしれないが，ふつう食用にする軟らかい炭水化物の消化が進むようになるわけではない。

(2)　①　紙と同じ成分(セルロース)である繊維質の部分は，細胞壁である。　②　草食動物は，表面が平らで大きな臼歯を持っている。これは，食物のなかで消化しにくい繊維質の部分をすりつぶすのに適している。

(3)　会話文中にあるように，ウシのだ液は消化とは別の役割を持っている。食物は，第一胃と口の間で往復するが，第一胃では酸性の脂肪酸ができるので，これを中和して中性にするのは口の役割ということになる。すなわち，ウシのだ液はアルカリ性であり，第一胃で酸性になった食物を中和して中性にするはたらきを持っている。

(4)　①・②　ウシの第四胃は，ヒトの胃と同じ役割をする。つまり，酸性の状態にあり，酵素のペプシンがはたらいて，タンパク質を分解するはたらきをする。ウシの場合，食物の中のタンパク質は少ないが，第一胃に大量に生息している微生物のからだはタンパク質でできており，これが第四胃に入ってくると，消化されアミノ酸となって，腸で吸収される。

(5)　メタンは16Lで10gだから，400Lの質量は，16：10＝400：x　より，x＝250gである。つまり，ウシ1頭は1日に0.25kgのメタンを排出する。1年では，0.25×365＝91.25(kg)のメタンを排出する。

(6)　15億頭のウシが1年間に排出するメタンは，91.25×15億＝1368.75(億kg)である。一方，人間活動によるメタンの排出量は，6.4億トン＝6400(億kg)である。よって，求める割合は，1368.75億÷6400億×100＝21.38…で，四捨五入により21.4%となる。

★ワンポイントアドバイス★

問題文の流れや，設問の流れの中に，考えるヒントが潜んでいることがある。よく理解しながら解き進めよう。

＜社会解答＞《学校からの正答の発表はありません。》

1　問1　(Ⅰ)　エ　(Ⅱ)　ア　問2　a　ア　b　ウ　c　エ　d　イ　問3　1　エ
2　(例)　ビルやインフラの建設のために，男性の外国人労働者を多く受け入れているから。
3　エ　4　ア　問4　(茶)　エ　(綿花)　ア　問5　ウ

2　問1　A　津波　B　高潮　問2　ウ　問3　エ　問4　(例)　死者・行方不明者は，防災のためのインフラが整備されたことなどから，年々減少している。一方，家屋倒壊・流出数は，災害が起こりやすい地域が住宅地として開発されたため，依然として多い。
問5　土石流　　問6　イ

3　問1　和同開珎　　問2　イ・ウ　　問3　乾元大宝　　問4　1　日本書紀　　2　カ
問5　イ　　問6　1　平安京　　2　ア　　問7　1　ウ　　2　(例)　中国から輸入した。
問8　ウ　　問9　(例)　税を納めない荘園の増加，朝廷の権威失墜による徴税の不振などにより税収が減少し，銭を鋳造する経済的な余裕がなくなった。

4　問1　A　台湾　　B　統監　　C　ウィルソン　　問2　ニューディール政策
問3　(例)　豊臣秀吉の朝鮮侵略　　問4　(ドイツ領)南洋諸島　　問5　三・一独立運動
問6　エ

5　問1　A　秘密　　B　集会　　C　表現　　D　公共料金　　問2　イ　　問3　ウ
問4　エ　　問5　イ　　問6　1　(例)　本人であることを確認しやすい。　(例)　投票の秘密を守りやすい。　2　(例)　重い障害のある人が投票する場合。　問7　(例)　インターネットの利用の拡大により，郵便物の取扱量は減少している。一方，インターネットを介した通信販売などの増加により，荷物の取扱量は増加している。　問8　エ　　問9　ア
問10　合同会社

○推定配点○

1　問3 2　3点　　他　各1点×12　　2　問1・問5　各2点×3　　問4　3点　　他　各1点×3
3　問9　3点　　他　各2点×11(問2完答)　　4　各2点×8
5　問7　4点　　他　各2点×14　　　計100点

<社会解説>

1　(地理－南アジア～西アジアの地誌)

やや難　問1　(Ⅰ)は，XからYに向かい，最初は標高500～1000m前後のアラビア半島を横断し，その後，ペルシャ湾を経て，標高3000m前後のイラン高原を横断する。よって，エである。(Ⅱ)は，XからYに向かい，最初は標高1000m前後のデカン高原を縦断したのち，低平なヒンドスタン平原を経て，高峻なヒマラヤ山脈に到達する。よって，アである。

重要　問2　aはトルコのアンタルヤで，夏季は高温乾燥，冬季は温暖湿潤な地中海性気候が卓越する。よって，アである。bはサウジアラビアのリヤドで，年中極端に乾燥する砂漠気候が卓越する。よって，ウである。cはパキスタンのラホールで，雨季にわずかに降水がみられステップ気候が卓越する。よってエである。dはインドのコルカタ(カルカッタ)で，年中高温で，雨季と乾季の差が明瞭なサバナ気候が卓越する。よってイである。

重要　問3　(1)　ドバイは，アラブ首長国連邦を構成する首長国の1つ。アラブ首長国連邦は，アラビア半島東部北岸を占める連邦国家で，首都はアブダビ。なお，地図中のアはトルコ，イはイラク，ウはクウェートである。　(2)　アラブ首長国連邦は世界有数の産油国で，日本も同国から多くの原油を輸入している。そのため，経済的に豊かで，ビルやインフラの建設が進められている。建設現場には働き盛りの男性の労働力が大量に必要であり，同国では外国人労働者によって不足分を補っている。そのため，女性に比べて男性の人口が極端に多くなっている。　(3)　2021年現在，日本の最大の原油輸入相手国はサウジアラビアで，これにアラブ首長国連邦，クウェートが次いでいる。一方，2021年現在，世界最大の原油生産国はアメリカ合衆国である。アメリカ合衆国は，近年，シェールオイルの開発が進み，原油の生産が増加傾向にある。　(4)　イスラ

エルは，国民の75.5％がユダヤ教を信仰している(2010年)。イスラム教徒は20％に満たない。

基本 問4　茶は東アジアを原産地とする嗜好作物。高温多雨で排水良好の土地に適する。中国・インドが二大生産国で，かつてイギリスの植民地であったケニアやスリランカでの生産も多い。よって，エである。一方，綿花は，生育期に高温湿潤，収穫期に温暖乾燥の気候を好む繊維作物で，パキスタンのような乾燥気候が卓越する国でも多く生産される。よって，アである。なお，イは米，ウは小麦である。

問5　インド，ネパールは，国民の大半がヒンドゥー教の信者である(インドは，2011年現在，79.8％，ネパールは，2011年現在，81.3％を占める)。パキスタン，バングラデシュは，国民の大半がイスラム教の信者である(パキスタンは，2010年現在，96.4％，バングラデシュは，2001年現在，89.6％を占める)。また，スリランカは，2005年現在，国民の70％が仏教徒である。

2 （地理－日本，世界の自然災害）

基本 問1　A　津波は，地震や海底火山の噴火などによって生じる海面の波動。海岸に近づくにつれて波高を増し，湾内では時に20～30mにも達して大きな被害をもたらす。　B　高潮は，台風や低気圧によって，海水面が異常に高まり，海水が陸上に侵入すること。大量の海水が住宅地などに侵入し大きな被害をもたらす。

問2　グレートディバイディング山脈は，オーストラリア大陸の東岸を南北方向に走る山脈。古期造山帯に分類され，低くてなだらかな山容を呈する。新期造山帯の環太平洋造山帯には含まれない。

基本 問3　八ヶ岳の麓の野辺山原，浅間山の麓の嬬恋村では，夏でも涼しい高原の気候を利用して，夏にレタスやキャベツなどを栽培している(抑制栽培)。

やや難 問4　死者・行方不明者は減少傾向にあるが，家屋倒壊・流出数は依然として多いことに注目する。

問5　土石流は，谷底や谷壁斜面に堆積していた大量の土砂や礫が，集中豪雨時などに水を含み，一挙に谷や斜面を流下する現象。破壊力が大きく，家屋の全壊や人命の犠牲を伴うことが多い。

問6　液状化現象は，地震などの急激な振動によって，固体のはずの地盤が液体のように振る舞う現象。地下水や砂が地表に噴出したり，地盤が強度を失って建物が傾いたり，倒壊することがある。洪水とは無関係である。

3 （日本の歴史－銭をテーマにした飛鳥時代～江戸時代の歴史）

問1　和同開珎は，和銅元年(708年)に発行された本朝(皇朝)十二銭のうち最初の銭。

問2　図から，本朝(皇朝)十二銭はだんだんと小さくなっていったこと，年表中の「9世紀：6種類の銭を鋳造」から，鋳造を命じられる間隔が全体として狭くなっていったと考えられる。

問3　乾元大宝は，本朝(皇朝)十二銭の最後の銅銭。958年鋳造で，形も小さく質も粗悪。これ以降，近世初期まで日本で公的な貨幣鋳造は中絶した。

問4　(1)　日本書紀は，奈良時代に完成した日本最古の勅撰の正史。神代から持統天皇までの朝廷に伝わった神話・伝説・記録などを漢文で記述した編年体の史書。720年に舎人親王らが編纂した。　(2)　Ⅲ(478年)→Ⅱ(604年)→Ⅰ(645年)。

問5　イは明治時代中頃の説明。

基本 問6　(1)　平安京は，桓武天皇の794年に長岡京から移って，1868年に東京に移るまでの都。(2)　藤原頼通が造営した平等院鳳凰堂が完成したのは1053年。

問7　(1)　Ⅱ(1206年)→Ⅰ(1453年)→Ⅲ(1543年)。　(2)　Yの時代，日本は，中国の宋，元，明などから銭を大量に輸入した。

問8　Ⅱ(1635年，3代将軍徳川家光の時代)→Ⅰ(1742年。8代将軍徳川吉宗の時代)→Ⅲ(田沼意次が幕府の実権を握った1767～1786年ごろ)。

問9　資料1から，税を納めない荘園が増加したこと，資料2から，諸国に朝廷の命令が届かず，税が集まりにくくなっていたことが読み取れる。

4 (日本と世界の歴史－資料を用いた明治時代～昭和時代の歴史)

重要　問1　A　1895年に結ばれた下関条約により，台湾は清から日本に割譲された。　B　統監府は，1905年11月の第二次日韓協約に基づき，朝鮮のソウルに開設された日本政府の代表機関。朝鮮の外交を指揮監督するほか，必要に応じて内政も支配する権限を有した。初代統監は伊藤博文。　C　ウィルソンは，アメリカ合衆国第28代大統領。第一次世界大戦中，1917年に対独宣戦を布告。1918年，民族自決，国際連盟設立，通商障壁撤廃などを含む十四か条を提唱，1919年のパリ講和会議に臨んだ。

基本　問2　ニューディール政策は，1933～40年，アメリカ合衆国のフランクリン・ローズベルト大統領が，世界恐慌の克服を目的に実施した一連の政策。「新規まきなおし」の意で，経済上の自由放任を抑え，政府が経済に大きく介入し，農民・労働者の福祉増進政策がとられた。

問3　壬申倭乱は，豊臣秀吉の1回目の朝鮮侵略(文禄の役)に対する朝鮮側の呼称。当時の干支から命名された。

問4　ドイツ領南洋諸島は，ドイツの植民地。日本が第一次世界大戦中に占領し，戦後，赤道以北は日本の委任統治領となった。日本は，南洋庁を設置して統治した。マリアナ諸島，カロリン諸島，マーシャル諸島を指す。

問5　三・一独立運動は，1919年，朝鮮で起こった日本の支配に対する独立運動。ロシア革命やウィルソンの民族自決宣言を背景に，同年，3日1日，ソウルで独立宣言が発せられると，「朝鮮独立万歳」を叫ぶ示威運動が朝鮮全土に広がった。

重要　問6　資料2(統監府の設置は1905年)→資料3(ウィルソンが「十四か条」を発表したのは1918年)→資料1(ポツダム宣言の発表は1945年)。

5 (公民－郵便を題材にした政治・経済など)

基本　問1　A　通信の秘密は，手紙・電話・電報などによる特定人同士の情報の送付は，その秘密を侵されないこと。情報の内容のほか，発信者・受信者の同一性や送受信の時間・場所も保護の対象に含まれる。　B　集会は，特定の共同の目的のために多くの人が一時的にする会合のこと。日本国憲法第21条は，集会の自由を定めている。　C　表現の自由は，個人が外部に自己の思想・主張・意志・感情などを表現する自由。最も代表的な自由権の一つであり，民主主義社会の中核的な意味をもつ。　D　公共料金は，公共性のある商品やサービスについて，国会や政府・地方公共団体が直接決定にかかわる料金。電気・ガス・水道・運輸・通信など，公共性が高く，独占的に供給されている財やサービスの価格決定は，市場メカニズムの例外となっている。

基本　問2　問題に示された文章は，ユネスコ憲章。UNESCO(ユネスコ)は，国連教育科学文化機関の略称である。

問3　国際事務局長の任期の更新回数は1回に限られているが，日本の地方自治体の首長の在任期数に制限はない。　ア　日本の地方自治体の首長は，住民の直接選挙で選出される。　イ　国際事務局長，日本の地方自治体の首長とも任期は4年。　エ　国際事務局次長は，大会議によって選出される。

やや難　問4　訴訟を提起した原告は，判決等の終局的解決の前にその手続きを自ら取り下げることができる(民事訴訟法261条)。

問5　最高裁判所長官の指名は，内閣の仕事である(日本国憲法第6条第2項など)。

やや難　問6　(1)　公職選挙法では，有権者が投票所に行って自ら投票することを原則としている。これは，・本人であることが確認しやすく，なりすましを防止できる。・だれが，だれに投票したのかなど，投票の秘密を守りやすい，などのメリットがあるからである。 (2) 身体に重度の障害がある人は，自宅で投票用紙を記入し，郵便等を利用して選挙管理委員会へ送付することによって投票することができる「郵便等による不在者投票制度」がある。

問7 図2から，インターネット利用率が上昇していること，図1から，郵便物の取扱量は減少，荷物は増加していることが読み取れる。

重要 問8 日本銀行は，「銀行の銀行」の役割を果たしており，市中銀行は日本銀行に口座を開設している。 ア 金融機関には，銀行，郵便局のほか，証券会社，保険会社，信用金庫，農業協同組合などがある。 イ 日本銀行は，日本で唯一の発券銀行である。 ウ 預金者に利子を支払う。

問9 民間企業は営利を目的にしているので，安全な財やサービスをすべての人に安定して供給することは困難である。そのため，政府(国や地方公共団体)が供給することが求められる。

やや難 問10 合同会社は，2006年の会社法の改正により新たに規定された会社。有限責任と「定款自治」を特徴としており，株式会社と合名・合資会社の中間に位置する。定款自治とは，出資額によらずに利益配分や権限などを自分たちで決められること。

★ワンポイントアドバイス★

受験生が不得意とする世界地理が大問として出題されている。よって，世界地理も手を抜くことができない。

＜国語解答＞《学校からの正答の発表はありません。》

一 問一 Ⅰ ウ Ⅱ ア Ⅲ イ Ⅳ エ Ⅴ オ 問二 (例) オノマトペは特定の言語の枠組みの中で理解されるので，その言語の母語話者でない場合は意味を直感的に共有できないから。 問三 (例) 抽象絵画では，表現者の内的な感覚は共有されないということ。 問四 (例) 聴覚によって入る音形が感覚イメージにつながっていること。 問五 1 ⅰ 非母語話者 ⅱ 音声 ⅲ 一部分 ⅳ 母語話者
2 (例) 近い関係にある別の概念で捉えて，連想で補う

二 問一 a 呼気 b 生前 c 夢遊 d 道理 e 沿岸 問二 A エ
B オ C オ 問三 イ 問四 (例) 重傷で戦場に戻れないのは悲嘆することではなく，戦場から解放されるのは悪くないことだと励ます気持ち。 問五 ウ
問六 (例) 敵弾が鉄兜をかすめ右足に強い衝撃を覚えたことが契機となり，急に新しい世界が目の前に広がったように感じられ，弾丸の音がはっきりと聞こえ，今自分が置かれている状況がいかに危険であるかを実感したということ。

三 問一 a イ b エ c エ 問二 ⅰ イ ⅱ ア ⅲ ア 問三 ウ
問四 1 ウ 2 (例) 自分が食べようとした物は，正算僧都の母が並大抵でない思いで手に入れたものだから。 問五 ③ エ ④ ア 問六 イ

○推定配点○

一 問一・問五 各2点×10 他 各5点×3
二 問一・問二 各2点×8 問三・問五 各4点×2 他 各5点×2
三 問一・問二・問四1 各2点×7 問四2 5点 他 各3点×4 計100点

＜国語解説＞

一 （論説文－脱語補充，文脈把握，内容吟味，要旨）

問一　Ⅰ　直前に「非常に細密に対象を切り取った」とあるので，「具象的(な絵画)」とするのが適切。　Ⅱ　前に「視覚化することが可能である」とあり，直前の「アイコン」を説明しているので，「視覚的(な記号)」とするのが適切。　Ⅲ　直前に「音声」とあるので，「聴覚的(要素)」とするのが適切。　Ⅳ　直前の「『ギクッ』」を説明しているので「(やや)抽象的」とするのが適切。　Ⅴ　直前の「オノマトペが物事の一部分しか写せないのは」につながっているので，「本質的(性質が関わっている)」とするのが適切。

やや難　問二　この後に絵画の例が示され，「オノマトペは……」ではじまる段落に「オノマトペは特定の枠組みの中で理解される」とある。ここでいう「特定の枠組み」とは「母語話者」の言い換えであり，「オノマトペは，少なくとも当該言語の母語話者はそれぞれ意味を直感的に共有できる」とあるので，オノマトペは特定の枠組みの中で理解されるものだから，その言語の母語話者でなければ直感的に共有できない，という点を押さえて要約すればよい。

問三　「同定」は，同一と認めることで，ここでは「共有」と言い換えられている。直前に「抽象絵画」とあるので，抽象絵画に描かれた対象は共有できない，という意味だとわかる。前に「絵画で大事なのは，表現者の『主観的感覚』である。したがって絵画は，その抽象度において大きな差が生まれる」とあり，「オノマトペは，少なくとも当該言語の母語話者はそれぞれ意味を直感的に共有できる」とあるので，「抽象絵画」は「表現者の感覚を共有できない」という点を押さえてまとめればよい。

問四　直前に「音形が感覚にアイコン的につながっているという点で」とあり，その前には「表すもの(音形)と表されるもの(感覚イメージ)に類似性があると感じられる」とある。「アイコン」については，「表すものと表されるものの間に類似性がある記号」と説明されている。耳から入る音形と感覚イメージが類似性をもってつながっているという点で「身体的」だというのである。

やや難　問五　1　ⅰ　直後に「理解が難しい」とあるので，「非母語話者」が入る。本文冒頭に「一般に，オノマトペはその言語の母語話者にはしっくりくる。……ところが，非母語話者には必ずしもわかりやすいとは限らない」とある。　ⅱ　直前の「言語」に並立するものとして「音声」が入る。　ⅲ　「つまり……」で始まる段落に「音声で表すことができるのは，基本的に物事の一部分である」とあるので，「一部分」が入る。　ⅳ　本文冒頭に「オノマトペはその言語の母語話者にはしっくりくる」とあるので，「母語話者(にしか感覚的にしっくりこない)」となる。

2　直後に「換喩」「連想」とあることに着目する。「このように……」で始まる段落に「換喩は，ある概念を，それと近い関係にある別の概念で捉える」とあり，その前の段落には「音声で写すことができるのは，基本的に物事の一部分である。……というように連想で補うことになる」とあるので，これらを要約すればよい。

二 （小説－漢字，語句の意味，情景・心情，文脈把握，内容吟味）

問一　a　「呼気」は，吐き出した息のこと。「呼」を使った熟語はほかに「呼応」「呼吸」など。訓読みは「呼(ぶ)」。　b　「生前」は，生きていた時，という意味。「生」を使った熟語はほかに「生存」「生誕」など。音読みはほかに「ショウ」。訓読みは「い(かす)」「い(きる)」「い(ける)」「う(まれる)」「う(む)」「お(う)」「は(える)」「は(やす)」「き」「なま」。　c　「夢遊(状態)」は，眠っている間に急に起き上がったり歩いたりする状態。「夢」を使った熟語はほかに「夢中」「夢想」など。訓読みは「ゆめ」。　d　「道理」は，物事の正しいすじ道，という意味。「道」を使った熟語はほかに「道義」「道徳」など。訓読みは「みち」。　e　「沿岸」は，海・河・湖に沿った陸地，という意味。「沿」を使った熟語はほかに「沿線」「沿道」など。訓読みは「そ(う)」。

問二　A 「とりとめもない」は，まとまりがない，要領を得ない，という意味。　B「酸鼻」は，むごたらしく痛ましい，ひどくむごい，という意味。　C 「卒然」は，思いがけないことが急に起こる様子，だしぬけ，突然，という意味。

問三　直前に「どこの中隊の何という兵であるかも知らない。セイゼンには一度も口をきいたことはなかったであろう」とある。縁のない者であるが覚えておこう，という心情にあてはまるものとしてはイが適切。戦場という特殊な場に居合わせた者としての思いである。

やや難　問四　「『馬鹿なことを言え。この傷を見ろ』」と言う軍医の様子である。負傷した兵士の「『また戦場へ出られるでしょうか』」という問いかけに，もう戦場には出られない，と言っているのである。直後に「やがて日本へ帰されていくであろう自分の病衣を着た姿と，そして故郷の人々との有様を想像してみるのであった」とある。「愛情をもった口調」からは，兵士にとっては戦場を離れることは無念であるかもしれないが，故郷へ帰ることは悪いことではない，と励ます気持ちが読み取れる。

問五　直後に「彼は何とも言えない恐怖を感じて一寸たりとも頭をあげることができなくなってしまった。このような恐怖は……それが今はじめて卒然として蘇って来たのであった」とあるので，「死に直面している戦場にいるということを実感した」とあるウが適切。

やや難　問六　直前に「俄かに眼の前にひろがっていると戦場の風景がいま始めてみる知らない土地であったように，……新しく接した風景であるように感じられた。砲弾の音がはっきりと耳に聞え，……明瞭に区別して聞れた」とあり，直後には「身のまわりに如何に多くの危険があるかを感じて身ぶるいした」とある。その前には「そのとき鋭く彼の鉄兜をかすめた敵弾は背の上を水平に通過して靴の踵を貫き，右足は太腿あたりまで強い衝撃を感じた」とある。敵弾が鉄兜をかすめ右足に衝撃が走ったことをきっかけに新しい風景が眼前に広がり，身のまわりの危険を実感したことを「不思議な覚醒」と表現しているのである。

三 （古文ー語句の意味，口語訳，主語，表現技法，文脈把握，内容吟味，大意，脱文補充）

〈口語訳〉 比叡山に正算僧都という人があった。暮らしはたいそう貧しくて，西塔の大林という所に住んでいたころ，年の暮れに雪が深く降って，訪ねてくる人もなく，まったく炊飯の煙も立たない時もあった。京には母があったが，いつも便りをしていないので，便りをするのもかえって心苦しく，特にこのような様子を知られたくないと思っていたのであるが，雪の中の心細さを推し量ったのであろうか，または，なにかの便りに(息子の様子が)漏れ聞こえたのであろうか，(母から)心のこもった手紙が届いた。都でさえも人通りがなくなった雪の中で，雪深い山の住まいの心細さなどが思われて，ちょっとした物を送って寄こした。

思いがけないことだったので，たいそうありがたく，しみじみとうれしく思われた。中でも，この使いの男が，たいそう寒そうで，深い雪をかき分けて来たことが気の毒なので，まず火をたいて，(男が)持って来た物を与えて食べさせる。(ところが，使いの男が)今食べようとしたところで，箸を立てて，はらはらと涙を落して食べなくなってしまったので，不思議に思って，その理由を聞く。(男は)答えて，「この差し上げなさった物は，簡単に手に入れた物ではございません。方々を尋ねなさったけれども(手に入れることが)かなわず，母御前が自ら髪の毛の先の方を切って，人にお与えになって，その代償として無理をなさって手に入れた物でございます。ただ今これを食べようといたしましたが，母御前の御志の深くありがたいことが思い出されて，(自分は)身分の低い者ではありますが，たいそう悲しくて，胸がふさがって喉を通らなくなりました」と言う。これを聞いて，(正算僧都は)いい加減に思うだろうか(いや思わない)。長い間涙を流した。

すべて，情愛の深いこと母の思いに及ぶものはない。

問一　a 「ねんごろ」には，情愛がこまやかだ，丁寧で念入りだ，などの意味がある。　b 「いとほし」には，かわいそうだ，気の毒だ，かわいい，いじらしい，などの意味がある。「いと寒げに雪を分け来たる」様子を指すので，「気の毒なので」とするエが適切。　c 「あやし」には，不思議だ，妙だ，変だ，不審だ，などの意味がある。ここでは，急に食べなくなってしまった「使いの男」に理由を尋ねているので，「不思議に思って」とするエが適切。

問二　i　直前に「雪の中の心細さを」とあり，正算僧都の「心細さ」を推し量っているので，主語は，消息(手紙)を寄こした「母」。　ii　直前に「思ひ寄らざる程に，いとありがたく」とあるので，主語は，母からの手紙を受けった「正算僧都」。　iii　直前に「……いとあやしと思ひて」とあるので，主語は，使いの男の様子を不思議に思った「正算僧都」。

やや難　問三　「たえだえ」には，とぎれとぎれに，という意味があり，直後に「心苦しうて」「このあり様を聞かれじと思へりけるを」とあるので，「便りをあまり交わしていない」とするウが適切。便りが絶えている状態を心苦しく思うが，今の様子を知られたくないのである。

やや難　問四　1　直前に「この使ひの男の……今食はんとする程に」とあるので，「涙を落している」主語は「使ひの男」。　2 「男」が食べなくなってしまった理由については，後に「『この奉り給へる物は，なほざりにて出来たる物にても侍らず。……母御前のみづから御ぐしの下を切りて，人に賜びて，その替りをわりなくして奉り給へるなり。……いかにも喉へ入り侍らぬなり』」と説明されている。僧都の母が苦労して手に入れた物だから，というポイントを押さえて40字以内で表現すればよい。

問五　③ 「なほざり」は，おろそか，いいかげん，簡単に，などの意味があり，「侍らず」と打ち消しているので，「簡単に手に入れた物ではございません」とするエが適切。　④ 「おろそか」は，いいかげんだ，という意味。文末の「やは」は，反語表現で，(どうして)～か，いや～(では)ない，という意味になるので，「いい加減に思うだろうか」とするアが適切。

問六　本文に描かれているのは，正算僧都の境遇を案じ，自ら髪を切って人に与え代償として手に入れた物を使いの男に届けさせたた母の「いとありがたく，あはれに覚ゆる」情愛なので，「あはれみの深き事，母の思ひに過ぎたるはなし」とあるイが適切。

★ワンポイントアドバイス★

筆者の主張や登場人物の心情を的確に捉える力と，過不足なく表現する文章力をつけよう！　記号選択問題は，よく練られた選択肢の中から正答を選び出す根拠を捉える練習をしておこう！

2023年度

★★★★★★★★★★★★★★★★★★★★★★★★

入　試　問　題

2023年度

お茶の水女子大学附属高等学校入試問題

【数　学】（50分）　＜満点：100点＞

【注意】 1．解答用紙には，計算，説明なども簡潔に記入し，作図に用いた線は消さずに残しておきなさい。

2．根号$\sqrt{\ }$や円周率πは小数に直さず，そのまま使いなさい。

3．問題用紙の図は必ずしも正確ではありません。

4．携帯電話，電卓，計算機能付き時計を使用してはいけません。

1．次の各問いに答えなさい。

(1)　$x=\sqrt{7}+\sqrt{5}$，$y=\sqrt{7}-\sqrt{5}$のとき，$\dfrac{(\sqrt{x}-\sqrt{y})}{(\sqrt{x}+\sqrt{y})}$の値を求めなさい。

(2)　aを定数とする。

連立方程式$\begin{cases} x-\dfrac{a+5}{2}y=-2 \\ 2ax+15y=1 \end{cases}$

は$y=\dfrac{1}{3}$を解にもつ。このとき，定数aの値として考えられるものをすべて求めなさい。

(3)　図のような座席番号がふられている４つの座席がある。また，袋の中に，１番から４番の番号が書かれたカードがそれぞれ１枚ずつ合計４枚入っている。A，B，C，Dの４人がこの順に，袋の中からカードを１人１枚ずつ取り出し，書いてある番号の座席に座る。このとき，AとBが隣り合わず，かつ，BとCが隣り合う座席に座る確率を求めなさい。ただし，どのカードを取り出す場合も同様に確からしいとする。

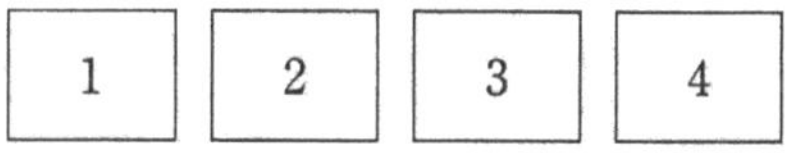

(4)　$\angle A=30^\circ$，AB＝ACである二等辺三角形ABCで辺BCが直線ℓ上にあるものを作図せよ。作図に用いた補助線は消さずに残しておくこと。点Aと直線ℓは解答用紙にあるものを用いなさい。

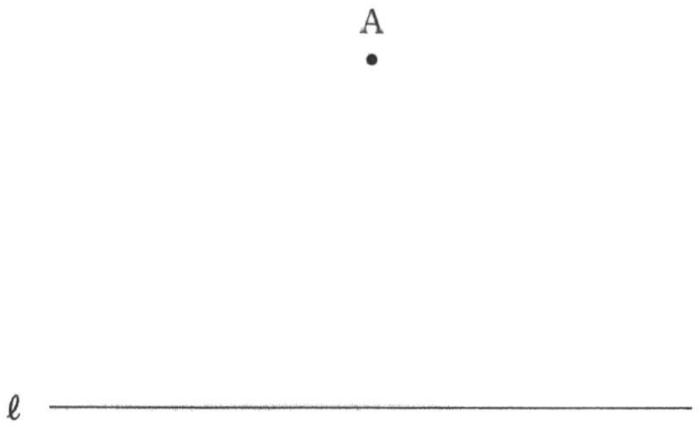

2．川の下流にＰ地点，上流にＱ地点がある。ＰＱ間の距離は600mである。静水に対する蘭子さんのボートの速度を毎分 x m，梅子さんのボートの速度を毎分 y mとし，川の流れの速さを毎分 z mとする。①蘭子さんが，川のＰ地点とＱ地点の間をボートで往復したところ16分かかった。次に，②蘭子さんはＰ地点からＱ地点へ向かって，梅子さんはＱ地点からＰ地点へ向かってそれぞれボートを同時にスタートさせたところ５分後に２人は出会った。さらに，③蘭子さん，梅子さんがともにＰ地点から同時にボートを漕ぎはじめ，Ｐ地点とＱ地点の間を往復したところ，蘭子さんがＰ地点に到着してから24分後に梅子さんがＰ地点に到着した。蘭子さんと梅子さんのボートの速度，および川の流れの速さはそれぞれ常に一定であるとし，折り返しの際は休まずにすぐ折り返したものとする。このとき，次の問いに答えなさい。

⑴　下線部①，②，③について，それぞれ，x，y，z を用いて方程式を作ったとき，□ に当てはまる式を答えなさい。

①　□　＝16

②　□　＝600

③　□　＝24

⑵　x の値を求めなさい。

3．図のような１辺の長さ１の正方形がある。頂点Ａ，Ｂ，Ｃ，Ｄの x 座標，y 座標はすべて正であり，点Ｂ，Ｃの y 座標はともに $\frac{1}{2}$ である。この正方形ＡＢＣＤを，頂点Ｂを中心に反時計回りに60°回転させたものを正方形A′BC′D′とすると，直線A′D′は原点Ｏを通った。さらに，正方形A′BC′D′を直線A′Bに関して対称に移動したものを正方形A′BC″D″とすると，正方形A′BC″D″と x 軸は２点で交わった。この２つの交点を原点Ｏに近い方から点Ｅ，Ｆとする。ただし，点A′，C′，D′はそれぞれ点Ａ，Ｃ，Ｄが移った点，点C″，D″はそれぞれ点C′，D′が移った点とする。このとき，次の問いに答えなさい。

⑴　直線A′D′の式および点Ｂの x 座標を求めなさい。

⑵　点Ｆの x 座標を求めなさい。

⑶　△C″EFの面積を求めなさい。

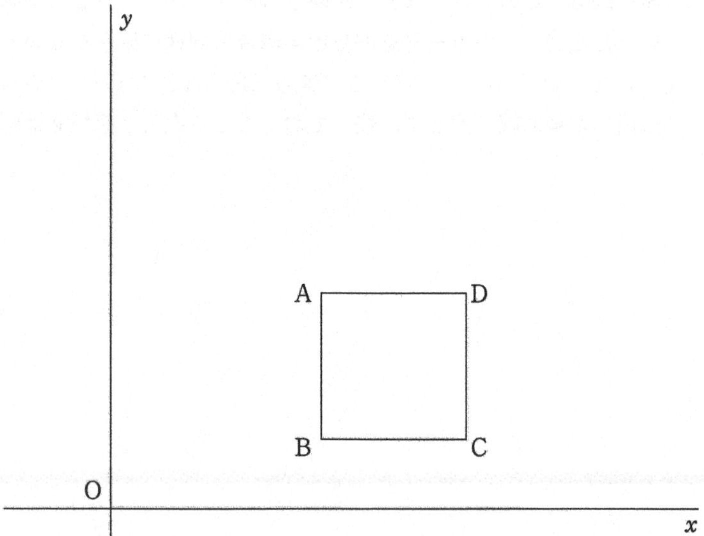

4．図のような１辺の長さが１の立方体ABCD-EFGHがある。

４点A，F，G，Hを頂点とする三角すいSと４点C，F，E，Hを頂点とする三角すいTがあるとき，次の問いに答えなさい。

⑴　三角すいSの表面積を求めなさい。

⑵　辺AE上にAP：PE＝m：nとなるような点Pをとり，点Pを通り底面EFGHに平行な平面でこの２つの三角すいS，Tを切ったとき，２つの立体SとTの切り口の図形が重なった部分の面積をMとする。

①　m：n＝２：１のときのMの値を求めなさい。

②　m：n＝７：２のときのMの値を求めなさい。

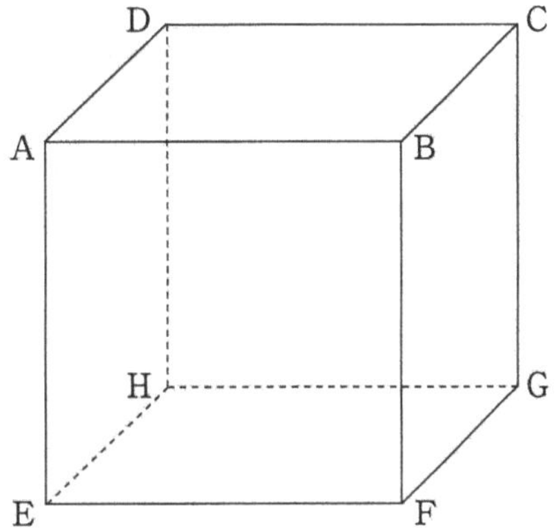

【英　語】（50分）　＜満点：100点＞

【注意】 問題の１と２は放送による問題です。放送の指示に従って答えなさい。
なお必要ならば，聞きながらメモをとってもかまいません。

1 【聞き取りの問題】英文が１回のみ読まれます。よく聞いて，次の問いの答えとして最も適切なものを，アからエの中から１つ選び，記号で答えなさい。

(1) Why does the speaker visit some music websites?
ア Because she wants to listen to popular foreign music.
イ Because she wants to send messages to her fans.
ウ Because she wants to know other people's opinions about her music.
エ Because she wants to see what her fans say.

(2) Why does the speaker drink lots of water during the day?
ア Because the air in the studio is dry.
イ Because there is no cafe around the studio.
ウ Because Indian food makes her thirsty.
エ Because she takes care of her throat.

(3) What does the speaker usually do around 4 p.m.?
ア She practices singing,　　イ She supports the other members.
ウ She checks e-mails from her fans.　　エ She drives a car.

(4) What does the speaker sometimes do after she returns to the city?
ア She appears on a TV show and talks about music.
イ She watches her favorite TV shows until midnight.
ウ She goes to a Japanese restaurant with the other members.
エ She cooks and eats foreign food with her boyfriend.

（注） studio 「スタジオ」

2 【書き取りの問題】英文が３回読まれます。よく聞いて，下線部を正しく埋めなさい。ただし，英文は２回目のみゆっくり読まれます。

(1) We use *social networking sites ______________________________

____.

(2) They ____

____.

(3) But sometimes we ______________________________

____.

（注） social networking sites「ソーシャル・ネットワーキング・サイト，SNS」

※リスニングテストの放送台本は非公表です。

3 次の英文を読んで，その内容と一致するように，後の要約文の空所１から13に適切な英語一語を入れなさい。

In our long history, technology has changed both our daily lives and views of our towns and cities. For example, 120 years ago, there were *stables for horses instead of gas stations in towns. There were no supermarkets or convenience stores; instead, there were many small shops that sold a limited *range of products. If modern time travelers entered one of these shops, they would be surprised to find that there was no *self-service. The *shopper would stand in front of a *counter and order *items *one by one from the clerk on the other side. Imagine how much time this would take.

After World War II, supermarkets were introduced and became very popular. They were more convenient because they offered many kinds of products. They soon *replaced small shops. When people started to have their own cars, first in the United States and later in much of the world, *shopping malls were built, often at the edge of town, and people started to go shopping by car. More recently, "*big-box" stores began appearing at these shopping malls. These stores are very large and usually sell *general merchandise or *specialties such as clothes, books, or electronic goods. Once again, changes *benefit the consumer with a large range of products and low prices.

Another change is now happening. In 1995, Amazon began an online bookstore. Customers could order books through the Internet, and they arrived a few days later. This became very popular for several reasons. Often the prices of the books at Amazon were lower than the prices of books in *conventional bookstores, and Amazon offered a wider range of books than the largest bookstore did. Amazon soon started to sell other products such as music and clothes, and other online stores did the same. Today, it is possible to buy almost anything online. If you use online stores, prices are low, there is a wide range of goods, and you don't have to travel and shop in crowded stores.

For conventional *retailers, it is hard to *compete with online stores. Their stores have only limited space, so they cannot have many different kinds of goods like online stores. The prices of their products will always be higher because they have to pay for the *maintenance of the store. Today, some shoppers come to conventional stores just to see a product or *try on some clothes. They may even take pictures of products or product *barcodes and then order the product from an online store such as Amazon. This is called "*showrooming," and there are even smartphone *applications that *enable shoppers to check and compare prices at several stores. Of course, this makes conventional retailers very angry, but there is nothing they can do about it.

Conventional retailers are the victims of the new technologies that have changed people's shopping behavior greatly. However, this is nothing new; businesses are always influenced by change. It is true that shoppers cannot get the same degree of personal service from an online retailer *compared with an *actual store, but shoppers have already *voted with their wallets and online *retailing may be the way of the future.

【Adapted from Browne, C., Culligan, B. & Phillips, J. *In Focus* 3.】

【要約文】

The (1) of technology has often changed our daily lives greatly. For example, the shops today are very (2) from the shops of 120 years ago. There were many small shops that sold only a few, specific products, and there people had to ask the shop staff to (3) things they wanted. After World War II, many of such small shops (4) because people started to use supermarkets which sold a wide range of products. When people got cars, they started driving to shopping malls which were far from the (5) of town. People were able to buy things at lower prices at big stores in shopping malls. Now we are experiencing another change of (6) we buy things: online shopping. We can buy things on the Internet, and (7) a few days, the product will be (8) to our home. Many people like online shopping because products are (9) and various goods are offered. Also, shoppers don't need to go to actual stores which are (10) of people. Some shoppers (11) actual stores just to check out products. Conventional retailers are (12) from changing technologies, but it actually happens quite often. Just like supermarkets replaced small shops, businesses always change. Shoppers have already shown that they prefer online shopping by spending more (13) online.

(注) stable「馬小屋」 range「範囲，品揃え」
self-service「セルフサービス（客が購入したい商品を自分で陳列棚から取り，レジに持っていく買い物の仕方）」
shopper「買い物客」 counter「カウンター」 item「品物，商品」 one by one「一つずつ」
replace「取って代わる」 shopping mall「ショッピングモール」 big-box store「大型店」
general merchandise「日用品，生活雑貨」 specialty「専門店で売られている商品」
benefit ~ with...「～に…という恩恵をもたらす」 conventional「従来型の」 retailer「小売店」
compete with ~「～と競う」 maintenance「維持，管理」 try on ~「～を試着する」
barcode「バーコード」 showrooming「ショールーミング」
application「アプリ」 enable ~ to...「～が…するのを可能にする」
compared with ~「～と比べて」 actual store「実店舗」
vote「投票する，投票で意思表示をする」 retailing「小売業」

4 次のページの英文を読んで，後の問いに日本語で答えなさい。

(1) 下線部(1)は，誰が何をしなかったことを意味しますか。これより後の内容をふまえて具体的に答えなさい。

(2) 下線部(2)を，Ben は何をすることと引き換えに受け取りましたか。

(3) 下線部(3)のような行動をとったのは，Jane が何を恐れていたからですか。

(4) 下線部(4)のような気持ちに Jane がなったのは，なぜですか。

"I don't know what has happened to you recently, Jane," Mother said. "You were so good to your little brother, but now you are *ignoring him."

Unfortunately, Ben walked into the room just then and heard this conversation.

My little brother, Ben! I hated him not only because he was a *liar, but because actually I was more *guilty than he was. But I just didn't know when to *confess everything.

I didn't expect that he would win the prize and that he would be known all over the city. Tomorrow morning Ben was going to read his *composition in the *assembly, and the whole program would be *broadcast over the radio throughout our city!

"I know, Jane," Mother was saying now. "In your heart, you are proud of him. Ben's composition won first prize out of all those thousands of students in the school."

Mother *turned to Ben and said, "It is time for you to go to bed so you can be *fresh for your big moment tomorrow." Maybe if he confessed the whole thing now, we could still do something. Tomorrow would be too late, and he and I, and Mother and Father too, would be *disgraced before all the school and the whole city.

(1)But no. He only said good night to Mother and went to his room.

His composition started so *innocently two weeks before. Mother invited many guests for a tea party, so she borrowed some *silver from her friend, Mrs. Brown. After the guests left and the dishes were washed, Mother asked me to return the silver. But I was busy, so I asked Ben to do so. "Sure," he said, "I'll do it if you give me five dollars. But I don't have time because I have homework to do."

"What homework?" I asked.

"Some composition."

"I can *fix that *in a moment," I said *cheerfully.

I opened my notebook, took out an essay I wrote that week on 'If I Had My Wish' and *handed it to him. I don't usually worry about compositions. My English teacher actually *marked my composition with an 'A' and I read it to the class.

"Be sure to *copy it in your own *handwriting," I told Ben, when I handed him the paper and (2)five dollars. "*Leave out some sentences and *misspell a few words."

The *fatal morning arrived at last. Mother, Father, and I sat together during the assembly. The program started and it went on and on like something in a dream.

Now Ben was standing in the center of the stage. (3)I looked at my English teacher and my classmates. Soon they would all recognize the words I read in the classroom only a few weeks before. I shut my eyes when Ben began to speak. His voice was loud and clear as he read the title: ‘If I Had My Wish.’

“If I had my wish, I would want our team to win every game this season because they are great players and *deserve it. They are also a nice group of *fellows and are like *the United Nations of all *races, colors, and *religions. If I had my wish, there would be teams like ours all over the world. Peter is the best *pitcher we ever had.” Ben kept talking about each player for maybe two or three minutes. But it seemed to me a second or forever.

Slowly I sank into my seat, and I was *sobbing. Mother put her arms around me.

After we got back home, I confessed everything to Mother and Father. Though they *scolded me, I felt I deserved it.

That evening, when I *hugged my brother, I asked Ben what happened to my composition after all.

His face *turned red. “I put your paper in my pocket,” he explained, “but I lost it somewhere because it wasn’t there when I got to school. Ms. Anderson told me to stay after school and write one. I remembered your title, so I wrote that down. But I couldn’t copy the whole thing. I’m lucky I lost it.”

My composition was about an iimaginary trip to *Hollywood. I hugged him again, and then I *apologized to him.

“I am so *ashamed,” I said.

“Forget it, Sister,” he said, and his face turned redder.

(4)I’m just so proud of my little brother.

【Adapted from *Shorter English Readers*.】

（注） ignore「無視する」 liar「嘘つき」 guilty「うしろめたい，罪の意識がある」
confess「打ち明ける」 composition「作文」 assembly「集まり，集会」
broadcast「放送する」 turn to ～「～の方を向く」 fresh「元気である」
disgraced「面目をつぶされる」 innocently「悪気なく，悪意なく」 silver「銀の食器」
fix「上手く対処する」 in a moment「すぐに」 cheerfully「機嫌よく」 hand「手渡す」
mark ～ with an ‘A’「～にAという成績をつける」 copy「写す」 handwriting「手書き」
leave out「省く，除く」 misspell「つづりを誤る」 fatal「運命の」
deserve「値する，受けるに足りる」 fellow「仲間」 the United Nations「国際連合」
race「人種」 religion「宗教」 pitcher「（野球の）投手，ピッチャー」 sob「泣きじゃくる」
scold「叱る」 hug「抱きしめる」 turn red「赤くなる」 imaginary「想像上の，架空の」

Hollywood「ハリウッド（米国の都市）」　apologize「謝る」　ashamed「恥じている」

5　次の英文の意味が通るように，空所１から５に入れるのに最も適切なものを，下のアからオの中から選び，記号で答えなさい。ただし，同じものを２回以上用いてはいけません。

Young elephants grow up within a *matriarchal family: their mother, sisters, cousins, aunts, grandmothers, and friends. [1] Young elephants stay close to their mothers and other family members – males until they are about 14, *females *for life. According to Daphne Sheldrick, *founder and director of an *elephant orphanage in Kenya for over 30 years, "When we get a new baby here, the others will come and *lovingly put their *trunks on its body to *comfort it. [2]"

[3] Elephants express *emotions by using their trunk, ears, head, and *tail. When they need to communicate *over longer distances, they use powerful *low-frequency, *rumbling *calls that can be heard by others more than a *mile away.

After a death, family members show signs of *grief. Elephants try to *lift the dead body and cover it with *dirt and *brush. A scientist once watched a female that *stood guard over her dead baby for three days. Her head, ears, and trunk were hanging in grief. [4]

"Elephants are very *human animals," says Sheldrick. "Their emotions are exactly like ours." [5] The elephant brain also has many *spindle cells. They are related to *empathy and *social awareness in humans.

【Adapted from Bottcher, E. *Longman Academic Reading Series 1*.】

ア Studies show that elephant brains are very similar to human brains *in the way they *process emotions.
イ These *bonds continue throughout their lives that can be about 70 years.
ウ Elephants may visit the *bones for many months, even many years, and touch them with their trunks.
エ A *complex communication system helps the elephants stay close to each other.
オ They have such big hearts.

（注）matriarchal「メスが支配している」　female「メス」　for life「死ぬまで」　founder「創設者」
elephant orphanage「ゾウの孤児院」　lovingly「愛情をこめて」　trunk「ゾウの鼻」
comfort「なだめる」　emotion「感情」　tail「しっぽ」
over long distances「長距離にわたって」　low-frequency「低周波の」　rumbling「ゴロゴロ鳴る」
call「鳴き声」　mile「マイル（1mile ≒ 1.6km）」　grief「深い悲しみ」　lift「持ち上げる」
dirt「泥」　brush「低木」　stand guard over ～「～を見張る」　human「人間らしい」
spindle cell「紡錘細胞」　empathy「共感」　social awareness「社会性」
in the way ...「... という点で」　process「処理する，整理する」　bond「絆」　bone「骨」
complex「複雑な」

6 例にならって，次の(1)から(4)の［　］内の語句を与えられている順にすべて用い，さらに最低限必要な語を加えて，話の筋が通るように英文を完成させなさい。

【例】 Ms. Williams is a teacher and [there, thirty, children, class].
→ there are thirty children in her class

*　　*　　*　　*　　*

A young woman *milked her cow and was *on her way to town to sell the milk. As she *walked down the *path, she *balanced the bucket of milk on her head. It (1)[early, the morning and, sun, bright]. The flowers smelled sweet, and she felt good!

As she walked, she said to herself, "This milk (2)[going, make enough money, buy, eight eggs]. I'll take the eggs back to the farm and put them under my four best *hens. Soon the eggs will *hatch into eight *chicks. I'll feed them, and the chicks will grow big and fat. Then they will have (3)[lot, eggs, will turn, chickens], too. Then I'll take all the chickens and sell them, and I'll (4)[get, most expensive dress, world and, go, nicest party] on Christmas. Everyone will ask me to dance, and *all night long, I'll dance and *twirl."

As she talked to herself, she gave a little *hop and did a dance step, but when she started to twirl around, the milk bucket on her head was *thrown off balance. The milk was *spilled and her plans were *spoiled.

"Oh, I've done a stupid thing," she cried. "I counted my chickens before they hatched."

【Adapted from Lewis, S. *One-minute Bedtime Stories.*】

（注） milk「(動物の) 乳を絞る」　on her way to ～「～へ向かう途中」　walk down「歩いていく」
path「小道，細道」　balance「バランスを保つ」　hen「めんどり」
hatch into ～「(卵が) かえって～になる」　chick「ひよこ」　all night long「一晩中」
twirl「くるくる回る」　hop「片足跳び」　throw ～ off balance「～のバランスを崩す」
spill「こぼす」　spoil「台無しにする」

7 本を読まない若者が増えていますが，あなたは高校生は本を読むべきだと思いますか。自分の意見とその理由を40語程度の英語で述べなさい。なお，解答の末尾には使用した語数を記すこと。

【理　科】（50分）　＜満点：100点＞

1　次の各問いについて，それぞれの解答群の中から答えを選び，記号で答えなさい。なお，「すべて選びなさい」には，１つだけ選ぶ場合も含まれます。

(1)　半円形レンズにレーザー光線を当てたとき，円の中心を通った光の道筋として正しいものを選びなさい。

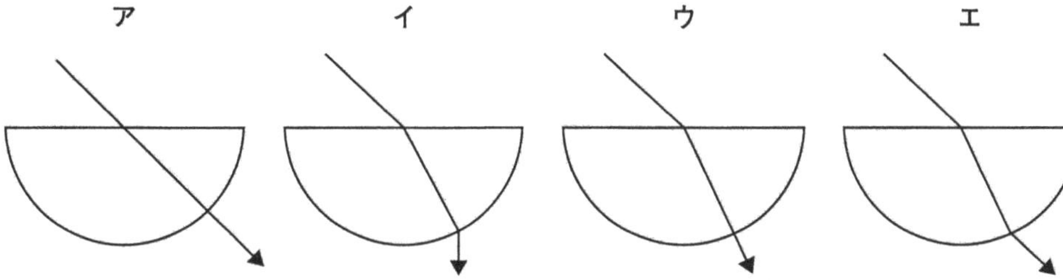

(2)　放射線に関する単位Bq（ベクレル）とSv（シーベルト）を用いて表す値について，誤っているものを選びなさい。

ア　Bqでは，同じ放射性物質でも質量によって値が異なる。
イ　Bqでは，同じ放射性物質でも経過年数によって値が異なる。
ウ　Svでは，同じ放射性物質でも測定する距離によって値が異なる。
エ　Svでは，人工放射線と自然放射線とではそれ以外の条件が同じでも値が異なる。

(3)　次の現象のうち，化学変化によって化学エネルギーが他のエネルギーに移り変わる例として，正しいものをすべて選びなさい。

ア　水を電気分解すると，酸素と水素が発生する。
イ　マグネシウムに点火すると，燃焼して酸化マグネシウムが生成される。
ウ　抵抗を乾電池につなぐと，電流が流れる。
エ　植物の葉に日光が当たると，デンプンなどの養分がつくられる。
オ　炭酸水素ナトリウムを加熱すると，熱分解して３種類の物質が生成される。

(4)　酸化銀Ag_2Oの粉末1.45ｇを加熱し，銀と酸素に分解したところ，1.35ｇの銀が得られた。銀原子１個の質量と酸素原子１個の質量の比として，正しいものを選びなさい。

ア　29：2　　**イ**　29：4　　**ウ**　29：8　　**エ**　27：2　　**オ**　27：4　　**カ**　27：8

(5)　マツに関する説明として正しいものを３つ選びなさい。

ア　右図の花のＡにある花粉のうから出た花粉は，他の花のＢにある胚珠につく。
イ　右図の花のＢにある花粉のうから出た花粉は，他の花のＡにある胚珠につく。
ウ　花粉は風によって運ばれる。
エ　花粉は昆虫によって運ばれる。
オ　右図のＣは昨年受粉したＡにあたる部分である。
カ　右図のＣは昨年受粉したＢにあたる部分である。

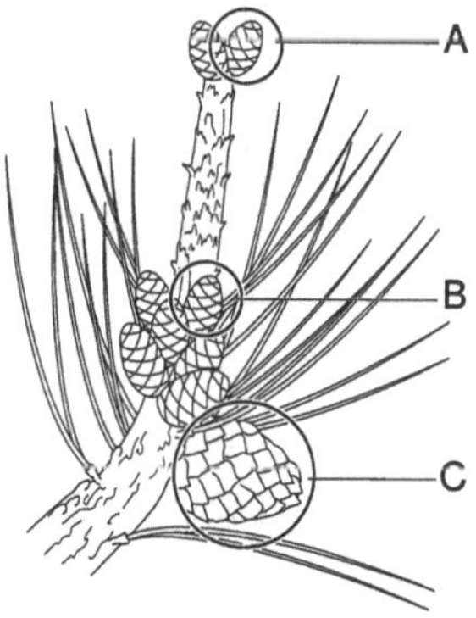

(6)　両生類の心臓のつくりを考えたとき，血液の流れや含まれる酸素の濃度について正しいものをすべて選びなさい。

ア　全身から右心房に戻ってきた血液の一部は，肺へ送り出されず，全身へ送り出される。
イ　全身から左心房に戻ってきた血液の一部は，肺へ送り出されず，全身へ送り出される。
ウ　肺から右心房に戻ってきた血液の一部は，全身へ送り出されず，肺へ送り出される。
エ　肺から左心房に戻ってきた血液の一部は，全身へ送り出されず，肺へ送り出される。
オ　血液に含まれる酸素の濃度は，大静脈より肺動脈のほうが高い。
カ　血液に含まれる酸素の濃度は，大動脈より肺静脈のほうが高い。

(7)　次の文章の（**A**），（**B**）に入る値として正しいものをそれぞれ選びなさい。
地軸は公転軌道面に垂直な方向に対して23.4度傾いている。北緯35.7度にあるお茶高で，夏至の日に観測される南中高度は（　**A**　）度となる。またこの日，北緯（　**B**　）度以上では太陽が１日中沈まない現象を見ることができる。

ア　11.1　　**イ**　22.2　　**ウ**　33.3　　**エ**　44.4　　**オ**　55.5
カ　66.6　　**キ**　77.7　　**ク**　88.8　　**ケ**　99.9

2　次の各問いに答えなさい。

(1)　右図のような回路を作成して，6.0Ωの抵抗を20℃の水150ｇが入ったビーカーに入れた。

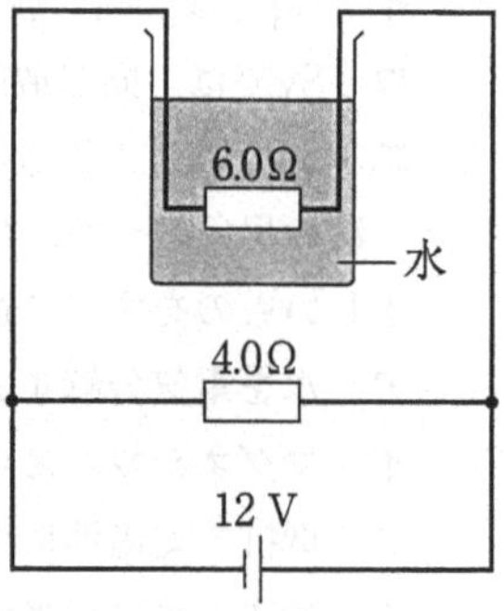

①　4.0Ωの抵抗に流れる電流は何Ａか。
②　この回路で210秒間電流を流した場合，水の温度は何℃になるか。ただし，１ｇの水を１℃上昇させるのに必要な熱量を4.2Ｊとし，抵抗で発生した熱は，すべて水の温度上昇に使われるものとする。

(2)　下の表は食塩水の濃度と密度の関係を表している。水100$\mathrm{cm^3}$に食塩25ｇを溶かしてできる食塩水の体積は何$\mathrm{cm^3}$か，四捨五入して小数第１位まで答えなさい。ただし，表中の濃度０％は純粋な水である。

濃度〔%〕	0	5	10	15	20	25
密度〔$\mathrm{g/cm^3}$〕	1.00	1.04	1.07	1.11	1.15	1.19

(3)　酸化銅の粉末に炭素の粉末をよく混ぜ合わせて試験管に入れ，加熱したところ，気体が発生し，試験管内の物質の色が変化した。この変化を化学反応式で表しなさい。

(4)　ヒトの目では，暗い場所から急に明るい場所へ移動したとき，「無意識に起こる運動」が見られる部分がある。「無意識に起こる運動」が見られる部分の名称とそのはたらきを説明しなさい。

(5)　植物の根の成長のしかたを明らかにするため，発根したばかりのソラマメの根を酢酸オルセイン溶液で染色し，顕微鏡で観察した。その結果，右図の**A**の部分と**B**の部分では見え方が異なっていた。**B**の部分では細胞の大きさや細胞の中の様子はどのようになっているか，説明しなさい。

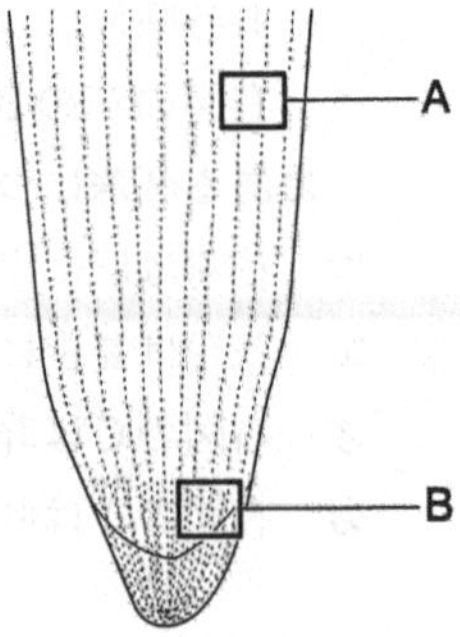

(6)　右図は，温暖前線付近の特徴を表したものである。右図のように，寒冷前線付近を説明した図をかきなさい。その際，図の中に「寒気」，「暖気」，雲（ができる位置）を明記しなさい。

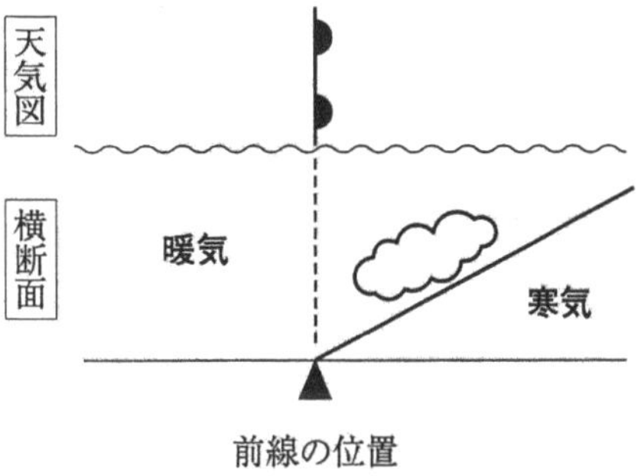

3　次の文章を読み，以下の各問いに答えなさい。

地震のゆれは波として伝わり，最初に小さな波，しばらくしてやや大きな波が観測でき，最初の波をAＰ波，次の波をＳ波という。Ｐ波は衝撃を押し引きで伝える縦波が，Ｓ波はプレートや断層のずれ（動き）を伝える横波が主なゆれである。そのため，自然に発生する地震波と，B地下や地面を叩くなどして起こす人工地震での地震波は区別ができる。また，波は一般的に硬い物質ほど振幅が小さくならず速く伝わる。

プレートの境界は主に海洋のプレートができる［ X ］と，海洋のプレートが大陸のプレートに沈み込んでいる［ Y ］がある。［ Y ］付近では，C2011年の東北地方太平洋沖地震など大きな地震が発生することが多く，さらに海底が動くことによって海洋に通常の波とは異なる大きな［ Z ］が生じて甚大な被害をもたらすこともある。

地震のゆれの大きさは，基本的にD震源の真上である位置から近いほど大きく，遠くなるほど小さくなる。しかし，E非常に深いところまで沈み込んだプレートの内部で発生した地震は，震源の真上である位置から近いところよりも，F遠いところで大きくゆれることがある。

(1)　［ X ］～［ Z ］に入る適切な語句をそれぞれ答えなさい。ただし，［ Z ］は漢字で答えなさい。

(2)　下線部Aの「Ｐ波」のＰを示しているものとして正しいものを選び記号で答えなさい。

ア　passion　　イ　peace　　ウ　positive　　エ　primary　　オ　princess

(3)　下線部Bの説明として正しいものを選び記号で答えなさい。

ア　Ｐ波よりもＳ波が先に到達する　　イ　Ｐ波よりもＳ波の振幅が大きい
ウ　Ｓ波よりもＰ波の振幅が大きい　　エ　Ｐ波がほとんど観測されない
オ　Ｓ波がほとんど観測されない

(4)　下線部Cで東北地方はこの地震後に大きく位置がずれた。主にどの方向にずれたか正しいものを選び記号で答えなさい。

ア　東　　イ　西　　ウ　南　　エ　北

(5)　下線部Dを何というか，漢字２字で答えなさい。

(6)　下線部Eについて，おおよその深さとして正しいものを選び記号で答えなさい。

ア　50m　　イ　500m　　ウ　5㎞　　エ　50㎞　　オ　500㎞　　カ　5000㎞

(7)　下線部Fについて，ゆれはどのように伝わっていると考えられるか，説明しなさい。

4　図１（次のページ）のような，摩擦のないレールの端Aに軽く伸び縮みするばねを取り付け，このばねを縮めて質量200ｇのカートを走らせる実験を行った。レールの水平位置Bには速度センサーがあり，角度が30度のなめらかに繋がっている坂**C**をカートが登る仕組みになっている。**表**はばねの縮みに対して，手がカートを押す力の大きさと速度センサーでの速さを表している。この装置を用いて様々な実験を行った。質量100 gにはたらく重力の大きさを1 Nとして，以下の各問いに答えなさい。なお，$\sqrt{2}=1.41$，$\sqrt{3}=1.73$を用いよ。

図1

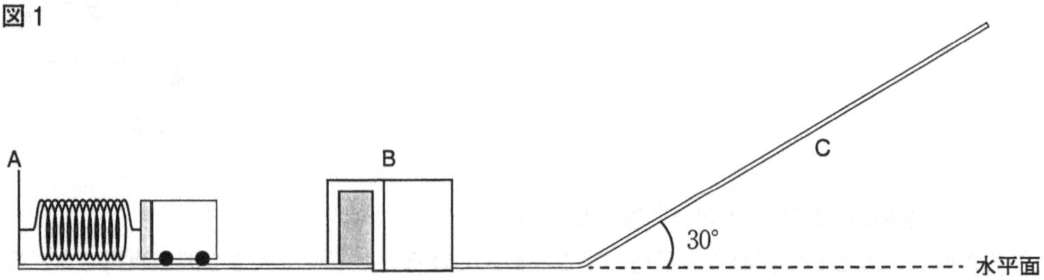

表　ばねの縮みと力の大きさ，**B**での速さの関係

ばねの縮み〔cm〕	1.0	2.0	3.0	4.0	5.0
力の大きさ〔N〕	3.2	6.4	9.6	**X**	16.0
Bでの速さ〔m/s〕	0.40	0.80	**Y**	1.6	2.0

⑴　**図2**のようにカートの右端を手で押して，ばねを縮ませた。このとき，手がカートを押す力と常に同じ大きさになる力として正しいものをすべて選び記号で答えなさい。

図2

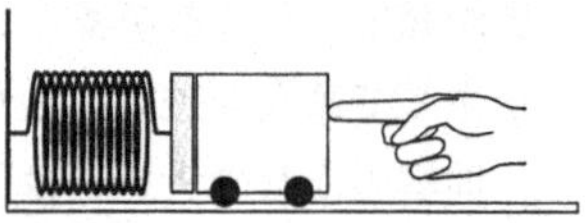

ア　カートの重力　　**イ**　カートの垂直抗力
ウ　カートが手を押す力　　**エ**　カートがばねを押す力
オ　ばねがカートを押す力

⑵　⑴の選択肢の中で，左向きの力をすべて選び記号で答えなさい。

⑶　カートとばねの接続部分には，それぞれ1辺が4㎝の正方形の板がついており，均等に力がかかるようになっている。ばねを2.5㎝縮ませたとき，この板にかかる圧力は何Paか。

⑷　**表**の**X**，**Y**に入る値を答えなさい。

⑸　カートが坂**C**を登るとき，カートが坂から受ける垂直抗力の大きさは何Nか。

⑹　ばねの縮みを5.0㎝にしたとき，カートは坂**C**に沿って40㎝登って停止した。このとき，重力がカードにした仕事の大きさは何Jか。

次に，質量は変えずカートに磁石を乗せて，**図3**のようなコイルに発光ダイオードを取りつけたトンネル（以下コイルトンネル）を水平位置**B**に設置した。

図4は，カートが動き始めてからの時間と発光ダイオードの点灯の関係を示したものであり，━━は点灯している時間である。ばねの縮み1.0㎝でカートを走らせたら**図4**の（＊）のように点灯した。

図3

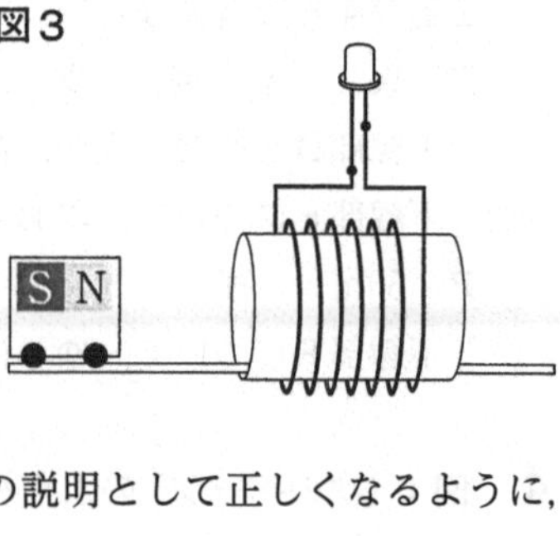

⑺　次のページの文章においてコイルトンネルとカートの状況の説明として正しくなるように，［①］～［③］に入る適切な1字をそれぞれ答えなさい。

カートがコイルトンネルに入るとき，コイルを磁石に見立てると，コイルトンネルの入口は ① 極になる。同様に，カートがコイルトンネルから出たとき，コイルトンネルの出口は ② 極になる。これはカート上の磁石によってコイルで電磁誘導が起こるためである。よって，カートが坂Cを登る高さはコイルトンネル設置前と比べて ③ くなる。

⑻ ①磁石を逆向きにしてばねの縮み1.0㎝で走らせた場合，②磁石の向きはそのままでばねの縮み2.0㎝で走らせた場合の発光ダイオードの点灯の仕方をそれぞれ選び記号で答えなさい。

図4

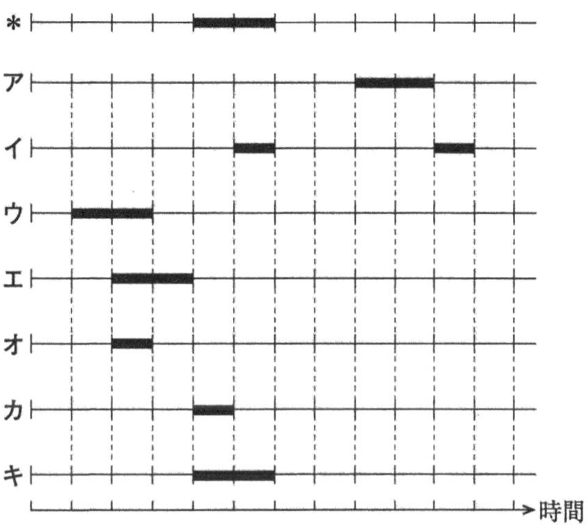

5 樹木の枝先にバッタやカエルが串刺《くしざ》しにされた奇妙な光景を目にすることがある（**図1**）。これは，捕えた獲物をとがった場所に突き刺すモズという鳥類の習性によるもので，「はやにえ」という。自然界ではA生物どうしが食べたり食べられたりする関係が複雑につながっている（**図2**）が，モズがはやにえを作る理由は解明されていなかった。

図1

図2

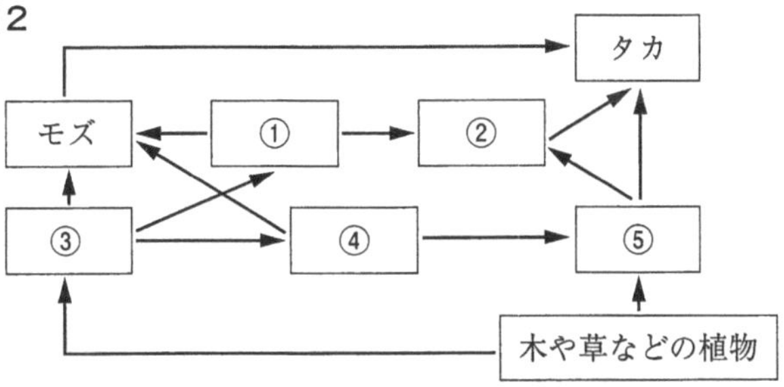

大阪市立大学と北海道大学の研究者たちは「はやにえは餌《えさ》が少ない冬に備えた保存食である」という仮説を立て，大阪府の里山で調査を実施した。モズのオスの縄張りで月ごとのはやにえの個数を調べ，平均最低気温とともにまとめた（**図3**）。

Bこの結果から，冬の保存食であることは示唆されたが，研究者たちはそ

図3

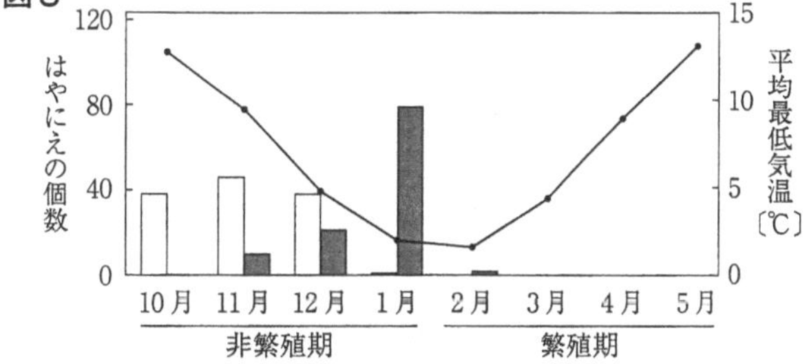

白い棒グラフははやにえの生産数，黒い棒グラフははやにえの消費数，折れ線グラフは平均最低気温を示す。

れ以外の可能性もあると考えた。モズは一夫一妻制で繁殖するが，C歌唱速度が高いオスほどメスに好まれるという先行研究と照らし合わせ，【　X　】という新たな仮説を立てた。この仮説を検証するため，繁殖期のオスの縄張りを回って歌を録音し，歌唱速度とはやにえの消費量を調べた（図4）。

図4の結果を先行研究と結び付けると，【　X　】ということが示唆された。

（図3，4，6，7は大阪市立大学・プレスリリース（2019年5月13日）に基づいて作図。）

図4

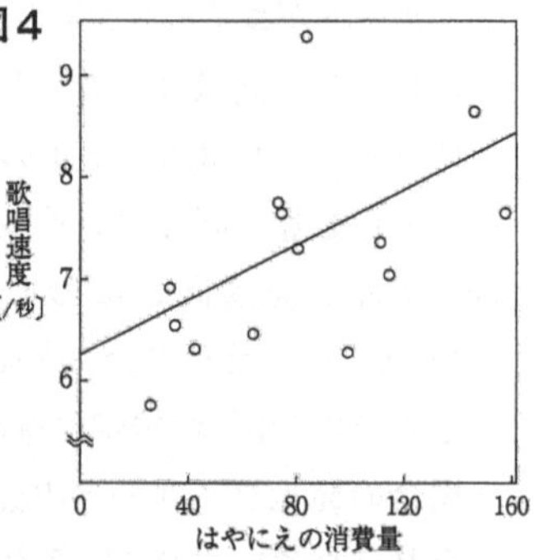

(1)　下線部Aについて，図2のような自然界における関係を何というか，漢字で答えなさい。

(2)　下線部Aについて，図2の ① ～ ⑤ にはカエル，カマキリ，ネズミ，バッタ，ヘビが1つずつ入る。② と ⑤ に入る生物を答えなさい。

(3)　下線部Bについて，はやにえが冬の保存食としての役割だけであるとしたら，図3の結果はどのようになっていると考えられるか，答えなさい。

(4)　下線部Cについて，鳥類の耳のつくり（図5）はヒトの耳と共通する点がある。aとbの部位は，ヒトの耳のつくりの何という部位に相当すると考えられるか。それぞれの名称を答えなさい。

図5

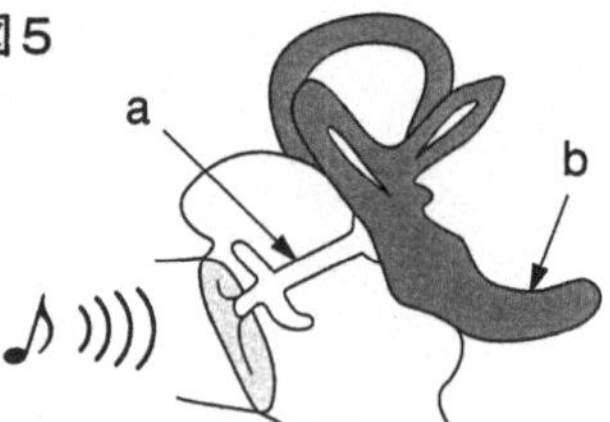

(5)　【X】に入る文を答えなさい。

仮説【　X　】をさらに検証するため，はやにえに対する操作実験をおこなった。縄張り内のはやにえを取り除いた除去群，はやにえへの操作を行わない対照群，通常のはやにえの3倍量の餌を与えた給餌群を用意して，各群の歌唱速度を比較した（図6）。また，それぞれの群でつがいとなるメスの獲得成功率を調べたところ，図7のようになった。

図6

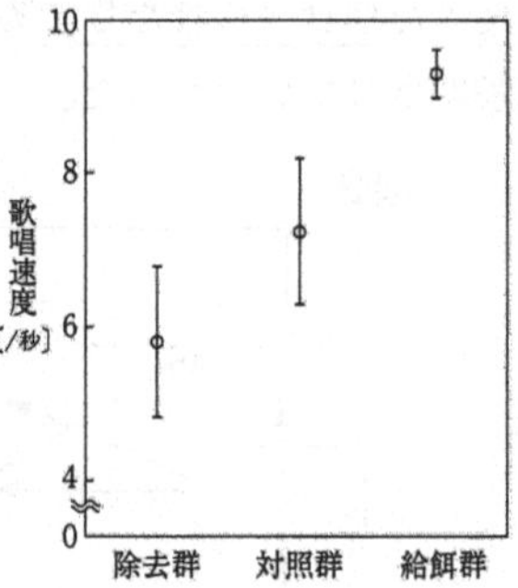

各群の○は平均値，上下の線はデータのばらつきを示す。

図7

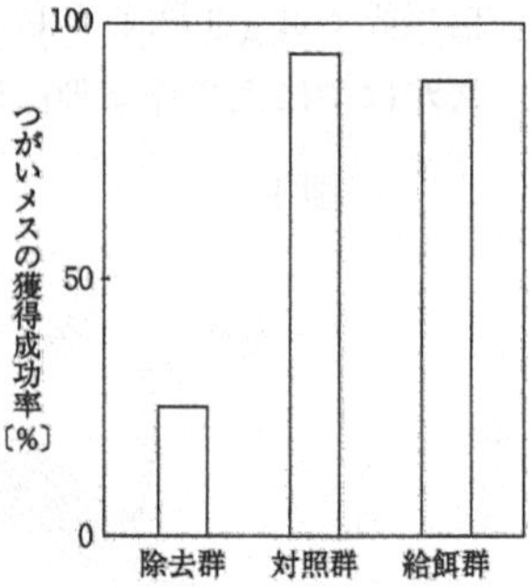

(6)　研究全体から考えられることを3つ選び記号で答えなさい。

ア　はやにえの消費量が少ないと，歌唱速度が速くなり，メスの獲得に失敗しやすい。

イ　はやにえの消費量が少ないと，歌唱速度が遅くなり，メスの獲得に失敗しやすい。

ウ　通常のはやにえの3倍量を消費すると，歌唱速度はより速くなり，通常量のはやにえを消費したときよりも，メスの獲得成功率は高くなる。

エ　通常のはやにえの3倍量を消費すると，歌唱速度はより速くなるが，通常量のはやにえを消費したときとメスの獲得成功率に大きな差は見られない。

オ　通常のはやにえの消費量で歌唱速度は上限となるため，通常のはやにえの3倍量を消費しても，メスの獲得成功率に大きな差は見られない。

カ　通常のはやにえの３倍量を消費しても，通常量のはやにえを消費したときとメスの獲得成功率に大きな差は見られなかったため，「はやにえを消費することで，オスはより多くのメスを獲得できる」という新たな仮説を立てることは適切である。

キ　通常のはやにえの３倍量を消費しても，通常量のはやにえを消費したときとメスの獲得成功率に大きな差は見られなかったため，「はやにえを消費することで，オスはより早い時期にメスを獲得できる」という新たな仮説を立てることは適切である。

6　茶実子《ちゃみこ》さんはカフェに立ち寄った際，使用後の水を浄化して再利用する循環型の手洗い場を見つけた。そこで水の浄化に興味をもった茶実子さんは，これについて調べ，レポートにまとめることにした。茶実子さんのレポートを読み，後の問いに答えなさい。

キレイな水を得るには

動機と目的

カフェに行ったとき，一度使用した水を再利用する手洗い場を見つけた。調べてみると，I手を洗った後の水をフィルターでろ過して汚れを取り除き，紫外線や塩素で殺菌・消毒を行って水を再利用するものだった。しかし，ろ過では水に溶けていない固体は分離できても，水に溶けている物質を取り除くことはできない。

▼

水溶液から純粋な水を得る方法を調べてみた

方法１．蒸留

II蒸留とは，液体を沸騰させ，出てきた気体を冷やすことで再び液体として取り出す方法である。蒸留することで，混合物から純物質を分離することができる。

国際宇宙ステーションでも，尿を蒸留したり，III空気中の水蒸気を冷やしたりして，貴重な水を再利用している。

方法２．イオン交換樹脂

イオン交換樹脂とは，水溶液中に含まれているイオンを別のイオンに取り替えるはたらきをもつ高分子化合物である。**図１**のような樹脂を詰めたガラス管を用いて，水溶液を上から流し込むと下からイオンが交換された溶出液が得られる。

イオン交換樹脂には，陽イオンを水素イオンに取り替える陽イオン交換樹脂や，陰イオンを水酸化物イオンに取り替える陰イオン交換樹脂がある。これらのイオン交換樹脂に電解質の水溶液を順番に通すことで，純粋な水を得ることができる（**図２**）。

図１

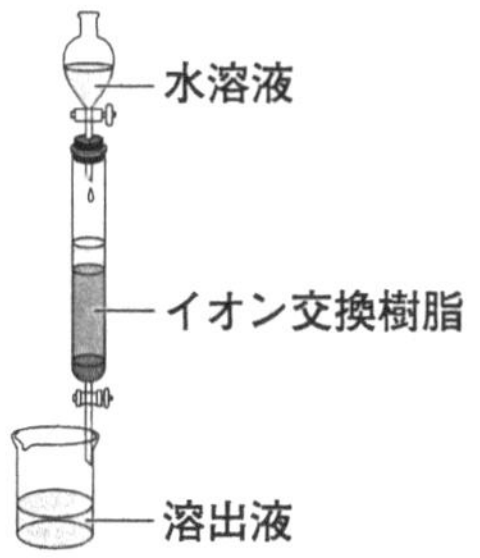

図２

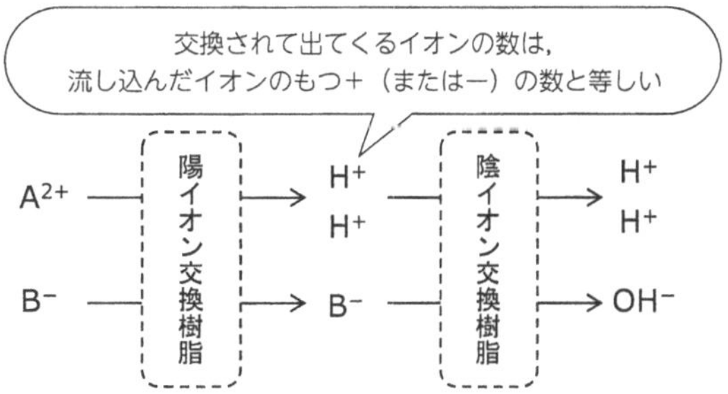

(1)　下線部Ⅰについて，ろ過によって混合物を分離できる仕組みを「粒子」という語句を用いて説明しなさい。

(2)　物質の状態と構成する粒子について，誤っているものを次のページからすべて選び記号で答えなさい。

ア　固体では，粒子は規則正しく並び，運動が停止している。

イ　一般に固体から液体に変化すると，粒子間の距離が広がり，体積が大きくなる。

ウ　液体では，粒子は比較的自由に移動でき，物質の形状も自由に変わる。

エ　液体から気体に変化すると，粒子の数が減り，質量が小さくなる。

オ　気体では，粒子は激しく運動し，自由に飛びまわっている。

(3)　下線部Ⅱについて，エタノールと水の混合物を蒸留したとき，80℃に近づいた時点で温度上昇がゆるやかになった。この時点で取り出された液体について正しいものを選び記号で答えなさい。また，その理由を説明しなさい。

ア　純粋な水である　　イ　主成分は水で，わずかにエタノールを含んでいる

ウ　純粋なエタノールである　　エ　主成分はエタノールで，わずかに水を含んでいる

(4)　下線部Ⅲについて，温度25℃，湿度80％の閉め切った部屋の温度を15℃まで下げたとき，液体として得られる水は何gか。ただし，部屋の体積は$50m^3$とし，飽和水蒸気量は下の表の値を使うこと。

空気の温度〔℃〕	0	5	10	15	20	25
飽和水蒸気量〔g/m^3〕	4.8	6.8	9.4	12.8	17.3	23.1

(5)　次の溶出液A～Eについて，次の①，②に答えなさい。

A：5％食塩水を陽イオン交換樹脂に通したときの溶出液

B：5％食塩水を陰イオン交換樹脂に通したときの溶出液

C：2％食塩水を陽イオン交換樹脂に通したときの溶出液

D：2％食塩水を陰イオン交換樹脂に通したときの溶出液

E：2％食塩水を陽イオン交換樹脂と陰イオン交換樹脂の両方に通したときの溶出液

①A～EをpHの小さい順に並べなさい。

②2％塩化マグネシウム水溶液を陽イオン交換樹脂に通したときの溶出液は，溶出液CとpHがほぼ等しかった。このことから，次の文章の□に当てはまるものを選び記号で答えなさい。

「同じ質量の食塩と塩化マグネシウムでは，含まれる陽イオンの数は□」

ア　等しい　　イ　塩化マグネシウムの方が多い　　ウ　食塩の方が多い

(6)　純粋な水を得るために，イオン交換樹脂を用いるのではなく蒸留を行う必要がある水溶液をすべて選び記号で答えなさい。

ア　塩化銅水溶液　　イ　エタノール水溶液　　ウ　水酸化ナトリウム水溶液

エ　砂糖水　　オ　硫酸亜鉛水溶液

【社　会】（50分）　＜満点：100点＞

【注意】 解答は原則として漢字で記入しなさい。

1　次のキクさんとウメさんの会話文を読み，後の各問いに答えなさい。

キク　2022年は，身近な食品の値上げがあいつぎました。

ウメ　私の住んでいる地域では，給食費も上がり，献立からパンや揚げ物が減るなどの変化がありました。なぜこのようなことになったのか疑問に思ったので，①世界三大穀物価格の推移について調べてみました。右の図を見てください。

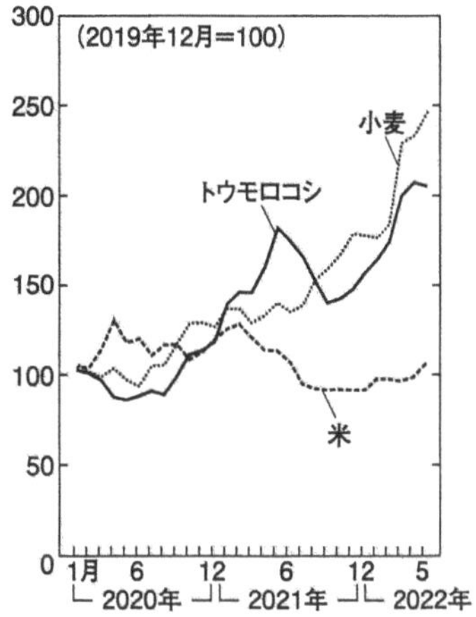

『世界国勢図会 2022/23』より作成

キク　2019年12月の価格を100とすると，小麦やトウモロコシの価格が大きく上昇していることがわかります。

ウメ　そうですね。世界的な②人口増加による需要増加や気候変動に加えて，日本にとっては，特に2022年は（　A　）により輸入原材料の価格が上昇していることや，それにともない③輸送コストが上昇していることも大きく影響しているようです。給食には欠かせない④牛乳も値上げがさけられない状況です。

キク　祖母は，「いろいろなものが値上げされて，石油危機の頃のようだ」と言っていました。

ウメ　1970年代の日本では，石油危機をきっかけに，⑤エネルギー政策の転換や技術面での変化もあったようです。そう考えてみると，コロナ禍でも，非接触やオンラインなどの技術を使いこなすのが当たり前になるなどの変化がありました。食品の値上がりの危機についても，乗り越える方法を探ってみたくなりました。

〔問１〕　会話文中の空欄（A）にあてはまる適切な語句を答えなさい。

〔問２〕　会話文中の下線部①世界三大穀物に関して，次の表１と次のページの表２は，2020年のおもな生産国と輸出国を示したものであり，穀物あからうは，小麦，米，トウモロコシのいずれかである。表を見て，次のページの各問いに答えなさい。

表１　世界三大穀物のおもな生産国（単位：万トン）

穀物あ

国名	生産量
中国	21,186
（　a　）	17,830
（　b　）	5,490
インドネシア	5,464
世界計	75,674

穀物い

国名	生産量
（　c　）	36,025
中国	26,067
ブラジル	10,396
アルゼンチン	5,839
世界計	116,235

穀物う

国名	生産量
中国	13,425
（　a　）	10,759
（　d　）	8,589
（　c　）	4,969
世界計	76,092

表２　世界三大穀物のおもな輸出国（単位：万トン）

穀物あ

国名	輸出量
（ a ）	1,446
（ e ）	568
タイ	566
パキスタン	394
世界計	4,559

穀物い

国名	輸出量
（ c ）	5,183
アルゼンチン	3,688
ブラジル	3,443
（ f ）	2,795
世界計	19,289

穀物う

国名	輸出量
（ d ）	3,726
（ c ）	2,613
カナダ	2,611
フランス	1,979
世界計	19,852

『世界国勢図会 2022/23』より作成

⑴　次の文章中の（B）から（D）にあてはまる穀物**あ**から**う**の組み合わせとして適切なものを，下の**ア**から**カ**の中から１つ選び，記号で答えなさい。

> 穀物（　B　）は生産面でも輸出面でも他の２つの穀物に比べて，第１位の国への集中度が高い。穀物（　C　）は他の２つの穀物よりも国際市場での取引量が多い。それに対して，穀物（　D　）は国際市場での取引量が他の２つの穀物よりも大幅に少ないことから，もっとも自給的な性格の強い穀物だと考えられる。

ア　B：あ　C：い　D：う　　**イ**　B：あ　C：う　D：い
ウ　B：い　C：あ　D：う　　**エ**　B：い　C：う　D：あ
オ　B：う　C：あ　D：い　　**カ**　B：う　C：い　D：あ

⑵　表１と表２の（a）と（c）と（d）にあてはまる国名の組み合わせとして適切なものを，次の**ア**から**カ**の中から１つ選び，記号で答えなさい。

ア　a：アメリカ合衆国　c：インド　d：ロシア
イ　a：アメリカ合衆国　c：ロシア　d：インド
ウ　a：インド　c：アメリカ合衆国　d：ロシア
エ　a：インド　c：ロシア　d：アメリカ合衆国
オ　a：ロシア　c：アメリカ合衆国　d：インド
カ　a：ロシア　c：インド　d：アメリカ合衆国

⑶　世界三大穀物の生産について述べた文として適切なものを，次の**ア**から**エ**の中から１つ選び，記号で答えなさい。

ア　トウモロコシは，北アメリカやヨーロッパでは食用の割合が高く，アフリカでは飼料にすることが多い。

イ　小麦は，世界各地で栽培されており，北半球と南半球の収穫期の違いなどによって，おおむね一年を通じてどこかで収穫されている。

ウ　ヒンドスタン平原では，降水量の多いガンジス川上流部では稲作が，降水量の少ない下流部では小麦の栽培が盛んに行なわれている。

エ　米の１haあたりの収穫量を比較すると，一般に日本よりも東南アジアの国々の方が高い。

⑷　世界三大穀物の貿易について述べた文として**適切でないもの**を，後の**ア**から**エ**の中から１つ選び，記号で答えなさい。

ア　日本が2020年に輸入したトウモロコシの９割以上は，中国から輸入したものである。

イ　2020年のロシア産小麦のおもな輸出先としては，中東やアフリカの国々があげられる。

ウ　米はインディカ種がおもに熱帯地方で，ジャポニカ種が日本や中国北部で栽培されており，国際市場で取引される米はインディカ種が多い。

エ　穀物をあつかう巨大企業である穀物メジャーは，世界の穀物の価格に大きな影響を与えている。

〔問３〕　会話文中の下線部②人口増加に関して，2011年から2021年の平均人口増加率がマイナスとなる国として適切なものを，次の**ア**から**エ**の中から１つ選び，記号で答えなさい。

ア　オーストラリア　　**イ**　タンザニア　　**ウ**　イラク　　**エ**　ギリシャ

〔問４〕　会話文中の下線部③輸送に関して，次の図は日本国内の貨物輸送の内訳の変化を示したものであり，図中の**W**から**Z**は，航空機，自動車，鉄道，船舶のいずれかである。**X**と**Y**の輸送の特徴として適切なものを，次の**ア**から**エ**の中から１つずつ選び，記号で答えなさい。

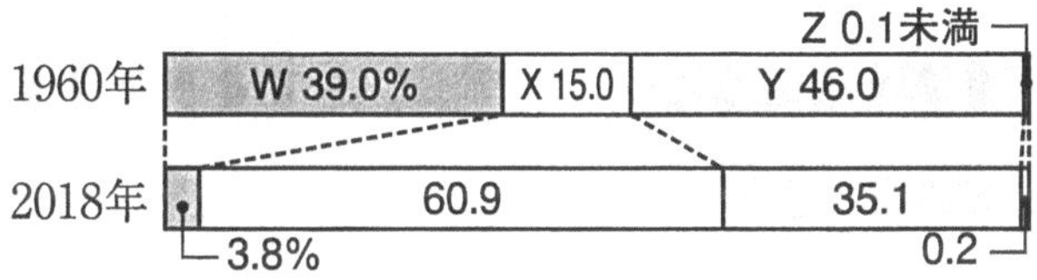

交通関連統計資料集ほかにより作成

ア　速度が遅いが，重量や容積の大きい貨物を低運賃で遠くまで運ぶことができる。

イ　レールの敷設や整備に費用がかかるが，大量の貨物を予定通りの時間で運ぶことができる。

ウ　一度に輸送できる量は少ないが，目的地まで積み替えなしで貨物を運ぶことができる。

エ　一度に輸送できる量は少ないが，地形や海洋の影響をほとんど受けることなく貨物を運ぶことができる。

〔問５〕　会話文中の下線部④に関連して，下の略地図を見て，後の各問いに答えなさい。

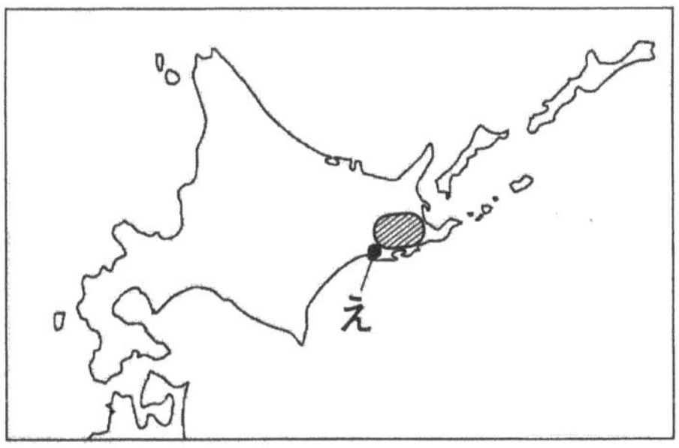

⑴　略地図中の斜線で示した酪農が盛んな台地を答えなさい。

⑵　右の図は，略地図中の**え**の都市における日照時間の月別平均値を示したものである。図のような夏季の日照時間の特徴が生じる要因について，次のページの文の空欄（**E**）から（**G**）にあてはまる適切な言葉を答えなさい。ただし，空欄（**E**）は８方位で答えなさい。

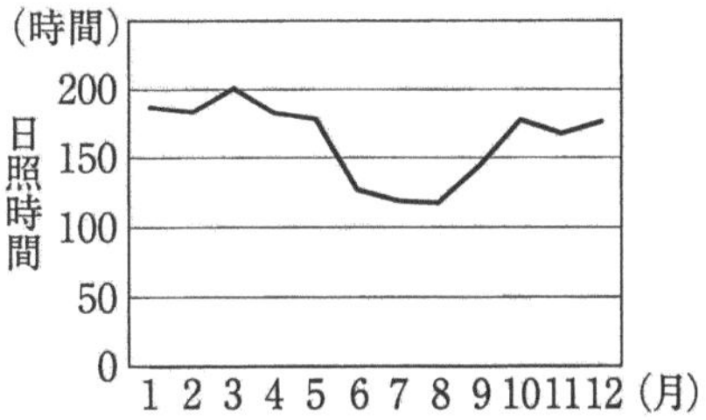

気象庁ウェブページより作成

この地域では，夏には（　E　）の季節風が（　F　）海流によって冷やされることで，（　G　）が発生するため。

⑶　次の図は，1965年から2020年の日本における酪農家戸数の変化，乳牛の飼育頭数の変化を示したものである。図を見て，日本の酪農の動向について，説明しなさい。

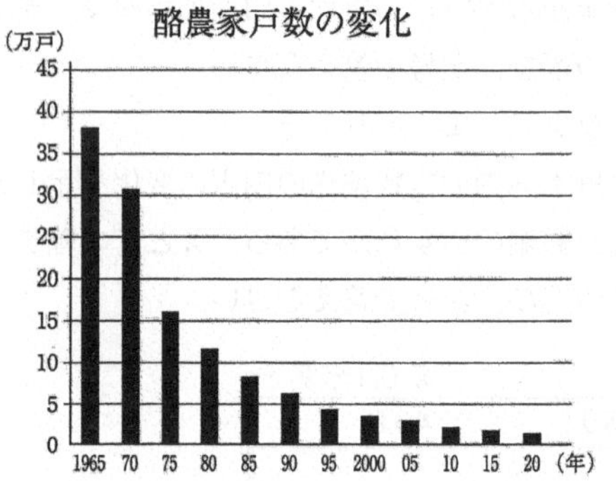

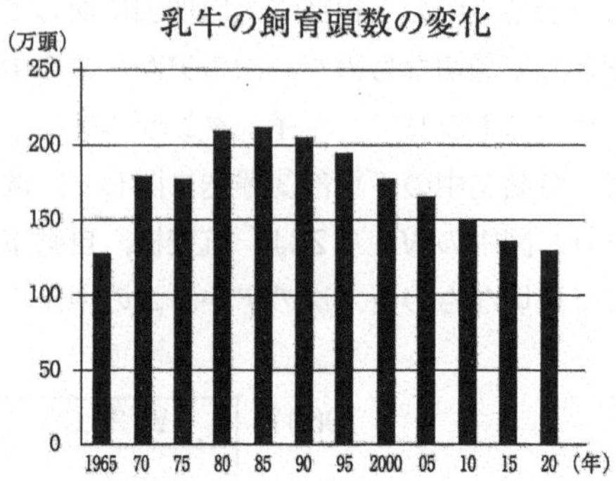

農林水産省「畜産統計」より作成

⑷　次の図は，日本の乳牛１頭あたり年間費用構成（左図）と牛乳小売価格と配合飼料価格の推移（右図）を示したものである。図を見て，牛乳の値上げがさけられない状況にある理由を，説明しなさい。

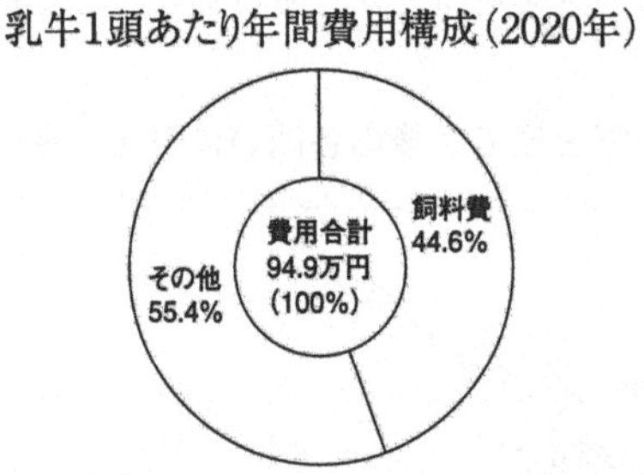

農林水産省「畜産物生産費統計」より作成

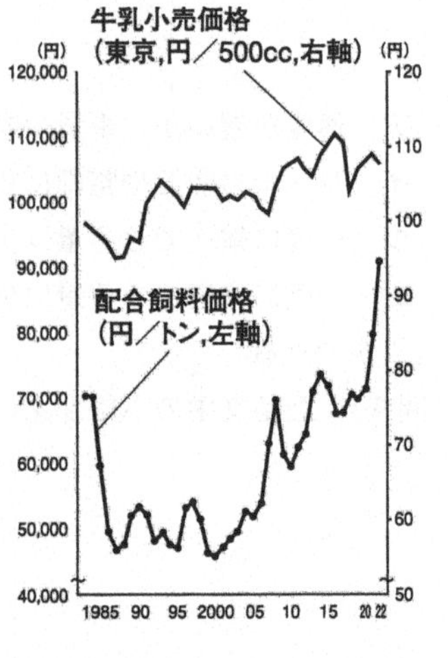

「資材価格高騰下における生乳価格引き上げの意義と課題」より作成

〔問６〕　会話文中の下線部⑤エネルギーに関して，次の図は，1973年度，2010年度，2019年度のいずれかにおける日本の一次エネルギー供給構成の推移を示したものである。次のページのⅠからⅢを年代の古い順に正しく並べたものを，下のアからカの中から１つ選び，記号で答えなさい。なお，一次エネルギーとは，加工されていないエネルギーのことである。

ア　Ⅰ→Ⅱ→Ⅲ　　**イ**　Ⅰ→Ⅲ→Ⅱ　　**ウ**　Ⅱ→Ⅰ→Ⅲ

エ　Ⅱ→Ⅲ→Ⅰ　　**オ**　Ⅲ→Ⅰ→Ⅱ　　**カ**　Ⅲ→Ⅱ→Ⅰ

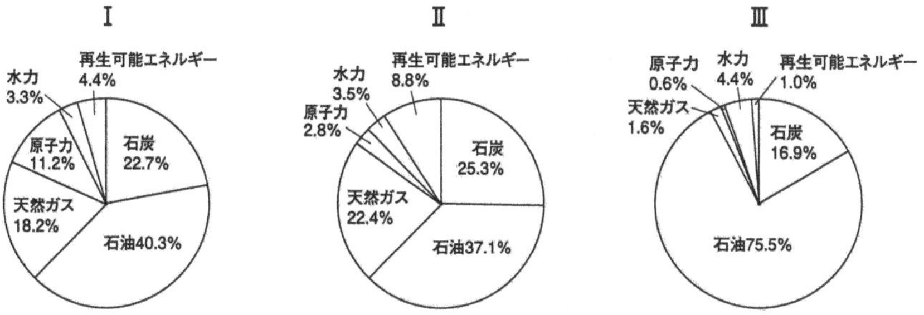

資源エネルギー庁「日本のエネルギー 2021 年度版」より作成

2 ランさんは，自動車産業に興味をもち，関連することがらについて調べた。後の各問いに答えなさい。

〔問１〕 愛知県瀬戸市では，ファインセラミックスを素材とする自動車部品を製造している。この素材に生産技術が応用されている瀬戸市の工芸品として適切なものを，次の**ア**から**エ**の中から１つ選び，記号で答えなさい。

ア 織物　**イ** 漆器　**ウ** 鉄器　**エ** 陶磁器

〔問２〕 次の図中の**ア**から**エ**は，愛知県，大阪府，東京都，福岡県のいずれかの製造品出荷額等割合を示したものである。愛知県，福岡県にあてはまる適切なものを，次の**ア**から**エ**の中から１つずつ選び，記号で答えなさい。

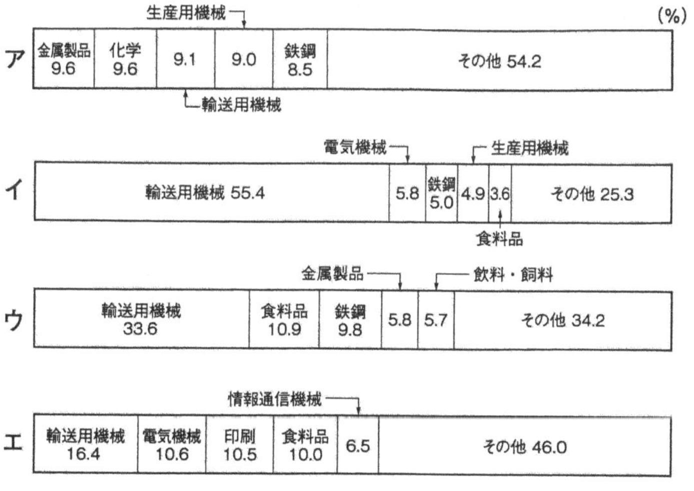

『データでみる県勢 2022』より作成

〔問３〕 国内で生産された自動車の一部は，名古屋からロサンゼルスへ船で輸出されている。次のページの略地図中において両都市を直線で結んだ点線**a**の長さと，線**ア**から**ウ**の略地図上の長さはそれぞれ等しい。実際の距離を比較したとき，点線**a**より長いものを線**ア**から**ウ**の中から１つ選び，記号で答えなさい。

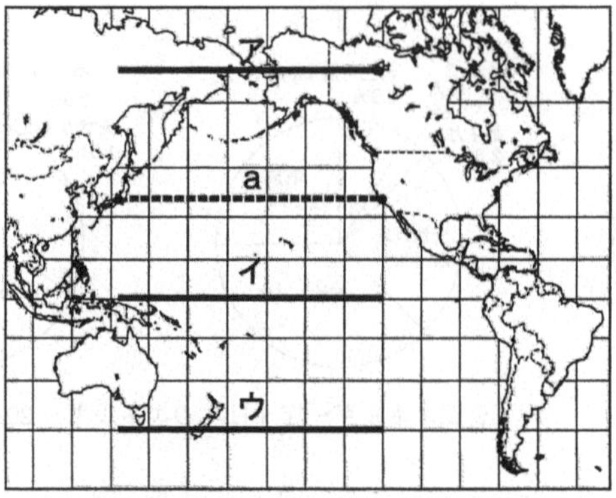

注）緯線と経線が直角に交わる地図である。

〔問４〕 自動車の燃料としても使用されている，バイオ燃料に関する次の各問いに答えなさい。

⑴ 右の図は，バイオ燃料の原料となる，ある農作物の2020年における国別生産量の割合を示したものである。この農作物名を答えなさい。

⑵ バイオ燃料を使用することの長所と短所を，説明しなさい。

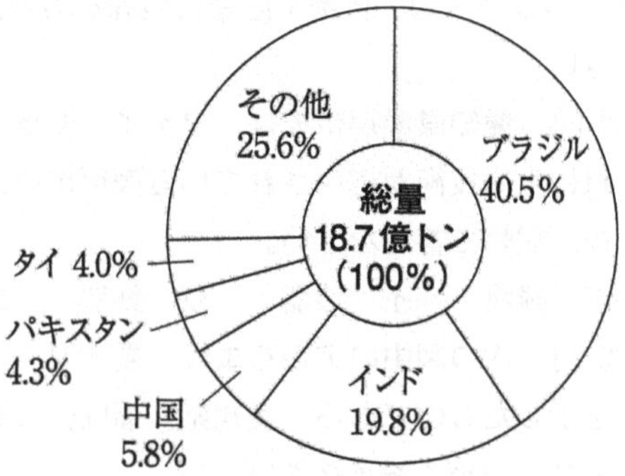

『世界国勢図会 2022/23』より作成

〔問５〕 次の図は，アメリカ合衆国，韓国，中国，日本の自動車生産の推移を示したものである。日本にあてはまる適切なものを，図中のアからエの中から１つ選び，記号で答えなさい。

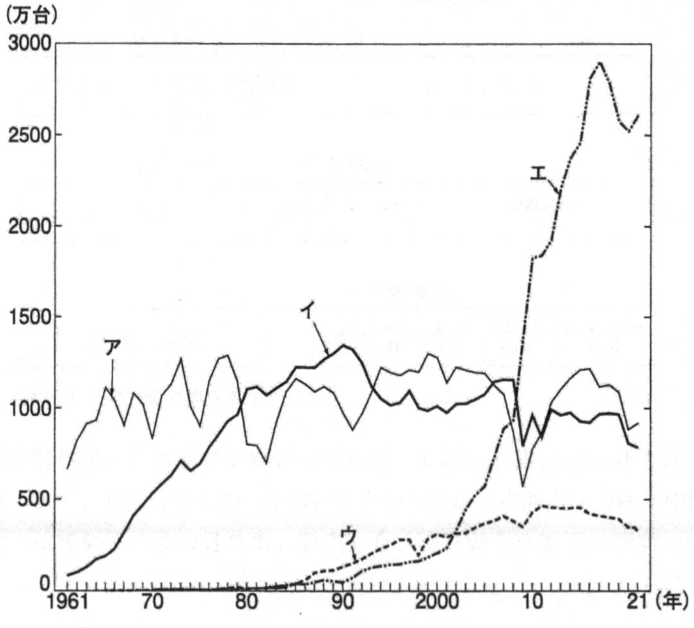

『世界国勢図会 2022/23』より作成

3 次の史料１から４と説明文を読み，後の各問いに答えなさい。なお，史料はわかりやすく要約してある。

史料１　①『吾妻鏡』1192年８月５日

以前は，下文（くだしぶみ）には頼朝様の花押（かおう）が記されていたが，政所を置いてからは，花押入りの下文を返却させて，政所下文が与えられたところ，千葉介常胤（ちばのすけつねたね）がたいそう抗議した。「政所下文は家来が署名し花押を記した書類であり後日の証拠にならない。私は頼朝様の花押を記した下文をいただき，子孫までの証拠としたい。」と。

史料２（複製）

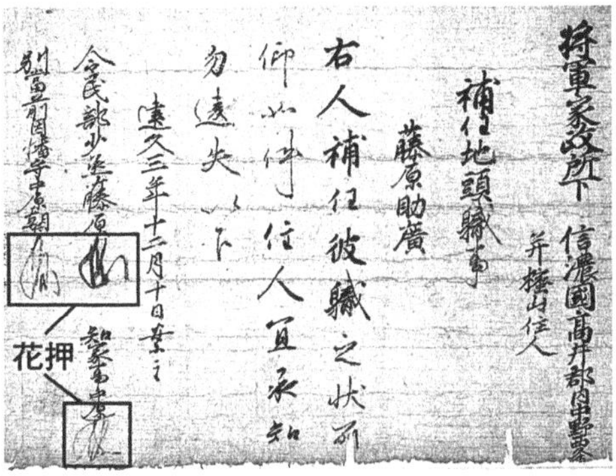

史料３

一　守護の任務は，頼朝様の時に定められたように，京都の御所の警備とむほんや殺人などの取り締まりだけである。近年，代官をおいたり，村々に課役を割り当てたり，国司ではないのに行政を行ない，地頭ではないのに土地からの利益を得ようとするものがいるが，これらは道理に合わないことであり，禁止する。

一　集めた年貢を納めない②地頭は，本所の訴えがあれば，すぐに年貢を本所に納めること。納めない場合は，地頭の職を解任する。

一　女性が養子をとることは，③律令ではゆるされていないが，頼朝様の時代以来現在にいたるまで，子どものいない女性が養子に土地をゆずり与える例は武家の慣習として数えきれず，何の問題もない。

史料４

この式目を作るにあたっては，何かの法典を根拠にしてはいません。ただ道理の指し示すところを記したものです。あらかじめ御成敗のありかたを定めて，人の身分の高下にかかわらず，かたよりなく判断されるように，細かなことを記録しておいたものです。この式目は，律令と異なるところも少々ありますが，もっぱら武家の人々へのはからいのためばかりのものです。これによって，京都の朝廷でのとりきめや律令のおきては，少しも改まるべきものではありません。京都の人々が非難を加えることがありましたなら，こうした趣旨を心得た上で対応してください。

説明文

鎌倉時代，将軍と主従関係を結んだ武士は御家人と呼ばれた。御家人は，将軍の指示に従って（　**A**　）を果たし，将軍は，御家人の所有している領地を保護したり，新しい領地を与えたりした。史料１は，有力御家人千葉介常胤が，自らの領地について，源頼朝に願い出た内容を記したものである。史料１からは，御家人の領地支配を保証する際，下文という書類が発行されていたことがわかる。④史料２はそうした下文の１つであり，１行目に「下（くだす）」と記されている。3行目には「地頭職補任の事」と記されており，地頭の職に任ずることを命じたものであることがわかる。史料1によると，常胤は幕府の（　B　）が発行した下文では後々の備えにならず，⑤頼朝直筆の花押が記された下文にこだわったという。

頼朝の死後，北条氏を中心とした政治の体制が築かれていく。幕府は，当時の上皇が起こした（　C　）に勝利すると，朝廷より優位に立ち，西国への支配を強めた。北条氏の指導力もさらに強まったが，執権となった北条泰時は，評定を設けて有力な御家人による合議を制度化した。また，1232年には⑥御成敗式目（史料3）を制定した。御成敗式目には，守護や地頭の役割などが明文化されたほか，寺社の修理や祭り，僧侶の務めなど，⑦宗教に関する項目もあった。

史料4は，泰時が，弟の北条重時に，御成敗式目制定の趣旨を説明するために送った手紙である。当時，重時は，京都で（　D　）として朝廷の監視や西国武士の統率にあたっていた。

〔問1〕　説明文中の空欄（A）から（D）にあてはまる適切な語句を答えなさい。

〔問2〕　史料1中の下線部①『吾妻鏡』には，源頼朝の挙兵から文永3年までのできごとが記されている。『吾妻鏡』に記載されているできごととして適切なものを，次のアからエの中から1つ選び，記号で答えなさい。

ア　借金の帳消しを求めた民衆が起こした一揆を，幕府が鎮圧した。
イ　朝廷が，新しく開墾した土地の私有を認める法令を出した。
ウ　年貢米を大阪の蔵屋敷に運ぶため，西廻り航路が開かれた。
エ　平泉を拠点に力を持った奥州藤原氏が，戦いに敗れて滅びた。

〔問3〕　史料3中の下線部②地頭について述べた文として**適切でないもの**を，次のアからエの中から1つ選び，記号で答えなさい。

ア　地頭は，荘園ごとにおかれ，荘園の管理や治安維持を行なった。
イ　地頭は，農民から年貢を集めて荘園領主に納める役割をになった。
ウ　地頭は，御家人が領地支配を保証される際に任じられた役職である。
エ　地頭は，将軍に領地支配を保証され，解任されることはなかった。

〔問4〕　史料3中の下線部③律令に関する次の各問いに答えなさい。

⑴　701年に日本で最初に成立した律令を，答えなさい。
⑵　律令国家の成立をめざした天智天皇の死後におきた，後継者をめぐる争いを，答えなさい。
⑶　日本の律令政治について述べた文として適切なものを次のアからエの中から1つ選び，記号で答えなさい。

ア　6歳以上のすべての人に，同じ面積の口分田が与えられた。
イ　成人男子には，調や庸などの税や，兵役などの義務が課された。
ウ　政治は貴族により行なわれ，天皇は政治にはかかわらなかった。
エ　都と地方を結ぶ五街道や脇街道と呼ばれる交通網が整備された。

〔問5〕　説明文中の下線部④に関して，史料2はどちらの下文か，次のアとイから1つ選び，記号で答えなさい。

ア　源頼朝直筆の花押が記された下文　　**イ**　幕府の機関が発行した下文

〔問6〕　説明文中の下線部⑤に関して，千葉介常胤がこのようなこだわりを見せた理由と考えられることを，次のページのアからエの中から1つ選び，記号で答えなさい。

ア　当時の御家人は，源頼朝個人を信頼していたから。

イ　当時の御家人は，幕府の組織や役職を信頼していたから。

ウ　当時の御家人は，紙に書かれた文書を信頼していなかったから。

エ　当時の御家人は，源頼朝や幕府を信頼していなかったから。

〔問７〕　説明文中の下線部⑥御成敗式目に関する次の各問いに答えなさい。

⑴　御成敗式目について述べた文として**適切でないもの**を，次の**ア**から**エ**の中から１つ選び，記号で答えなさい。

ア　御成敗式目は，武家の道理に基づいて定められた。

イ　御成敗式目は，源頼朝が定めたことに基づいて定められた。

ウ　御成敗式目では，地頭が集めた年貢を勝手に自分のものにすることが禁止された。

エ　御成敗式目では，子どものいない女性が養子に領地を相続させることが禁止された。

⑵　1232年に北条泰時が御成敗式目を制定したのはなぜだと考えられるか，史料３と４および説明文の内容をふまえて説明しなさい。

〔問８〕　説明文中の下線部⑦宗教に関する問いに答えなさい。

⑴　仏教について述べた次のⅠからⅢを年代の古い順に正しく並べたものを，下の**ア**から**カ**の中から１つ選び，記号で答えなさい。

Ⅰ　阿弥陀如来の力で極楽往生することを願う，浄土信仰が広まった。

Ⅱ　宗門改により，寺院は人々が仏教徒であることを証明した。

Ⅲ　行基は道路や橋をつくりながら，一般の人々にも仏教を広めた。

ア　Ⅰ→Ⅱ→Ⅲ　　**イ**　Ⅰ→Ⅲ→Ⅱ　　**ウ**　Ⅱ→Ⅰ→Ⅲ

エ　Ⅱ→Ⅲ→Ⅰ　　**オ**　Ⅲ→Ⅰ→Ⅱ　　**カ**　Ⅲ→Ⅱ→Ⅰ

⑵　キリスト教が伝来した頃の日本について述べた文として適切なものを，次の**ア**から**エ**の中から１つ選び，記号で答えなさい。

ア　村のおきてをつくり，有力農民を中心に自治を行なう惣が発達していた。

イ　都市が発達し，民衆の間では浮世草子や浮世絵が流行していた。

ウ　かな文字が発明され，『古今和歌集』などの文学作品が生みだされていた。

エ　豊臣秀吉が検地を行ない，全国の土地の生産力を把握していた。

4　次の資料は，当時のソビエト社会主義共和国連邦（ソ連）の指導者が1990年にノーベル平和賞を受賞したことにより行なった演説の一部である。資料を読み，これに関する後の各問いに答えなさい。なお，問題の都合上，資料は一部改変・省略してある。

> 平和とは，似たものの統一ではなく，多様性の中の統一，違いの比較や同意の中での統一です。…私は，あなた方ノーベル委員会の決定を，①ソ連で起きた変化に大きな国際的意義を認めてくれたものと理解しています。20世紀の終わりには，②世界政治を動かす主要な手段としての武力や兵器は退かざるを得ないという確信に基づいた，我々の新思考政策への信任として理解しています。…現代の国家は，連帯するに値するものでなければなりません。言いかえれば，国内問題でも国際問題でも，自らの国民の利益と世界共同体の利益とを結びつける方向に導かなくてはなりません。…③西側と東側は軍拡競争で疲れ果てながら，軍事対立の論理にしばられていまし

た。こうなってしまった体制をどう解体するか，それについて考えることさえ簡単ではありませんでした。しかし，国内的にも国際的にも，避けることのできない悲劇的結末に事態が進んでいるという認識こそが，我々に歴史的な選択をする力を与えてくれました。…

東西の対立が弱まり，あるいはなくなった状況で，核の脅威の前では二次的だと思われていた古い対立が表に現れ，（　A　）の氷で身動きできなかったかつての紛争や不満が解凍され，まったく新しい問題が急速な勢いで蓄積されています。…

これらすべてに世界共同体はどう対処すべきでしょうか。…私は確信しています。それらを解決するためには，型にはまらない新たな相互協力の形を探し出し，身につける以外に道はない，と。

出典は出題の都合上，表記していません

〔問１〕 資料中の空欄（A）にあてはまる，東西の対立を表す適切な語句を**漢字２字**で答えなさい。

〔問２〕 この演説を行なった人物を答えなさい。

〔問３〕 資料中の下線部①ソ連に関連して，次の資料１はソ連を構成していた共和国であった国々の間で生じているできごとに触れた，国際連合広報センターの刊行物（2022年７月）から抜粋したものである。これを読み，次の各問いに答えなさい。なお，資料１は一部省略・改変してある。

資料１

(a)国連安全保障理事会（安保理）が戦争にはどめをかけることができなかったのに対し，すべての国連加盟国で構成される国連（　B　）が活発化し，まさに40年ぶりに安保理の要請をうけて「平和のための結集決議」に基づく緊急特別会期を開くにいたっています。緊急特別会期では，ロシアの（　C　）侵攻を非難する決議や国連人権理事会でのロシアの理事国資格を停止する決議が採択されました。…忘れてはならないのは，（　C　）での戦争は紛争当事国と周辺諸国にとどまらず，憂慮（ゆうりょ）すべき連鎖的なショックを，…すでに疲弊（ひへい）している世界経済に与えているということです。

国際連合広報センター　Dateline UN vol.103　2022年７月より

⑴　資料１中の（B）と（C）にあてはまる語句を答えなさい。

⑵　資料１中の下線部(a)に関して，資料１にある事例について，安全保障理事会が戦争にはどめをかけることができなかった理由を説明しなさい。

〔問４〕 資料中の下線部②に関連して，次の資料２は1978年の第84国会・衆議院本会議決議の一部である。これに関する後の各問いに答えなさい。ただし，資料２は一部改変・省略してある。

資料２

唯一の被爆国であり，(b)非核三原則を国是として堅持する我が国は，特に（　D　）を真に実効あらしめるために，すべての核兵器国に対し，地下核実験を含めた包括的核実験禁止条約の早期締結および核兵器の削減ならびに核兵器が二度と使われないよう要請するとともに同条約未加盟国について強く訴えること。

外務省ウェブページより

⑴　資料２中の下線部(b)非核三原則の内容を答えなさい。

⑵　資料２中の（D）には，核保有国を増やさないことを取り決めた1968年に調印された条約があ

てはまる。この条約を答えなさい。

〔問５〕 資料中の下線部③に関連して，アメリカ合衆国を中心とする資本主義諸国が1949年につくった軍事的な組織を答えなさい。

5 高校２年生と中学３年生の姉妹の会話文を読み，後の各問いに答えなさい。

妹　（　A　）の改正が施行されて，2022年４月１日から①成年年齢が18歳になったと授業で習ったよ。お姉ちゃんももうすぐ「大人」の仲間入りだね。

姉　自分が「大人」だっていう実感はないけどね。

妹　私から見ると，高校生は「大人」だよ。18歳選挙権が実現して，②国政選挙に参加する高校生もいたから，「大人」という意識があると思ってた。

姉　次の表を見て。③内閣府が平成25年に行なった「（　A　）の成年年齢に関する世論調査」から私が作った表だけど，どんなことが読み取れるかな。

（％）

18歳以上の3,119人が回答	自分がしたことについて自分で責任をとれる	自分自身で判断する能力が十分ある	精神的に成熟をしている	経済的に自立をしている	肉体的に成熟をしている
子どもが「大人」になるための条件（複数回答）	72.8	70.9	69.4	52.3	26.1
今の18歳、19歳にあてはまること（複数回答）	19.0	21.7	12.8	6.2	48.2

内閣府ウェブページより作成

妹　この表からは，（　B　）ということを読み取れると思う。でも，どうして成年年齢を引き下げたのかな。

姉　法改正のきっかけの１つとなった法制審議会の報告書にはこう書いてあるよ。

> 現在の日本社会は，急速に④少子高齢化が進行しているところ，我が国の将来をになう若年者には，社会・経済において，積極的な役割を果たすことが期待されている。（　A　）の成年年齢を20歳から18歳に引き下げることは，18歳，19歳の者を「大人」としてあつかい，社会への参加時期を早めることを意味する。これらの者に対し，早期に社会・経済におけるさまざまな責任をともなった体験をさせ，社会の構成員として重要な役割を果たさせることは，これらの者のみならず，その上の世代も含む若年者の「大人」としての自覚を高めることにつながり，個人および⑤社会に大きな活力をもたらすことになるものと考えられる。
>
> 法制審議会第159回会議（平成21年９月17日開催）配布資料１より，一部改変

妹　へぇ。この資料から法制審議会の専門家は（　C　）と考えていたことがわかったよ。

姉　もともと，20歳になっても「大人」の条件を必ずしも満たせるわけではなかったと思う。成年年齢を過ぎたら自動的に「大人」になるわけではなくて，いろいろな経験をしてだんだんと「大人」になっていくことに変わりはないと思うんだ。ただ，成年になると⑥契約の際の責任は重くなるから，中学校や高校できちんと学ぶことが大切ね。

〔問１〕 会話文中の空欄（A）にあてはまる法律を漢字で答えなさい。

〔問２〕 次のページの文章**あ**から**え**のうち，会話文中の空欄（B）と（C）にあてはまる文章の組み合

わせとしてもっとも適切なものを，下の**ア**から**エ**の中から１つ選び，記号で答えなさい。

あ　子どもが「大人」になるための条件として重視する人がもっとも多い項目は，「経済的に自立をしている」ことである

い　子どもが「大人」になるための条件として７割以上の人が選んだ項目について，今の18歳，19歳にあてはまると回答した人の割合はどちらも25％未満である

う　成年年齢を引き下げることで，18歳，19歳の人の「大人」としての自覚を高めることが期待できる

え　18歳，19歳の人が「大人」になるための条件を満たしているから，成年年齢を引き下げることができる

ア　B：あ　C：う　　**イ**　B：あ　C：え　　**ウ**　B：い　C：う　　**エ**　B：い　C：え

〔問３〕　会話文中の下線部①に関する次の文章の空欄（　D　）と（　E　）にあてはまる適切な語句を答えなさい。

成年年齢が引き下げられて18歳から有効期間10年の旅券（パスポート）を申請できるようになり，人，物，資金，情報などが国境を越えて地球規模で移動する（　D　）化が進む現代において利便性が高まるだろう。また，18歳，19歳が地方裁判所で行なわれる重大な（　E　）事件の裁判に裁判員として参加する可能性もでてきた。

〔問４〕　会話文中の下線部②国政選挙に関連する後の各問いに答えなさい。

⑴　次の図は1990年から2020年までに日本で実施された衆議院議員総選挙と参議院議員通常選挙について，20歳代の投票率と50歳代の投票率の推移をそれぞれ示したものである。参議院議員通常選挙の20歳代の投票率を示すものを，図中の**ア**から**エ**の中から１つ選び，記号で答えなさい。

1990年から2020年までの20歳代と50歳代の投票率

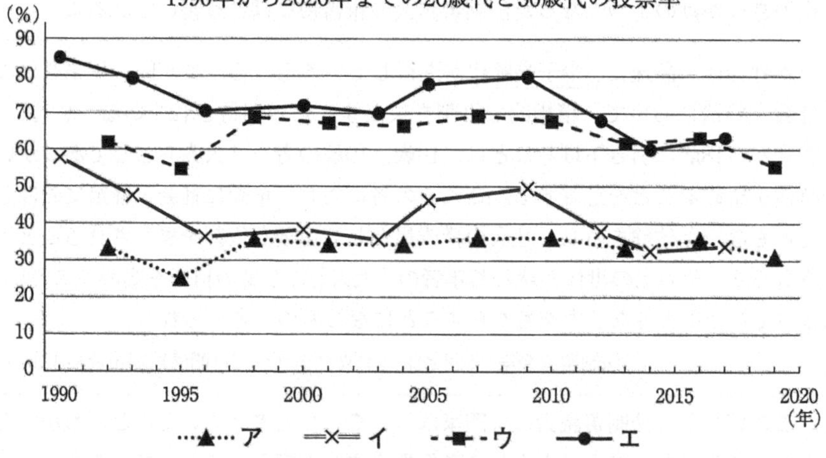

総務省「国政選挙における年代別投票率について」より作成

⑵　国会の説明として**適切でないもの**を，後の**ア**から**エ**の中から１つ選び，記号で答えなさい。

ア　審議を慎重に行なうために，衆議院と参議院からなる二院制をとっている。

イ　法律案について，衆議院が可決し，参議院が異なる議決をしたとき，衆議院において出席議員の３分の２以上の賛成により再び可決すれば法律として成立する。

ウ　衆議院もしくは参議院で出席議員の過半数の賛成で内閣不信任を決議し，もう一方の院でも同様に内閣不信任を決議した場合，内閣は総辞職しなければならない。

エ　予算について，両院協議会を開いても意見が一致しないときや，参議院が衆議院の可決した予算を受け取った後30日以内に議決しないときは，衆議院の議決どおりに予算が成立する。

〔問５〕　会話文中の下線部③内閣府は，中央省庁等改革基本法に基づく省庁再編により設置されたが，省庁再編のおもな目的を説明しなさい。

〔問６〕　会話文中に示された資料中の下線部④少子高齢化に関して，次の表が示すように日本の家族のあり方が変化してきた。下の各問いに答えなさい。

世帯類型の構成割合の推移　（%）

年	単独世帯	（　F　）世帯			その他の世帯
		夫婦のみの世帯	夫婦と子どもから成る世帯	ひとり親と子どもから成る世帯	
1990	23.1	15.5	37.3	6.8	17.4
1995	25.6	17.3	34.2	7.0	15.8
2000	27.6	18.9	31.9	7.6	14.1
2005	29.5	19.6	29.8	8.3	12.8
2010	32.4	19.8	27.9	8.7	11.1
2015	34.6	20.1	26.9	8.9	9.4

『令和２年版厚生労働白書』より作成

⑴　表中の空欄（**F**）にあてはまる適切な語句を**漢字３字**で答えなさい。

⑵　1990年から2015年にかけて単独世帯（ひとり暮らし）が増加している。その内訳を年齢構成別に分析した場合に，増加した要因として考えられるおもな要因を２つ説明しなさい。

〔問７〕　会話文中に示された資料中の下線部⑤に関連して，国の経済的な活力を示す指標として国内総生産（GDP）がある。国内総生産の説明としてもっとも適切なものを，次の**ア**から**エ**の中から１つ選び，記号で答えなさい。

ア　一定期間に国内で新しくつくられた財やサービスの付加価値の合計である。

イ　一定期間に国内で販売された財やサービスの価格の合計である。

ウ　一定期間に日本人が働いて得た給与の合計である。

エ　国内総生産には外国で働いている日本人の収入額が含まれる。

〔問８〕　会話文中の下線部⑥契約に関する次の各問いに答えなさい。

⑴　次の文は契約の特徴について述べたものである。空欄（**G**）にあてはまる適切な語句を**漢字２字**で答えなさい。

> 契約は，当事者が（　**G**　）な意思に基づいて結ぶものなので，いったん成立すると自分の都合で勝手に契約をやめることはできない。

⑵　訪問販売などによって商品を購入した場合に，一定期間内であれば理由に関わりなく契約を解除できる制度を答えなさい。

⑶　商品について事実と異なる説明をするなど，事業者の不適切な勧誘で消費者が契約した場合に，１年以内に契約を取り消せることを定めた法律を答えなさい。

⑷　⑵や⑶のような消費者を守るための制度が設けられている理由を説明しなさい。

イ　作り終えてしまったので
ウ　作り終えなければならず
エ　作るのに飽きてしまったので
オ　もし作り終えてしまったならば

③「ある限り申すに」
ア　完ぺきに予想するが　　イ　すべて告白すると
ウ　全部を話し終えると　　エ　話が尽きてしまうが
オ　場の全員が申し上げると

④「下には思へど」
ア　こっそり考えたので　　イ　下手に出ようと思うが
ウ　内心では思うけれど　　エ　反発してしまったので
オ　目下の者に思って

問三　二重傍線部**ⅰ**「同じくは」とありますが、どのようなことですか。四〇字以内で答えなさい。

問四　二重傍線部**ⅱ**「これ」は何をさしますか。簡潔に答えなさい。

問五　本文の内容と合うものは○を、違うものは×をそれぞれ答えなさい。
ア　侍や主殿の官人も加わって庭に高い雪の山を作った。
イ　作者は作った雪の山が年を越しても消えないと主張した。
ウ　中宮定子は作者の雪の山が年を越すとの主張を支持した。
エ　作者は冷静に考えた上で雪の山が消える日を変えた。
オ　十二月二十日に雨が降って、雪の山は消えてしまった。

問六　この文章の作者を漢字四文字で答えなさい。

主殿寮《とのもづかさ》の者ども、二十人ばかりになりにけり。里なる侍召しにつかはしなどす。「今日この山作る人には[注6]日三日賜《た》ぶべし。またまゐらざらむ者は、また[注7]同じ数とどめむ」など言へば、聞きつけたるは、まどひまゐるもあり。里遠きはえ告げやらず。

②作り果てつれば、宮司召して、[注8]絹二ゆひ取らせて縁に投げ出《い》だしたるを、一つ取りに取りて、拝みつつ腰にさしてみなまかでぬ。[注9]袍《うへのきぬ》など着たるは、さて[注10]狩衣《かりぎぬ》にてぞある。「ⅱこれいつまでありなむ」と、人々に[注11]のたまはするに、「十日はありなむ」「十余日はありなむ」など、ただこのごろのほどを③ある限り申すに、「いかに」と[注12]問はせたまへば、「正月《むつき》の十余日までは侍りなむ」と申すを、[注13]御前にも、「えさはあらじ」とおぼしめしたり。女房は、すべて、「年のうち、つごもりまでもえあらじ」とのみ申すに、「あまり遠くも申しつるかな。げにえしもやあらざらむ。ついたちなどぞ言ふべかりける」と、④下には思へど、「さはれ、さまでなくとも、言ひそめてむ事は」とて、かたうあらがひつ。

二十日のほどに、雨降れど、消ゆべきやうもなし。すこしたけぞおとりもて行く。[注14]「白山《しらやま》の観音、これ消えさせたまふな」と祈るも物ぐるほし。

（『枕草子』による。本文を改めたところがある）

[注1]　縁…家の外側の細長い板敷きの部分。縁側。

[注2]　作らせはべらむ…「作らせましょう」の意味。「はべら」は丁寧語。

[注3]　侍…中宮の侍所の職員と思われる。

[注4]　主殿の官人…主殿寮の下級役人。主殿寮は清掃・灯火・薪炭などを担当する役所。

[注5]　宮司…中宮職（中宮のお世話をする役所）の上級役人。

[注6]　日三日賜ぶべし…「三日の出勤を授けよう」の意味。

[注7]　同じ数とどめむ…「同じ日数（三日）欠勤したことにしよう」の意味。

[注8]　絹二ゆひ…巻いた絹を幾本も束ねたものを二くくり。

[注9]　袍…正装。

[注10]　狩衣…略装。正装に着替えなければならないのに、この場面では略装のままでいる。

[注11]　のたまはするに…「おっしゃったところ」の意味。中宮定子の動作。

[注12]　問はせたまへば…「お尋ねになるので」の意味。「たまへ」は尊敬語。

[注13]　御前…作者の主人、中宮定子をさす。

[注14]　白山の観音…石川県の白山《はくさん》の御前峰《ごぜんほう》頂上にある白山比咩《しらやまひめ》神社の十一面観音。

問一　Ⅰ［師走］について、次の1・2の各問いに答えなさい。

1　読み方をひらがな・現代仮名遣いで答えなさい。

2　何月のことですか。漢数字で答えなさい。

問二　傍線部①「言加へ興ず」・②「作り果てつれば」・③「ある限り申すに」・④「下には思へど」の解釈として最も適切なものをあとの中から選び、それぞれ記号で答えなさい。

①　「言加へ興ず」

ア　口出しして指図する

イ　叫んで興奮する

ウ　助言しおもしろがる

エ　話しかけて妨害する

オ　余計なことをして怒られる

②　「作り果てつれば」

ア　疲れてしまったので

はどのような気持ちですか。五〇字以内で答えなさい。

問四　傍線部②「自分は学校の門を走り出た」とありますが、この時の「自分」の気持ちとして最も適切なものを次の中から選び、記号で答えなさい。

ア　自分の絵が一番になるように、さっそく新しい技法を試したいとはやる気持ち。

イ　自分の絵が、画題でも色彩でも劣っていたことが口惜しくてやり場のない気持ち。

ウ　自分の絵のどこが劣っていたのか、馬屋に行って確かめたいとあせる気持ち。

エ　仲間の嫌味に耐えられず、ひとりになって自分を見つめ直したいという気持ち。

オ　ひとりになって頭を冷やしてから志村をほめたたえようという冷静な気持ち。

問五　傍線部③「さりとて引き返すのはなお嫌だし、どうしてくれよう」とありますが、この時の「自分」の気持ちとして最も適切なものを次の中から選び、記号で答えなさい。

ア　自分が書こうとした画題を志村も書いていると知って、これで志村に勝つことができるとほくそえむ気持ち。

イ　自分が書こうとした画題なのに志村が先に書いているのを知って、対抗して書こうか、それとも違う画題にしようか迷う気持ち。

ウ　自分が書こうとした画題なのに志村が先に書いているのを知って、度重なる不幸に自分をのろいたくなる気持ち。

エ　わざわざチョークまで買って新しいことに挑戦しようとしているのに、あきらめざるをえない残念な気持ち。

オ　わざわざチョークまで買って新しいことに挑戦しようとしているのに、早々に負けて父親に申し訳ない気持ち。

問六　[Ⅰ]に入れるのに最も適切な言葉を、本文中から一語で抜き出して答えなさい。

問七　傍線部④「コロンブスはよく出来ていたね、僕は驚いちゃった。」とありますが、この時の「自分」はどのような状態だと考えられますか。最も適切なものを次の中から選び、記号で答えなさい。

ア　絵を描いているうちにわだかまりが消え、素直になっている。

イ　自分の本当の実力は志村を上回っていると確信している。

ウ　志村にお世辞を言うことで絵を教えてもらおうとたくらんでいる。

エ　次の作品では負けないぞと気持ちを新たにしている。

オ　やっと志村とふたりきりで話ができ、ほっとしている。

問八　「自分」の志村に対する心情の変化について、一〇〇字以内で説明しなさい。

三　**次の文章は『枕草子』の一節である。これを読んで、あとの問いに答えなさい。**

　[Ⅰ 師走]の十余日のほどに、雪いみじう降りたるを、女官どもなどして、[注1]縁《えん》にいとおほく置くを、「ⅰ同じくは、庭にまことの山を[注2]作らせはべらむ」とて、[注3]侍召《さぶらひ》して、仰《おほ》せ言にて言へば、あつまりて作る。[注4]主殿《とのもり》の官人の、御きよめにまゐりたるなども、みな寄りて、いと高う作りなす。[注5]宮司《みやづかさ》などもまゐりあつまりて、①言加へ興ず。三四人まゐりつる

「僕は最早水車を書いてしまったよ。」

「そうか、僕はまだ出来ないのだ。」

「そうか、」と言って志村はそのまま再び腰を下ろし、もとの姿勢になって、

「[注11]書き給《たま》え、僕はその間にこれを直すから。」

自分は書き始めたが、書いているうち、彼を［ I ］と思った心は全く消えてしまい、かえって彼が可愛《かわい》くなって来た。そのうちに書き終わったので、

「出来た、出来た！」と叫ぶと、志村は自分の傍《そば》に来《きた》り、

「おや、君はチョークで書いたね。」

「初めてだからまるで画にならん、君はチョーク画を誰に習った。」

「そら先だって東京から帰って来た奥野《おくの》さんに習った。しかしまだ習いたてだから何にも書けない。」

「④コロンブスはよく出来ていたね、僕は驚いちゃった。」

それから二人は連れ立って学校へ行った。この以後自分と志村は全く仲が良くなり、自分は心から志村の天才に服し、志村もまた元来がおとなしい少年であるから、自分をまたなき朋友として親しんでくれた。二人で画板を携え野山を写生して歩いたことも幾度か知れない。

（国木田独歩《くにきだどっぽ》「画《え》の悲しみ」による。本文を改めたところがある）

［注1］　仕立物…縫《ぬ》い上げた衣服。縫い物。

［注2］　一丁…「丁」は、長さの単位で、一丁は約一〇九メートル。

［注3］　コロンブス…一四五一年頃～一五〇六年。イタリアの航海者。新大陸を発見したことで有名。

［注4］　チョーク…石灰の粉末などを固型化した棒状の筆記具で、ここでは画材として使われている。

［注5］　髭髯…口ひげとあごひげ。

［注6］　さなきだに…そうでなくてさえ。

［注7］　彼奴…「あいつ」の意味。

［注8］　蒼々たる…青々とした。

［注9］　淙々…水が流れそそぐ音。

［注10］　四、五十間…「間」は、長さの単位で、一間は約一・八二メートル。

［注11］　給え…丁寧な命令。

問一　二重傍線部**a**・**b**・**c**・**d**・**e**について、漢字はその読み方をひらがなで記し、カタカナは漢字に改めなさい。

問二　波線部**A**「殊に」・**B**「得ならぬ」・**C**「不案内」のここでの意味として最も適切なものをあとの中から選び、それぞれ記号で答えなさい。

A　「殊に」

ア　一番に　**イ**　故意に　**ウ**　さしあたって

エ　とりわけ　**オ**　妙に

B　「得ならぬ」

ア　さわやかな　**イ**　利益にならない　**ウ**　特別な

エ　なんとも言えない　**オ**　不意に

C　「不案内」

ア　教えられていない　**イ**　興味がない　**ウ**　心得がない

エ　説明がない　**オ**　適切でない

問三　傍線部①「自分は馬を書きながらも志村は何を書いているかという問いを常に懐いていたのである」とありますが、この時の「自分」

②自分は学校の門を走り出た。そして家《うち》には帰らず、すぐ田甫《たんぼ》へ出た。止めようと思うても涙が止まらない。口惜《くや》しいやら情けないやら、前後夢中で川の岸まで走って、川原《かわら》の草の中にぶっ倒れてしまった。足をばたばたやって大声を上げて泣いて、それで飽き足らず起き上がってそこらの石をdヒロい、四方八方に投げ付けていた。

こう暴れているうちにも自分は、[注7]彼奴《きゃつ》何時《いつ》の間にチョーク画を習ったろう、誰が彼奴に教えたろうとそればかり思い続けた。

泣いたのと暴れたのでいくらか胸がすくと共に、次第に疲れて来たので、いつかそこに臥《ね》てしまい、自分は[注8]蒼々《そうそう》たる大空を見上げていると、川瀬の音が[注9]淙々《そうそう》として聞こえる。若草を薙《な》いで来る風が、B得《え》ならぬ春の香を送って面《かお》を掠《かす》める。良い心持ちになって、自分は暫時《しばら》くじっとしていたが、突然、そうだ自分もチョークで書いてみよう、そうだという一念に打たれたので、そのまま飛び起き急いで宅に帰り、父の許しを得て、すぐチョークを買い整え画板を提《ひっさ》げすぐまた外に飛び出した。

この時まで自分はチョークを持ったことがない。どういうふうに書くものやらまるでC不案内であったがチョークで書いた画を見たことは度々あり、ただこれまで自分で書かないのは到底まだ自分どもの力に及ばぬものとあきらめていたからなので、志村があのくらい書けるなら自分もいくらか出来るだろうと思ったのである。

再び先の川辺《かわばた》へ出た。そして先ず自分の思いついた画題は水車、この水車はその以前鉛筆で書いたことがあるので、チョークの手始めに今一度これを写生してやろうと、堤を辿《たど》って上流の方へと、足を向けた。

水車は川向こうにあってその古めかしいところ、木立《こだち》の繁みに半ば被われているあんばい、蔦葛《つたかづら》が這《は》い纏《まと》うている具合、少年《こども》心にも面白い画題と心得ていたのである。これを対岸から写すので、自分は堤を下りて川原の草原《くさはら》に出ると、今まで川柳の蔭《かげ》で見えなかったが、一人の少年が草の中に座って頻《しき》りに水車を写生しているのを見つけた。自分と少年とは[注10]四、五十間《けん》隔たっていたが自分は一見して志村であることを知った。彼は一心になっているので自分の近づいたのに気もつかぬらしかった。

おやおや、彼奴が来ている、どうして彼奴は自分の先へ先へと廻《まわ》るだろう、いまいましい奴だと大いに癪《しゃく》に触ったが、③さりとて引き返すのはなお嫌だし、どうしてくれようと、そのまま突っ立って志村の方を見ていた。

彼は熱心に書いている。草の上に腰から上が出て、その立てた膝に画板が寄せ掛けてある、そして川柳の影が後ろから彼の全身を被い、ただその白い顔の辺りから肩先へかけて柳を洩《も》れた薄い光が穏やかに落ちている。これは面白い、彼奴を写してやろうと、自分はそのままそこに腰を下ろして、志村その人の写生に取りかかった。それでも感心なことには、画板に向かうと最早《もはや》志村もいまいましい奴など思う心は消えて書く方に全く心を奪《と》られてしまった。

彼は頭《かしら》を上げては水車を見、また画板に向かう、そして折り折りさも愉快らしい微笑を頬に浮かべていた。彼が微笑するごとに、自分も我知らず微笑せざるを得なかった。

そうするうちに、志村は突然立ち上がって、その拍子に自分の方を向いた、そして何にも言いがたきe柔和な顔をして、にっこりと笑った。自分も思わず笑った。

「君は何を書いているのだ、」と聞くから、

「君を写生していたのだ。」

【国　語】（五〇分）〈満点：一〇〇点〉

【注意】 字数制限のある問いについては、特に指示がない限り、句読点・記号も一字として数えなさい。

一　※問題に使用された作品の著作権者が二次使用の許可を出していないため、問題を掲載しておりません。

文章Ⅰ

（出典：佐《さ》伯《いき》和《かず》人《と》『月はすごい』）

文章Ⅱ

（出典：中《なか》谷《や》宇《う》吉郎《きちろう》「地球の円い話」）

二　**次の文章を読んで、あとの問いに答えなさい。**

　ある日学校で生徒の製作物の展覧会が開かれた。その出品は主に習字、図画、女子は[注1]仕立物《したてもの》等で、生徒の父兄姉妹は朝からぞろぞろと押しかける。取りどりの評判。製作物を出した生徒は気が気でない、皆そわそわして展覧室を出たり入ったりしている。自分もこの展覧会に出品するつもりで画紙《えがみ》一枚に大きく馬の頭を書いた。馬の顔を斜《はす》に見たところで、無論少年の手には余る画題であるのを、自分はこの一挙によってぜひ志村《しむら》にうち勝とうという意気込みだから一生懸命、学校から宅《うち》に帰ると一室に籠《こも》って書く、手本を本《もと》にして生意気にも実物の写生を試み、幸い自分の宅から一[注2]丁ばかり離れた桑畑の中に借馬屋《しゃくばや》があるので、幾度《いくたび》となくその厩《うまや》に通った。輪郭といい、陰影といい、ａウンピツといい、自分は確かにこれまで自分の書いたものはもちろん、志村が書いたものの中《うち》でこれに比ぶべき出来はないと自信して、これならば必ず志村に勝つ、いかに不公平な教員や生徒でも、今度こそ自分の実力に圧倒さるるだろうと、大勝利をｂヨキして出品した。

　出品の製作は皆《みん》な自宅で書くのだから、何人《なんぴと》も誰が何を書くのか知らない、また互いに秘密にしていた。Ａ殊《こと》に志村と自分は互いの画題を最も秘密にして知らさないようにしていた。であるから①自分は馬を書きながらも志村は何を書いているかという問いを常に懐《いだ》いていたのである。

　さて展覧会の当日、恐らく全校数百の生徒中もっとも胸を轟《とどろ》かして、展覧室に入った者は自分であろう。図画室は既に生徒及び生徒の父兄姉妹でいっぱいになっている。そして二枚の大画（今日のいわゆる大作）が並べて掲げてある前は最も見物人がたかっている。二枚の大画は言わずとも志村の作と自分の作。

　一見自分は先《ま》ず荒胆《あらぎも》を抜かれてしまった。志村の画題は[注3]コロンブスの肖像ならんとは！　しかも[注4]チョークで書いてある。元来学校では鉛筆画ばかりで、チョーク画は教えない。自分もチョークで書くなど思いもつかんことであるから、画の善悪《よしあし》はともかく、先ずこの一事で自分は驚いてしまった。その上ならず、馬の頭と[注5]髭《し》髯《ぜん》面を被《おお》う堂々たるコロンブスの肖像とは、一見まるで比べものにならんのである。かつ鉛筆の色はどんなに巧みに書いても到底チョークの色には及ばない。画題といい色彩といい、自分のは要するに少年が書いた画、志村のは本物である。技術のｃ巧拙は問うところでない、掲げて以《もっ》て衆人の展覧に供すべき製作としては、いかに我慢強い自分も自分の方が良いとは言えなかった。[注6]さなきだに志村崇拝の連中は、これを見て歓呼している。「馬も良いがコロンブスはどうだ！」などいう声があっちでもこっちでもする。

MEMO

大切なことはメモしておこうネ！

2023年度

解　答　と　解　説

《2023年度の配点は解答欄に掲載してあります。》

＜数学解答＞ 《学校からの正答の発表はありません。》

1.　(1)　$\frac{\sqrt{35}-\sqrt{10}}{5}$　　(2)　3，4　　(3)　$\frac{1}{3}$　　(4)　解説参照

2.　(1)　①　$\frac{600}{x-z}+\frac{600}{x+z}$　　②　$5(x-z)+5(y+z)$　　③　$\frac{600}{y-z}+\frac{600}{y+z}-16$　　(2)　80

3.　(1)　直線A′D′　$y=\sqrt{3}\,x$　　点Bのx座標　$\frac{5\sqrt{3}}{6}$　　(2)　$\frac{2\sqrt{3}}{3}$　　(3)　$\frac{2\sqrt{3}}{3}-1$

4.　(1)　$\frac{\sqrt{3}+2\sqrt{2}+1}{2}$　　(2)　①　$\frac{1}{9}$　　②　$\frac{16}{81}$

○推定配点○

1.　各7点×4　　2.　(1)　各4点×3　　(2)　10点　　3.　(1)　各4点×2　　(2)　8点　(3)　10点　　4.　(1)　6点　　(2)　①　8点　　②　10点　　　計100点

＜数学解説＞

1.　(小問群－式の値，平方根の計算，連立方程式，作図)

(1)　$\frac{(\sqrt{x}-\sqrt{y})}{(\sqrt{x}+\sqrt{y})}=\frac{(\sqrt{x}-\sqrt{y})^2}{(\sqrt{x}+\sqrt{y})(\sqrt{x}-\sqrt{y})}=\frac{x-2\sqrt{xy}+y}{x-y}$　　$x+y=(\sqrt{7}+\sqrt{5})+(\sqrt{7}-\sqrt{5})=2\sqrt{7}$，$x-y=(\sqrt{7}+\sqrt{5})-(\sqrt{7}-\sqrt{5})=2\sqrt{5}$，$xy=(\sqrt{7}+\sqrt{5})(\sqrt{7}-\sqrt{5})=2$を代入すると，$\frac{2\sqrt{7}-2\sqrt{2}}{2\sqrt{5}}=\frac{\sqrt{7}-\sqrt{2}}{\sqrt{5}}=\frac{\sqrt{35}-\sqrt{10}}{5}$

(2)　$x-\frac{a+5}{2}y=-2$…①　　$2ax+15y=1$…②　　$y=\frac{1}{3}$を解にもつとき，①は，$x-\frac{a+5}{6}=-2$　$6x-a-5=-12$　　$a=6x+7$…③　　②は，$2ax+5=1$　　$ax+2=0$…④　　③を④に代入すると，$x(6x+7)+2=0$　　$6x^2+7x+2=0$　　2次方程式の解の公式を用いて，$x=\frac{-7\pm\sqrt{7^2-4\times6\times2}}{2\times6}=\frac{-7\pm1}{12}=-\frac{2}{3}$，$-\frac{1}{2}$　　$x=-\frac{2}{3}$のとき，$a=6\times\left(-\frac{2}{3}\right)+7=3$　　$x=-\frac{1}{2}$のとき，$a=6\times\left(-\frac{1}{2}\right)+7=4$

(3)　A，B，C，Dの4人が順にカードを取り出す取り出し方の数は，$4\times3\times2\times1=24$(通り)　　BとCが1と2に座るときで，Bのとなりに Aがこない座り方は，順にBCAD，BCDA，CBDA　　BとCが2と3に座るときで，BのとなりにAがこない座り方は，順にDBCA，ACBD　　BとCが3と4に座るときで，BのとなりにAがこない座り方は，順にADBC，ADCB，DACB　　以上の8通りがあるので，その確率は，$\frac{8}{24}=\frac{1}{3}$

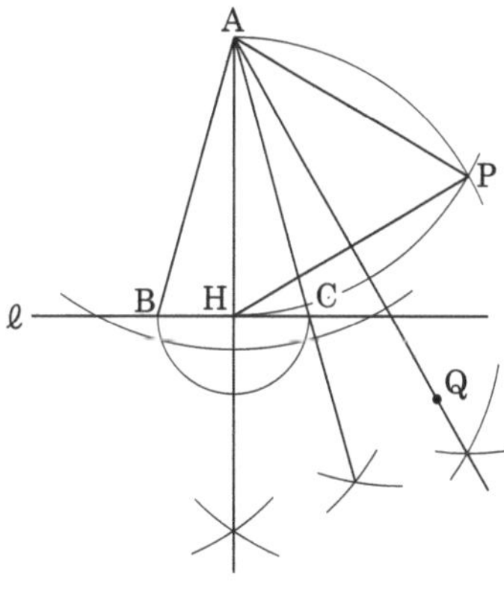

(4)　①　Aから直線ℓに垂線AHを引く。　②　AHを1辺とする正三角形APHを書く。　③　∠PAHの二等分線AQを引く。　④　∠QAHの二等分線を引いて直線ℓとの交点をCとする。　⑤　BH＝CHとなる点Bを直線ℓ上にとる。

以上の作図によって，BCが直線ℓ上にある∠A＝30°，AB＝ACの二等辺三角形を書くことができる。

2. **（方程式の応用－速さ，文字式の扱い方）**

基本 (1) ① 蘭子さんがP，Q間を往復したときのかかった時間を表すから，$\dfrac{600}{x-z}+\dfrac{600}{x+z}$（＝16）…(2)で①として使う。 ② P，Q間の距離だから，$5(x-z)+5(y+z)$（＝600）…(2)で②として使う。 ③ 梅子さんが往復する時間と蘭子さんが往復する時間の差だから，$\left(\dfrac{600}{y-z}+\dfrac{600}{y+z}\right)-\left(\dfrac{600}{x-z}+\dfrac{600}{x+z}\right)$（＝24）…(2)で③として使う。

やや難 (2) ②から，両辺を5で割って整理すると，$x+y=120$　$y=120-x$…④　①の両辺に$(x-z)(x+z)$をかけて整理すると，$600x+600z+600x-600z=16(x-z)(x+z)$　$1200x=16(x^2-z^2)$　$x^2-z^2=75x$…⑤　①を③に代入して，$\left(\dfrac{600}{y-z}+\dfrac{600}{y+z}\right)-16=24$　$\dfrac{600}{y-z}+\dfrac{600}{y+z}=40$　両辺に$(y-z)(y+z)$をかけて整理すると，$600y+600z+600y-600z=40(y^2-z^2)$　$y^2-z^2=30y$…⑥　⑤から⑥を引いて，$x^2-y^2=75x-30y$…⑥　⑥に④を代入すると，$x^2-(120-x)^2=75x-30(120-x)$　$x^2-14400+240x-x^2=75x-3600+30x$　$135x=10800$　$x=80$

3. **（関数・グラフと図形－移動，三平方の定理，直線の式，座標，面積）**

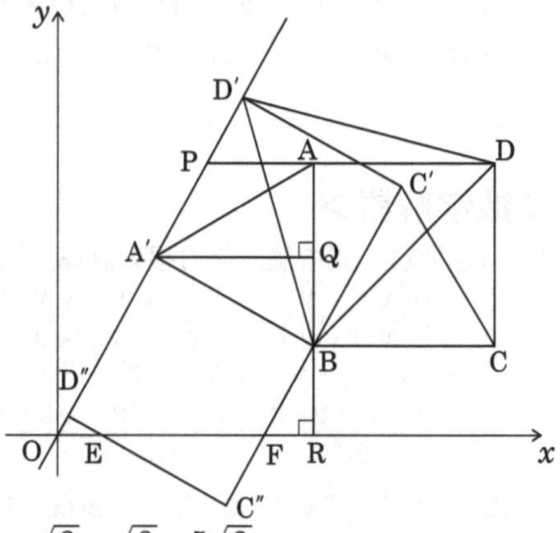

(1) A′D′と直線ADの交点をPとすると，∠D′PA＝60°　ADはx軸に平行なので，A′D′とx軸の作る角は60°だから，点A′のx座標とy座標の比は$1:\sqrt{3}$となる。よって，直線A′D′の傾きは$\sqrt{3}$　原点を通ることから，直線A′D′の式は$y=\sqrt{3}x$　A′B＝AB，∠A′BA＝60°なので，△A′BAは1つの角が60°の二等辺三角形だから正三角形である。よって，A′からABに垂線A′Qを引くと，A′B：BQ：A′Q＝$2:1:\sqrt{3}$　よって，A′，Qのy座標は，$\dfrac{1}{2}+\dfrac{1}{2}=1$　$y=\sqrt{3}x$に$y=1$を代入すると，$1=\sqrt{3}x$　$x=\dfrac{1}{\sqrt{3}}=\dfrac{\sqrt{3}}{3}$　点A′のx座標は$\dfrac{\sqrt{3}}{3}$　A′Q＝$\dfrac{\sqrt{3}}{2}$なので，点Q，Bのx座標は，$\dfrac{\sqrt{3}}{3}+\dfrac{\sqrt{3}}{2}=\dfrac{5\sqrt{3}}{6}$

(2) ∠BA′D′＝90°であり，正方形A′BC″D″は直線A′Bについて正方形A′BC′D′を対称に移動したものであるから，C′C″は点Bを通り，点A′を通る直線D′D″に平行である。平行な直線の傾きは等しいから，直線C′C″の傾きは$\sqrt{3}$である。直線C′C″の式を$y=\sqrt{3}x+c$とおいて$\mathrm{B}\left(\dfrac{5\sqrt{3}}{6},\ \dfrac{1}{2}\right)$を代入して$c$の値を求めると，$\dfrac{1}{2}=\sqrt{3}\times\dfrac{5\sqrt{3}}{6}+c$　$c=-2$　点Fは直線$y=\sqrt{3}x-2$とx軸との交点であり，x軸上の点のy座標は0だから，$0=\sqrt{3}x-2$　$x=\dfrac{2}{\sqrt{3}}=\dfrac{2\sqrt{3}}{3}$　点Fのx座標は$\dfrac{2\sqrt{3}}{3}$

(3) 直線C′C″は傾きが$\sqrt{3}$だからx軸と60°の角で交わる。よって，点Bからx軸に垂線BRを引くと△BFRは内角の大きさが30°，60°，90°の直角三角形となり，BF：FR＝2：1　FR＝$\dfrac{5\sqrt{3}}{6}-\dfrac{2\sqrt{3}}{3}=\dfrac{\sqrt{3}}{6}$，BF＝$\dfrac{\sqrt{3}}{6}\times2=\dfrac{\sqrt{3}}{3}$　C″F＝$1-\dfrac{\sqrt{3}}{3}$　∠EFC″＝60°だから，△EFC″は内角の大きさが30°，60°，90°の直角三角形となり，EC″：C″F＝$\sqrt{3}:1$　EC″＝$\sqrt{3}\left(1-\dfrac{\sqrt{3}}{3}\right)=\sqrt{3}-1$　したがって，△CEFの面積は，$\dfrac{1}{2}\times\left(1-\dfrac{\sqrt{3}}{3}\right)\times(\sqrt{3}-1)=\dfrac{1}{2}\times\left(\sqrt{3}-1-1+\dfrac{\sqrt{3}}{3}\right)=\dfrac{2\sqrt{3}}{3}-1$

4. **（空間図形－切断，三角すい，三平方の定理，相似，面積）**

(1) $\mathrm{AG}^2=\mathrm{AC}^2+\mathrm{CG}^2=(\mathrm{AB}^2+\mathrm{BC}^2)+\mathrm{CG}^2$である。このことから，1辺の長さが1の正方形の対角

線の長さは$\sqrt{2}$であり，立方体の対角線の長さは$\sqrt{3}$である。立体Sの4つの面の面積については，$\triangle$AFGと$\triangle$AHGは，AG$=\sqrt{3}$，AF$=$AH$=\sqrt{2}$，FG$=$HG$=1$であって，$(\sqrt{3})^2=(\sqrt{2})^2+1^2$だから，それぞれ$\angle$AFG，$\angle$AHGが直角の直角三角形である。よって，$\triangle$AFGと$\triangle$AHG$=\dfrac{1}{2}\times 1\times\sqrt{2}=\dfrac{\sqrt{2}}{2}$　$\triangle$FGHは直角二等辺三角形だから，$\dfrac{1}{2}\times 1\times 1=\dfrac{1}{2}$　$\triangle$AFHは1辺の長さが$\sqrt{2}$の正三角形であり，1辺の長さがaの正三角形の面積は$\dfrac{\sqrt{3}a^2}{4}$で求められるから，$\dfrac{\sqrt{3}(\sqrt{2})^2}{4}=\dfrac{\sqrt{3}}{2}$　したがって，Sの表面積は，$\dfrac{\sqrt{3}+2\sqrt{2}+1}{2}$

図1

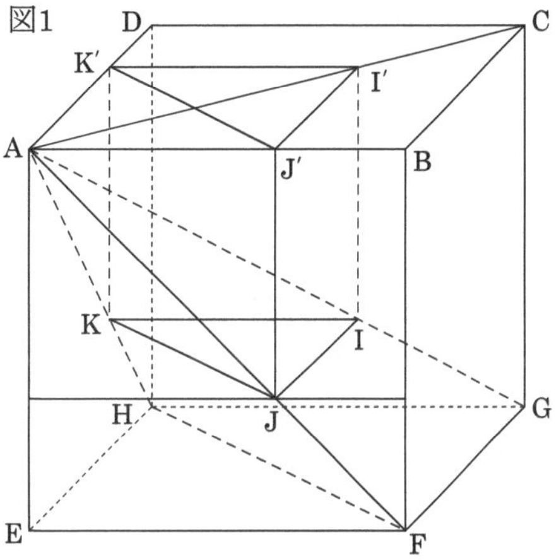

重要　(2)　①　AP：PE$=2:1$に分ける底面に平行な平面で切ったとき，AG，AF，AHがその平面と交わる点をそれぞれI，J，Kとすると，JI//FG，KI//HG，JK//FH　点I，J，Kから平面ABCDに垂線II′，JJ′，KK′を引くと，AI′：I′C$=$AJ′：J′B$=$AK′：K′D$=$AI：IG$=$AJ：JF$=$AK：KH$=2:1$となる。よって，立方体を真上から見たときのI，J，Kの位置は図2の$\triangle$IJKの頂点となり，JI$=\dfrac{2}{3}$FG$=\dfrac{2}{3}$，KI$=\dfrac{2}{3}$HG$=\dfrac{2}{3}$，JK$=\dfrac{2}{3}$FH$=\dfrac{2\sqrt{3}}{3}$　$\triangle$IJKは直角二等辺三角形である。また，AP：PE$=2:1$に分ける底面に平行な平面で切ったとき，CE，CF，CHがその平面と交わる点をL，M，Nとすると，同様のことがいえるので，立方体を真上から見たときのL，M，Nの位置は図2の$\triangle$LMNの頂点である。よって，2つの切り口が重なる部分は，1辺の長さが$\dfrac{1}{3}$の正方形であり，その面積は$\dfrac{1}{3}\times\dfrac{1}{3}=\dfrac{1}{9}$である。

図2

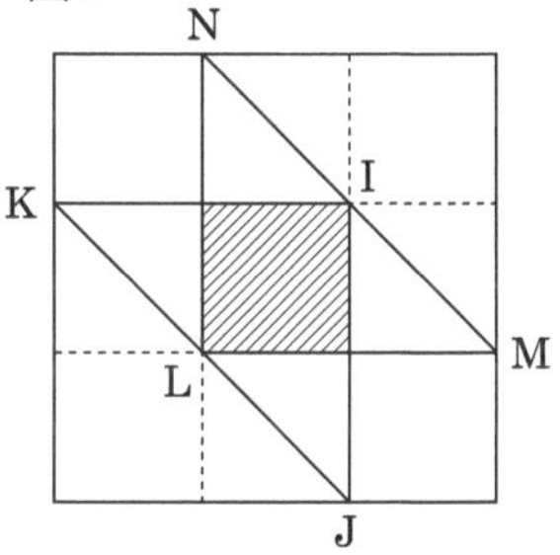

図3

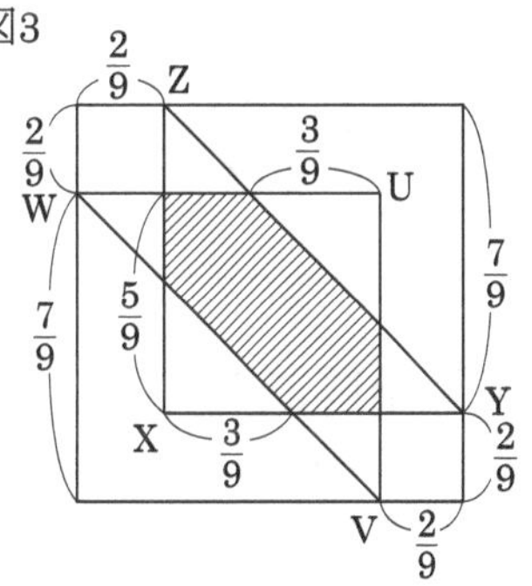

②　AP：PE$=m:n=7:2$のときに，点Pを通る底面に平行な平面と立体Sとの交点をU，V，Wとし，立体Tとの交点をX，Y，Zとすると，立方体を真上から見たときのそれらの点は，図3の$\triangle$UVW，$\triangle$XYZの頂点である。切り口の図形が重なった部分は1辺の長さが$\dfrac{5}{9}$の正方形から，等辺の長さが$\dfrac{1}{3}$の直角二等辺三角形2個を除いたものとなる。よって，その面積は，$\left(\dfrac{5}{9}\times\dfrac{5}{9}\right)-\left(\dfrac{1}{2}\times\dfrac{1}{3}\times\dfrac{1}{3}\right)\times 2=\dfrac{25}{81}-\dfrac{1}{9}=\dfrac{16}{81}$

★ワンポイントアドバイス★

1. (1)は$\dfrac{(\sqrt{x}-\sqrt{y})}{(\sqrt{x}+\sqrt{y})}$の分母を有理化するとよい。(4)は頂角の二等分線が15°であり，60°÷2÷2を使うとよい。2. は$(x+z)$と$(x-z)$を加えたりり引いたりすると文字が1つ消去できることを利用する。3. はともかく図を書く。傾きが$\sqrt{3}$の直線が登場する。4. は平行な面で切断するから，平行線と線分の比の関係が使える。

＜英語解答＞《学校からの正答の発表はありません。》

1 聞き取りの問題解答省略　**2** 書き取りの問題解答省略

3 1 advance　2 different　3 give　4 disappeared　5 center
6 how　7 in　8 delivered　9 cheap　10 full　11 visit
12 suffering　13 money

4 (1) ジェーンの弟のベンは，自分が賞を取った作文はジェーンの作文を写したものだということを打ち明けなかった。　(2) 母がブラウン夫人から借りた銀食器をジェーンの代わりにブラウン夫人に返却すること。　(3) 教師やクラスメートが，ベンの作文はジェーンの作文を写したものだと気づくことを恐れていたから。　(4) ベンはジェーンの作文を写したわけではなく，自分自身で書いた作文で賞を取ったから。

5 1 イ　2 オ　3 エ　4 ウ　5 ア

6 (1) was early in the morning and the sun was bright　(2) is going to make enough money to buy eight eggs　(3) a lot of eggs and they will turn into chickens　(4) get the most expensive dress in the world and go to the nicest party

7 (例) I think high school students should read books. When you surf the Internet, you can be easily distracted by too much information. However, when you read books, you can concentrate better on what is written and learn more as a result.

○推定配点○

1～3・4・6　各3点×28　5　各2点×5　7　6点　計100点

＜英語解説＞

1 聞き取りの問題解説省略。

2 書き取りの問題解説省略。

3 (長文読解問題・論説文：語句補充，要旨把握，不定詞，間接疑問，前置詞，受動態，熟語，進行形)

(全訳) 私たちの長い歴史の中で，科学技術は私たちの生活と私たちの街の外観の両方を変えた。例えば，120年前，町にはガソリンスタンドの代わりに馬小屋があった。スーパーマーケットやコンビニはなく，代わりに限られた範囲の製品を売る小さな店がたくさんあった。もし現代の旅行者がこのような店の1つに足を踏み入れたら，セルフサービスがないことに驚くだろう。買い物客はカウンターの前に立ち，反対側にいる店員から商品を1つ1つ注文する。これがどのくらい時間がかかるか，想像してほしい。

第二次世界大戦後，スーパーマーケットが導入されて非常に人気になった。それらは多くの種類の商品を提供するので，より便利だった。それらはすぐに小さな店に取って代わった。人々が自家用車を持つようになると，最初にアメリカで，後に世界の多くで，ショッピングモールがしばしば町のはずれに建設され，人々は車で買い物に行くようになった。さらに最近は，「大型店」がこれらのショッピングモールに現れるようになってきた。これらの店は非常に大きく，ふつうは服，本，電気製品などの日用品もしくは専門商品を売る。再び，変化は消費者に広範囲な商品と低価格という恩恵をもたらす。

もう1つの変化が今，起きている。1995年，アマゾンがオンラインの書店を始めた。客は本をインターネットで注文することができ，それらは数日後に届いた。これはいくつかの理由で非常に人気になった。アマゾンの本の値段は従来型の書店の本の値段よりも安いことが多く，アマゾンは最大級の書店よりもさらに広範囲の本を提供した。アマゾンはまもなく，音楽や洋服などの他の商品も売り始め，他のオンラインストアも同じことをした。今日，オンラインでほとんど何でも買うことができる。オンラインストアを使えば，低価格で，広範囲の商品があり，出かけて行って混雑した店で買い物をする必要がない。

従来型の小売店にとって，オンラインストアと競うのは難しい。彼らの店は限られたスペースしかないので，オンラインストアのようにさまざまな種類の商品を置くことができない。彼らの商品の価格は常に割高である，なぜなら彼らは店の維持費を払わなくてはならないからだ。今日，商品を見たり服を試着したりするためだけに従来型の店に来る買い物客もいる。彼らはさらに，商品や商品のバーコードの写真を撮り，その後その商品をアマゾンのようなオンラインストアから注文するかもしれない。これは「ショールーミング」と呼ばれ，買い物客が複数の店の価格をチェックして比較できるスマホのアプリさえある。もちろん，これは従来型の小売店を非常に怒らせるが，彼らがそれについてできることは何もない。

従来型の小売店は，人々の買い物行動を大きく変えた新しい科学技術の被害者である。しかし，これは新しいことではない。ビジネスは常に変化に影響を受ける。実店舗と比較して，買い物客がオンラインの小売店から同レベルの個人的サービスを受けることはできないのは事実だが，買い物客は既に自分たちの財布を使って投票している，そしてオンライン小売業が今後のやり方になるかもしれない。

【要約文】(全訳)　科学技術の(1)進歩はしばしば私たちの生活を大きく変えてきた。例えば，現代の店は120年前の店と非常に(2)異なっている。わずかな特定の商品しか売らない小さな店がたくさんあり，そこでは人々は店員に自分がほしいものを(3)くれるよう頼まなくてはならなかった。第二次世界大戦後，そのような小さな店の多くは(4)なくなってしまった。なぜなら人々は広範囲の商品を売るスーパーマーケットを使うようになったからだ。人々は車を手に入れると，町の(5)中心から遠く離れたところにあるショッピングモールに車で行くようになった。人々はショッピングモールの大型店で商品をより低価格で買えた。今，私たちは(6)どのようにものを買うかについて更なる変化を経験している。オンラインショッピングだ。私たちはインターネットでものを買うことができ，2，3日(7)で，その商品は私たちの家に(8)配達される。多くの人はオンラインショッピングが好きだ，なぜなら商品は(9)安く，さまざまな商品が提供されているからだ。また，買い物客は人で(10)いっぱいの実店舗に行く必要がない。商品をチェックするためだけに実店舗(11)を訪問する買い物客もいる。従来型の小売店は変化する科学技術に(12)苦しんでいる。しかしそれは実際かなり頻繁に起きているのだ。スーパーマーケットが小さな店に取って代わったように，ビジネスは常に変化する。買い物客たちはより多くの(13)お金をオンラインで使うことによって，オンラインショッピングのほうが好きだということを既に表明しているのだ。

やや難　問　要約文下線部参照。　(1)　本文第1段落第1文参照。「私たちの長い歴史の中で，科学が私たちの生活を変えた」とある。過去から現在にかけて科学が進歩したために私たちの生活が変わった。よって，advance「進歩」という語を入れる。　(2)　be different from ～「～と異なっている」　(3)　本文第1段落第5文の order items from the clerk「店員から商品を注文する」を ask the shop staff to give things they wanted「ほしいものをくれるよう店員に頼む」と言い換える。　(4)　本文第2段落第3文参照。「スーパーマーケットが小さな店に取って代わった」とは，スーパーマーケットが増えて小さな店がなくなってしまったということ。disappear「消える，なくなる」を過去形にして入れる。 (5) 本文第2段落第4文参照。at the edge of town「町はずれに」を far from the center of town「町の中心から遠い」と言い換える。 (6) オンラインショッピングという新しい買い物の方法について説明しているので，方法・手段を表す疑問詞 how を入れ，how we buy things「どうやって私たちはものを買うか」という間接疑問にする。 (7) 本文第3段落第3文参照。a few days later「数日後」を in a few days「数日のうちに，2，3日で」と書き換える。 (8) 本文第3段落第3文参照。arrive「到着する」を受動態で be delivered「配達される」と書き換える。 (9) 本文第3段落最終文参照。prices are low「価格が低い」を products are cheap「商品が安い」と言い換える。 (10) 本文第3段落最終文参照。crowded stores「混雑した店」を stores which are full of people「人でいっぱいの店」と言い換える。be full of ～「～でいっぱいだ，～であふれている」 (11) 本文第4段落第4文参照。come to conventional stores「従来型の店に来る」を visit actual stores「実店舗を訪れる」と書き換える。 (12) 最終段落第1文参照。the victims of the new technologies「新しい科学技術の被害者」を suffering from changing technologies「変化する科学技術に苦しんでいる」と書き換える。suffer from ～「～に苦しむ」 (13) 最終段落最終文参照。has already voted with their wallets「既に財布で投票している」とは「お金を使って意思表示をしている」という意味。よってspending more money online「オンラインでより多くのお金を使うことによって」とする。

4 **(長文読解問題・物語文：語句解釈，内容吟味)**

(全訳) 「ジェーン，最近あなたに何が起こったのか，私はわからないわ」と母が言った。「あなたは弟にとてもやさしかったのに，今は弟を無視しているわね」

運悪く，ベンがちょうどその時部屋に入ってきて，この会話を聞いた。

私の弟，ベン！ 私は弟が嘘つきだからというだけでなく，実は私のほうが弟よりも後ろめたいという理由で，弟を嫌っていた。でも私はいつ全てを打ち明けるべきか，わからなかった。

私は，弟が賞を取って街中に知られるようになるとは，思ってもみなかった。明日の朝，ベンは集会で自分の作文を読み上げることになっていて，そのプログラム全体が私たちの街中にラジオで放送されるのだ！

「ねえ，ジェーン」と母が今，話している。「心の中では，あなたは弟が誇らしいのよね。ベンの作文が学校の数千人もの生徒たちの中から1等を取ったのよ」

母はベンの方を向いて言った。「明日の大舞台に備えて元気でいられるよう，あなたはもう寝る時間よ」 もし弟が今，全てを打ち明けたら，私たちはどうにかできる。明日では手遅れだ，そして弟と私，母と父も，全校と街全体の前で面目をつぶされるだろう。

(1)しかし，そうしなかった。弟は母におやすみなさいと言い，自分の部屋に行ってしまっただけだった。

弟の作文は2週間前，何の悪意もなく始まった。母はお茶会に大勢の客を招待したので，友人のブラウン夫人からいくつか銀食器を借りた。客が帰って食器を洗い終わってから，母は私にその銀食器を返してくるよう頼んだ。でも私は忙しかったので，私はベンにそうするよう頼んだ。「いいよ」とベンは言った。「もし僕に5ドルくれるなら，僕はやるよ。でも僕は宿題があるから時間がないんだ」

「何の宿題？」と私は尋ねた。

「作文」

「私がすぐにやってあげるわ」と私は機嫌よく言った。

私はノートを開き，その週に私が書いた「私の願いがかなうなら」という作文を取り出して弟に渡した。私は作文について，たいてい心配しない。実は，私の英語の先生は私の作文にAの成績を付けてくれて，私はそれをクラスで読み上げた。

「必ず自分で手書きして写しなさいよ」 その紙と(2)5ドルを渡した時，私はベンに言った。「いくつかの文を省いて，単語2，3個は間違ったつづりで書きなさい」

ついに，運命の朝がやってきた。母，父，私は集会の間，一緒に座った。プログラムが始まり，それは夢のようにどんどん進んだ。

今，ベンがステージの中央に立っていた。(3)私は英語の先生とクラスメートを見た。すぐに彼らは皆，私が教室で数週間前に読み上げた言葉に気づくだろう。私はベンが話し始めると目を閉じた。題名を読み上げた時，弟の声は大きくてはっきりとしていた。「僕の願いがかなうなら」

「もし僕の願いがかなうなら，僕は僕のチームが今シーズンの全ての試合で勝つことを望みます。なぜなら彼らはすごい選手たちで，それに値するからです。彼らはまた，素晴らしい仲間たちで，全ての人種，肌の色，宗教の国際連合のようです。もし僕の願いがかなうなら，僕たちのようなチームが世界中にあるといいのにな。ピーターは今までで最高のピッチャーです」 ベンは各選手について2，3分ほど話し続けた。しかしそれは私には一瞬のようにも永遠のようにも思えた。

ゆっくりと私は席に沈みこみ，泣きじゃくっていた。母が私を抱きしめた。

帰宅してから，私は母と父にすべてを打ち明けた。彼らは私を叱ったが，私は自業自得だと感じた。

その晩，私は弟を抱きしめて，私の作文が結局どうなったのかと尋ねた。

弟の顔は赤くなった。「僕は作文をポケットに入れた」と弟は説明した。「でもどこかでなくしてしまったんだよ，僕が学校に着いた時にはなかったから。アンダーソン先生が僕に放課後居残りして書くように言った。僕はお姉ちゃんの題名を思い出して，それを書いた。でも僕は全部を写すことはできなかった。なくしてラッキーだったよ」

私の作文はハリウッドへの想像の旅についてだった。私はもう一度弟を抱きしめて，それから謝った。

「私は本当に恥ずかしいわ」と私は言った。

「忘れなよ，お姉ちゃん」と弟は言い，顔がさらに赤くなった。

(4)私は弟がとても誇らしい。

(1)　下線部(1)の2つ前の文の「もし彼が全てを打ち明けたら」を受けて，「彼はそうしなかった」という意味になる。具体的には「ベンが，ジェーンの作文を写したことを打ち明けなかった」ということである。

(2)　下線部(1)の次の段落を参照する。「母がブラウン夫人に借りた銀食器をジェーンの代わりに返しに行くこと」である。

(3)　下線部(3)の直後の文参照。ジェーンがベンに渡した作文は，ジェーンが英語のクラスで読み上げたものだったので，先生やクラスメートはベンがジェーンの作文を写したことに気づいてしまう，とジェーンは恐れた。

重要 (4)　ジェーンはベンがジェーンの作文を写して，その作文で賞を取ったと思っていたが，実際にはベンは作文の題名を同じにしただけで，自分で内容を考えて作文を書いた。ベンは自分で実際に書いた作文で賞を取ったので，ジェーンはベンを誇らしく思った。

5 **(長文読解問題・紹介文：文補充・選択)**

(全訳)　若いゾウはメスが支配する家族の中で成長する。自分の母，姉妹，いとこ，おば，祖母，友人たちだ。[1]これらの絆は，彼らの70年ほどの生涯にわたって続く。若いゾウは自分の母親と他の家族たちの近くで過ごす。オスは14歳くらいまで，メスは一生だ。ケニヤにあるゾウの孤児院を創設し，30年以上運営しているダフネ・シェルドリックによると，「ここに新しい赤ちゃんが入ると，他の者たちがやってきて，愛情をこめて鼻を赤ちゃんの体の上に置いて，赤ちゃんをなだめます。[2]彼らにはそのような大きな心があるのです」

[3]複雑なコミュニケーションシステムにより，ゾウはお互いに近くにいられる。ゾウは感情を鼻，耳，頭，しっぽを使って表す。彼らが長距離にわたってコミュニケーションする必要がある時には，1マイル以上離れた他者からも聞こえる，力強い低周波のゴロゴロする鳴き声を使う。

ある者の死後，家族は悲しみのサインを表す。ゾウは死体を持ち上げようとし，それを泥や低木で覆う。ある科学者はかつて，自分の死んだ赤ちゃんを3日間立って見張っていたメスを目撃した。彼女の頭，耳，鼻は悲しみで垂れ下がっていた。[4]ゾウは何か月も，何年も，遺骨を訪ねて，鼻でそれらに触れることがある。

「ゾウはとても人間的な動物です」とシェルドリックは言う。「彼らの感情は私たちのものと同じです」[5]研究によって，ゾウの脳は感情を処理する方法において，人間の脳と非常に似ているとわかっている。ゾウの脳にも多くの紡錘細胞がある。それらは人間の共感性や社会性と関連している。

問　全訳下線部参照。

6 (長文問題・物語文：動詞，時制，前置詞，冠詞，助動詞，不定詞，熟語，接続詞，代名詞，比較)

(全訳)　1人の若い女性が牛の乳を搾り，その牛乳を売るために町に行く途中だった。彼女は小道を歩いている間，頭の上に牛乳の入ったバスケットを置いてバランスを取った。(1)朝早い時間で，太陽が明るかった。花々の甘い香りがして，彼女は気分が良かった！

歩いている時，彼女は独り言を言った。「この牛乳は(2)卵を8個買うのに十分なお金になるでしょう。私はその卵を農場に持ち帰って，うちで一番良い4羽のめんどりの下に入れるわ。すぐに卵がかえって8羽のひよこになる。私はエサをやり，ひよこたちは大きく丸々と育つでしょう。そうしたら彼らは(3)たくさんの卵を産んで，それもひよこになる。そうしたら私は全てのひよこを持っていって売り，(4)世界で最も高いドレスを手に入れてクリスマスに最も素敵なパーティーに行くわ。みんなが私にダンスを申し込み，一晩中私はくるくる回って踊るのよ」

彼女は独り言を言いながら，小さく片足飛びをしてダンスのステップを踏んだ，しかし彼女がくるくる回り始めると，頭上の牛乳のバスケットがバランスを崩してしまった。牛乳がこぼれ，彼女の計画は台無しになった。

「ああ，私は馬鹿なことをしてしまった」と彼女は泣いた。「私は卵がかえる前にひよこを数えてしまった」

(1)　日時を述べる文は It is … とする。ここは過去形で It was early in the morning「朝早かった」とする。sun「太陽」にはふつう the を付ける。bright「明るい」は形容詞なので，be 動詞 was を補う。

(2)　<be going to +動詞の原形>「～するだろう」の文にする。buy の前に to を補い，形容詞的用法の不定詞句 to buy eight eggs が money を修飾するようにする。

(3)　a lot of eggs「たくさんの卵」とし，「それらもひよこになる」という意味で and they will turn into chickens とする。turn into ～「～になる」

(4)　最上級の前にはふつう冠詞 the を付ける。in the world「世界で」 go to ～「～へ行く」

重要 7 (条件英作文)

(解答例の訳)「私は高校生は本を読むべきだと思います。インターネットサーフィンをすると，多すぎる情報によって気が散りやすいです。しかし本を読むと，書かれていることにより良く集中でき，その結果より多く学べます」

★ワンポイントアドバイス★

3の要約文完成問題は，本文の表現を別の言葉に言い換える必要があり，本年度はその言い換えレベルが例年より高い。

＜理科解答＞《学校からの正答の発表はありません。》

1 (1) ウ　(2) エ　(3) イ，ウ　(4) オ　(5) イ，ウ，オ
(6) ア，エ，オ，カ　(7) A キ　B カ

2 (1) ① 3.0A　② 28℃　(2) 108.7cm^3
(3) $2CuO+C \rightarrow 2Cu+CO_2$　(4) 虹彩，瞳孔の大きさを変え，通る光の量を調節する。
(5) 小さな細胞が多数みられ，細胞内には染色体がはっきり見えるものが多い。　(6) 右図

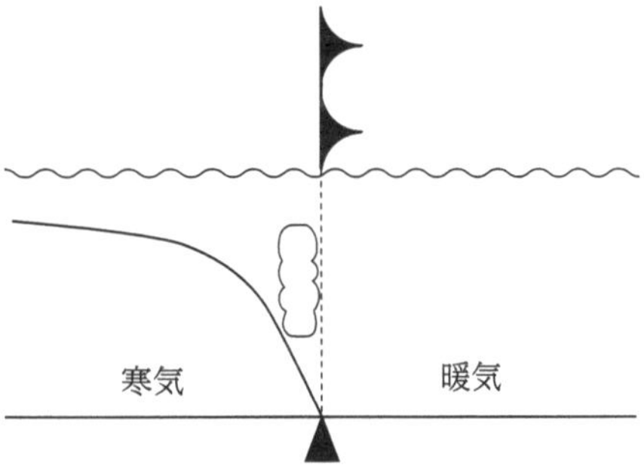

3 (1) X 海嶺　Y 海溝　Z 津波
(2) エ　(3) ウ，オ　(4) ア
(5) 震央　(6) オ　(7) 揺れは，震源の真上では弱まり，硬いプレートに沿って地表へ伝わる。

4 (1) ウ，エ，オ　(2) エ　(3) 5000Pa　(4) X 12.8　Y 1.2
(5) 1.73N　(6) 0.40J　(7) ① N　② N　③ 低　(8) ① ア　② オ

5 (1) 食物連鎖　(2) ② ヘビ　⑤ ネズミ　(3) 気温の低い2月の消費量がもっと多い。　(4) a 耳小骨　b うずまき管　(5) 歌唱速度を速めるために，はやにえを栄養源とする　(6) イ，エ，カ

6 (1) ろ紙の目よりも大きな粒子は，ろ紙を通過できないから。　(2) ア，ウ，エ
(3) エ，エタノールの沸点に達しているが，水の沸点には達していないから。
(4) 284g　(5) ① A＜C＜E＜D＜B　② ウ　(6) イ，エ

○推定配点○

1　各2点×8((3)・(5)・(6)各完答)　2　各2点×7((4)完答)　3　各2点×9((3)完答)
4　各2点×10((1)・(7)各完答)　5　各2点×8((6)完答)　6　各2点×8((2)・(6)各完答)
計100点

＜理科解説＞

1 (小問集合－各領域の小問集合)

(1) 半円形レンズの上面では，入射角より屈折角が小さくなるように，水面からより遠ざかる向きに屈折する。半円の半径方向に進んだ光は，円周に直角に入射するので，そのまま直進する。

(2) ベクレル[Bq]は，1秒間に崩壊する原子核の数を表す単位であり，原子核が多ければ大きい値になり，経過年数とともに減少する。一方，シーベルト[Sv]は，放射線から受けるエネル

ギーに対する生体への影響を示した値であり，元のエネルギー量に生体独自の係数を掛けて求められる。放射線源からの距離が近いほど大きい値になるが，同じ原子核種で同じ崩壊量であれば，自然物と人工物での違いはない。

(3)　アは電気エネルギーから化学エネルギーへ，イは化学エネルギーから光エネルギーや熱エネルギーへ，ウは乾電池内での化学変化によって電圧を生み出すので，化学エネルギーから電気エネルギーへ，エは光エネルギーから化学エネルギーへ，オは熱エネルギーから化学エネルギーへ，それぞれ移り変わっている。

(4)　酸化銀1.45gから銀1.35gができたので，結びついていた酸素の質量は0.10gである。酸化銀Ag_2Oは，銀原子2個と酸素原子1個の比で結びついているので，原子1個ずつの質量比は，$(1.35\div2):0.10=6.75:1=27:4$となる。

基本　(5)　マツのBは雄花で花粉がつくられる。Aは雌花であり，受粉，受精をおこなうと，胚珠が種子になるまでおよそ1年かかる。Cは昨年の雌花であり。ようやく種子ができたころである。

(6)　両生類の心臓は2心房1心室であり，全身から右心房に入った静脈血と，呼吸器から左心房に入った動脈血が，心室で混ざってしまう。そのため，酸素濃度は，肺静脈が最も高く，大静脈が最も低い。ホ乳類であれば，肺静脈が最も高く，肺動脈が最も低い。

重要　(7)　北緯35.7°では，春分の太陽の南中高度は$90-35.7=54.3°$である。夏至はそれより23.4°高く，$54.3+23.4=77.7°$となる。また，夏至の日に1日じゅう日が沈まなくなるのは，北極から23.4°以内の範囲なので，緯度は$90-23.4=66.6°$以上である。

2 (小問集合－各領域の小問集合)

(1)　①　4.0Ωの抵抗にかかる電圧は12Vなので，流れる電流は$\dfrac{12(\mathrm{V})}{4.0(\Omega)}=3.0(\mathrm{A})$である。

重要　②　6.0Ωの抵抗にかかる電圧は12Vなので，流れる電流は$\dfrac{12(\mathrm{V})}{6.0(\Omega)}=2.0(\mathrm{A})$である。よって，210秒間の発熱量は，$12(\mathrm{V})\times2.0(\mathrm{A})\times210(秒)=5040(\mathrm{J})$である。この熱量がすべて150gの水に与えられて，温度がt[℃]上昇するとすれば，$4.2\times150\times t=5040$より，$t=8$℃上昇となる。もとの温度が20℃なので，28℃になる。

重要　(2)　水の密度は1.00g/cm^{3}だから，水100cm^{3}の質量は，$100\times1.00=100(\mathrm{g})$である。これに25gの食塩を溶かすと，質量の合計は125gとなり，濃度は$25\div125\times100=20(\%)$である。表より，この水溶液の密度は1.15g/cm^{3}だから，体積は$125\div1.15=108.69\cdots$で，四捨五入により108.7cm^{3}となる。

(3)　酸化銅と炭素を混ぜて加熱すると，酸化銅の酸素が炭素に奪われて還元され，銅と二酸化炭素ができる。

(4)　暗い場所から明るい場所へ移動すると，瞳孔を通る光の量を減らそうと虹彩が反応する。虹彩の中央に空いた穴が瞳孔だから，瞳孔を小さくするように変形する。

(5)　図のBの部分は成長点に近く，細胞分裂が盛んである。そのため，細胞の数は多く，1つ1つの細胞は小さい。また，細胞分裂の途中では染色体がはっきり観察される。一方，Aの部分は分裂で生じた1つ1つの細胞が大きくなっていく場であり，細胞分裂の途中ではないため，染色体ははっきり見えない。

重要　(6)　寒冷前線では，寒気が暖気を押し上げることで，温暖前線よりも前線面の傾きが大きく，上下方向に積乱雲が発達する。そのため，短時間に強い雨が降り，通過後に気温が下がる。

3 (地震－地震と地盤の動き)

基本　(1)　プレートは，海底の大山脈である海嶺でつくられ，海底の大きな谷である海溝で沈み込んでいる。海底の直下で地震が起こると，海底が変形して津波が発生することがある。

(2)　P波は第一の波Primary wave，S波は第二の波Secondary wave を示す。

(3)　自然の地震は，断層が動いて起こるため，P波に続いて大きなS波が伝わる。しかし，人工地震では，震源から全ての向きに押しの力がかかるため，縦波のP波が強い。横波であるS波は，たいへん小さいか，ほとんど観測されない。

(4)　東北地方の太平洋沖では，日本海溝から太平洋プレートが沈み込んでおり，通常時は東西方向に圧縮の力がかかっている。そのため，東北地方の太平洋側は1年で数cmずつ西へ動いている。しかし，巨大地震でひずみが解放されると，プレートの跳ね上がりによって，短期間に数m東へ動く。

(5)　地下で地震が発生した点が震源で，その真上の地上の点が震央である。

(6)　プレートの厚さは50～150km程度であり，多くの地震はその範囲の深さで発生する。しかし，プレートが沈み込む場では，海洋プレートが約700kmまで到達しており，突っ込んできたプレートの表面や内部で地震が発生する。これを深発地震という。

(7)　深発地震では，震源の真上の震央が最も大きく揺れるとは限らない。プレートのまわりのマントル物質よりも，プレートの方が硬い。そのため，真上へ向かう地震波は弱まるが，硬いプレートに沿って進む地震波は弱まりにくく，地表まで達する。このように，深発地震では震央から離れた場所で大きな揺れが観測されやすく，異常震域とよばれる。

4 （物体の運動－斜面を下りるカートの運動）

(1)「手がカートを押す力」と「カートが手を押す力」は，作用反作用の関係である。また，「手がカートを押す力」と「ばねがカートを押す力」は，つりあいの関係である。さらに，「ばねがカートを押す力」と「カートがばねを押す力」は，作用反作用の関係である。これらはすべて大きさが等しい。一方，重力と垂直抗力は上下方向のつりあいであり，「手がカートを押す力」よりも大きい。

(2)　アは下向き，イは上向き，ウは右向き，エは左向き，オは右向きの力である。

重要　(3)　表から，ばねを1.0cm縮ませたときの力が3.2Nだから，ばねを2.5cm縮ませたときの力は3.2×2.5＝8.0(N)である。この力がかかる正方形の面積は，0.04×0.04＝0.0016(m^2)なので，圧力は8.0÷0.0016＝5000(Pa)である。

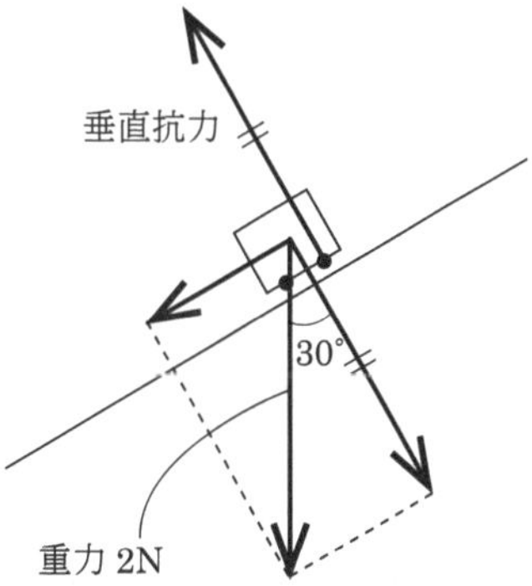

(4)　ばねの縮みと力の大きさは比例しているので，X＝3.2×4.0＝12.8(N)である。また，ばねの縮みとBでの速さは比例しているので，Y＝0.40×3.0＝1.2(m/s)である。

重要　(5)　カートが坂から受ける垂直抗力の大きさは，重力を分解したときの斜面に垂直な分力に等しい。質量200gのカートにはたらく重力は2.0Nだから，右図から，求める力の大きさは$\sqrt{3}$ N，つまり1.73Nである。

(6)　30°の坂Cに沿って40cmの位置の高さは20cmである。下向きの重力2.0Nに対し，上向きに0.20m動くのだから，重力がした仕事は，2.0×(－0.20)＝－0.40(J)である。仕事の大きさは，符号を除いた0.40Jとなる。

(7)　コイルに左からN極が近づいてくると，それを妨げるようにコイルの左端がN極になるような誘導電流が流れる。また，コイルの右へS極が遠ざかると，それを妨げるようにコイルの右端がN極になるような誘導電流が流れる。これらのはたらきにより，カートの速度が低下するので，坂Cを登る高さも低くなる。

(8)　図3で磁石が入口を通過し，コイルの左端がN極になるとき，矢印の向きに電流が流れる。しかし，発光ダイオードは逆向きに電流が流れないため，磁石が出口を通過し，コイルの右端がN

極になるときには点灯しない。①の場合，磁石が入口を通過したときは点灯せず，出口を通過したときに点灯するため，点灯の時刻が後にずれる。②の場合は，速さが2倍になるので，点灯する時刻が早くなり，点灯している時間も短くなる。

5 （生態系－モズのはやにえ）

(1) 生物どうしが，食う・食われるでつながっている関係を食物連鎖という。また，食物連鎖が複雑に広がったものを食物網という。

(2) ③は草食のバッタである。⑤は何でも食べる雑食のネズミである。②はタカに次ぐ肉食動物のヘビであり，①はヘビのえさのカエルである。

(3) 図3では、10～12月に生産したはやにえが，12月～1月でほとんど消費されている。保存食としての役割もあるが，それだけならば，気温が最も低くえさが少ない2月まで保存し，2月の消費量も多いはずである。しかし，実際には1月にほとんど消費し尽しており，2月の消費量がたいへん少なく，2月まで保存できていないことが読み取れる。

(4) aは鼓膜の振動を内側に伝える部分で，ヒトの耳小骨にあたる。bは，音の刺激が神経の信号に変えられる場所であり，ヒトのうずまき管にあたる。

(5) 図3では，はやにえの消費量が多いのが，繁殖期の直前の1月に集中している。そして，図4では，はやにえの消費量が多いほど。歌唱速度が高い。下線部Cと考え合わせると，はやにえの役割は，オスが歌唱速度を高めるための栄養源だと考えられる。

(6) ア　誤り。図6では，はやにえを除去した群では歌唱速度が遅い。　イ　正しい。図6では，はやにえを除去した群では歌唱速度が遅く，図7では，つがいメスの獲得成功率も低い。　ウ　誤り。図7では，給餌群は対照群と比べ，つがいメスの獲得成功率が高くない。　エ　正しい。図7では，給餌群と対照群では，つがいメスの獲得成功率が近い。　オ　誤り。図6から，対照群よりも給餌群の方が，歌唱速度がさらに速い。　カ　正しい。図7から，対照群も給餌群も，はやにえを消費することによって，どちらもつがいメスの獲得成功率が高い。　キ　誤り。問題文や図で示された研究だけからは，メスを獲得する時期が早いかどうかは判断できない。なお，実際には問題文や図に示されていない別の調査から，給餌群ではメスを獲得する時期が早いことも見出されている。

6 （水溶液－液の浄化方法）

(1) ろ過は，液をろ紙に通して，液に溶けていない物質をろ紙の上に残す操作である。ろ紙の目よりも大きい粒子は，ろ紙を通過することができない。一方，液に溶けている物質の粒子は小さいので，ろ紙を通過する。

(2) ア　誤り。固体は粒子が規則正しく並んでおり，その場で細かく振動している。　イ　正しい。固体が液体になると，多くの物質では体積が大きくなる。水は例外である。　ウ　誤り。液体では粒子は活発に動くが，重力を受けるため，形状は容器の形に沿う。　エ　誤り。状態が変わると，運動の様子が変わるが，粒子の数や質量は変わらない。　オ　正しい。気体の粒子は空間を自由に激しく運動している。

(3) 80℃付近ではエタノールの沸点に達しているため，エタノールは液の内部から活発に気体に変わる。一方，水の沸点には達していないため，水は液の表面から少しずつ蒸発するだけである。よって，取り出し冷やしてできた液体は，エタノールが多く水が少ない。

重要　(4) 気温25℃で湿度80％の空気1m³には，水蒸気が23.1×0.80＝18.48(g)含まれている。これを15℃まで冷やすと，水蒸気は12.8gしか含むことができないので，できる水は18.48－12.8＝5.68(g)である。空気50m³の場合は，5.68×50＝284(g)となる。

やや難　(5) ①　AとCは，食塩水のナトリウムイオンNa^+が水素イオンH^+に変わるので，酸性になる。

濃度の大きいAの方が酸性が強く，pHが小さい。また，BとDでは，食塩水の塩化物イオンCl^-が水酸化物イオンOH^-に変わるので，アルカリ性になる。濃度の大きいBの方がアルカリ性が強く，pHが大きい。EはH^+とCl^-が同じ数だけできるので，中性になり，pHは7である。以上より，pHが小さい順は，A＜C＜E＜D＜Bとなる。　② 食塩の電離は$NaCl \rightarrow Na^+ + Cl^-$で，塩化マグネシウムの電離は$MgCl_2 \rightarrow Mg^{2+} + 2Cl^-$である。陽イオン交換樹脂に通したとき，1個の$Na^+$は1個の$H^+$に変わり，1個の$Mg^{2+}$は2個の$H^+$に変わる。pHが等しかったのだから，$H^+$の数も同じである。もともとの$Mg^{2+}$の数は，できた$H^+$の数の半分だから，もともとの陽イオンの数は食塩水の方が多い。

(6) イオン交換樹脂により，陽イオンはH^+に，陰イオンはOH^-に変わるが，イオンでなく分子のまま溶けている物質は変わりようがない。つまり，非電解質のエタノール水溶液と砂糖水は水に変化しない。

★ワンポイントアドバイス★

型通りの問題だけでなく，考察力を必要とする設問も多い。問題文とグラフを的確に読み取って正解を導こう。

＜社会解答＞《学校からの正答の発表はありません。》

1 問1 円安　問2 (1) エ　(2) ウ　(3) イ　(4) ア　問3 エ　問4 X ウ　Y ア　問5 (1) 根釧(台地)　(2) E 南東　F 千島　G 濃霧
(3) (例) 酪農家戸数は激減しているが，乳牛の飼育頭数はそれほど減っていないため，酪農家一戸あたりの飼育頭数は増加している。　(4) (例) 乳牛1頭あたりにかかる費用の半分近くを飼料費が占めているが，配合飼料価格が近年急激に上昇しているから。
問6 オ

2 問1 エ　問2 (愛知) イ　(福岡) ウ　問3 イ　問4 (1) サトウキビ
(2) (例) 燃やしても大気中の二酸化炭素を増加させないが，発展途上国で食料不足を引き起こす可能性がある。　問5 イ

3 問1 A 奉公　B 政所　C 承久の乱　D 六波羅探題　問2 エ　問3 エ
問4 (1) 大宝律令　(2) 壬申の乱　(3) イ　問5 イ　問6 ア
問7 (1) エ　(2) (例) 武士が政治を行うにあたり，守護や地頭の役割を明文化することや，土地をめぐる争いを裁くための基準が必要となったから。　問8 (1) オ
(2) ア

4 問1 冷戦　問2 ゴルバチョフ　問3 (1) B 総会　C ウクライナ
(2) (例) 安全保障理事会の常任理事国であるロシアが拒否権を行使したから。
問4 (1) (例) 核兵器を，持たず，作らず，持ち込ませず，という原則。　(2) 核兵器拡散防止条約　問5 北大西洋条約機構(NATO)

5 問1 民法　問2 ウ　問3 D グローバル　E 刑事　問4 (1) ア　(2) ウ
問5 (例) 国の行政機関をスリム化，効率化することにより，財政支出を削減すること。
問6 (1) 核家族　(2) (例) 高齢化の進展により，高齢者のひとり暮らしが増えた。／

晩婚化，非婚化が進み，結婚しない人が増えた。　問7　ア　問8　(1)　自由
(2)　クーリング・オフ　(3)　消費者契約法　(4)　(例)　商品を販売する業者とこれを購入する消費者では，業者の方が多くの情報を持っているから。

○推定配点○

1　問1，問5(1)・(2)　各2点×5　問5(3)　3点　問5(4)　4点　他　各1点×8
2　問4(1)　2点　問4(2)　3点　他　各1点×5
3　問1，問4(1)・(2)　各2点×6　問7(2)　3点　他　各1点×8
4　各2点×8　5　問2，問4，問7　各1点×4　他　各2点×11　計100点

＜社会解説＞

1　(地理－会話文を題材にした日本，世界の地理)

問1　2022年は円安が進行し，輸入原材料の価格が上昇。これが，物価高の要因の一つとなった。

やや難　問2　(1)・(2)「あ」は米，「い」はトウモロコシ，「う」は小麦。また，aはインド，bはバングラデシュ，cはアメリカ合衆国，dはロシア，eはベトナム，fはウクライナ。　(3)　小麦は，北半球，南半球の季節のずれや，冬小麦(秋に種を播き，初夏に収穫)，春小麦(春に種を播き，秋に収穫)のずれにより，一年を通じて世界のどこかで収穫されている。　ア　「食用」と「飼料」が逆。　ウ　「降水量が少ないガンジス川上流部では小麦」，「降水量が多い下流部では稲作」。エ　「東南アジア」と「日本」が逆。　(4)　日本が2020年に輸入したトウモロコシの約6割はアメリカ合衆国から輸入したものである。

やや難　問3　ヨーロッパでは人口減少に転じた国が多く，ギリシャでは2011年から2021年の平均人口増加率は－0.5%である。なお，オーストラリアは1.5%，タンザニアは3.2%，イラクは3.0%。

重要　問4　Wは鉄道，Xは自動車，Yは船舶，Zは航空機。また，アは船舶，イは鉄道，ウは自動車，エは航空機。

問5　(1)　根釧台地は，北海道東部，根室地方，釧路地方にまたがる標高200m以下の台地。火山灰土の低湿地や泥炭地が多く，気候も寒冷なため，作物の栽培は困難で，酪農が中心となっている。　(2)　E　季節風は，季節によって風向きが逆転する風。日本付近では，夏に南東の季節風，冬に北西の季節風の影響を強く受ける。　F　千島海流は，千島列島，北海道，東北地方の太平洋岸を南下する寒流。プランクトンに富み，好漁場を形成することから親潮ともよばれる。G　濃霧は，見通しがきかないほどの濃い霧。「え」の都市(釧路)付近では，夏に濃霧が押し寄せ，日照時間が極端に短くなる。　(3)　図から，酪農家戸数は激減しているが，乳牛の飼育頭数はそれほど減っていないことが読み取れる。　(4)　円グラフから，乳牛1頭あたり年間費用に占める飼料費が半分近くを占めていること，折れ線グラフから，配合飼料価格が近年高騰していることが読み取れる。

問6　日本の一次エネルギーの供給割合において，石油の占める割合は，1973年の石油危機以降，低下傾向にある。逆に，再生可能エネルギーの割合は上昇傾向にある。

2　(地理－自動車産業を題材にした日本，世界の地理)

基本　問1　愛知県瀬戸市付近には，陶磁器の原料に適した陶土が分布している。これを利用して，瀬戸市付近では，伝統的に陶磁器の生産が盛んである。

やや難　問2　アは大阪府，イは愛知県，ウは福岡県，エは東京都。

問3　略地図のような「緯線と経線が直角に交わる地図」(メルカトル図法)で描かれた世界地図は，高緯度になるほど距離が拡大される。よって，赤道上に描かれた線イが，実際の距離は最も長い。

重要 問4 (1) ブラジルの生産量が最も多く，世界の約4割を占め，インドがこれに次いでいることからサトウキビ。ブラジルでは，サトウキビから生産されたバイオエタノールが自動車の燃料として広く利用されている。 (2) バイオ燃料は，その原料であるサトウキビやトウモロコシが成長の過程で二酸化炭素を吸収している。このため，バイオ燃料を燃焼しても，大気中の二酸化炭素の総量は増加しないと考えられる。このような考え方を「カーボンニュートラル」という。一方，トウモロコシのような穀物がバイオ燃料の原料として使用されると，発展途上国では食用としての需要を満たすことができなくなるおそれがある。

問5 2021年現在，日本の自動車の生産台数は世界第3位。アはアメリカ合衆国，ウは韓国，エは中国。

3 (日本の歴史－史料を題材にした鎌倉時代，室町時代の歴史)

問1 A 御家人の奉公には，戦時の従軍，平時の京都，鎌倉の警護などがあった。 B 政所は，鎌倉幕府，室町幕府で，行政・財政などを取り扱った政務機関。 C 承久の乱(1221年)は，後鳥羽上皇が鎌倉幕府の討伐をはかって挙兵したが敗れ，かえって公家勢力の衰退，武家勢力の隆盛を招いた戦乱。 D 六波羅探題は，鎌倉幕府が承久の乱の後，天皇や貴族らの監視，および西国の政務を統轄するために，京都の六波羅に設置した役所，およびその長官。北条氏一門がその任にあたった。

問2 奥州藤原氏は，1189年，源頼朝に4代泰衡が攻められて滅亡した。アは室町時代，イは奈良時代，ウは江戸時代。

問3 史料3(御成敗式目)は「(年貢を)納めない場合は，地頭の職を解任する」と明記している。

基本 問4 (1) 大宝律令は，大宝元年(701年)に刑部親王，藤原不比等らによって編集され，ただちに施行された法令。天智天皇以来の法典編集事業の大成で，律令国家の基本法となった。 (2) 壬申の乱(672年)は，天智天皇の死後，長子の大友皇子を擁する近江朝廷に対し，吉野に立てこもっていた皇弟の大海人皇子が起こした反乱。大海人皇子が勝利し，即位して天皇となった(天武天皇)。 (3) 律令制において，成人男子には調(各地の特産物を納める)や庸(労役または麻布を納める)などの税や，防人，衛士などの兵役が義務として課せられた。 ア 男女で面積は異なっていた。 ウ 律令政治において，政治の最高責任者は天皇であった。 エ 五街道や脇街道が整備されたのは江戸時代。

やや難 問5 説明文の「常胤は幕府の政所が発行した下文では後々の備えにならず」という記述に注目して考える。

問6 説明文の「頼朝直筆の花押が記された下文にこだわったという」という記述に注目して考える。

問7 (1) 御成敗式目の第23条は，子どもがいない女性が養子に領地を相続させることを認めている。 (2) 史料3に土地に関する条文が含まれていること，説明文に「御成敗式目には，守護や地頭の役割が明文化された」とあることなどに注目して考える。

基本 問8 (1) Ⅲ(奈良時代)→Ⅰ(平安時代)→Ⅱ(江戸時代)。 (2) キリスト教が伝来したのは1549年で，室町時代の後期(戦国時代)。室町時代には農民の生産力が高まり，自治を行う村(惣村)が畿内を中心にみられるようになった。イは江戸時代，ウは平安時代，エは安土桃山時代。

4 (公民－資料を題材にした国際政治)

基本 問1 冷戦は，第二次世界大戦後の米ソを中心とした東西両陣営の対立構造。1989年末の米・ソ首脳によるマルタ会談で終結が宣言された。

問2 ゴルバチョフは，ソ連の政治家。1985年に書記長となりペレストロイカとよばれる改革を推進。1989年最高会議議長，翌年初の大統領となったが，1991年ソ連崩壊の際に辞任。1990年にノーベル平和賞を受賞した。

問3　(1)　B　国連総会は，国連の主要機関の一つで，すべての加盟国によって構成され，一国一票の投票権をもつ。年に1回9月に定期総会を開く。　C　ロシアは，2022年2月24日，ウクライナへの侵攻を開始し，9月30日にはウクライナ東部，南部の4州の併合を一方的に宣言した。

(2)　安全保障理事会の決定には，手続事項を除いて，すべての常任理事国を含む9理事国の賛成投票が必要である。ロシアは安全保障理事会の常任理事国なので，拒否権を行使することが可能で，ロシアのウクライナへの侵攻を批難する決議案などは決定に至らなかった。

問4　(1)　非核三原則は，核兵器を，持たず，作らず，持ち込ませず，という原則。1967年の佐藤栄作首相の国会答弁に始まる。　(2)　核兵器拡散防止条約は，1968年に国連総会で採択された核兵器の保有国を拡大させないための条約。核兵器保有国が核兵器やそれを製造する技術を非核兵器保有国に供与することを禁止した。略称はNPT。

問5　北大西洋条約機構(NATO)は，1949年，ソ連の脅威に対抗して，アメリカ合衆国や西ヨーロッパ諸国を中心に12か国が参加して結成された集団安全保障体制。

5 （公民－会話文を題材にした日本の政治，社会など）

重要　問1　民法は，私人間の家族関係や経済的関係を規律する基本的な法。総則，物権，債権，親族，相続の5編からなる。

問2　B　子どもが「大人」になるための条件として7割以上の人が選んだ項目は，「自分がしたことについて自分で責任がとれる」と「自分自身で判断する能力がある」の2つ。今の18歳，19歳にあてはまると回答した人の割合は，前者が19.0%，後者が21.7%で，いずれも25%未満である。　C　法制審議会の報告書には，「成年年齢を20歳から18歳に引き下げることは，18歳，19歳の者を大人としてあつかい，社会への参加時期を早めることを意味する。」と明記している。

基本　問3　D　グローバル化は，国際情勢の変化や情報ネットワークの発展により，従来の国境をこえた規模で，政治・経済・国民生活など，さまざまな分野で交流が進んでいくこと。　E　裁判員制度は，重大な刑事事件につき，一般市民が職業裁判官とともに裁判をする制度。2004年に導入のための法律が成立し，2009年から施行された。

問4　(1)　一般に，衆議院議員選挙と参議院議員選挙では，衆議院議員選挙の方が投票率が高い。また，20歳代と50歳代では，50歳代の方が投票率が高い。　(2)　内閣不信任の決議ができるのは衆議院のみ。参議院にはこの権限がない。

やや難　問5　中央省庁等改革基本法は，国の行政機関のスリム化と効率化を実現するための基本法。橋本龍太郎内閣が公約した行政改革の柱の一つとして1998年6月に成立した。

やや難　問6　(1)　核家族は，夫婦と未婚の子どもからなる家族。あらゆる家族の基礎的単位とされる。

(2)　高齢化の進展によって，ひとり暮らしの高齢者が増加。また，晩婚化，非婚化によって，単身者が増加している。

問7　国内総生産(GDP)は，国内において，一年間に新たに生産された財(モノ)やサービスの付加価値の合計。

問8　(1)　契約は，私法上，自由な意思表示の合致によって成立する法律行為で，通常は申し込みと承諾によって成立する。　(2)　クーリング・オフは，割賦販売，訪問販売などで，消費者が事業者の営業所以外の場所で購入契約をした場合に，一定期間であれば違約金なしで契約解除ができる制度。　(3)・(4)　消費者契約法は，事業者と消費者の間の契約上のトラブル防止，予防を目的として制定された法律。情報量や交渉力で弱い立場にある消費者を保護するために，消費者の誤認や困惑による不公正な契約の取り消しや，消費者の利益を一方的に害する契約は無効にできることを定めている。2001年施行。

★ワンポイントアドバイス★

ロシアのウクライナ侵攻など時事的な問題も出題されている。よって，テレビや新聞を意識して見たり，読んだりする必要がある。

＜国語解答＞《学校からの正答の発表はありません。》

一　問一　(例)　月が球体であることは幼稚園児でも知っているのに，盆のようだというのは，つまらない見方だと思ったから。　問二　(例)　月は盆のようには見えないと思っていたが，ある論文の中に「月は，表面の特性によって平板な円盤に見える」とあったから。
問三　(例)　地球の表面の凸凹を縮尺によって忠実に描いてみても，結局は小学生が答えるような形，即ちコンパスで描いた円と同じ形になってしまうから。　問四　(例)　科学の本質は人間の何気ない観察に隠されており，真偽を試すために計算をしてその形を再現してみても，結局，人間の目で見た形が一番本当に近いということ。

二　問一　a　運筆　b　予期　c　こうせつ　d　拾(い)　e　にゅうわ　問二　A　エ　B　エ　C　ウ　問三　(例)　今度こそは志村に必ず勝ちたいと意気込んでいたため，志村の画題が気になって仕方がなかったから。　問四　イ　問五　イ　問六　いまいましい　問七　ア　問八　(例)　いつも先を越されてしまうことが癪に触り，いまいましい奴だと思っていたが，愉快そうに絵を描く姿に共感を覚え，志村を可愛いとさえ感じるようになり，やがて心から志村の天才に服すようになった。

三　問一　1　しわす　2　十二(月)　問二　①　ウ　②　イ　③　オ　④　ウ
問三　(例)　同じように山を作るのならば，いっそのこと本当の雪山を作ってしまおう，ということ。　問四　(例)　庭に作った雪山　問五　ア　○　イ　○　ウ　×　エ　×　オ　×　問六　清少納言

○推定配点○

一　各8点×4　二　問一　各1点×5　問二・問六　各2点×4　問三・問八　各7点×2　他　各3点×3　三　問三・問四　各4点×2　他　各2点×12　計100点

＜国語解説＞

一　(論説文－文脈把握，内容吟味，要旨)

問一　直後に「当時は子ども向けの本にまでアポロ計画の様子が詳しく解説されていたので，幼稚園児の私でも月が球体であることを知っていた」「『盆のような月だって，……なんてつまらない見方をしているんだ』」と，「大嫌いだった」理由が示されている。

問二　ここでいう「衝撃」については，「そして……」で始まる段落に「『月は，表面の特性によって平板な円盤……に見える』。この文を読んだ瞬間に，文部省唱歌『月』を突然思い出したのである」と説明されている。

問三　同様のことは「ところが……」で始まる段落に「これ等の説明の中で，一番真に」近いのは，結局小学生の答えであって，地球は完全に円い球であると思うのが，一般の人々にとっては一番本当なのである」とあり，「その真偽をためすためには，次のような簡単な計算をしてみれ

ば，問題は極めて明瞭になる」「ちゃんとした楕円体に描いてみても，結局このコンパスで描いた円と同じ形になってしまうはずである」と説明されている。

やや難 問四　文章Ⅰに「何気ない観察に科学の本質が隠されていた」とあり，文章Ⅱには「これ等のいろいろな説明の中で，一番真実に近いのは，結局小学生の答えであって，地球は完全に円い球であると思うのが，一般の人々にとっては一番本当なのである」「そして実際に地球は，この線の幅の範囲内では，丁度この縁のような形をしているのである」とある。人間の何気ない観察の中に，コンパスで描いた円のような小学生の答えの中に科学の本質が隠されている，とするのが共通の考え方である。

二　(小説－漢字の読み書き，語句の意味，情景・心情，脱語補充，文脈把握，内容吟味，大意)

問一　a 「運」を使った熟語はほかに「運河」「運搬」など。訓読みは「はこ(ぶ)」。　b 「予」を使った熟語はほかに「予感」「予告」など。訓読みは「あらかじ(め)」。　c 「巧拙」は，上手と下手，という意味。「巧」の訓読みは「たく(み)」。「拙」の訓読みは「つたな(い)」。　d 「拾」の音読みは「シュウ」。熟語は「拾得」「収拾」など。　e 「柔和」は，やさしく穏やかな様子。「柔」の音読みはほかに「ジュウ」。熟語は「柔軟」「優柔不断」など。訓読みは「やわ(らか)」「やわ(らかい)」。

問二　A 「殊に」は，とりわけ，特に，という意味。　B 直後の「春の香」を修飾しているので，「なんとも言えない」とするのが適切。　C 「不案内」は，様子や事情がわからないこと。ここでは，「チョークを持ったことがない。どういうふうに書くものやら」という様子を指すので，「心得がない」とするのが適切。

やや難 問三　「自分」の志村に対する思いは，冒頭の段落に「自分はこの一挙によってぜひ志村にうち勝とうという意気込みだから一生懸命，……厩に通った」「これならば必ず志村に勝つ，……大勝利をヨキして出品した」とあり，直前には「殊に志村と自分は互いの画題を最も秘密にして知らさないようにしていた」とある。今度こそは志村に必ず勝ちたい，という意気込みが強かったため，志村の画題が気になって仕方なかったのである。

問四　直前の段落に「画題といい色彩といい，自分のは要するに少年が書いた画，志村のは本物である。技術の巧拙は問うところでない，……自分も自分の方が良いとは言えなかった」とあり，直後には「止めようと思うても涙が止まらない。口惜しいやら情けないやら……」とあるので，「口惜しくてやり場のない気持ち」とするイが適切。

問五　直前に「彼奴が来ている，どうして彼奴は自分の先へ先へと廻るだろう，いまいましい奴だと大いに癪に触ったが」とある。面白い画題が見つかったと思っていたら，志村が先に来ていたので癪に触ったのだが，だからといって帰るわけにはいかない，と逡巡する気持ちが読み取れるので，イが適切。

問六　「自分」の志村に対する感情は，これより前に「いまいましい奴だと大いに癪に触った」「最早志村をいまいましい奴など思う心は消えて」とあるので，「いまいましい(と思った気持ちは全く消えてしまい)」とするのが適切。

問七　志村の様子は「彼は頭を上げては水車を見，また画板に向かう，そして折り折りさも愉快らしい微笑を浮かべていた」「何にも言いがたき柔和な顔をしてにっこり笑った」というもので，「自分も我知らず微笑せざるを得なかった」「自分も思わず笑った」とある。さらに「かえって彼が可愛くなって来た」と，志村に対する素直な好意が表現されているので，「わだかまりが消え，素直になっている」とするアが適切。

やや難 問八　志村については「どうして彼奴は自分の先へ先へと廻るのだろう，いまいましい奴だと大いに癪に触った」「彼が微笑するごとに，自分も我知らず微笑せざるを得なかった」「かえって彼が可愛くなって来た」「自分は心から志村の天才に服し」とある。いまいましいという感情が共感に変化し，可愛いと感じるようになり，天才に服すようになったのである。

三 （古文－月の異名，語句の意味，口語訳，文脈把握，指示語，大意，文学史）

〈口語訳〉 十二月の十日あまりの頃に，雪がたいそう深く降り積もっているのを，女官たちなどが縁側にとてもたくさん置いて，「同じことなら，庭に本当の山を作らせましょう」ということで，侍をお呼び寄せなさって，中宮様からの御命令として言うので，大勢集まって作る。主殿の官人で，御清掃に参上している者なども，みな一緒になって，たいへん高く作り上げる。中宮職の役人なども集まってきて，助言しおもしろがる。三，四人参上していた主殿寮の者たちも，二十人ほどになった。非番で自宅にいる侍をお呼び寄せになりに使いをおつかわしになどする。「今日この山を作る人には，三日の出勤を授けよう。また，参上しない者は同じ日数，欠勤したことにしよう」などと言うので，これを聞きつけた者は，うろたえあわてて参上する者もいる。ただし自宅が遠い者には告げ知らせない。

作り終えてしまったので，中宮職の役人をお呼び寄せになって，(褒美として皆に)束ねた絹を二くくり与えて縁に投げ出すのを，一つずつ取りに近寄って，一人一人身をかがめて礼をしては腰にさして皆」退出してしまう。袍などを着ている者は一部分で，そうでない者は，狩衣姿でそこにいる。「この山はいつまであるでしょう」と，(中宮定子が)人々におっしゃったところ，「十日はあるでしょう」「十日あまりはあるでしょう」などと，このあたりの期間を，場の全員が申し上げると，「どうか」と(わたしに)お尋ねになるので，「正月の十五日まではきっとございましょう」と申し上げるのを，御前(中宮定子)は，「そんなにはありえまい」とお思いになっていらっしゃる。女房などは，みな，「年内，それも月末押し詰まっての頃も，もたないでしょう」とばかり申し上げるので，「あまり遠い先にも申し上げてしまったことです。月初めのころという程度に申し上げればよかった」と内心では思うけれど，「それほどまではなくても，言い出してしまったことは」と思って，頑固に争い通してしまった。

二十日のころに，雨が降るけれど，(雪山は)消えそうにない。丈だけが少し低くなって行く。「白山の観音さま，どうかこれを消えさせないでくださいませ」と祈るのも，正気ではないように思われる。

問一 月の異名は，一月は「睦月(むつき)」，二月は「如月(きさらぎ)」，三月は「弥生(やよい)」，四月は「卯月(うづき)」，五月は「皐月(さつき)」，六月は「水無月(みなづき)」，七月は「文月(ふづき・ふみづき)」，八月は「葉月(はづき)」，九月は「長月(ながつき)」，十月は「神無月(かんなづき)」，十一月は「霜月(しもつき)」，十二月は「師走(しわす)」。

問二 ① 直前に「宮司なども集まりて」とある。「言」は，言葉という意味で，上級役人がやってきて，言葉を加えて，という文脈なので，「助言し……」とするウが適切。口々に助言などしながら，皆でわいわい騒いで雪山を作ったのである。 ② 「作り果て」は，作り終わって，という意味。「～ば」は，～なので，という意味になるのでイが適切。 ③ 直前に「人々にのたまはするに」とあり，その問いかけに「『十日はありなむ』『十余日はありなむ』など」と，人々が答えているので，「場の全員が申し上げると」とするオが適切。 ④ 直前に「『あまり遠くも申しつるかな。……などぞ言ふべかりける』」と，作者の心の中の思いが表現されているので，「内心では思うけれど」とするウが適切。「下」には，内部，内側，内心，心の中，という意味がある。

やや難

問三 「同じくは」は，同じことなら，という意味。直後に「庭にまことの山を作らせ侍らむ」とあるので，同じことなら，庭に本当の山を作らせよう，という意味になる。前に「縁にいとおほく置く」とあることから，縁側に小さな山をたくさん作って置いてあったことがわかるので，同じことなら小さな山でなく，本当の雪山を作らせよう，という意味になる。

問四　直後に「いつまでありなむ」とあることに着目する。いつまであるか，とあることから，いずれ消えてなくなるものを指すとわかる。冒頭に「雪いみじう降りたるを」とあり，「庭にまことの山を作らせはべらむ」「いと高う作りなす」とあるので，庭に高く作った雪山を「これ」とする文脈である。

問五　ア　「『庭にまことの山を作らせはべらむ』とて，……みな寄りて，いと高う作りなす」とあることと合致するので(○)。　イ　中宮定子に「いかに」と尋ねられた作者が「『正月の十余日までは侍りなむ』」と答えていることと合致するので(○)。　ウ　作者が「『正月の十余日までは侍りなむ』」と言うのを聞き，「(中宮定子は)『えさはらじ』とおぼしめしたり』とあることと合致しないので(×)。　エ　作者の思いについて，「下には思へど，『さはれ，さまでなくとも，言ひそめてむ事は』とて，かたうあらがひつ」とあることと合致しなので(×)。　オ　本文最後に「二十日ほどに，雨降れど，消ゆべきやうもなし」とあることと合致しないので(×)。

問六　『枕草子』は，平安時代中期に成立した，清少納言による随筆。

★ワンポイントアドバイス★

現代文は，要旨を的確にとらえる読解力と，それを表現する記述力を身につけよう！　古文は，長文を，注釈を参照しながら口語訳する高度な力を身につけよう！

2022年度

★★★★★★★★★★★★★★★★★★★★★★★★

入　試　問　題

2022年度

お茶の水女子大学附属高等学校入試問題

【数　学】（50分）〈満点：100点〉

【注意】 1. 解答用紙には，計算，説明なども簡潔に記入し，作図に用いた線は消さずに残しておきなさい。

2. 根号$\sqrt{}$や円周率πは小数に直さず，そのまま使いなさい。

3. 問題用紙の図は必ずしも正確ではありません。

4. 携帯電話，電卓，計算機能付き時計を使用してはいけません。

1．次の計算をしなさい。

(1)　$\left\{5-6\times\frac{3}{2}+(-2^4)\right\}-(-3)^4\times\frac{5}{9}+7^2$

(2)　$\frac{\sqrt{125}}{\sqrt{50}}\left(6-\frac{2\sqrt{5}}{5\sqrt{2}}\right)-\sqrt{45}\,(\sqrt{18}-4\sqrt{8})$

2．aを定数とし，$a\neq0$とする。放物線①$y=ax^2$と直線②$y=a^2x+3a$は2点A，Bで交わり，点Aのx座標は-1である。このとき，次の問いに答えなさい。

(1)　交点A，Bの座標をそれぞれ求めなさい。

(2)　点Oを原点とするとき，△OABの面積と△OBCの面積が等しくなるような放物線①上の点Cの座標を求めなさい。ただし，点Cのx座標は，点Bのx座標より大きいものとする。

3．平面上にAB＝6をみたす2点A，Bがある。さらに∠APB＝x°（$90^\circ<x^\circ<180^\circ$）となるように点Pをとり，△APBをつくる。この△APBに対し，点Qを次の2つの条件をともに満たすようにとる。

・直線ABに関して点Qは点Pと同じ側にとる。

・∠QAB＝2∠PABと∠QBA＝2∠PBAを同時に満たす。

このとき，次の問いに答えなさい。

(1)　∠AQBの大きさを，x°を用いて表しなさい。

(2)　点Pが，$x^\circ=120^\circ$を満たしながら平面上を動くものとする。

①　解答用紙の線分ABに対して，点Qが動いた曲線を作図しなさい。ただし，曲線上に点Qが通らない点があれば明記すること。作図に用いた線は残しておきなさい。

②　△AQBの面積が最大となるとき，その面積を求めなさい。

4．Ａさん，Ｂさん，Ｃさんの3人は，右のような公園の池の周りを一周するコースを次のように走ることにした。

3人はＳ地点を同時にスタートし，ＡさんとＢさんは反時計回り，Ｃさんは時計回りの向きに一定の速さで走る。

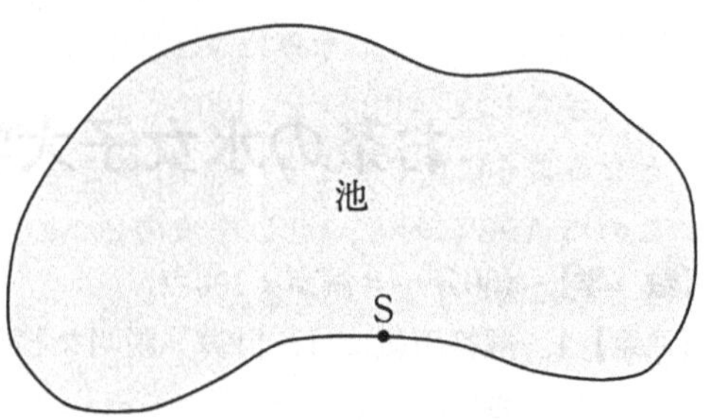

Ａさんがコースを一周するのにかかる時間は10分，ＣさんはＡさんの$\frac{2}{3}$の速さで走る。また，Ｂさんの速さはＡさんより遅くＣさんより速い。走っている途中でＡさん，Ｂさん，Ｃさんのうち2人が出会ったときは，出会った位置から逆回りに向きを変え，それまでと同じ一定の速さで走る。ただし，追い抜く場合は走る向きは変えない。向きを変えるときにかかる時間は考えないものとする。

このとき，次の問いに答えなさい。

⑴　3人がスタートしてからＡさんとＣさんが初めて出会うまでに何分かかったか求めなさい。

⑵　ＡさんがＢさんと初めて出会ってから，2回目にＢさんに出会うまでに$\frac{60}{11}$分かかった。この途中でＡさんはＣさんを追い抜いている。

①　Ｂさんの速さはＡさんの速さの何倍であるか求めなさい。

②　ＡさんがＣさんを追い抜いたのは，ＡさんとＢさんが初めて出会ってから何分後かを求めなさい。

5．袋の中に，赤玉，白玉，青玉の3色の玉が入っている。3色の玉の個数の比は，この順に2：3：4である。総数はわかっていない。この袋から玉を取り出すことについて，次の各問いに答えなさい。ただし，袋からどの玉が取り出されることも同様に確からしいとする。

⑴　この袋から1つだけ玉を取り出すとき，白玉である確率を求めなさい。

⑵　玉を取り出す前に，この袋から，青玉を2個減らし，赤玉を6個と白玉をm個加えた後，袋から1つだけ玉を取り出したとき，どの色の玉も取り出される確率は等しく$\frac{1}{3}$になるという。mの値を求めなさい。

⑶　どの色の玉も$\frac{1}{3}$の確率で取り出せるようになった後，「この袋から玉を一つ取り出して色を記録して戻す。」という実験を多数回続けていくことに関して，次の主張の中から正しいものをすべて選びなさい。

（ア）　計算上の確率$\frac{1}{3}$は理論上の話で，どんなに多数回実験してみても，$\frac{1}{3}$との関係はみられない。

（イ）　確率$\frac{1}{3}$とは，3回に1回程度起こるという割合を示していて，多数回実験を繰り返せば，実験回数に対する白の玉が出た回数は$\frac{1}{3}$に近づくという意味である。

（ウ）　確率$\frac{1}{3}$と計算できるのだから，3回に1回は必ず白玉が取り出される。実験回数が3の倍数なら常に白玉を取り出す回数は実験回数の$\frac{1}{3}$になる。

（エ）　白玉が出る確率が$\frac{1}{3}$とはいっても，多数回実験したら3回連続で白玉を取り出すことや5回連続で白玉を取り出すことも起こりうる。

【英　語】（50分）〈満点：100点〉

【注　意】
問題の1と2は放送による問題です。放送の指示に従って答えなさい。
なお必要ならば，聞きながらメモをとってもかまいません。

1 【聞き取りの問題】英文が2回読まれます。よく聞いて，下の質問1から4に日本語で答えなさい。

1．男は森を抜けてどこに行こうとしていましたか。

2．男はなぜ森に入りたくないと思ったのですか。

3．目の前のライオンを探していた理由は何であると，男は言っていましたか。

4．男はどのようにそのライオンを追い払いましたか。

2 【書き取りの問題】英文が3回読まれます。よく聞いて，下線部を正しく埋めなさい。ただし，英文は2回目のみゆっくり読まれます。

(1) Today, we use smartphones ＿＿＿＿＿＿＿＿＿＿＿＿＿＿＿＿＿＿＿＿＿＿＿＿＿＿＿＿＿＿＿＿.

(2) Also, we can easily ＿＿＿＿＿＿＿＿＿＿＿＿＿＿＿＿＿＿＿＿＿＿＿＿＿＿＿＿＿＿＿＿ on our smartphones.

(3) However, ＿＿＿＿＿＿＿＿＿＿＿＿＿＿＿＿＿＿＿＿＿＿＿＿＿＿＿＿＿＿＿＿＿＿.

※リスニングテストの放送台本は非公表です。

3 次の英文を読んで，その内容と一致するように，後の要約文の空所1から13に適切な英語一語を入れなさい。

The *population of the world has already reached 7 billion. Some *experts say that *by 2050, the world population will reach 9 billion. If this is true, we need a *strategy to increase the food *supply for those 9 billion people. How can we do that? About 71% of the earth's *surface is water, and about 29% of the surface is land. However, only about 10% of that land is *suitable for *farming. The *rest is in areas that are too hot or too cold for farming, or that have *poor soil, not enough water, or not enough sun. Also, cities now *occupy much of the land that was *once *farmland. It seems difficult to produce more food when we have very little farmland.

However, experts believe that *hydroponic farming could be one of the solutions. It is a new farming *method which does not use soil to grow plants. *Instead of soil, plants grow in water. The water is *mixed with *nutrients such as *vitamins and *minerals that plants need. Usually, plants get these nutrients from soil, but in hydroponic farming, plants *absorb the nutrients from water.

Hydroponic farming has various *benefits. First, of course, is that no soil is needed. Also, we can grow plants almost anywhere and *anytime because we can control the *lighting and *temperature inside *greenhouses. With a lighting system, we don't have to worry even when we don't have much *sunlight. Even in a very cold part of the world, we can still grow plants by *warming up the room with a *heating system. Another benefit is that hydroponic farming uses very little water *compared to traditional farming. Hydroponic systems need only about 5% of the water used in *soil-based farming to produce the same *amount of food. This is because the water in a hydroponic system is recycled. *Furthermore, we can produce food plants with higher *nutritional value by *adjusting the nutrients that the plants absorb as they are growing. Finally, the *principles of hydroponic farming are simple, and very little *expertise is needed to *achieve success. So, anyone can grow plants with this method.

Over half of the world's 7 billion people now live in cities. The people who live in large cities *mainly *consume food that is *transported into the cities from *distant farms. This sometimes creates problems. For example, often *raw fruits and vegetables are not fresh after the long hours of *transportation. They are expensive because the cost of transportation is added to the price. Also, in winter there are fewer fresh fruits and vegetables in markets. Having farms in cities would solve these problems.

If we use hydroponic farming together with a system called *vertical farming, we can grow plants inside *skyscrapers in cities. Many farming experts believe that, *in theory, vertical farming is possible. They suggest that skyscrapers can become vertical farms. Vegetables and fruits can grow in a hydroponic system on each floor of those buildings. The light and heat could be adjusted *according to the time of year and the needs of plants. One skyscraper may provide as much farming space as a large farm. Food produced by vertical farming would benefit people in cities because they are fresh, cheap, and *available all year.

Is *relying on hydroponic farming a good strategy for *feeding people in the future? If so, we should begin today to teach people the principles and benefits of the method.

【Adapted from Burgmeier, A. *Inside Reading Intro.*】

（注） population 「人口」 expert 「専門家；専門的な」 by ～ 「～までに」 strategy 「方策」
supply 「供給」 surface 「表面」 suitable for ～ 「～に適している」 farming 「農作」
rest 「残り」 poor soil 「やせた土壌」 occupy 「占める」 once 「かつて」 farmland 「農地」
hydroponic farming 「水耕農法」 method 「方法」 instead of ～ 「～の代わりに」
mix with ～ 「～と混ぜ合わせる」 nutrient 「栄養素」 vitamin 「ビタミン」 mineral 「ミネラル」
absorb 「吸収する」 benefit 「恩恵；恩恵を与える」 anytime 「いつでも」 lighting 「照明」
temperature 「温度」 greenhouse 「温室」 sunlight 「太陽光」 warm up 「暖める」
heating 「暖房」 compared to ～ 「～と比較して」 soil-based 「土を利用した」
amount of ～ 「～の量」 furthermore 「さらに」 nutritional value 「栄養価」 adjust 「調整する」
principle 「原理」 expertise 「専門知識」 achieve success 「成功を収める」 mainly 「主に」
consume 「消費する」 transport 「輸送する」 distant 「遠いところにある」 raw 「生の」
transportation 「輸送」 vertical farming 「垂直農法」 skyscraper 「超高層ビル，摩天楼」
in theory 「理論上は」 according to ～ 「～に応じて」 available 「入手できる」
rely on ～ 「～に頼る」 feed 「養う」

【要約文】

We need to produce more food to support an increasing (**1**) of people who live on earth. But only 10% of the earth's land can be used for (**2**), and many parts of the land have become (**3**). Hydroponic farming would be a useful method because we can grow plants (**4**) soil. Water with (**5**) is used to grow plants in this method.

Hydroponic farming has many good points. By using lighting and heating systems in greenhouses, the plants can grow even in areas with very little sunlight or when the outside (**6**) is very low. The water in hydroponic system can be used (**7**), so we don't need much water. Also, we can adjust the (**5**) that we give to plants to (**8**) their nutritional value. Even people who don't have much expert (**9**) can easily start hydroponic farming. Usually, it takes time to (**10**) fruits and vegetables to (**3**) that are far from farms. But if we can grow fruits and vegetables in (**3**), they will be (**11**) because farmers don't have to pay for the transportation. With vertical farming, (**12**) buildings in (**3**) can be used as farms.

If hydroponic farming is a good strategy to increase the food (**13**) in the future, then we should start to teach people how to use this method right now.

4 下の英文を読んで，次の問いに日本語で答えなさい。

(1) 下線部(1)について，Paulがそう考えた理由を具体的に説明しなさい。

(2) 下線部(2)について，その理由を具体的に説明しなさい。

(3) Ednaがそのウエイトレスのために下線部(3)を置いていった理由を，レストランに着く前に起きたことをふまえて説明しなさい。

It was getting late on a cold December evening. The wind was strong and it started to rain. A man was driving a car. He was very tired and worried.

He lost his job when the factory *closed down two weeks ago, so he had to find a new job.

This morning he drove to the town for a *job interview, but he was too late. All the *positions were already taken, so they *turned him away. He walked around the town all day to find some kind of work, but couldn't find any. If he didn't get a job soon, he didn't know what he would do.

It got dark and very late. *Up ahead, the man saw a car on the side of the road. He slowed down to *have a look as he *drove by. The car looked new and expensive. An older woman was standing by the car and waving her arms. The man *pulled over and got out of his car. "What's your trouble?" the man asked.

The woman didn't say anything. She was scared and didn't know *if she could trust this man. The woman knew she looked rich. She was wearing an expensive coat and standing next to a nice car. But she was also cold and wet. She had to trust this man.

"I *have a flat tire. I tried calling for a *tow truck, but there's no *cell phone reception here," she said.

"Hah, yeah. But don't worry. I'll change the tire for you," said the man with a smile.

"My name is Paul, by the way," he said.

"I'm Edna," the woman said. "Thank you so much for helping me. I was worried no one was going to come."

"No problem. (1)You are lucky. There is nothing around here," Paul said. He got the *spare tire and the tools out of Edna's car. "Why don't you wait in my car and *warm yourself up?" he suggested.

Edna *nodded and got inside. It was warm. Soon Paul finished changing the tire. Edna got out of his car and thanked him. "I can't thank you enough." She opened her *purse to give Paul some money. Paul thought about it for a moment. (2)He really needed the money, but he shook his head. "I said don't worry about it," he said with a smile. Edna thanked him again and they got back into their cars. They *drove off into the night.

About an hour later, Edna saw a town. She was getting tired and *stopped in a small restaurant for a cup of coffee and some food.

A *waitress came to *take her order. She looked very tired. Edna could *tell that the waitress was about eight months *pregnant by the size of her stomach. But she still had a cheerful smile on her face. She was very friendly when she was taking Edna's order.

Edna ate her meal and drank her coffee. She watched the waitress as she served the other customers. She made friendly *small talk with everyone as she took their orders. She didn't stop for a second to rest. When Edna finished eating, she gave the waitress a hundred-dollar *bill to pay for the meal. As the waitress went to the *cash register to get the *change, Edna stood up and quietly walked out the door. When the waitress came back, she saw that Edna was *gone. She hurried out the door to catch her, but Edna already left. When she came back inside to clean Edna's table, she saw (3)another hundred-dollar bill on the table. The *tip was left for the waitress. She picked it up. She couldn't believe it. How did that woman know she needed that money right now?

The waitress finished work. She got in her car and drove home. She had a big smile on her face, but it was a different smile from the one she usually had. When she got home, her husband was sitting on the sofa and watching TV. She ran to him and gave him a big *hug. He was surprised and looked at her.

"Oh Paul, you'll never guess what happened at work today!" she said.

【Adapted from Blake, S. *Price of Love Heartwarming Stories.*】

(注) close down 「閉鎖する」 job interview 「仕事の面接」 position 「職」
turn ～ away 「～を追い払う」 up ahead 「行く手に」 have a look 「ちらりと見る」
drive by 「車で通りかかる」 pull over 「車を道の片側に寄せる」 if... 「...かどうか」
have a flat tire 「タイヤがパンクしている」 tow truck 「レッカー車」
cell phone reception 「携帯電話の電波」 spare 「予備の」 warm ～ up 「～を暖める」
nod 「うなずく」 purse 「財布」 drive off 「車で立ち去る」 stop in ～ 「～に立ち寄る」
waitress 「ウエイトレス，接客係」 take her order 「注文をとる」 tell 「分かる」
pregnant 「妊娠している」 small talk 「世間話」 bill 「紙幣」 cash register 「レジ」
change 「おつり」 gone 「いなくなって，行ってしまって」
tip 「チップ（サービスに対する慰労や感謝の気持ちとして，客が接客係などに渡すお金）」
hug 「ハグ，抱きしめること」

5　次の英文の意味が通るように，空所1から5に入れるのに最も適切なものを，下のアからオの中から選び，記号で答えなさい。ただし，同じものを2回以上用いてはいけません。

We often hear words such as these: "I hate *advertising," or "There's too much advertising in the world!" In the 21st century, it seems that advertising is everywhere. We see it along streets, in trains and buses, as well as on websites and on TV. It's hard to *escape advertising. But do we really want to? [1]

First, advertising gives us information that we need. For example, if you want to buy a new computer or a new car, you can look for the best "*deals" in *ads that appear in newspapers, in magazines, on TV, or even on the radio. These ads give you *details about the product and help you find out where you can get the best price for something. You don't actually have to go to lots of different shops.

[2] It may be *annoying to see *commercials during your favorite TV show, but the *advertisers have paid for its *production. This pays the TV *crew for their work. [3] Without their support, there would be more hours of *pledge drives asking you for more money. Also, many *presenters *get their starts from appearing in commercials. [4]

And what about advertising and sports? There are many large *banners surrounding sports stadiums, and a lot of people notice them. Professional sports use advertising to pay for the fields, the *equipment, and yes, even the *salaries of professional athletes. Think about *the Super Bowl in the United States. Everyone looks forward to this event, even the people who do not like football, because the commercials are known as the best of the year. [5] As a result, viewers want to watch the commercials almost as much as the sports.

【Adapted from Ward, C., & Gramer, M. *Q: Skills for Success 3.*】

ア　In addition to providing information, advertising also supports the *entertainment industry.
イ　It's a way for them to get both experience and *exposure.
ウ　The companies' names appear at the beginning or end of the shows.
エ　Companies pay *as much as a million dollars for 60 seconds of advertising time during this event, so a lot of effort goes into these commercials.
オ　Actually, when you think about it, advertising provides a lot of *benefits.

（注）advertising 「広告」　escape 「のがれる」　deal 「お買い得の品，掘り出し物」　ads 「広告」
details 「詳細」　annoying 「うっとうしい」　commercial 「広告放送，コマーシャル」
advertiser 「広告主」　production 「制作」　crew 「スタッフ」　pledge drive 「募金活動」
presenter 「司会者」　get their starts 「(キャリアを)始める」　banner 「広告」　equipment 「用具」
salary 「給料」　the Super Bowl 「全米プロフットボールリーグの優勝決定戦」
entertainment industry 「エンターテイメント業界」
exposure 「(マスコミなどに)取り上げられること」　as much as ～ 「～ほどの多額」
benefit 「利益，恩恵」

6　例にならって，次の(1)から(4)の[　　]内の語句を与えられている順にすべて用い，さらに最低限必要な語を加えて，話の筋が通るように英文を完成させなさい。

【例】 Ms. Williams is a teacher and [there, thirty, children, class].

→ there are thirty children in her class

*　　　*　　　*　　　*　　　*

Violet works at Elephant Coffee, a cafe that serves coffee and *pastries. She does not really like her job, but she continues to work to live. One of the rules at the cafe is (1)[not, bring food, other restaurants, cafe].

One day, she noticed that a customer was eating some food of Express Burger. Express Burger (2)[*fast-food restaurant, front, cafe]. It is across the street from Elephant Coffee.

Violet didn't say anything about it because she didn't think it was a big problem. However, the cafe's *owner, Amanda, *called her over and said, "Violet, you need to tell the customer about our rule." Violet *nodded and *went over to him. "Hi, I'm sorry, but you cannot eat that hamburger here," Violet said. "But I've already *ordered a cup of coffee from your cafe. I just (3)[wanted, something, hot, drink, my hamburger]," he said. "You can come in after you finish your food. I'm sorry, I can't change the rules," Violet said.

He stood up and *knocked the table and chairs down. "I (4)[have, never, to, such, terrible, cafe]!" he said. All the other customers and *employees looked at him. He left and wrote an angry *review on the Internet. When Amanda read the review, she was afraid the cafe would become less popular, so she decided to change the rule. Now people can eat other restaurants' food there if they still order something.

（注）　pastry　「ペーストリー（パイ，タルトなどのケーキ・菓子）」　fast-food　「ファストフードの」
owner　「経営者」　call ～ over　「～を呼び寄せる」　nod　「うなずく」　go over　「行く」
order　「注文する」　knock ～ down　「～を倒す」　employee　「従業員」　review　「批評，レビュー」

7　あなたは，高校生は部活動に参加するべきだと思いますか。自分の意見とその理由を40語程度の英語で述べなさい。なお，解答の末尾には使用した語数を記すこと。

【理　科】（50 分）〈満点：100 点〉

1　次の各問いについて，それぞれの解答群の中から答えを選び，記号で答えなさい。なお，「すべて選びなさい」には，１つだけ選ぶ場合も含まれます。

(1)　音の性質や特徴の説明として，正しいものをすべて選びなさい。

ア　音の大きさが大きいほど，伝わる速さが速くなる
イ　音の大きさが大きいほど，伝わる速さが遅くなる
ウ　音の大きさと伝わる速さには関係がない
エ　音の高さが高いほど，振動数が大きくなる
オ　音の高さが高いほど，振動数が小さくなる
カ　音の高さと振動数には関係がない

(2)　放射線をすべて選びなさい。

ア　アルファ線　　**イ**　ベータ線　　**ウ**　ガンマ線　　**エ**　赤外線　　**オ**　可視光線
カ　紫外線　　**キ**　X線　　**ク**　ニクロム線

(3)　状態変化に関係する現象とその名称の組み合わせとして，正しいものをすべて選びなさい。

ア　毎年冬になると近所の池の表面に氷が張る　－凝固
イ　冷たい水が入ったペットボトルの外側に水滴がついた　－凝縮
ウ　洗った食器をかごに入れて放置したら乾いていた　－昇華
エ　夏の暑い日，道路に水をまくと涼しくなった　－蒸発
オ　箱に入っていたドライアイスがなくなっていた　－融解

(4)　20℃における水への溶解度が x の物質を水に溶かして飽和水溶液をつくった。20℃において，この飽和水溶液 100 g に含まれる溶質の質量〔g〕を表す式として，正しいものを選びなさい。

ア　$\dfrac{x}{100}$　　**イ**　$\dfrac{x}{100+x}$　　**ウ**　$\dfrac{100x}{100+x}$　　**エ**　$\dfrac{100x}{100-x}$　　**オ**　x

(5)　「2022」と小さく印刷された右のような紙を，自分から「2022」と読める向きで顕微鏡のステージに置いたとき，顕微鏡の視野の中では，その文字はどのような向きで見えるか選びなさい。

ア 

イ 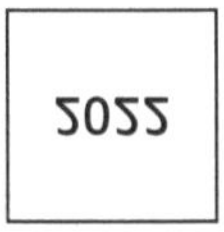
ウ 
エ 
オ 

(6)　胆汁に関する説明として，正しいものを２つ選びなさい。

ア　肝臓でつくられ，胆のうに蓄えられる
イ　胆のうでつくられ，肝臓に蓄えられる
ウ　脂肪の粒を小さくして，消化液の中に混ざり合うことを助ける
エ　トリプシンという消化酵素を含んでおり，脂肪を分解する
オ　リパーゼという消化酵素を含んでおり，脂肪を分解する

(7)　銀河系（天の川銀河）に関する説明として，正しいものを選びなさい。

ア　銀河系の中心付近に太陽系がある
イ　銀河系は約 2000 億個の恒星でできている

ウ　銀河系の直径は約１万光年である

エ　銀河系には太陽系以外の惑星はない

オ　銀河系のような天体（銀河）はこの宇宙には非常に少ない

カ　銀河系の外にある恒星の集団が，地球では天の川として観測される

(8)　火山の噴火に関する説明として，正しいものをすべて選びなさい。

ア　流れ出る溶岩のねばりけが強いほど，火山の形は盛り上がったものになる

イ　流れ出る溶岩のねばりけが強いほど，冷えて固まった岩石は白っぽくなる

ウ　火山灰，溶岩，火山ガスがまとまって斜面を一気に高速で流れるものを火山弾という

エ　火山灰に鉱物は含まれていない

オ　火山灰は広範囲にほぼ同時に降り積もるので，地層の年代を知る手がかりになる

カ　火山ガスに一番多く含まれているのは水蒸気である

2　次の各問いに答えなさい。

(1)　電熱線などの抵抗は，同じ材質ならば，抵抗の大きさは長さに比例し，断面積に反比例することが知られている。長さ L〔m〕，断面積 S〔m^2〕の電熱線に 3.0 V の電源をつないだところ電源には 0.30 A の電流が流れた。この電熱線の長さを２倍にしたときの抵抗の大きさは何Ωか。

(2)　(1)の電熱線と同じ材質で長さ 0.5 L〔m〕，断面積 2 S〔m^2〕の電熱線と，長さ 3 L〔m〕，断面積 2 S〔m^2〕の電熱線を並列につないで 3.0 V の電源をつないだ。電源に流れる電流は何Ａか。

(3)　炭素 1.08 g を完全燃焼させたところ，2.2 L の二酸化炭素が発生した。このとき反応した酸素の質量は何 g か。ただし，二酸化炭素の密度を 0.0018 g/cm^3 とする。

(4)　うすい塩酸 20 cm^3 に，ある濃度の水酸化ナトリウム水溶液 40 cm^3 を加えて過不足なく中和させ，加熱して水をすべて蒸発させたところ，塩化ナトリウムが 1.6 g 得られた。同じ塩酸と水酸化ナトリウム水溶液を 10 cm^3 ずつ混ぜ合わせた水溶液から得られる塩化ナトリウムは何 g か。

(5)　次の会話文は，肺胞について学んだ生徒が授業後に質問をしている場面である。［①］，［②］に入る語句を漢字で答えなさい。

生徒「空気と血液の間で酸素と二酸化炭素のやりとりを効率的に行うために肺の［①］積を大きくするのなら，肺胞は大きいほうがよいと思うのですが，小さくてたくさんあるのはどうしてですか？」

先生「肺の大きさを一定として，その中に大きい肺胞または小さい肺胞があることを想像してみよう。小さな袋状の構造が多数あることで，［②］積に対する［①］積の割合が大きくなって，空気と血液の間で気体のやりとりを効率的に行うことができるんだよ。」

(6)　被子植物では，花粉が柱頭についた後，どのようにして受精が起こるのか。受精に関わる２つの細胞の名称と受精を促すための構造の名称を用いて，その過程を答えなさい。

(7)　2021 年８月に発生した小笠原諸島にある海底火山の噴火に由来する噴出物が，沖縄をはじめ全国の広い範囲で繰り返し漂流・漂着している。この事実からわかる噴出物の特徴を答えなさい。

(8)　日本の河川のダムはどのような目的で設置されているか，主なものを２つ答えなさい。

3　2021年のノーベル物理学賞では「複雑系である地球気候システムのモデル化による地球温暖化予測」を理由に日本出身の真《ま》鍋《なべ》淑《しゅく》郎《ろう》博士が受賞した。この研究に関連する現象を見ていきたいと思う。

次の図は，太陽から地球に届くエネルギーを100とし，地球温暖化が生じない場合のエネルギー収支を表したものである。以下の各問いに答えなさい。

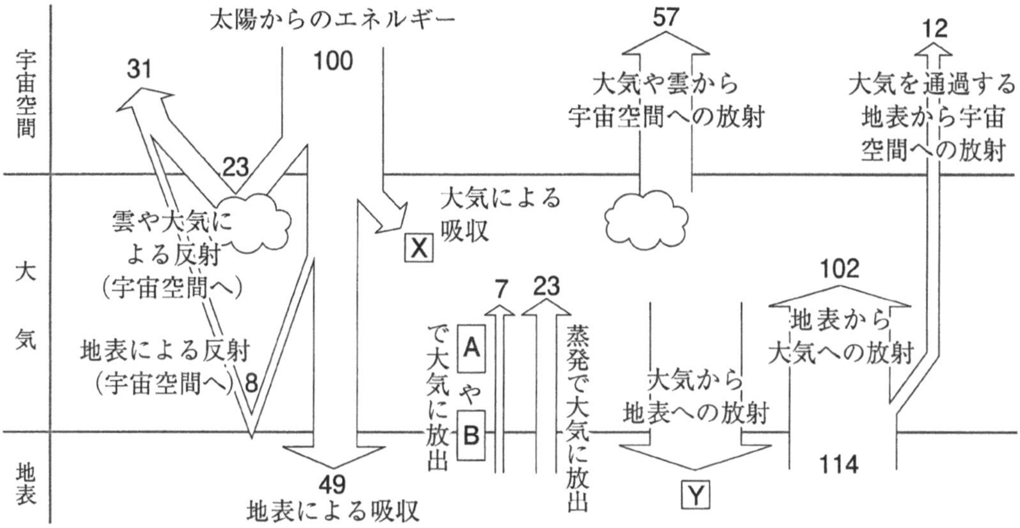

⑴　図のA，Bには「放射」以外の熱の伝わり方の名称が入る。A，Bに入る語句を答えよ。

⑵　「雲や大気による反射」や「地表による反射」は，太陽のエネルギーが主に光エネルギーであるために生じている。一般的に光は白色の物体ほどよく反射をする。地表の状態について，光が一番反射しやすいと考えられるものを選び記号で答えなさい。

ア　玄武岩からなる地表　　**イ**　斑れい岩からなる地表　　**ウ**　安山岩からなる地表
エ　せん緑岩からなる地表　　**オ**　流紋岩からなる地表

⑶　太陽からのエネルギーを吸収している主要な気体の1つは上空20～50 kmのあたりで層をなしている。この気体をカタカナ3文字で答えなさい。

⑷　⑶の気体の層が①吸収しているものと，②この層を破壊しているものは次のうちどれか，それぞれ選び記号で答えなさい。

ア　赤外線　　**イ**　紫外線　　**ウ**　マイクロ波　　**エ**　電波　　**オ**　メタン
カ　プロパン　　**キ**　フロン

⑸　図のX，Yはいくつになるか答えなさい。

⑹　地球温暖化は二酸化炭素が増えることで生じると考えられている。太陽系ではすでに「地球温暖化」と同様な現象が生じている惑星がある。その惑星を答えなさい。

⑺　二酸化炭素が増加した場合，図の中のどの数値が変化するか，正しいものを選び記号で答えなさい。

ア　太陽からのエネルギーが増加する　　**イ**　大気から地表への放射が増加する
ウ　地表から大気への放射が減少する　　**エ**　地表による反射が増加する
オ　雲や大気による反射が増加する

4　図のような，摩擦のないレールのスタート位置**A**にひもで取り付けられている質量 m〔kg〕の物体がある。このひもを切ると物体はレール上を下り，角度 a を自由に変えることができてなめらかにつながっている位置**B**と速度センサーを置いた位置**C**を通過し，そのまま坂をあがり「摩擦ゾーン」**D**で急減速をして止まる。

これから，斜面の角度 a，物体の質量 m〔kg〕，スタート位置の高さ h〔m〕を変えていろいろな実験をした。質量100 gの物体にはたらく重力の大きさを1 Nとして，以下の各問いに答えなさい。

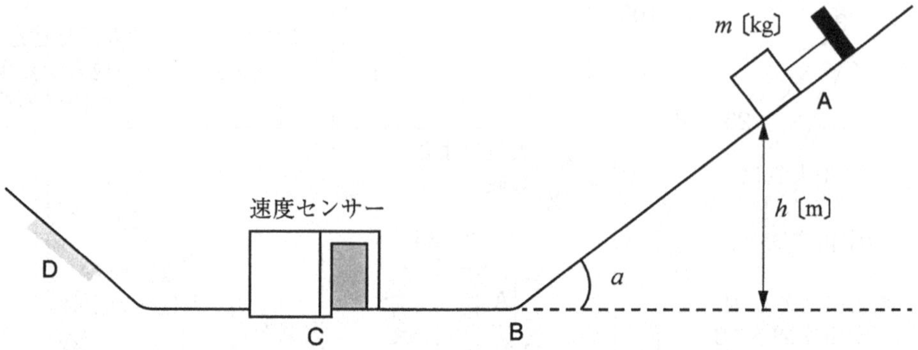

(1)　$a=30°$，$m=1.0$ kg，$h=0.50$ m のとき，物体を**B**から斜面に沿って手でスタート位置**A**まで一定の速さで持ち上げた。このとき，物体を持ち上げた力がした仕事の大きさは何 J か。

(2)　(1)の状態から物体をひもに取り付けたとき，ひもが物体を引っ張る力は何Nか。

(3)　**D**で物体が斜面を上っているとき，摩擦力の向きと重力の向きを右図の矢印からそれぞれ選び記号で答えなさい。

(4)　**D**で物体が静止したとき，摩擦力の向きを右図の矢印から選び記号で答えなさい。

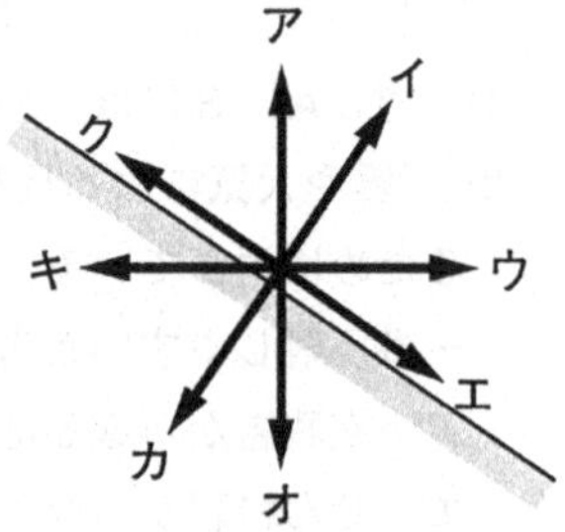

a を 10° で固定し，m〔kg〕と h〔m〕をさまざまな値で実験したとき，**C**での速さは**表1**のようになった。

表1

	Cでの速さ〔m/s〕					
h ＼ m	1.0 kg	1.2 kg	1.4 kg	1.6 kg	1.8 kg	2.0 kg
0.1 m	1.4	1.4	1.3	1.4	1.3	
0.2 m	2.0	1.9	2.0	2.0	2.0	
0.3 m	2.4	2.5	2.4	2.4	2.5	
0.4 m	2.8	2.8	2.7	2.8	2.8	
0.5 m	3.1	3.2	3.1	3.2	3.1	

(5) $m=2.0$ kg にしたとき，実験結果として適しているものはどれか，**表2**から選び記号で答えなさい。

表2

h	ア	イ	ウ	エ	オ
0.1 m	0.70	1.0	1.4	1.4	2.8
0.2 m	1.0	1.5	2.0	2.2	4.0
0.3 m	1.2	2.0	2.4	2.8	4.8
0.4 m	1.4	2.5	2.8	3.4	5.6
0.5 m	1.6	3.0	3.1	4.0	6.2

(6) $a=15°$，$m=1.0$ kg で(5)と同様な実験を行ったとき，実験結果として適しているものはどれか，**表2**から選び記号で答えなさい。

(7) この実験結果および力学的エネルギーの性質から考えられることとして適するものを選び記号で答えなさい。

ア 高さ h を2倍にすると**C**での速さは2倍になる

イ 物体の質量 m を2倍にすると**C**での速さは2倍になる

ウ 物体の質量 m に関係なく，同じ高さなら物体がもつ位置エネルギーは変わらない

エ 物体の質量 m に関係なく，同じ速さなら物体がもつ運動エネルギーは変わらない

オ 斜面の角度 a に関係なく，同じ高さなら物体がもつ位置エネルギーは変わらない

5 ヒトの心臓とそれにつながる血管は**図1**のようなつくりをしている。心臓は一生の中で休むことなく縮むこととゆるむこと（拍動）を繰り返し，生命を維持している。左心室の1回の拍動における容積と内圧の変化を示したのが**図2**である。血液を十分に，逆流なく送り出すため，心臓には**図1**の**A**～**D**の弁がついており，その開閉によって血液をためたり，送り出したりしている。なお，**図2**の①～④の過程には0.8秒かかるものとする。以下の各問いに答えなさい。

図1

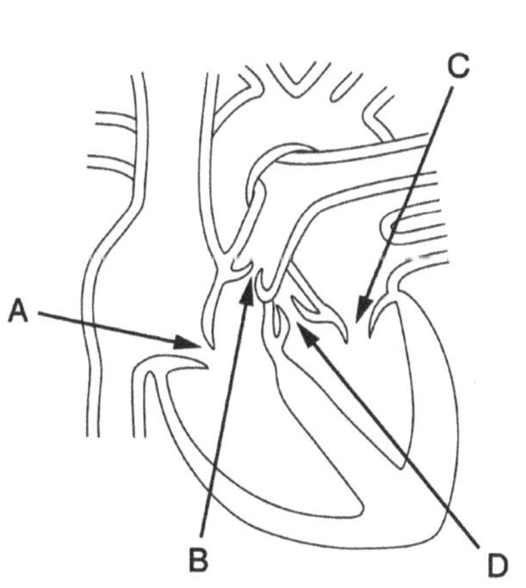

図2

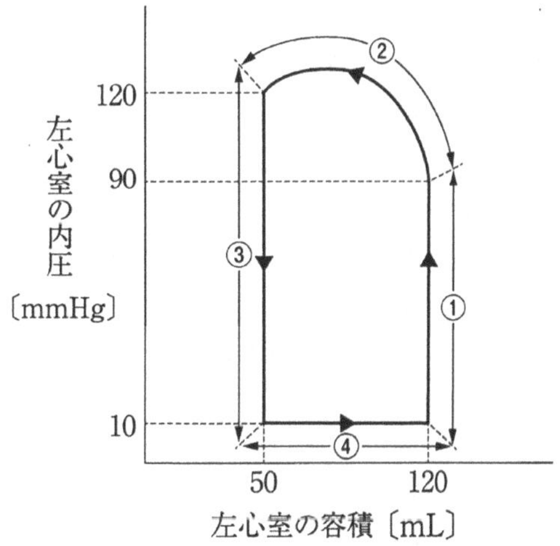

注）**図2**のmmHgは圧力の単位であり，
1気圧（1013 hPa）は760 mmHgと等しい。

(1)　**図1**の心臓とそれにつながる血管において，左心室にあてはまる部分を塗ったとき，正しいものを選び記号で答えなさい。

ア
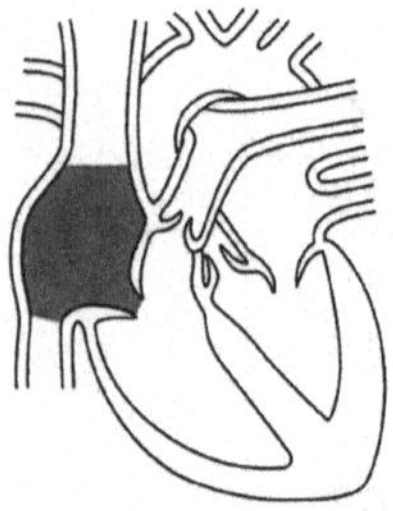

イ
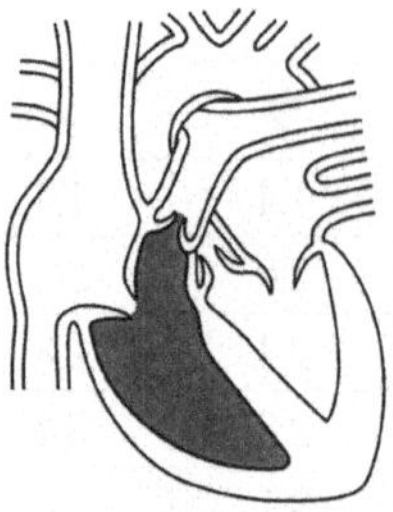

ウ
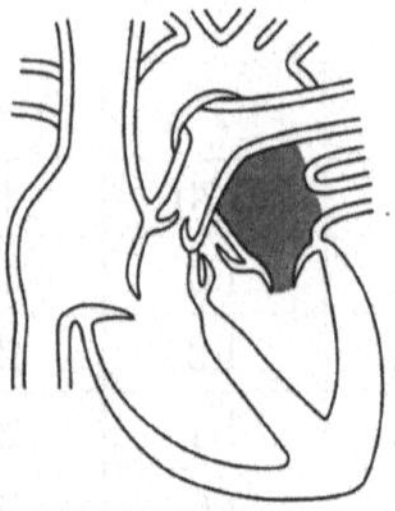

エ
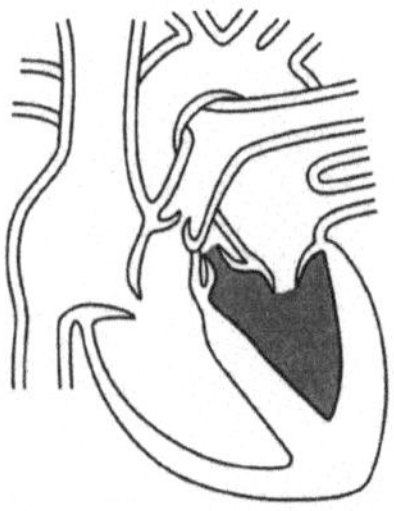

オ
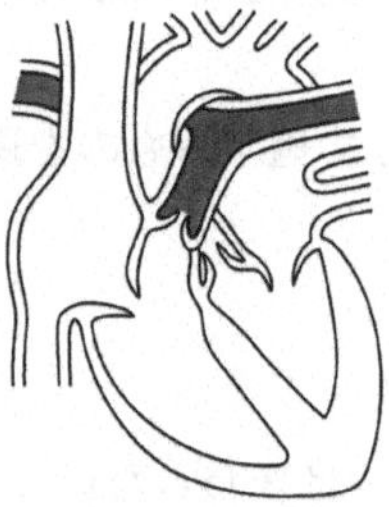

カ
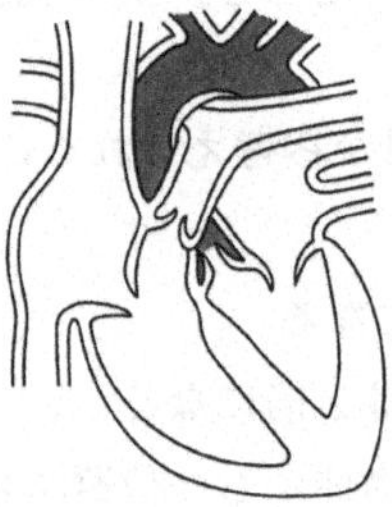

キ
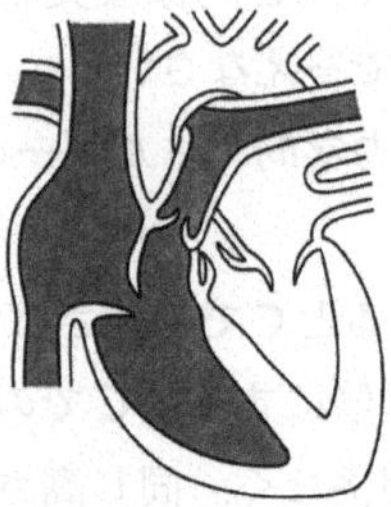

ク
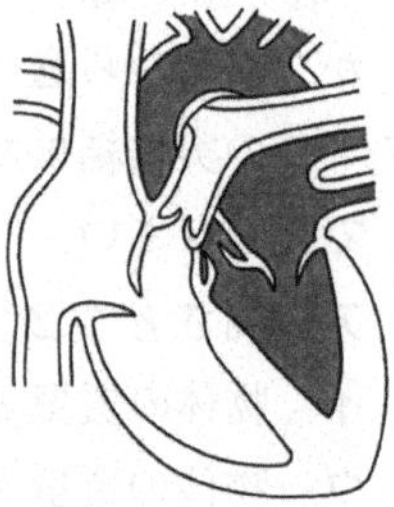

(2)　**図1**の心臓とそれにつながる血管において，「酸素が少なく，二酸化炭素が多く含まれている血液」が流れる部分を塗ったとき，正しいものを(1)の選択肢から選び記号で答えなさい。

(3)　**図2**の①のとき，左心室につながる弁の様子と血液の流れについて正しいものを選び記号で答えなさい。

ア　**A**の弁は開いて**B**の弁は閉じていて，血液を全身へ送り出している
イ　**A**の弁は閉じて**B**の弁は開いていて，血液を全身へ送り出している
ウ　**A**の弁は開いて**B**の弁は開いていて，血液を全身へ送り出していない
エ　**A**の弁は閉じて**B**の弁は閉じていて，血液を全身へ送り出していない
オ　**C**の弁は開いて**D**の弁は閉じていて，血液を全身へ送り出している
カ　**C**の弁は閉じて**D**の弁は開いていて，血液を全身へ送り出している
キ　**C**の弁は開いて**D**の弁は開いていて，血液を全身へ送り出していない
ク　**C**の弁は閉じて**D**の弁は閉じていて，血液を全身へ送り出していない

(4)　**図2**の②のとき，左心室につながる弁のうち，開いている弁と閉じている弁を**図1**の**A**～**D**から1つずつ選び記号で答えなさい。

(5)　**図2**と問題文中の下線部より，心臓が1分間に送り出す血液の量は何 mL か。

(6)　体重 52 kg のヒトにおいて，心臓から送り出した血液が心臓に戻ってくるまでの時間は何秒か。心臓がすべての血液を送り出すのにかかる時間と等しいものとして計算し，小数第1位を四捨五入して整数で答えなさい。ただし，ヒトの血液の質量は体重の$\frac{1}{13}$で，血液1Lあたり1 kg とする。

(7)　セキツイ動物の心臓のつくりは，分類によって異なっている。両生類の心臓のつくりは，ほ乳類とどのように違っているのか。また，その違いによって，両生類ではどのような不都合が生じているのか，説明しなさい。

6　茶実子《ちゃみこ》さんは水溶液の性質を調べる実験を行うために化学室で準備をしていたが，準備の途中で問題が発生してしまった。次の会話文を読んで，以下の各問いに答えなさい。

先　生「４人でビーカーを見つめてどうしたの？実験を始めないの？」

茶実子「実は水溶液をびんからビーカーに移しているうちに，どのビーカーに何を入れたか分からなくなってしまって……。」

梅　子「困ったなあ。すべて無色透明の水溶液だから，見た目だけで判別することはできないし。」

蘭　子「用意したものは，食塩水，うすい塩酸，アンモニア水，砂糖水，エタノール水溶液，硫酸亜鉛水溶液，硝酸銀水溶液の７種類だよね。」

茶実子「性質の違いからどうにかして判別できないかな？」

先　生「では，７種類の水溶液をＡ～Ｇとして，いろいろな実験をしてどれが何の水溶液か判別してみましょうか。」

菊　子「とりあえずにおいを嗅いでみたら，Ｂは強い刺激臭がしたよ。Ａもほんの少しだけ刺激臭がする。Ｇも独特なにおいがするね。」

梅　子「Ｇは$_{\text{I}}$エタノール水溶液だね！最近消毒のために使う機会が多いから，すぐ分かったよ。」

茶実子「Ｇ以外の６つをそれぞれスライドガラスに１滴たらしてガスバーナーで加熱してみたら，何か分かるかもしれない。」

蘭　子「加熱したらＣ，Ｄ，Ｅ，Ｆは固体が残ったけど，ＡとＢは何も残らなかったよ。」

菊　子「Ｃはこげて黒い固体が残ったから，水溶液Ｃは［①］だね。」

茶実子「$_{\text{II}}$加熱して何も残らないということは，ＡとＢは［②］か［③］のどちらかということね。」

梅　子「その２つを赤色リトマス紙につけると，Ａでは色が変わらなかったけど，Ｂでは色が変わったから，水溶液Ａが［②］，水溶液Ｂが［③］ということだね。」

蘭　子「残りはＤ，Ｅ，Ｆの３つか……。」

茶実子「この前，理科の実験で使った水溶液もあるね！金属を入れると水溶液によって変化に違いがあるんだったよね。」

菊　子「そうそう。たしかイオンへのなりやすさがポイントなんだよね。」

蘭　子「図書館で借りてきた本には，たくさんの金属をイオンになりやすい順番に並べた表が書いてあったよ。（**表**）」

梅　子「この表から考えると銅片を入れて変化するのは［④］だけだから，判別できそうだね。」

菊　子「銅片を入れてみたよ。しばらく様子を観察してみよう。」

茶実子「$_{\text{III}}$Ｅでは変化が起きたけど，ＤとＦでは何も起きなかったね。ということは，Ｅが［④］ということか。」

蘭　子「残り２つになったけど，どうしよう……。」

菊　子「先生から渡された塩化バリウム水溶液にＤとＦの水溶液をそれぞれ加えてみたら，Ｆでは変化がなかったけど$_{\text{IV}}$Ｄでは白い沈殿が生じたよ。」

梅　子「残りの２つのうち塩化バリウム水溶液に加えて沈殿が生じるのは，［⑤］だけだから，Ｄが［⑤］だとわかるね。」

菊　子「じゃあ，残ったＦは［⑥］だ！」

茶実子「よし，これですべての水溶液がわかったから実験できる！……って，もう実験は十分だね。」

表　イオンへのなりやすさ

イオンになりやすい															イオンになりにくい
Li	K	Ca	Na	Mg	Al	Zn	Fe	Ni	Sn	Pb	Cu	Hg	Ag	Pt	Au

(1)　文章中の ① ， ③ ， ⑥ に入る水溶液の名称を答えなさい。

(2)　下線部Ⅰについて，エタノールと水を混合すると元の体積の総和よりも体積が減少する。純粋なエタノール 70 cm^3 と水を混合して 100 cm^3 のエタノール水溶液をつくるとき，水は何 cm^3 必要か。ただし，このときできる溶液の密度を 0.90 g/cm^3，水の密度を 1.0 g/cm^3，エタノールの密度を 0.78 g/cm^3 とする。

(3)　下線部Ⅱについて，茶実子さんがこのように判断した理由を簡潔に説明しなさい。

(4)　下線部Ⅲについて，このとき観察された変化を２つ答えなさい。

(5)　下線部Ⅳについて，このとき塩化バリウムと沈殿を生成したイオンを選び記号で答えなさい。

ア　Na^+　　イ　Ag^+　　ウ　NH_4^+　　エ　Zn^{2+}　　オ　Cl^-　　カ　SO_4^{2-}

(6)　水溶液ＤとＦを，金属を加えることで区別する場合，使用できる金属をすべて選び記号で答えなさい。

ア　Al（アルミニウム）　　イ　Au（金）　　ウ　Ca（カルシウム）

エ　Cu（銅）　　オ　Fe（鉄）　　カ　Mg（マグネシウム）

キ　Pt（白金）　　ク　Zn（亜鉛）

【社　会】（50 分）〈満点：100 点〉

【注意】 解答は原則として漢字で記入しなさい。

1　次の文章を読み，下の各問いに答えなさい。

私たちのくらしは，世界の国々との①貿易に支えられている。現在の日本の②食料自給率は低く，小麦，③大豆，とうもろこしなど，多くの食料を海外からの輸入に頼っている。エネルギー資源については，④原油，天然ガス，石炭をはじめ，ほぼ輸入頼みといっても過言ではない。私たちが便利なくらしを続けるためには，円滑に貿易がなされることが重要である。

しかし，新型コロナウイルス感染症のパンデミックは，⑤人の移動だけでなく，世界中の⑥物の流れにも大きな影響をおよぼした。マスクや消毒薬が不足するだけでなく，⑦製造過程において不可欠な部品が調達できなくなり，生産や納品がとどこおる工業製品も多くみられた。輸送段階でのコンテナ不足や輸送費の高騰も問題となっている。サプライチェーンの弱さがあらわになり，⑧生産拠点や調達先が特定の地域に集中していることをリスクととらえる考え方も強まるようになった。

〔問１〕　文章中の下線部①に関して，右の図は日本とASEAN，アメリカ合衆国，中国における貿易額を示したものであり，図中の**A**から**C**は，ASEAN，アメリカ合衆国，中国のいずれかである。**A**から**C**にあてはまるものの組み合わせとして適切なものを，次の**ア**から**カ**の中から１つ選び，記号で答えなさい。

単位：10 億ドル

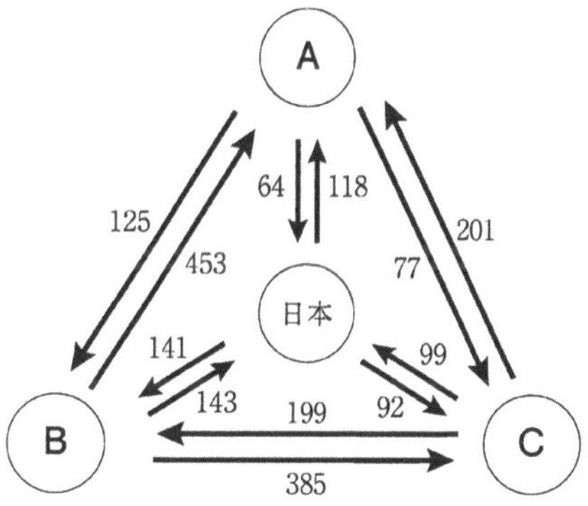

ジェトロ「世界貿易マトリクス・輸出額（2020 年）」より作成

ア	**A**：ASEAN	**B**：アメリカ合衆国	**C**：中国
イ	**A**：ASEAN	**B**：中国	**C**：アメリカ合衆国
ウ	**A**：アメリカ合衆国	**B**：ASEAN	**C**：中国
エ	**A**：アメリカ合衆国	**B**：中国	**C**：ASEAN
オ	**A**：中国	**B**：ASEAN	**C**：アメリカ合衆国
カ	**A**：中国	**B**：アメリカ合衆国	**C**：ASEAN

〔問２〕　文章中の下線部②に関して，右の図は日本のおもな農産物の自給率の変化を示したものである。図中の**ア**から**オ**は，果実，牛乳および乳製品，小麦，米，野菜のいずれかである。果実と野菜として適切なものを，図中の**ア**から**オ**の中からそれぞれ選び，記号で答えなさい。

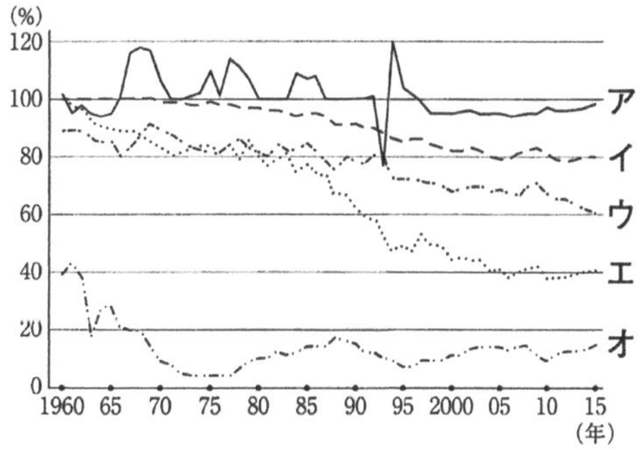

「食料需給表」より作成

〔問３〕 文章中の下線部③に関して，次の表は世界の大豆生産量と輸出量，輸入量の変化を示したものである。表をみて，下の各問いに答えなさい。

国名	生産量（万 t）	
	1990 年	2018 年
アメリカ合衆国	5,242	12,366
（　D　）	1,990	11,789
アルゼンチン	1,070	3,779
E	1,100	1,419

国名	輸出量（万 t）	
	1990 年	2018 年
（　D　）	408	8,367
アメリカ合衆国	1,547	4,642
パラグアイ	141	603
カナダ	17	550

国名	輸入量（万 t）	
	1990 年	2018 年
E	0.1	8,806
アルゼンチン	0.004	644
メキシコ	90	518
オランダ	412	428

帝国書院『地理統計 2021 年版』より作成

⑴ 表中の空欄（　D　）にあてはまる適切な国名を答えなさい。

⑵ E 国の大豆の輸入量が大きく増加している要因として**適切でないもの**を，次の**ア**から**エ**の中から１つ選び，記号で答えなさい。

ア　E 国では，大豆の生産量の増加率が，アメリカ合衆国ほど大きくない。

イ　E 国では，大豆の輸入量の増加率を大幅に上回る勢いで，人口が増加している。

ウ　E 国では，植物油の原料として，大豆の需要が増加している。

エ　E 国では，経済発展にともなう食生活の変化で，肉類の消費量が増加している。

〔問４〕 文章中の下線部④に関する次の各問いに答えなさい。

⑴ 現在，EU を中心に脱石炭の動きが強まっている。石炭の特徴として**適切でないもの**を，次の**ア**から**エ**の中から１つ選び，記号で答えなさい。

ア　石炭をもやすと，窒素酸化物などの大気汚染物質が排出される。

イ　石炭をもやすと，温室効果ガスである二酸化炭素が排出される。

ウ　石炭は，鉄鉱石とともに，製鉄の原料として利用される。

エ　石炭は，火力発電において，石油に比べて発電コストが高い。

⑵ 世界はいまだに化石燃料を大量に消費しているが，各国の地理的特色をいかした再生可能エネルギーの利用も進められている。次の表は，アラブ首長国連邦，インドネシア，カナダ，デンマークにおけるいくつかの再生可能エネルギーによる発電量を示したものであり，**ア**から**エ**は，水力，太陽光，地熱，風力のいずれかである。風力による発電量として適切なものを，表中の**ア**から**エ**の中から１つ選び，記号で答えなさい。

（単位：億 kWh）

	アラブ首長国連邦	インドネシア	カナダ	デンマーク
ア	0	2	332	139
イ	13	1	38	10
ウ	−	140	−	−
エ	−	216	3860	0

注　0：単位未満のもの，−：該当数字なし

『世界国勢図会 2021/22』より作成（統計年次は 2018 年）

〔問５〕　文章中の下線部⑤に関して，人の移動と交通に関して述べた文として適切なものを，次の**ア**から**エ**の中から１つ選び，記号で答えなさい。

ア　東京と福岡間の移動は，JR 線より航空機を利用する人の割合が高い。

イ　2019 年の訪日外国人数は，日本人の出国者数を下回る。

ウ　航空機で行き来する人々の乗り継ぎの空港をポートアイランドという。

エ　関西国際空港は成田国際空港より，乗降客数が多い。

〔問６〕　文章中の下線部⑥に関連して，航空輸送される貨物の特徴について，海上輸送との違いにふれながら，次の２つの語句を用いて，説明しなさい。

原油　　ワクチン

〔問７〕　文章中の下線部⑦に関連して，工業製品の製造過程において不可欠な部品の１つに IC（集積回路）がある。IC について述べた文として適切なものを，次の**ア**から**エ**の中から１つ選び，記号で答えなさい。

ア　九州の各地では，高度経済成長期に IC の工場が急増した。

イ　東北地方では，輸出に適した港の近くに，多くの IC の工場が立地する。

ウ　電気自動車の開発により，IC と自動車産業はより密接になっている。

エ　五大湖沿岸に位置するシリコンバレーには，IC 関連産業が集まっている。

〔問８〕　文章中の下線部⑧に関連して，かつて製造業では，生産拠点を自社工場としてもっていたが，近年では，製造部門を外部に委託し，自社工場をもたない企業がめだつようになってきている。自社工場をもたない理由を，次の２つの語句を用いて，説明しなさい。

研究開発　　設備投資

2　ランさんは，沖縄県の自然や人々の生活に興味をもち，地域調査を行なった。この調査に関する次の各問いに答えなさい。

〔問１〕　ランさんは，まず那覇市に関する調査を行なうことにした。調査の目的や方法について述べた文として**適切でないもの**を，次の**ア**から**エ**の中から１つ選び，記号で答えなさい。

ア　那覇市のホームページを閲覧し，防災に関する行政の取り組みをまとめる。

イ　那覇市のハザードマップを取りよせ，津波被害の危険性を把握する。

ウ　地形図を用いて，那覇市の建築物の高さや築年数を明らかにする。

エ　図書館で那覇市史を閲覧し，歴史の流れがわかるように，年表を作成する。

〔問2〕 ランさんは，海底火山の噴火により，大量の軽石が流されていることを知り，南西諸島周辺の海に興味をもち，右の地図を作成した。地図をみて，次の各問いに答えなさい。

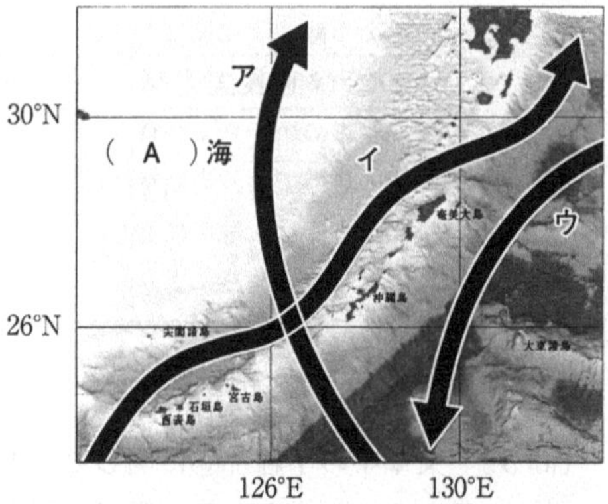

注 海底地形は深いほど濃く表現してある
海上保安庁「沖縄周辺の海洋データ図集」より作成

(1) 黒潮のおもな流れとして最も適切なものを，地図中の**ア**から**ウ**の中から1つ選び，記号で答えなさい。

(2) 地図中の空欄（ A ）にあてはまる適切な語句を答えなさい。

(3) 地図中の（ A ）海付近について述べた文として適切なものを，次の**ア**から**エ**の文の中から1つ選び，記号で答えなさい。

ア 大陸棚が広がっており，海底炭田からは良質な石炭が産出される。

イ 水産資源に恵まれるが，沿岸域の環境悪化により赤潮の被害もみられる。

ウ 尖閣諸島は，日本の固有の領土であるが，韓国も領有を主張している。

エ 尖閣諸島は，緯度のわりに気温が低いため，植生はほとんどない。

(4) 次の図は，沖縄県の波照間島の地形図である。島を囲むように形成されている空欄（ B ）にあてはまる地形を答えなさい。

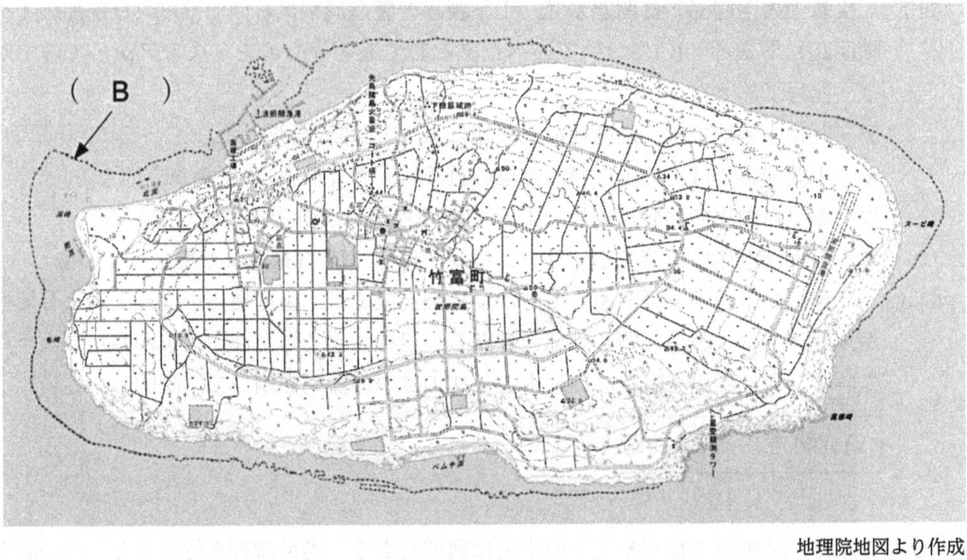

地理院地図より作成

〔問3〕 ランさんは，沖縄県でキクの花の栽培がさかんなことを知り，東京都中央卸売市場におけるキク類（切花）の出荷量上位4県の時期別出荷量を調べた。次の表中の空欄（ C ）から（ E ）は，愛知県，沖縄県，栃木県のいずれかである。空欄（ C ）から（ E ）にあてはまる県名の組み合わせとして適切なものを，次ページの**ア**から**カ**の中から1つ選び，記号で答えなさい。

（単位：1,000 本）

	12 月～5 月	6 月～11 月	合計
（ C ）	40,149	44,359	84,508
（ D ）	34,886	3,335	38,222
茨城県	1,693	12,682	14,375
（ E ）	3,972	5,572	9,544

東京都中央卸売市場統計情報より作成（統計年次は 2020 年）

ア　C：愛知県　D：沖縄県　E：栃木県
イ　C：愛知県　D：栃木県　E：沖縄県
ウ　C：沖縄県　D：愛知県　E：栃木県
エ　C：沖縄県　D：栃木県　E：愛知県
オ　C：栃木県　D：愛知県　E：沖縄県
カ　C：栃木県　D：沖縄県　E：愛知県

〔問 4〕 ランさんは，人々の生活と自然環境とのかかわりに興味をもち，伝統的な住居について調査を行なった。次の写真は，沖縄県竹富町の住居を示したものである。写真の住居が自然環境に適合したものであることを，具体的に説明しなさい。

写真　竹富町島じまの文化遺産の伝承・活用協議会

3 次の文章を読み，下の各問いに答えなさい。

2021年10月4日，（ A ）の（ B ）が①第100代内閣総理大臣に任命された。10月8日，（ B ）首相は②国会で所信表明演説を行ない，「新型コロナ対応」「③新しい資本主義の実現」「国民を守り抜く，外交・安全保障」の3つの政策をかかげ，それらの実現に向けて「総合的かつ大胆な経済対策を速やかにとりまとめ」ると述べた後，④憲法改正に向けての議論の深まりへの期待を示した。

（ B ）首相は，10月14日に衆議院を解散したため，10月31日に総選挙が実施された。この選挙で（ A ）は議席の過半数を獲得し，（ B ）は内閣総理大臣に指名され，第101代内閣総理大臣となった。

〔問1〕 文章中の空欄（ A ）にあてはまる適切な政党の正式名称を**漢字**で答えなさい。

〔問2〕 文章中の空欄（ B ）にあてはまる適切な人物を**漢字**で答えなさい。

〔問3〕 文章中の下線部①に関連する次の各問いに答えなさい。

⑴ 内閣総理大臣の任命に関する次の文章の空欄（ C ）から（ F ）にあてはまる適切な語句を答えなさい。

内閣総理大臣は，（ C ）で（ D ）の中から指名することが定められている。衆議院と参議院とが異なる人物を指名した場合には，（ E ）が開かれる。（ C ）の指名を受けた人物は，天皇により内閣総理大臣に任命される。天皇のこうした行為は（ F ）として，日本国憲法第7条に定められている。

⑵ 内閣について述べた文として**適切でないもの**を次の**ア**から**エ**の中から1つ選び，記号で答えなさい。

ア 内閣は国会の信任に基づいて成立し，国会に対して連帯責任を負う。

イ 内閣は行政機関を通して，法律で定められた物事を実施する。

ウ 内閣は最高裁判所長官の指名とその他の裁判官の任命を行なう。

エ 内閣不信任案が決議されると内閣は総辞職しなくてはならない。

〔問4〕 文章中の下線部②国会に関する次の各問いに答えなさい。

⑴ この時開かれた国会として適切なものを次の**ア**から**エ**の中から1つ選び，記号で答えなさい。

ア 常会　　**イ** 臨時会　　**ウ** 特別会　　**エ** 緊急集会

⑵ 国会について述べた文として適切なものを次の**ア**から**エ**の中から1つ選び，記号で答えなさい。

ア 国会は国権の最高機関であり，唯一の立法機関である。

イ 国会は国政捜査権をもち，証人喚問を行なうことができる。

ウ 国会は衆議院と参議院から構成され，両院は対等である。

エ 参議院の定数は465人であり，3年ごとに半数が改選される。

〔問５〕 文章中の下線部③に関連する次の各問いに答えなさい。

⑴ 資本主義に関する次の文章の空欄（ G ）から（ I ）にあてはまる適切な語句を答えなさい。

> 資本主義経済は，19世紀に自由権の考え方の下で発展した。資本がお金から土地，設備，（ G ）の３つの生産要素，そして商品へと形を変えながら（ H ）を生み出し，たくわえられる経済の仕組みである。現在，世界では資本主義経済が主流であり，商品が売買される場である（ I ）が社会のすみずみまで張りめぐらされている。

⑵ 次の資料は（ B ）首相が10月８日の所信表明演説において「新しい資本主義」について述べたところの一部である。資料をふまえて，「新しい資本主義」がかかげられた背景にある，現在の日本が直面している課題を説明しなさい。

> 「成長と分配の好循環」と「コロナ後の新しい社会の開拓」。これがコンセプトです。成長を目指すことは，極めて重要であり，その実現に向けて全力で取り組みます。しかし，「分配なくして次の成長なし」。このことも，私は，強く訴えます。成長の果実を，しっかりと分配することで，初めて，次の成長が実現します。大切なのは，「成長と分配の好循環」です。「成長か，分配か」という，不毛な議論から脱却し，「成長も，分配も」実現するために，あらゆる政策を総動員します。
>
> 首相官邸ホームページより

〔問６〕 文章中の下線部④に関する次の各問いに答えなさい。

⑴ 2007年に定められた日本国憲法の改正手続きに関する法律により設けられた，憲法改正原案を国会に提出することができる常設の機関を答えなさい。

⑵ 憲法改正には，他の法律の改正とは異なる慎重な手続きが必要となるが，なぜ慎重な手続きが必要なのか，憲法とは何かを明らかにして説明しなさい。

4 次の文章を読み，下の各問いに答えなさい。

1999年に定められた男女共同参画社会基本法では，①男女共同参画社会を実現するための柱として「男女の人権の尊重」「②社会における制度または慣行についての配慮」「政策等の立案および決定への共同参画」「家庭生活における活動と他の活動の両立」「国際的協調」の５つがかかげられ，国と地方公共団体，国民それぞれが果たすべき役割が定められた。

男女共同参画の進み具合を示す指標の一つにジェンダーギャップ（男女格差）指数がある。③ジェンダーギャップ指数は，「経済」「政治」「教育」「健康」の４つの分野のデータから作成され，０が完全不平等，１が完全平等を示す。2021年３月に世界経済フォーラムが公表した「The Global Gender Gap Report 2021」によると，日本の総合スコアは0.656であり，前年度より0.004ポイント上昇したものの，156カ国中120位となり，先進国の中で最低レベル，アジア諸国の中で韓国や中国，ASEAN諸国より低い結果となった。ジェンダー平等の実現は④ SDGsの１つであり，実現に向けた取り組みが求められている。

〔問１〕 文章中の下線部①に関して，男女共同参画社会の実現に向けて中心的な役割を担っている行政機関として適切なものを次の**ア**から**エ**の中から１つ選び，記号で答えなさい。

ア 厚生労働省　**イ** 総務省　**ウ** 内閣府　**エ** 文部科学省

〔問２〕 文章中の下線部②に関連して，男女共同参画を妨げる制度や慣行，アンコンシャス・バイアス（無意識の思い込み）として最も適切なものを次の**ア**から**エ**の中から１つ選び，記号で答えなさい。

ア 女性には理系の科目・進路は向いていない

イ 女性の管理職が３割以上となるよう法律で定められている

ウ 男性の平均身長は女性の平均身長よりも高い

エ 男性は法律上育児休暇を取得することができない

〔問３〕 文章中の下線部③に関して，日本のジェンダーギャップ指数の総合スコアを下げる要因となっている分野を，「経済」「政治」「教育」「健康」の中から，**スコアが低い順に２つ**答えなさい。

〔問４〕 文章中の下線部④ SDGs に関して，あなたが最も関心を持っている目標を１つ答えなさい。ただし「ジェンダー平等を実現しよう」に最も関心がある場合には，それを実現するための６つの目標の１つを答えること。

5 次の文章を読み，下の各問いに答えなさい。

人間は昔からさまざまな疫病（感染症）に苦しめられ，その流行は人間社会に大きな影響をあたえてきた。なかでも天然痘は，紀元前12世紀ころの古代エジプトのファラオのミイラに，この疫病に感染したと思われる痘痕（とうこん）がみられるなど，古来より流行していたと考えられている。

日本では，天然痘とも考えられている疫病が，６世紀に仏教が伝わったころにみられたとされており，『日本書紀』では，この疫病の流行が物部氏と（　A　）氏の仏教の導入の是非をめぐる対立につながったとしている。その後，天然痘と思われる疫病は，730年代に流行した。この時期は，７世紀に朝鮮半島を統一した（　B　）の使節の来日や①遣唐使・唐への留学生が帰国するなど，海外との往来がさかんだった。この730年代の流行の際には，645年に（　C　）とともに（　A　）氏をたおして②政治改革に着手した中臣鎌足の４人の孫たちもあいついで亡くなった。（　D　）天皇は，こうした疫病の流行やききん，災害などの社会不安をとりのぞくために③仏教の教えを取り入れて，さまざまな政策を行なった。

南北アメリカ大陸では，16世紀に天然痘などの疫病がヨーロッパ人により持ち込まれた。④天然痘の流行による人口減少と社会混乱は，スペイン人による，現在のメキシコ付近で栄えていた先住民の国である（　E　）の制圧を容易なものにしたとも考えられている。

その後，18世紀末に⑤イギリスのジェンナーが天然痘の予防法を開発したこともあり，次第に天然痘の流行はおさえられるようになった。⑥日本国内では，天然痘の感染者は1956年以降みられていない。世界では，（　F　）が天然痘の根絶に力をつくし，しだいに感染がみられなくなった。1980年に（　F　）は天然痘の根絶を宣言した。

〔問１〕 文章中の空欄（　A　）から（　E　）にあてはまる適切な語句を答えなさい。

〔問２〕 文章中の空欄（　F　）には，「すべての人に健康を」を目的として設立された国際連合の専門機関があてはまる。この専門機関を**アルファベット**で答えなさい。

〔問3〕 文章中の下線部①に関連して，894年に遣唐使が廃止された後の10世紀から11世紀の日本の文化に関する説明として適切なものを，次の**ア**から**エ**の中から1つ選び，記号で答えなさい。

ア 庶民を主人公としたお伽草子とよばれる短編の絵入り物語がつくられた。

イ 漢字を書きくずして日本語の発音を表現しやすくした，かな文字が生まれた。

ウ 政治や庶民の生活を風刺してよむ川柳や狂歌が流行した。

エ 三味線の演奏にあわせて語られる浄瑠璃が完成した。

〔問4〕 文章中の下線部②に関連して，この政治改革に際して出された詔でふれられた改革のうち，公民に口分田をあたえる制度を答えなさい。

〔問5〕 文章中の下線部③に関連して，次の史料は（　**D**　）天皇の詔である。これにより，つくることが求められているものを答えなさい。なお，史料は平易な日本語に改め，一部省略してある。

> …近年は穀物の実りも豊かではなく，疫病もひんぱんにおこっている。（これも自分の不徳のせいだと）はじる思いがつのり，心労を重ねて自らをさいなむばかりであった。そこでひろく民のために幸福を求めたいと思った。…諸国に命じておのおの七重塔一基を建立し，金光明最勝王経・妙法蓮華経各一部を写させよ。…願うところは仏法の繁栄が天地とともに永くつづき，仏の加護が現世・来世ともにいつまでも満ちているようにということである。塔を持つ寺はそれぞれの国の華である。必ず良い場所を選んでいつまでも衰えないようにせよ。

〔問6〕 文章中の下線部④に関連して，南北アメリカ大陸のスペイン支配下の地域では，疫病だけでなく右の図のような過酷な労働も先住民の人口減少につながったと考えられている。これに関する次の各問いに答えなさい。

(1) 右の図のような鉱山では，16世紀に日本の石見でも産出されたものと同様のものがおもに産出された。産出されたものを答えなさい。

(2) 先住民の人口減少にともなって，新しい労働力として南北アメリカ大陸には，おもにどの地域の人々が増えたか，答えなさい。

〔問7〕 文章中の下線部⑤に関連して，疫病に関する研究はこれ以降も進んだ。こうしたなか，19世紀末にペスト菌や破傷風の血清療法を発見した人物を，次の**ア**から**エ**の中から1つ選び，記号で答えなさい。

ア 志賀潔　　**イ** 野口英世　　**ウ** 湯川秀樹　　**エ** 北里柴三郎

〔問8〕 文章中の下線部⑥に関連して，1956年に最も近い年におきたできごとに関する説明として適切なものを，次の**ア**から**エ**の中から1つ選び，記号で答えなさい。

ア インドネシアのバンドンでアジア・アフリカ会議が開催された。

イ 池田勇人内閣が，所得倍増計画をうち出した。

ウ　社会主義国を封じこめるために，北大西洋条約機構（NATO）が結成された。

エ　アメリカ軍を主体とする多国籍軍がイラクを攻撃する，湾岸戦争がおきた。

6　次の図１は，日本の軍事費の推移を示したものである。これに関する下の各問いに答えなさい。

図１

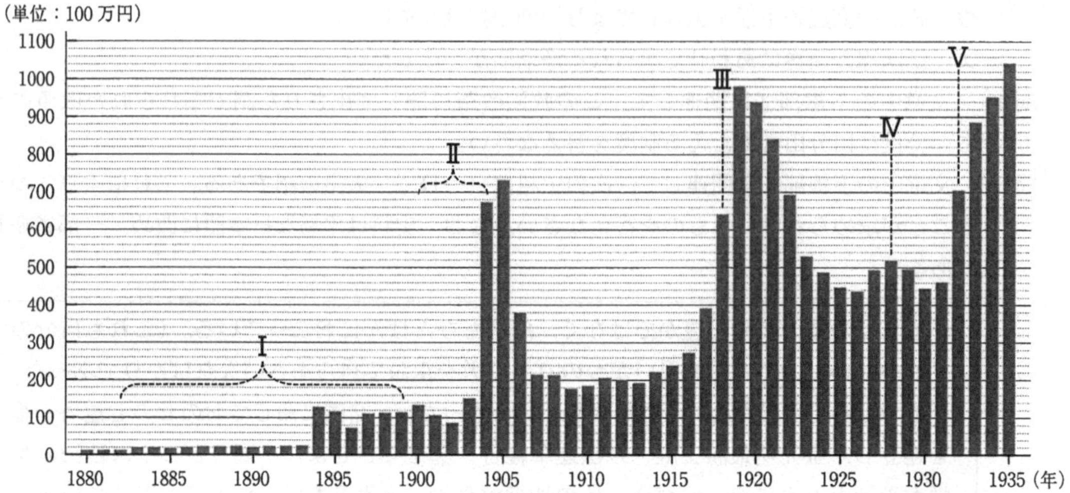

『長期経済統計』より作成

〔問１〕　次の図２は1885年と1899年の品物別の輸出入の割合を示したものである。図１中のⅠの時期に，日本の産業ではどのような変化が生じていたか，図２の輸入品の変化に着目して説明しなさい。

図２

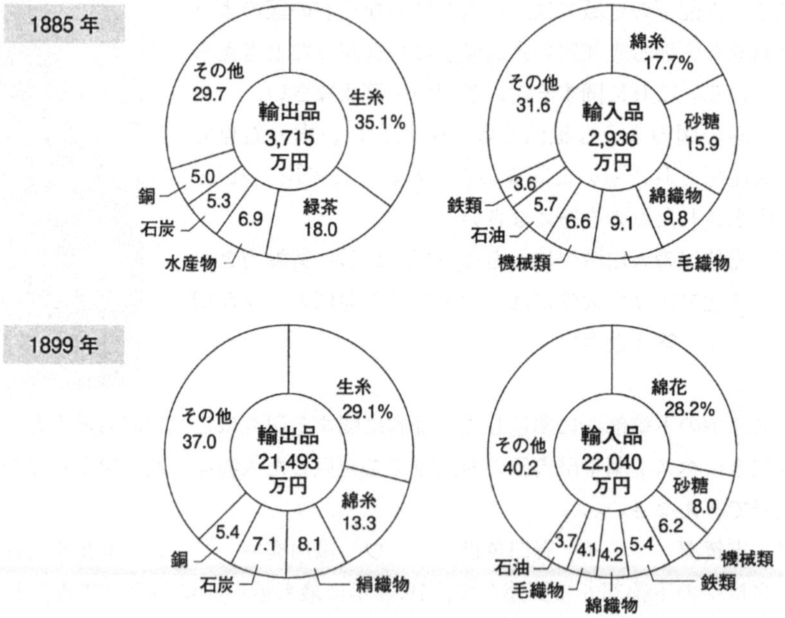

『日本貿易精覧』より作成

〔問２〕 図１中のⅡの時期に出された，図３の風刺画に関する下の各問いに答えなさい。なお，史料は一部改変してある。

図３

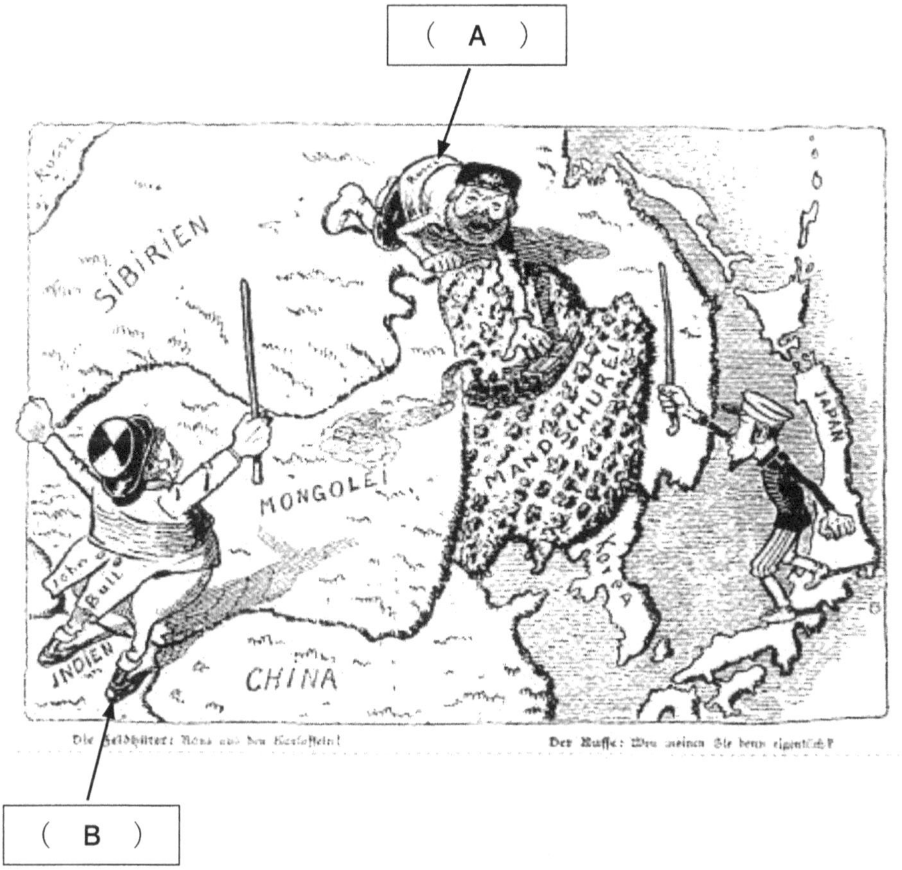

番人たち：畑から出ていけ！

(A)：いったい誰にそんな口をきいているんだい？

出典は出題の都合上省略

⑴ (A) が畑に手を伸ばしている姿で表現されているのはなぜか，(A) がどこの国かを明らかにして，Ⅱの時期にあったできごとをふまえて説明しなさい。

⑵ 図３に描かれている右の人物と (B) が，番人として (A) に対して畑から出ていくように主張している。(B) にあてはまる適切な国を答えなさい。

〔問３〕 図１中のⅢの年に始まり，1922年までの軍事費の変化に影響をあたえたできごとを答えなさい。

〔問４〕 図１中のⅣの年に最も近い年におきたできごとに関する説明として適切なものを，次の**ア**から**エ**の中から１つ選び，記号で答えなさい。

ア 国民や物資を優先して戦争にまわすために，国家総動員法が制定された。

イ 国民党の実権をにぎった蔣介石が，南京に国民政府をつくった。

ウ　日本はフランス領インドシナの南部に軍を進めた。

エ　朝鮮半島で，三・一独立運動がおこった。

〔問５〕 図１中のVの年には，前年よりみられた日本の行動に対して，アメリカの国務長官が日本・中国に通知を発した。これに関する大阪朝日新聞の記事を読み，下の各問いに答えなさい。なお，史料は平易な日本語に改め，一部省略・改変してある。

> アメリカ国務長官スチムソン氏は今回日中両国に同文通知を発し，両国がワシントン九ヶ国条約又は（　**C**　）条約に反して新条約を締結するがごとき場合は，これを承認しがたい旨を述べた。この同文通知は1915年日本が中国に（　**D**　）を提出した際に，アメリカが日中両国に発した同文通知と同じ趣旨の下に発せられたもので，内容も両者ほとんど同じである。…中国の門戸開放と機会均等および中国の領土および行政保全の二大原則の擁護に外ならない。

⑴　史料中の空欄（　**C**　）にあてはまる適切な語句を，次の（　**C**　）条約の条文を参照して**漢字２字**で答えなさい。

> 第一条　締約国は，国際紛争解決のために戦争に訴えることを非難し，かつ，その相互の関係において国家政策の手段として戦争を放棄することを，その各々の人民の名において厳粛（げんしゅく）に宣言する。

⑵　史料中の空欄（　**D**　）にあてはまる適切な語句を答えなさい。

ウ　納得できないとお思いになったので
エ　一目見たいとお考えになったので
オ　共感できないと感じたので

③「あからめもせずしてまもりて」
ア　明らかにしないで守っていて
イ　あきらめることなくじっと見つめて
ウ　顔を真っ赤にして守っていて
エ　しかめた顔でじっと見つめて
オ　よそ見もしないでじっと見つめて

問三　傍線部②「我行きて試みん」とありますが、何を「試み」るのですか。答えなさい。

問四　傍線部④「さればこそ」は「やはり思った通りだった」という意味ですが、何が思った通りだったのですか。二〇字以内で答えなさい。

問五　右大臣殿の人物像として最も適切なものを次の中から選び、記号で答えなさい。
ア　華美で贅沢《ぜいたく》を好む人物
イ　武勇に優れ勇気ある人物
ウ　身分が高く冷淡な人物
エ　理性的で冷静な人物
オ　優しく寛容な人物

記述問題用　下書き欄　（注意　解答は必ず解答用紙に記入しなさい）

15

三　次の文章を読んで、あとの問いに答えなさい。

　昔、[注1]延喜《えんぎ》の御門《みかど》の御時、[注2]五条の天神のあたりに、大きなる柿の木の[注3]実ならぬあり。その木の上に仏現れて[注4]おはします。京中の人、aこぞりて参りけり。馬、車も立てあへず、人もせきあへず、拝みののしりけり。

　かくする程に、五六日あるに、[注5]右大臣殿①心得ず思《おぼ》し[注6]給《たま》ひける間、「まことの仏の、世の末に出で給ふべきにあらず。②我行きて試みん」と思して、日の装束《さうぞく》うるはしくして[注7]檳榔《びりやう》の車に乗りて、[注8]御前《おんさき》多く具して、集まりつどひたる者ども退《の》けさせて、車かけはづして[注9]榻《しぢ》を立てて、梢《こずゑ》を目もたたかず、③あからめもせずしてまもりて、[注10]一時《いっとき》ばかりおはするに、この仏、しばしこそ花も降らせ、光をも放ち給ひけれ、あまりにあまりにまもられて、bしわびて、大きなる[注11]糞鳶《くそとび》の羽折れたる、土に落ちて惑ひふためくを、童《わら》部《はべ》ども寄りて打ち殺してけり。大臣《おとど》は「④さればこそ」とて帰り給ひぬ。

　さて、時の人、この大臣をいみじくかしこき人にておはしますとぞcののしりける。

（『宇治拾遺物語』による。本文を改めたところがある）

［注1］延喜の御門の御時…醍醐《だいご》天皇（八八五～九三〇）の治世。
［注2］五条の天神…現在の京都《きょうと》市下京《しもぎょう》区にある神社。
［注3］実ならぬあり…実がならない木には神が宿るとされた。
［注4］おはします…いらっしゃる。
［注5］右大臣殿…源　光《みなもとのひかる》（八四五～九一三）のこと。
［注6］給ひ…尊敬の意を添えている。
［注7］檳榔の車…檳榔という植物の葉で屋根をふいた牛車《ぎっしゃ》。
［注8］御前…先払いの供。
［注9］榻…止めた車を安定させる台。
［注10］一時ばかり…約二時間ほど。
［注11］糞鳶…鷹《たか》の一種。

問一　二重傍線部a「こぞりて」・b「しわびて」・c「ののしりける」のここでの意味として最も適切なものをあとの中からそれぞれ選び、記号で答えなさい。

a「こぞりて」
ア　お忍びで　**イ**　代わる代わる　**ウ**　競って
エ　次々に　**オ**　一人残らず

b「しわびて」
ア　謝って　**イ**　きまりが悪くなって
ウ　答えられなくて　**エ**　どうしようもなくて
オ　ひからびて

c「ののしりける」
ア　大騒ぎした　**イ**　名付けた　**ウ**　拝見した
エ　非難した　**オ**　不安になった

問二　傍線部①「心得ず思し給ひける間」・③「あからめもせずしてまもりて」の解釈として最も適切なものをあとの中から選び、それぞれ記号で答えなさい。

①「心得ず思し給ひける間」
ア　おかしいと存じ上げたので
イ　心を捉えることはできないと思ったので

問三 傍線部①「彼はさらにその前を読んだ。そうしてまたその前の前を読んだ」とありますが、ここではどのような様子を表していますか。最も適切なものを次の中から選び、記号で答えなさい。

ア いつから文章の調子が狂ったのか早く探し出して修正したいといら立つ様子。

イ 意味もない文章を書いてしまったことを不思議に思い時間の浪費を悔やむ様子。

ウ 誰にも邪魔されずにすぐに文章の続きを書き進めたくて仕方がない様子。

エ どこかにきちんと書かれた文章がないかとあせって確かめようとする様子。

オ 何度も読み返すことによって昂ぶった感情を抑え冷静になろうとする様子。

問四 傍線部②「親船の沈むのを見る、難破した船長の眼で、失敗した原稿を眺めながら、静かに絶望の威力と戦いつづけた」とありますが、この時馬琴はどのような気持ちだと考えられますか。四〇字以内で答えなさい。

問五 傍線部③「馬琴はとうとう噴き出した」とありますが、それはなぜですか。最も適切なものを次の中から選び、記号で答えなさい。

ア 孫が幼い知恵をしぼっていたずらをしようとたくらんでいるのが、おかしくてあきれてしまったから。

イ 孫が大人のまねをしてすました顔をしているのが、わざとらしくて不似合いだったから。

ウ 孫がしばらく見ないうちにすっかり大人っぽくなっていたことが、頼もしく誇らしく感じられたから。

エ 孫がひょうきんな顔をして祖父を笑わせようとしているのが、ばかばかしくおもしろかったから。

オ 孫が笑いを我慢しつつ一生懸命真面目なことを伝えようとしているのが、かわいらしく思えたから。

問六 傍線部④「『辛抱しているよ』馬琴は思わず、真面目な声を出した」とありますが、それはなぜですか。最も適切なものを次の中から選び、記号で答えなさい。

ア 孫が失礼な発言をするので、態度を注意しようと思ったから。

イ 孫に核心をつかれて、ついむきになってしまったから。

ウ 孫にからかわれてプライドが傷つき、不愉快になったから。

エ 孫に欠点を知られていたとわかり、急に恥ずかしくなったから。

オ 孫に初めて批判され、言い返したくなってしまったから。

問七 傍線部⑤「六十何歳かの老芸術家は、涙の中に笑いながら、子供のように頷いた」とありますが、この時馬琴はどのような気持ちだと考えられますか。本文全体を踏まえて六〇字以内で答えなさい。

から飛び退《の》いた。そうしてうまく祖父をかついだ面白さに小さな手を叩《たた》きながら、ころげるようにして茶の間の方へ逃げて行った。

馬琴の心に、厳粛な何物かが刹那《せつな》に閃《ひらめ》いたのは、この時である。彼の唇には、幸福な微笑が浮かんだ。それとともに彼の眼には、いつか涙が一ぱいになった。この冗談は太郎が考え出したのか、あるいはまた母が教えてやったのか、それは彼の問うところではない。この時、この孫の口から、こう言う語を聞いたのが、不思議なのである。

「観音様がそう言ったか。勉強しろ。癇癪を起こすな。そうしてもっとよく辛抱しろ」

⑤六十何歳かの老芸術家は、涙の中に笑いながら、子供のように頷《うなず》いた。

（芥川龍之介《あくたがわりゅうのすけ》「戯作三昧《げさくざんまい》」による。本文を改めたところがある）

［注1］南総里見八犬伝…一八一四年から一八四二年にかけて刊行された長編伝奇小説。

［注2］曲亭馬琴…一七六七年～一八四八年。江戸時代後期の作家。滝沢（たきざわ）馬琴。

［注3］渡辺崋山…一七九三年～一八四一年。江戸時代後期の画家。

［注4］べた一面に朱を入れた…朱筆でたくさんの訂正を加えた。

［注5］糅然…雑然。

［注6］布置…配置。

［注7］本朝に比倫を絶した…わが国で比べるもののない。

［注8］落莫たる…ものさびしい。

［注9］屑々たる作者輩…つまらない作者たち。

［注10］遼東の豕…世間を知らず自分一人が得意になっていることのたとえ。

［注11］倅…「自分の息子《むすこ》」のへりくだった言い方。

［注12］栗梅…栗梅色（赤みがかった濃い栗色）のこと。

［注13］紋附…家紋のついた着物。

［注14］糸鬢奴…頭頂を広くそりおろし、両鬢（耳の上の部分の髪）を細く残して結った髷《まげ》。

［注15］浅草の観音様…東京都台東区浅草にある浅草寺《せんそうじ》伝法院の本尊。

問一 二重傍線部ⅰ「ない」と文法的に同じ意味・用法であるものを二重傍線部ⅱ・ⅲ・ⅳ・ⅴの中から選び、記号で答えなさい。

問二 波線部A「狼狽」・B「いたずらに」・C「不遜」のここでの意味として最も適切なものをあとの中から選び、それぞれ記号で答えなさい。

A「狼狽」

ア あわてふためくこと　**イ** いきどおり悲しむこと

ウ おそれおののくこと　**エ** 思いなげくこと

オ ひどくうちのめされること

B「いたずらに」

ア 非常識に　**イ** 不意に　**ウ** 不真面目に

エ 無意識に　**オ** 無駄に

C「不遜」

ア 思い上がっていること　**イ** 思いやりがないこと

ウ 自分勝手なこと　**エ** へりくだっていること

オ 優劣をつけないこと

茶の間の方では、癇高い妻のお百《ひゃく》の声や内気らしい嫁のお路《みち》の声が賑《にぎやか》に聞こえている。時々太い男の声がまじるのは、折から[注11]伜《せがれ》の宗伯《そうはく》も帰り合わせたらしい。太郎は祖父の膝に跨《また》がりながら、それを聞きすましでもするように、わざと真面目《まじめ》な顔をして天井を眺めた。外気にさらされた頬が赤くなって、小さな鼻の穴のまわりが、息をするたびに動いている。

「あのね、お祖父様にね」

[注12]栗梅の小さな[注13]紋附《もんつき》を着た太郎は、突然こう言い出した。考えようとする努力と、笑いたいのを耐《こら》えようとする努力とで、靨《えくぼ》が何度も消えたりできたりする。――それが馬琴には、自《おのず》ら微笑を誘うような気がした。

「よく毎日《まいんち》」

「うん、よく毎日？」

「ご勉強なさい」

③馬琴はとうとう噴き出した。が、笑いの中ですぐまた語をつぎながら、

「それから？」

「それから――ええと――癇癪《かんしゃく》を起こしちゃいけませんって」

「おやおや、それっきりかい」

「まだあるの」

太郎はこう言って、[注14]糸鬢奴《いとびんやっこ》の頭を仰向けながら自分もまた笑い出した。眼を細くして、白い歯を出して、小さな靨をよせて、笑っているのを見ると、これが大きくなって、世間の人間のような憐《あわ》れむべき顔になろうとは、どうしても思われない。馬琴は幸福の意識に溺《おぼ》れながら、こんなことを考えた。そうしてそれが、さらにまた彼の心を擽《くすぐ》った。

「まだ何かあるかい？」

「まだね。いろんなことがあるの」

「どんなことが？」

「ええと――お祖父様はね。今にもっとえらくなりますからね」

「えらくなりますから？」

「ですからね。よくね。辛抱おしなさいって」

④「辛抱しているよ」馬琴は思わず、真面目な声を出した。

「もっと、もっとようく辛抱なさいって」

「誰がそんなことを言ったのだい」

「それはね」

太郎は悪戯《いたずら》そうに、ちょいと彼の顔を見た。そうして笑った。

「だあれだ？」

「そうさな。今日はご仏参に行ったのだから、お寺の坊さんに聞いて来たのだろう」

「違う」

断然として首を振った太郎は、馬琴の膝から、半分腰を擡《もた》げながら、顋《あご》を少し前へ出すようにして、

「あのね」

「うん」

「[注15]浅草《あさくさ》の観音《かんのん》様がそう言ったの」

こう言うとともに、この子供は、家内中に聞こえそうな声で、嬉《うれ》しそうに笑いながら、馬琴につかまるのを恐れるように、急いで彼の側《かたわら》

稿を、気をつけてゆっくり読み返した。

すると、なぜか書いてあることが、自分の心もちとぴったり来[i]ない。字と字との間に、不純な雑音が潜んでいて、それが全体の調和を至る所で破っている。彼は最初それを、彼の癇《かん》が昂《たか》ぶっているからだと解釈した。

「今の己《おれ》の心もちが悪いのだ。書いてある事は、どうにか書き切れる所まで、書き切っているはずだから」

そう思って、彼はもう一度読み返した。が、調子の狂っていることは前と一向変わりは[ii]ない。彼は老人とは思われないほど、心の中でA狼狽《ろうばい》し出した。

「このもう一つ前はどうだろう」

彼はその前に書いた所へ眼《め》を通した。すると、これもまたBいたずらに粗雑な文句ばかりが、[注5]糅然《じゅうぜん》としてちらかっている。①彼はさらにその前を読んだ。そうしてまたその前の前を読んだ。

しかし読むに従って、拙劣な[注6]布置と乱脈な文章とは、次第に眼の前に展開して来る。そこには何らの映像をも与えない叙景があった。何らの感激をも含まない詠歎《えいたん》があった。そうしてまた、何らの理路を辿《たど》らない論弁があった。彼が数日を費やして書き上げた何回分かの原稿は、今の彼の眼から見ると、ことごとく無用の饒舌《じょうぜつ》としか思われ[iii]ない。彼は急に、心を刺されるような苦痛を感じた。

「これは始めから、書き直すよりほかは[iv]ない」

彼は心の中でこう叫びながら、忌々《いまいま》しそうに原稿を向こうへつきやると、片肘ついてごろりと横になった。が、それでもまだ気になるのか、眼は机の上を離れない。

（中略）

「自分はさっきまで、[注7]本朝に比倫を絶した大作を書くつもりでいた。が、それもやはりことによると、人並に己惚《うぬぼ》れの一つだったかも知れない」

こういう不安は、彼の上に、何よりも堪え難《がた》い、[注8]落莫《らくばく》たる孤独の情をもたらした。彼は彼の尊敬する和漢の天才の前には、常に謙遜であることを忘れるものでは[v]ない。が、それだけにまた、同時代の[注9]屑々《せつせつ》たる作者輩に対しては、傲慢であるとともに、飽くまでもC不遜である。その彼が、結局自分も彼らと同じ能力の所有者だったということを、そうしてさらに厭《いと》うべき[注10]遼東《りょうとう》の豕《し》だったということは、どうして安々《やすやす》と認められよう。しかも彼の強大な「我《が》」は「悟り」と「諦め」とに避難するには余りに情熱に溢《あふ》れている。

彼は机の前に身を横たえたまま、②親船の沈むのを見る、難破した船長の眼で、失敗した原稿を眺めながら、静かに絶望の威力と戦いつづけた。もしこの時、彼の後ろの襖《ふすま》が、けたたましく開け放されなかったら、そうして「お祖父《じい》様唯今《ただいま》」と言う声とともに、柔らかい小さな手が、彼の頸《くび》へ抱きつかなかったら、彼は恐らくこの憂鬱な気分の中に、いつまでも鎖《とざ》されていたことであろう。が、孫の太郎《たろう》は襖を開けるや否《いな》や、子供のみが持っている大胆と率直とをもって、いきなり馬琴の膝の上へ勢いよくとび上がった。

「お祖父様唯今」

「おお、よく早く帰って来たな」

この語《ことば》とともに、八犬伝の著者の皺《しわ》だらけな顔には、別人のような悦《よろこ》びが輝いた。

証明できるが、観察では厳密に同じ条件を設定するのは難しいから。

イ　実験は設定の仕方により同じ条件で同じ結果になることが証明できるが、観察では同じ条件でも違う結果になってしまうから。

ウ　実験は設定の仕方で異なる条件での比較から因果関係がわかるが、観察だけでは何が原因でその結果になるかわからないから。

エ　実験は設定の仕方で異なる条件での比較から因果関係がわかるが、観察では条件によらず一定の結果になってしまうから。

オ　実験は実施できる場合とできない場合がはっきりしているが、観察はとりあえずどのような場合でも行うことができるから。

問四　傍線部③「『よかれと思って』」とありますが、この部分が「　」で強調されているのはなぜですか。答えなさい。

問五　傍線部④「長い目で見たら環境保護にマイナスの影響を与えている」とありますが、具体的にはどのようなことですか。最も適切なものを次の中から選び、記号で答えなさい。

ア　因果関係がはっきりしたら、それが継続しているうちに対策を立てないと問題が解決しないこと。

イ　多くの問題を解決するには優先順位をつけることが大切で、環境問題は必ずしも順位が高くないこと。

ウ　気持ちだけで行動すると成果が期待できないし、解決すべき問題にたどりつけないこと。

エ　すぐに行動に移すと思ったような成果が得られず、反対派の人たちからの批判にさらされること。

オ　長期的な視野を持つためには純粋なことだけが求められるわけではなく、強引なやり方も必要なこと。

問六　傍線部⑤「新時代に立ち向かう理性」とありますが、具体的にはどのようなことだと考えられますか。本文全体を踏まえて八〇字以内で答えなさい。

問七　「相関関係」と「因果関係」についての説明として最も適切なものを次の中から選び、記号で答えなさい。

ア　「相関関係」と「因果関係」とは同一である。

イ　「相関関係」と「因果関係」とは無関係である。

ウ　「相関関係」であれば「因果関係」が成立する。

エ　「因果関係」であれば「相関関係」が成立する。

オ　「因果関係」には「相関関係」が成立するものとしないものがある。

二　**次の文章は、［注1］『南総里見八犬伝《なんそうさとみはっけんでん》』の作者　［注2］曲亭馬琴《きょくていばきん》を主人公にした小説の一節で、親友の　［注3］渡辺崋山《わたなべかざん》が訪ねてきて談笑した後の場面です。これを読んであとの問いに答えなさい。**

崋山が帰った後で、馬琴はまだ残っている興奮を力に、八犬伝の稿をつぐべく、いつものように机へ向かった。先を書きつづける前に、昨日書いた所を一通り読み返すのが、彼の昔からの習慣である。そこで彼は今日も、細い行の間へ［注4］べた一面に朱を入れた、何枚かの原たとしても、水をきれいにするのはいいことだよね、魚を守りたいという純粋な気持ちを持つのはいいことだよね、と言うかもしれない。たしかに、環境保護論者には純粋な人が多い。③「よかれと思って」活動する人も多い。しかし、根拠があいまいな主張をするのは、④長い目で見たら環境保護にマイナスの影響を与えていると、僕は思うのである。

世界は常に問題にあふれている。環境問題だけじゃなく、貧困や飢餓や伝染病や社会cカクサなど、人びとが関心を持つべきで、政府が予算を投入すべき問題は無数にあるのだ。しかし残酷なことに、僕らの時間にも政府の予算にも限りがあり、何かを選ぶためには何かを捨てなくてはならないのである。根拠があいまいな環境保護の主張にしたがったのでは、成果は期待できない。将来「無駄金を使った」と批判されるのは目に見えている。だから僕は、とても大事なことだからこそ、無知ゆえの誇張で環境問題を叫ぶのはやめてほしいと願っている。

日本ではすでに、インテリ層のなかに環境問題を冷ややかな目で見る人が増えているような気がする。たとえば「温暖化はウソだよね」なんてうわさをまことしやかに語る人は、世間で「先生」といわれる人のなかにも数多くいるから始末にdオえない。根拠があやふやで感情論に訴える環境保護の押し売りが、このような反発を招いているような気がしてならない。

環境問題が気になる人に言いたい。行動する前に考えよう。よくある人生アドバイスの逆である。自分個人の人生ならば、「悩んでも仕方ないから行動してみようよ」という[注1]ポリシーもよいと思う。僕もわりとそういう人生を歩んできた。しかし、環境問題は、よかれと思ってしたことが逆効果をもたらすことが多々あるのだ。根拠不明の活動に参加するためeエンロはるばる自動車で駆けつけるような人は、二酸化炭素をまき散らすだけで終わっているのかもしれない。それなら家で寝ていたほうが環境のためになるのである。だから、行動する前に考えよう、ちゃんと勉強しようと僕は訴えるのである。

人間は、ものごとに因果関係を求めがちである。それは僕らが原始人だった時代、人間の役に立つ感覚だっただろう。しかし時代は移り、温暖化など地球規模の問題が現実化している。このような環境問題は原始時代には問題にならなかったことなので、僕ら人間の本能だけで解決を目指してはいけないのである。⑤新時代に立ち向かう理性が、いま求められている。

（伊勢武史《いせたけし》『生態学者《せいたいがくしゃ》の目のツケドコロ』による。本文を改めたところがある）

[注1] ポリシー…原則。方針。

問一　二重傍線部a・b・c・d・eのカタカナを漢字に改めなさい。

問二　傍線部①「じつはこれ、科学的ではないのである」とありますが、それはなぜですか。「相関関係」・「因果関係」の二つの語句を用いて、五〇字以内で答えなさい。

問三　傍線部②「実験を行なえば因果関係を立証することが可能になる。逆に、観察だけでは、因果関係を証明するのはむずかしい」とありますが、それはなぜですか。最も適切なものを次の中から選び、記号で答えなさい。

ア　実験は設定の仕方により同じ条件で同じ結果になることが

【国　語】（五〇分）〈満点：一〇〇点〉

【注意】　字数制限のある問いについては、特に指示がない限り、句読点・記号も一字として数えなさい。

一　次の文章を読んで、あとの問いに答えなさい。

やさしい人がやさしい味の料理をつくってくれる。人柄がやさしいから、つくる料理の味もやさしくなるのだろうか。それとも、もともとやさしい食べものが好きだったから、人柄もやさしくなったのだろうか。いや、そもそも人柄と料理の味に関係はなく、たまたま「やさしい人」と「やさしい味」がマッチしているだけなんだろうか。ならば、やさしいけど激辛ラーメン大好きって人もいるだろうか……、いや当然いるだろうな……。なら人柄と料理の味にかかわりなんてないのかな……。ふとこのように、因果関係について考えて頭のなかで堂々めぐりが始まってしまうことがある。

「健康な人はよく運動する」「病気がちな人はあまり運動しない」――こういうデータがあったとしよう。ということは、「じゃあ健康になるために運動がんばろうよ」なんて思う人がいるかもしれない。僕らはともすればこういうふうに考えてしまいがちだけど、①じつはこれ、科学的ではないのである。

ここで挙げられたデータからは、「健康」と「運動量」に相関関係があることがわかる。でも、「運動」が原因となって、「健康」という結果が手に入るとは限らない。逆に、「健康」が原因となって、「運動量」が上がっているという可能性を否定できないからだ。元気な人は体を動かす活動に耐えられるだけ、病気がちな人は体を動かすことに耐えられないだけ、ということだ。

科学的に因果関係を証明するには、複数の人に実験に協力してもらう必要があるだろう。最初に、全員の健康状態と日ごろの運動量をチェックする。次に協力者を2つのグループに分ける。グループAには定期的にaテキドな運動を課する。グループBには何も要求せず、これまでどおりの生活をしてもらう。そして半年後、2つのグループの健康状態をチェックすればよい。

このように、②実験を行《おこ》なえば因果関係を立証することが可能になる。逆に、観察だけでは、因果関係を証明するのはむずかしい。協力者から健康状態と日ごろの運動量のアンケートをもらっただけでは、運動が人を健康にしているのか、それとも運動できるくらい健康な人が体を動かしている（病気の人は家にbトじこもっている）だけなのか、区別がつかないのである。

この本でこういうことを書くのには理由がある。ともすれば、環境問題を扱うときに、ただの相関関係しかないのに、さも因果関係があるように主張してしまう例が多々あるからだ。環境問題で何かを訴えようと思う人は、「水が汚れたから希少種の魚が減った」というようなことを言うかもしれない。たしかに、データを見れば、この数十年でその場所の水質は悪化しており、その希少種の個体数は減少しているかもしれない。しかしそれは単なる相関であり、因果関係が証明されたわけではないのである。この相関関係だけをもって、「魚を守るために水をきれいにしよう」と叫ぶのは、はなはだ危なっかしい行為である。

環境保護論者は反論するかもしれない。もし仮に因果関係がなかっ

MEMO

大切なことはメモしておこうネ！

2022年度

解　答　と　解　説

《2022年度の配点は解答欄に掲載してあります。》

＜数学解答＞《学校からの正答の発表はありません。》

1.　(1)　-16　　(2)　$18\sqrt{10}-1$

2.　(1)　A$(-1,\ 2)$，B$(3,\ 18)$　　(2)　C$(4,\ 32)$

3.　(1)　$2x^\circ-180^\circ$　　(2)　①　解説参照　　②　$9\sqrt{3}$

4.　(1)　6分　　(2)　①　$\frac{5}{6}$倍　　②　$\frac{30}{11}$分後

5.　(1)　$\frac{1}{3}$　　(2)　2　　(3)　(イ)，(エ)

○推定配点○

1.　各8点×2　　2.　(1)　各5点×2　　(2)　8点

3.　(2)　①　10点　　他　各6点×2　　4.　(2)　②　10点　　他　各6点×2

5.　(3)　各5点×2　　他　各6点×2　　　計100点

＜数学解説＞

基本　1.　(小問群－数の計算，平方根の計算)

(1)　$\{5-6\times\frac{3}{2}+(-2^4)\}-(-3)^4\times\frac{5}{9}+7^2=(5-9-16)-81\times\frac{5}{9}+49=-20-45+49=-16$

(2)　$\frac{\sqrt{125}}{\sqrt{50}}\left(6-\frac{2\sqrt{5}}{5\sqrt{2}}\right)-\sqrt{45}(\sqrt{18}-4\sqrt{8})=\frac{5\sqrt{5}}{5\sqrt{2}}\left(6-\frac{2\sqrt{5}}{5\sqrt{2}}\right)-3\sqrt{5}(3\sqrt{2}-8\sqrt{2})=\frac{6\sqrt{5}}{\sqrt{2}}-\frac{50}{50}+15\sqrt{10}=3\sqrt{10}-1+15\sqrt{10}=18\sqrt{10}-1$

2.　(関数とグラフ－放物線と直線の交点，等しい面積)

基本　(1)　放物線$y=ax^2$と直線$y=a^2x+3a$の交点のx座標は方程式$ax^2=a^2x+3a$の解として求められる。その解の1つである$x=-1$を代入すると，$a=-a^2+3a$　　$a^2-2a=0$　　$a(a-2)=0$　　aは0ではないので，$a=2$　　よって，$2x^2=4x+6$　　$x^2-2x-3=0$　　$(x+1)(x-3)=0$　　点Bのx座標は3である。y座標はそれぞれ，$2\times(-1)^2=2$，$2\times3^2=18$　　よって，A$(-1,\ 2)$，B$(3,\ 18)$

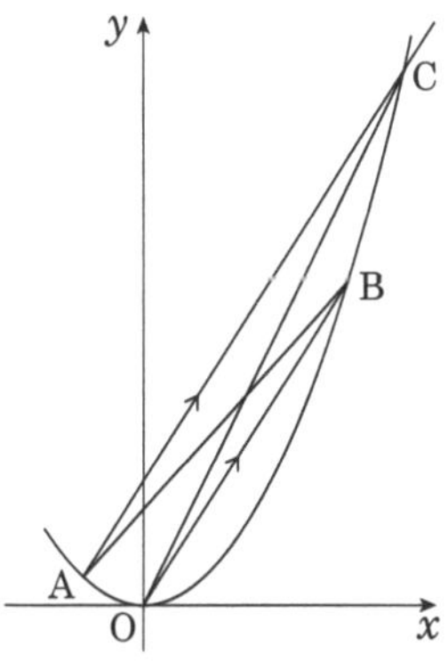

※y軸方向を縮小してある

重要　(2)　平行線間の距離は一定なので，点Aを通るOBに平行な直線上に点Cがあれば，△OAB＝△OBCとなる。OBの傾きは，$\frac{18}{3}=6$　　$y=6x+b$とおいて$(-1,\ 2)$を代入すると，$2=-6+b$　　$b=8$　　放物線$y=2x^2$と直線$y=6x+8$の交点のx座標は方程式$2x^2=6x+8$の解だから，$x^2-3x-4=0$　　$(x+1)(x-4)=0$　　$x>3$なので，$x=4$　　y座標は$2\times4^2=32$　　C$(4,\ 32)$

3.　(平面図形－角度，作図，面積，三平方の定理)

重要　(1)　∠PAB＝aとすると，∠QAB＝$2a$　　∠PBA＝bとすると，∠QBA＝$2b$　　△PABにおいて，∠PAB＋∠PBA＝180°－∠APBだから，$a+b=180^\circ-x^\circ$…①　　△QABにおいて，∠AQB

$=180^\circ-(\angle \mathrm{QAB}+\angle \mathrm{QBA})=180^\circ-(2a+2b)=180^\circ-2(a+b)$…②　①を②に代入すると，$\angle \mathrm{AQB}=180^\circ-2(180^\circ-x^\circ)=2x^\circ-180^\circ$

(2)　①　$\angle \mathrm{APB}=x^\circ=120^\circ$のとき，$\angle \mathrm{AQB}=2\times120^\circ-180^\circ=60^\circ$　よって，ABを弦とし，ABに対する円周角が60°となる円の弧を作図すればよい。

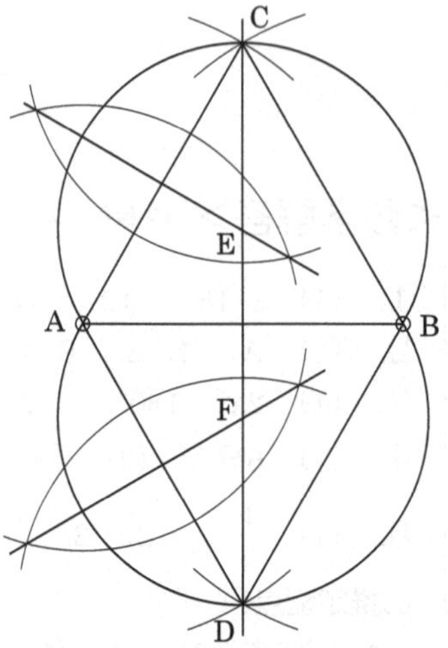

<作図例>　点A，Bをそれぞれ中心とする半径ABの円を書き，その交点をC，Dとする。直線CDを引けば，CDは線分ABの垂直二等分線である。また，△CAB，△DABは正三角形であり，$\angle \mathrm{ACB}=\angle \mathrm{ADB}=60^\circ$　AとCをそれぞれ中心とする適当な半径の円を書き，その2つの交点を結ぶ直線と直線CDの交点をEとする。点Eを中心とする半径EAの円を書く。ABに対して中心Eのある側の弧ABが点Qが動いた曲線である。また，AとDをそれぞれ中心とする適当な半径の円を書き，その2つの交点を結ぶ直線と直線CDの交点をFとする。点Fを中心とする半径FAの円を書く。ABに対して中心Fのある側の弧ABが点Qが動いた曲線である。なお，いずれも点A，Bは含まない。　②　点Qが曲線上を動くとき，△AQBの底辺をABとみると，点Qから直線ABまでの距離が高さとなる。その距離が最も大きくなるのは点Qが弧ABの中点にくるときであり，そのとき,△AQBは1辺の長さが6の正三角形となる。よって，その面積は$\frac{\sqrt{3}}{4}\times6^2=9\sqrt{3}$

4.　(数量関係－移動，速さ，道のり，時間，方程式の応用)

重要　(1)　1周の道のりをlmとすると，Aさんの速さは分速$\frac{l}{10}$m，Cさんの速さは分速$\frac{l}{10}\mathrm{m}\times\frac{2}{3}=\frac{l}{15}$m　AさんとCさんが初めて出会うまでに$x$分かかるとすると，$\frac{l}{10}x+\frac{l}{15}x=l$　$5lx=30l$　$x=6$　6分かかる。

(2)　①　AさんはCさんに出会って時計周りに向きを変え，Bさんに出会って反時計回りに向きを変えた。そして，Cさんを追い抜いてBさんと出会った。BさんはAさんに出会って時計周りに向きを変え，Cさんを追い越して進んできたAさんと2回目に出会った。Bさんの速さを分速bmとすると，AさんとBさんが$\frac{60}{11}$分に進む道のりを合わせたものが1周の長さになるから，$\frac{l}{10}\times\frac{60}{11}+\frac{60}{11}b=l$　$\frac{60}{11}b=\frac{5l}{11}$　$b=\frac{l}{12}$　よって，Bさんの速さはAさんの速さの$\frac{l}{12}\div\frac{l}{10}=\frac{5}{6}$(倍)

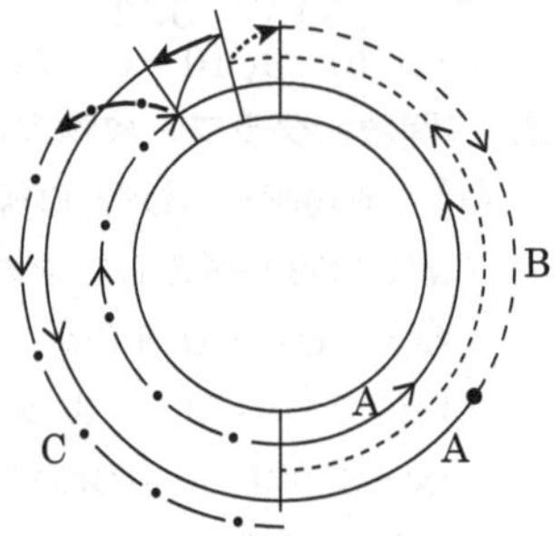

やや難　②　AさんがCさんと出会うまでの間にBさんは$\frac{l}{12}\times6=\frac{l}{2}$進んでいる。そのとき，AさんとBさんは$\frac{l}{10}\times6-\frac{l}{2}=\frac{l}{10}$(m)離れている。その時点からAさんとBさんが出会うまでにかかる時間は，$\frac{l}{10}\div\left(\frac{l}{10}+\frac{l}{12}\right)=\frac{6}{11}$(分)　その間にAさんとCさんは$\left(\frac{l}{10}+\frac{l}{15}\right)\times\frac{6}{11}=\frac{l}{11}$(m)離れている。よって，AさんがCさんを追い抜くまでにかかる時間は，$\frac{l}{11}\div\left(\frac{l}{10}-\frac{l}{15}\right)=\frac{30}{11}$(分)

5.　(確率－方程式，確率の意味)

基本　(1)　赤玉の個数を$2x$個とすると，白玉の個数は$3x$個，青玉の個数は$4x$個と表される。玉の総数は$9x$個であり，そのうちの$3x$個が白玉なので，1つだけ玉を取り出すとき，白玉である確率は，$\frac{3x}{9x}=\frac{1}{3}$

(2)　青玉を2個減らすと$(4x-2)$個，赤玉を6個増やすと$(2x+6)$個，白玉をm個増やすと$(3x+m)$個となる。その結果どの色の玉も取り出される確率が等しくなるのだから，$4x-2=2x+6=3x+m$　$4x-2=2x+6$から，$x=4$　$2x+6=3x+m$に代入して，$14=12+m$　$m=2$

重要 (3)　(ア)　回数が少ないときには$\frac{1}{3}$との関係がみられないこともあるが，実験の回数を多くすれば$\frac{1}{3}$に近い数になっていくので，正しくない。　(イ)　確率の意味を正しく述べた文であり，正しい。　(ウ)　3回に1回は必ず白玉が出るということではないので，正しくはない。
(エ)　多数回実験する中で，稀にではあるが数回連続で白玉を取り出すことがあり得る。よって，正しいものは(イ)と(エ)

★ワンポイントアドバイス★

2.(1)は未知数aが使われているが，かまわずに交点の座標を求める方程式を作って進める。3.∠PAB，∠PBAを文字で表すと考えやすい。4.は3人の動きを図に表しながら考えよう。5.は確率の意味を聞いている重要問題。

<英語解答>《学校からの正答の発表はありません。》

1　聞き取りの問題解答省略　**2**　書き取りの問題解答省略

3　1　number　2　farming　3　cities　4　without　5　nutrients
6　temperature　7　again　8　increase　9　knowledge
10　transport　11　cheap　12　tall　13　supply

4　(1)　エドナは寒い雨の夜に，周囲に何もない所で車のタイヤがパンクして困っていたが，自分が通りかかってタイヤ交換をしてあげられたから。　(2)　自分自身が失業中であり，さらにもうすぐ子供が生まれるから。　(3)　エドナはタイヤ交換をしてくれたポールにお礼としてお金を渡そうとしたが断わられたので，ポールの親切に報いるために，自分も誰かに親切にしようと思ったから。

5　1　オ　2　ア　3　ウ　4　イ　5　エ

6　(1)　not to bring food of other restaurants to the cafe　(2)　is a fast-food restaurant in front of the cafe　(3)　wanted something hot to drink with my hamburger　(4)　have never come to such a terrible cafe

7　(例)　I think high school students should do club activities at school. They can make friends who share the same interests and hobbies. They can also learn to work together and try hard for their goals and dreams. [37語]

○推定配点○

4　各4点×3　5　各2点×5　7　6点　他　各3点×24　計100点

＜英語解説＞

1　聞き取りの問題解説省略。

2　書き取りの問題解説省略。

3　**(長文読解問題・論説文：語句補充，要旨把握，熟語，前置詞，不定詞)**

(全訳)　世界の人口はすでに70億に達している。2050年までに世界人口は90億に達するだろうと言う専門家もいる。もしこれが本当なら，私たちはその90億人のために食品供給を増やす方策が必要である。どのようにしたらそれができるだろうか。地球表面の約71％が水で，表面の約29％が陸である。しかしその陸地の10％程度しか農業に適していない。残りは農業をするのに暑すぎるか寒すぎる地域にあったり，やせた土壌であったり，水が十分になかったり，太陽の光が十分ではない。また，かつて農地だった場所のほとんどを今は都市が占拠している。農地がほとんどないならば，さらに多くの食品を生産することは難しそうだ。

しかしながら，専門家たちは水耕農法が解決法の1つになりうると確信している。それは植物を育てるのに土を使わない新しい農業の方法だ。土の代わりに，植物は水の中で育つ。その水は植物が必要とするビタミンやミネラルなどの栄養分と混ぜ合わされている。通常，植物はこれらの栄養を土から得るが，水耕農法では植物は栄養を水から吸収する。

水耕農法には様々な恩恵がある。第1は，もちろん，土が必要ではないことだ。また，温室内の照明や温度を調節できるため，ほぼどこでも，いつでも植物を育てることができる。照明設備があるので，太陽光があまりない場合にも心配無用だ。世界の非常に寒い地域でさえも，暖房設備で部屋を暖めることによって植物を育てることができる。もう1つの利点は，水耕農業は伝統的な農業と比較してほとんど水を使わない。水耕設備は同じ量の食品を生産するのに，土を利用した農作で使われる水の5％ほどしか水を必要としない。これは，水耕システムの水がリサイクルされるからである。さらに，植物が成長時に吸収する栄養素を調整することによって栄養価の高い食用植物を生産することもできる。最後に，水耕農業の原理はシンプルなので，成功を収めるために専門知識はほとんど必要でない。だから誰でもこの方法で植物を育てることができる。

世界の70億人の半分以上が都市部に住んでいる。大都市に住む人々は遠くの農場から市内に輸送された食品を主に消費している。このことが時に問題を生みだす。例えば，生の果物や野菜は，長時間の輸送の後にしばしば新鮮ではなくなる。それらは輸送費用が値段に追加されているので高額である。また，冬は新鮮な果物や野菜が市場に少ない。都市部に農場を持つことはこれらの問題を解決するだろう。

もし水耕農法を垂直農法と呼ばれるシステムと一緒に使えば，都市にある超高層ビルの中でも植物を育てることができる。多くの農業専門家たちは，垂直農法は理論上可能だと信じている。彼らは超高層ビルが垂直農場になりうると提案する。野菜や果物はそれらのビルの各階で水耕農法によって育つ。光や熱は時期や植物の必要に応じて調節することができる。超高層ビル1棟が大きな農場と同じくらいの農地を供給するかもしれない。垂直農法で生産された食品は新鮮で安く，一年中手に入るので都市の人々に恩恵を与えるだろう。

水耕農法に頼ることは将来，人々を養うのに良い方策だろうか。もしそうなら，私たちは人々にその方法の原則と恩恵について，今日にも教え始めるべきだろう。

【要約文】(全訳)　私たちはますます多くの地球に住む人々を養うため，もっと多くの食品を生産する必要がある。しかし地球の土地のわずか10％しか(2)農業に使うことができず，土地の多くの部分が(3)都市になってしまった。水耕農法は土(4)なしで植物を育てることができるので便利な方法だ。この方法では，(5)栄養素が入った水が植物を育てるために使われる。

水耕農法には多くの利点がある。温室で照明・暖房システムを使うことにより，太陽光がほとんどない地域や外の(6)温度が非常に低い場合でも植物が育つ。水耕システムの水は(7)再び使うことができるので，あまり多くの水を必要としない。また，栄養価(8)を高めるために，植物に与える(5)栄養素を調節することができる。あまり専門的な(9)知識を持っていない人でも簡単に水耕農法を始めることができる。通常，果物や野菜を農場から遠い(3)都市に(10)輸送するには時間がかかる。しかしもし私たちが(3)都市で果物や野菜を育てることができれば，農家が輸送にお金を払う必要がないので，(11)安くなるだろう。垂直農法を使えば，(3)都市の(12)高いビルが農場として使える。

もし水耕農法が将来の食品(13)供給を増やす良い方策であるならば，私たちは今すぐ人々にこの方法の使い方を教え始めるべきだ。

重要 問　要約文下線部参照。　(1)　an increasing number of ～「ますます多くの～」　(7)　本文第3段落第8文の be recycled「リサイクルされる」を be used again「再び使用される」と言い換える。　(8)　increase the value「価値を高める」　(9)　本文第3段落の最後から2番目の文参照。expertise「専門知識」を expert knowledge「専門的な知識」と言い換える。(10)　本文第4段落第2文参照。is transported と受動態になっているが，要約文では原形の transport「～を輸送する」を入れる。　(13)　空所(13)は要約文の最後の部分だが，該当する語句は本文の第1段落第3文にある。increase the food supply に着目し，supply「供給」を入れる。

4 (長文読解問題・物語文：内容吟味)

(全訳)　ある寒い12月の晩，だんだんと時間が遅くなっていた。風が強く，雨が降り出した。1人の男性が車を運転していた。彼はとても疲れていて不安な気持ちだった。

彼は2週間前に工場が閉鎖された時に失業したので，新しい仕事を見つけなくてはならなかった。

今朝，彼は仕事の面接のために町へ車で行ったが，彼は遅すぎた。全ての職がすでに決まっており，彼らは彼を追い払った。彼は何らかの仕事を見つけるために1日中町を歩き回ったが，何も見つからなかった。もしすぐに職を得られなかったら，彼は何をしたらよいかわからなかった。

暗くなり，時間もとても遅くなった。行く手に，その男性は道路わきに1台の車を見かけた。彼は通り過ぎる時にちらりと見ようと速度を落とした。その車は新しくて値段が高そうだった。年配の女性がその車の横に立ち，腕を振っていた。その男性は車を道の片側に寄せて止め，車から出た。「何か問題ですか？」とその男性は尋ねた。

その女性は何も言わなかった。彼女は怖かったし，この男性を信頼してよいかわからなかった。その女性は自分がお金持ちに見えるとわかっていた。彼女は高価なコートを着ていて，素敵な車の横に立っていた。しかし彼女は寒くて濡れてもいた。彼女はこの男性を信じるしかなかった。

「タイヤがパンクしてしまいました。レッカー車を呼ぼうとしたのですが，ここでは携帯電話の電波が通じていないのです」と彼女が言った。

「ああ，なるほど。でもご心配なく。私がタイヤを交換します」とその男性が微笑んで言った。

「ところで，僕の名前はポールと言います」と彼は言った。

「私はエドナです」とその女性が言った。「助けてくださってありがとうございます。誰も来ないんじゃないかと心配していました」

「大丈夫ですよ。(1)あなたは運がいいですね。ここには何もありませんから」とポールが言った。彼はエドナの車から予備のタイヤと道具を取り出した。「僕の車の中で待って，体を暖めたらどうですか？」と彼が提案した。

エドナはうなずき，中に入った。暖かかった。すぐにポールはタイヤの交換を終えた。エドナは彼の車から出て，彼に感謝した。「感謝してもしきれません」 彼女はポールにお金を渡そうと，財布を開けた。ポールはそれについて一瞬考えた。(2)彼は本当はそのお金が必要だったが，首を振った。「僕は，ご心配なく，と言いましたよ」と彼は微笑んで言った。エドナは彼に再びお礼を言い，彼らは自分たちの車に戻った。彼らは夜の闇へと車で立ち去った。

およそ1時間後，エドナはある町を見かけた。彼女は次第に疲れてきていて，コーヒーと食事を求めて小さなレストランに立ち寄った。

1人のウェイトレスが彼女の注文を取りに来た。彼女はとても疲れている様子だった。エドナはそのウェイトレスが妊娠8か月程度だと，彼女のお腹の大きさからわかった。それでも彼女は明るい微笑みを浮かべていた。彼女はエドナの注文を取る時，とても感じが良かった。

エドナは食事を食べ，コーヒーを飲んだ。彼女はそのウェイトレスが他の客に給仕するのを見つめた。彼女は注文を取る時にみんなと親しげに世間話をした。彼女はちょっと立ち止まって休むこともなかった。エドナは食べ終わると，そのウェイトレスに食事代として100ドル紙幣を渡した。そのウェイトレスがレジにお釣りを取りに行ったとき，エドナは立ち上がって静かにドアの外に出た。そのウェイトレスは戻ると，エドナがいなくなっていることに気づいた。彼女は彼女に追いつこうと急いでドアの外に出たが，エドナはすでに出発していた。彼女がエドナのテーブルを掃除するために中に戻ると，(3)テーブルの上にもう1枚100ドル紙幣を見つけた。そのチップはウェイトレスのために置かれていた。彼女はそれを手に取った。彼女は信じられなかった。あの女性は彼女がそのお金を今すぐ必要としていることをどうして知っていたのだろうか。

そのウェイトレスは仕事を終えた。彼女は車に乗り，家まで運転した。彼女は満面の笑みを浮かべていたが，それはいつもの微笑みとは違っていた。彼女が帰宅すると，夫はソファに座ってテレビを見ていた。彼女は彼に駆け寄り，彼を大きく抱きしめた。彼は驚いて彼女を見た。

「ああ，ポール，今日仕事で何が起きたか，あなたには絶対にわからないわよ！」と彼女が言った。

(1) 直後の文参照。女性は寒い雨の夜に車のタイヤがパンクして困っていたが，周囲には何もなかった。そこに自分が通りかかり，女性を手伝ってあげられることに対して，「僕が通りかかってよかったですね」という意味で「あなたは運がいい」と言っている。

(2) 第2，3段落より，ポールは失業し，職を探しているとわかる。また，本文の最後で，妊娠中のウェイトレスが自分の夫を「ポール」と呼んでいることから，ポールとウェイトレスは夫婦だとわかる。ポールは自分自身が失業していて，さらにもうすぐ子供が生まれるため，お金が必要だった。

やや難 (3) エドナはタイヤ交換をしてくれたポールにお礼としてお金を渡そうとしたが，断られた。エドナはポールの親切に報いるため，自分も誰かに親切なことをしようと考え，妊娠中も一生懸命に働くウェイトレスに高額のチップを渡した。その100ドルはもともとポールに渡すつもりだったお金だと考えられる。

5 (長文読解問題・紹介文：文補充・選択)

(全訳) 私たちはよくこのような言葉を耳にする。「私は広告が大嫌いだ」「世の中には広告が多すぎる！」 21世紀には広告が至る所にあるようだ。通り沿い，電車やバスの中，ウエブサイトやテレビでも見かける。広告から逃れるのは難しい。でも私たちは本当にそうしたいのか。[1]実際のところ，考えてみると，広告にはたくさんの恩恵がある。

第1に，広告は私たちに必要な情報を与える。例えば，あなたが新しいコンピュータや新しい車を買いたければ，新聞，雑誌，テレビ，さらにはラジオにおける広告の中で一番お買い得なものを探すことができる。これらの広告は商品の詳細を教え，ある商品の最安値が得られる場所を探しだすのに役立つ。実際にたくさんの様々な店に行く必要がない。

[2]情報を与えるのに加え，広告はエンターテインメント産業を支える。好きなテレビ番組の間にコマーシャルを見るのはうっとうしいかもしれないが，広告主はその制作にお金を払っている。これがテレビスタッフの仕事の給料になる。[3]その会社の名前が番組の初めと終わりに出てくる。彼らの援助がなければ，あなたに資金援助を求める募金活動の時間が増えるかもしれない。また，多くの司会者はコマーシャルに出ることから仕事のキャリアを始める。[4]それは彼らにとって経験とマスコミへの露出の両方を得る方法だ。

そして広告とスポーツについてはどうか。たくさんの大きな広告がスポーツスタジアムを取り囲み，多くの人がそれらに気づく。プロスポーツは球場や用具，そしてもちろんプロ選手の給料を支払うために，広告を利用する。合衆国のスーパー・ボウルについて考えてみよう。誰もが，フットボールが好きでない人でさえも，このイベントを楽しみにしている。なぜならコマーシャルがその年で1番のものだと知られているからだ。[5]企業はこのイベントの間の60秒間の広告時間に対し，100万ドルもの大金を支払う。そこで大変な努力がこれらのコマーシャルに注がれる。結果として視聴者はスポーツと同じくらいコマーシャルを見たいと思う。

問　全訳下線部参照。

6 （長文問題・物語文：不定詞，前置詞，冠詞，熟語，現在完了）

（全訳）　バイオレットはコーヒーとペーストリーを出す，エレファント・カフェで働いている。彼女はあまり自分の仕事が気に入ってはいないが，生活するために働き続けている。そのカフェのルールの1つは，(1)他のレストランの食品をそのカフェに持ち込まないことだ。

ある日，彼女は1人の客がエクスプレス・バーガーの食べ物を食べていることに気が付いた。エクスプレス・バーガー(2)はそのカフェの前にあるファストフードレストランだ。それはエレファント・カフェの通りを挟んだ向かいにある。

バイオレットはそれは大きな問題だと思わなかったので何も言わなかった。しかしそのカフェの経営者のアマンダは彼女を呼び寄せて言った。「バイオレット，あの客に私たちのルールについて話す必要があるわね」 バイオレットはうなずき，彼のところへ行った。「こんにちは，申し訳ありませんが，ここでそのハンバーガーを食べることはできません」とバイオレットは言った。「でも俺はあんたのカフェから，すでにコーヒーを1杯注文したぞ。俺はただ，(3)ハンバーガーと一緒に温かい飲み物がほしかったんだ」と彼は言った。「お食事が済んだ後に，お越しください。申し訳ありませんが，私はルールを変更できません」とバイオレットが言った。

彼は立ち上がり，テーブルとイスを倒した。「俺は(4)こんなひどいカフェに来たことがない！」と彼は言った。他の客と従業員が皆，彼を見た。彼は出ていき，インターネットに怒りの批評を書き込んだ。アマンダはその批評を読み，カフェの人気がなくなると恐れ，そのルールを変えることにした。今はそこで何かを注文したら，他のレストランの食品を食べてもよい。

(1)　<not to +動詞の原形>「～しないこと」(名詞的用法の不定詞)　bring A to B「AをBに持ってくる」　cafe は「そのカフェ(＝エレファント・カフェ)となるよう，the を付ける。

(2)　主語 Express burger の後に be 動詞 is を補う。fast-food restaurant の前には冠詞 a を付ける。in front of ～「～の前に」

(3)　something hot to drink「何か温かい飲み物」「ハンバーガーを食べる時に一緒に飲む」という意味で，with my hamburger とする。

(4)　have never とあることから現在完了形の文と考えて，過去分詞 come を補う。<such a +形容詞＋名詞>「こんなに…な(名詞)」

7 (条件英作文)

重要 (解答例の訳)「私は高校生は部活動に参加するべきだと思います。彼らは同じ興味や趣味を持つ友達を作ることができます。また，協力して目標や夢に向かって努力することも学べます」

★ワンポイントアドバイス★

4の長文読解問題は，タイヤ交換を手伝った男性(ポール)と妊娠中のウェイトレスが夫婦であると読み取れるかどうかがポイント。

<理科解答>《学校からの正答の発表はありません。》

1 (1) ウ，エ　(2) ア，イ，ウ，キ　(3) ア，イ，エ　(4) ウ　(5) オ
(6) ア，ウ　(7) イ　(8) ア，イ，オ，カ

2 (1) 20Ω　(2) 1.40A　(3) 2.88g　(4) 0.4g　(5) ① 表面　② 体
(6) 花粉管が伸びて，その中を精細胞の核が移動し，卵細胞の核と結びつく。　(7) 平均の密度が海水よりも小さい。　(8) 水力発電，生活用水や産業用水の供給，洪水の防止などから2つ

3 (1) A 伝導[対流]　B 対流[伝導]　(2) オ　(3) オゾン　(4) ① イ
② キ　(5) X 20　Y 95　(6) 金星　(7) イ，ウ

4 (1) 5.0J　(2) 5.0N　(3) 摩擦力 エ　重力 オ　(4) ク　(5) ウ
(6) ウ　(7) オ

5 (1) エ　(2) キ　(3) ク　(4) 開 D　閉 C　(5) 5250mL　(6) 46秒
(7) (心臓のつくり) ほ乳類の心臓は二心房二心室だが，両生類の心臓は二心房一心室である。　(不都合) 全身からの酸素の少ない血液と，肺からの酸素の多い血液が，心室で混ざってしまう。

6 (1) ① 砂糖水　③ アンモニア水　⑥ 食塩水　(2) $35.4cm^3$　(3) 加熱して何も残らないのは，固体が溶けていない水溶液だから。　(4) 銅片が溶け出して小さくなる。[水溶液の色が青色に変化する。／銅片のまわりに灰白色の銀が付着する。]などから2つ
(5) カ　(6) ア，カ

○推定配点○

3 (1) 各1点×2　他 各2点×49(1(6)・2(5)・(8)，5(4)各完答)　計100点

<理科解説>

1 (小問集合－各領域の小問集合)

(1) 音の大きさは，音の速さには無関係である。また，音波の振動数が大きいほど音は高い。

(2) 放射線は，高いエネルギーを持つ粒子や光である。アの正体はヘリウムの原子核，イの正体は電子であり，放射線に該当する。ウ～キは光の種類だが，そのうち，波長の短いウとキが放射線に含まれる。クはニッケルクロム電熱線の略である。

(3) アは液体から固体，イは気体から液体，エは液体から気体の変化である。なお，ウは液体か

ら気体の変化で，蒸発(気化)である。オは固体から気体への変化で，昇華である。

(4)　水100gに物質をx〔g〕溶かすと，$(100+x)$〔g〕の飽和水溶液になる。よって，飽和水溶液100gに含まれる溶質の質量は，$100\times\frac{x}{100+x}$〔g〕である。

(5)　顕微鏡では，対物レンズによって鏡筒内の空間につくられた倒立の実像を，接眼レンズから正立の虚像として見ている。そのため，上下左右が逆に見える。

重要　(6)　胆汁は肝臓で作られ胆嚢にたくわえられる。胆汁のはたらきは，食物中の脂肪を小さな粒にして(乳化)，消化液と混ざりやすくし，膵液に含まれる酵素リパーゼと反応しやすくする。しかし，胆汁そのものに消化酵素は含まれない。

(7)　ア　誤り。太陽系は銀河系の中心から約2.8万光年離れている。　イ　正しい。銀河系には約1000～2000億個の恒星と，星間物質などが含まれる。　ウ　誤り。銀河系の円盤部の直径は約10万光年，全体の直径は約15万光年である。　エ　誤り。太陽系以外の惑星(系外惑星)は，すでに5000個程度が発見されている。　オ　誤り。アンドロメダ銀河など，宇宙には数千億個～数兆個の銀河があるとされる。　カ　誤り。天の川は，銀河の円盤部を，その円盤部の中にある地球から見た姿である。

(8)　ア　正しい。粘性が強い溶岩が噴出すると，溶岩ドームのような形態の火山となる。　イ　正しい。粘性が強い溶岩は，石英や長石を多く含み，冷えると白っぽい岩石になる。　ウ　誤り。斜面を高速で流下する火山ガスは火砕流である。火山弾は空中を飛んでいく。　エ　誤り。火山灰には，マグマの中から結晶となった鉱物が多数含まれる。　オ　正しい。火山灰は短期間に数百kmかそれ以上の距離に降り積もる。　カ　正しい。火山ガスの90%以上が水蒸気で，他に二酸化炭素などの気体が含まれる。

2 (小問集合－各領域の小問集合)

(1)　もとの電熱線の抵抗は，$\frac{3.0(\mathrm{V})}{0.30(\mathrm{A})}=10(\Omega)$である。この電熱線の長さを2倍にすると，抵抗も2倍になるので，$10\times2=20(\Omega)$となる。

(2)　長さ0.5L，断面積2Sの電熱線の抵抗は，もとの電熱線の$0.5\div2=0.25$(倍)なので，流れる電流は4倍の$0.30\mathrm{A}\times4=1.20(\mathrm{A})$である。また，長さ3L，断面積2Sの電熱線の抵抗は，もとの電熱線の$3\div2=1.5$(倍)なので，流れる電流は$\frac{1}{1.5}$倍の$0.30(\mathrm{A})\times\frac{1}{1.5}=0.20(\mathrm{A})$である。並列つなぎなので，電流の合計は$1.20+0.20=1.40(\mathrm{A})$となる。

(3)　二酸化炭素の密度は$0.0018\mathrm{g/cm^3}=1.8\mathrm{g/L}$だから，発生した二酸化炭素の質量は，$2.2\times1.8=3.96$(g)である。よって，炭素と結びついた酸素の質量は，$3.96-1.08=2.88$(g)である。

(4)　過不足なくちょうど中和したときの量比を考えると，塩酸：水酸化ナトリウム水溶液：塩化ナトリウム＝$20\mathrm{cm^3}$：$40\mathrm{cm^3}$：1.6g＝$5\mathrm{cm^3}$：$10\mathrm{cm^3}$：xであり，$x-0.4$gとなる。このとき，混ぜ合わせた水溶液には，塩酸が余っている。

(5)　肺胞は肺の表面積を大きくすることに役立っている。この場合の表面積とは，同じ体積に対する表面積である。例えば，一辺が2cmの立方体が1つあると，その表面積は$24\mathrm{cm^2}$である。しかし，これを一辺が1cmの立方体8つに分けると，合計の体積は変わらないが，表面積は$48\mathrm{cm^2}$になる。肺胞も同様に，肺の体積を細かく分割することで，同じ体積あたりの表面積を増加させている。

(6)　花粉がめしべの柱頭につくと，花粉が発芽し，花粉管が伸びて，その中を精細胞の核が移動する。精細胞の核が胚珠に到達して，卵細胞の核と合体するのが受精である。

重要　(7)　2021年8月13日に小笠原諸島の海底にある福徳岡ノ場火山が活動を始め，多量の軽石を噴出した。軽石は，10月ごろには南西諸島などの広範囲に漂着し，港湾の機能などに影響を与えた。

漂着した軽石の大きさは数mm～数cmであり，火山ガスが抜けた跡の細かな穴が多数あいている。そのため，平均密度は海水よりも軽く，浮いて移動することになる。

(8)　河川のダムの機能はさまざまである。水力発電所で使うための水を貯めておくこと，農業や工業，生活用水を貯めておくこと，大雨のときに洪水を防ぐため雨水をいったん貯めておいて少しずつ流すこと，大雨によって山から流出した土砂が一気に下流に流れないようにせき止めることなどがある。これらから2つ答えればよい。複数の目的で建設されたダムも多い。

3 （気象－地球の熱収支）

(1)　熱の伝わり方のうち，放射は可視光線や赤外線などの光によって熱が伝わることである。問題の図中のA，B以外の矢印はすべて放射による熱の移動である。放射以外の熱の伝わり方は，伝導と対流である。

(2)　地表の状態が白色に近いと，太陽からの放射(光)はよく反射される。例えば，雪や氷でおおわれた地表の反射率は90％程度とたいへん高い。陸地の反射率は5～20％程度だが，そのうち，白っぽい岩石である流紋岩や花こう岩などは，反射率が高めである。逆に，黒っぽい岩石である玄武岩や斑れい岩などでは，反射率が低めである。

(3)・(4)　太陽からの放射のうち紫外線は，上空20～50kmにあるオゾン層で多くが吸収され，地表に届くのはわずかである。オゾン層は，気体のオゾンO_3の濃度が他よりも高い層である。20世紀後半に，人類が冷媒や洗浄剤などに使用したフロンガスには，塩素原子が含まれており，主に南極上空のオゾンを分解した。オゾン層の破壊により，地表への紫外線の量が増加する危険性があるため，フロンガスの使用は国際的に規制されている。

(5)　Xは，太陽からのエネルギー100のうち，反射された31と，地表による吸収49を除いたぶんだから，100－31－49＝20である。また，地表では，吸収した熱量と放出する熱量がつりあっているので，49＋Y＝7＋23＋114より，Y＝95となる。あるいは，大気において，吸収した熱量と放出する熱量がつりあうから，X＋7＋23＋102＝Y＋57より，Y＝95と求めてもよい。

(6)　二酸化炭素を主体とする大気を持つ惑星は，金星と火星である。このうち，火星は大気圧がたいへん低いので，目立った温暖化は起こっていない。金星は90気圧もの大気のうち90％以上が二酸化炭素であり，その猛烈な温室効果によって，表面は450℃以上の高温である。

(7)　二酸化炭素が増加すると，地表からの放射のうち大気が吸収するぶん(図の102)が増加する。すると，大気の温度が上がり，大気から地表への放射(図のY)も増える。このように，地表と大気の間で双方向の放射が増えるので，地表も大気も温度が上がる。アは太陽の放射であり地球の変化とは無関係である。エとオは間接的に変化することはありえるが，増加するか減少するかはケースバイケースであり，確定的なことはいえない。

4 （エネルギー－斜面上の物体の運動）

重要　(1)　傾斜角が30°の斜面なので，物体にはたらく重力の大きさと，斜面に沿った分力の大きさの比は，2：1となる。質量がm＝1.0kgだから，物体にはたらく重力は10Nであり，斜面に沿った分力は5.0Nとなる。よって，物体を斜面に沿って持ち上げる力も5.0Nである。次に，h＝0.50mだから，BからAまでの斜面の長さは1.0mである。以上より，持ち上げる仕事は5.0N×1.0m＝5.0(J)となる。あるいは，仕事の原理から，斜面に沿わせず真上に持ち上げても仕事の大きさは変わらない。よって，10N×0.50m＝5.0(J)と求めてもよい。

(2)　(1)で，斜面に沿った分力の大きさは5.0Nと求めた。ひもを取り付けて物体が静止したとき，ひもが物体を引っ張る力は，斜面に沿った分力につりあうので，5.0Nである。

基本　(3)　Dで物体がクの向きに進んでいるので，摩擦力はそれを妨げるエの向きにはたらく。また，物体が動いていても止まっていても，重力は常に真下のオの向きである。

(4)　Dで物体が静止したとき，物体は斜面に沿って下向きのエの向きに進もうとするので，摩擦力はそれを妨げるクの向きにはたらく。

(5)　表1の測定値は実験での誤差を含んでいるものの，Cでの速さは質量mがいくらであっても同じで，高さhによって決まるといってよい。そのため，$m=2.0$kgのときも，mが他の値の場合とほとんど同じ結果が得られる。

(6)　まず，(5)でみたように，質量mの値は結果に影響しない。また，スタート地点Aにおいて物体が持つ位置エネルギーは，高さhによって決まる。そのため，角度aの大小とは関係なく，高さhが同じであれば，Cでの速さも同じである。その結果として，本問でも表1の他の条件の場合とほとんど同じ結果が得られる。なお，角度aが大きいと，物体の加速度は大きくなる。しかし，高さhが同じ場合，加速する斜面が短くなるため，結果的に終端での速度は変わらない。

重要　(7)　ア　誤り。表1を見ると，高さhが2倍のとき，Cでの速さは1.4倍になっている。　イ　誤り。(5)で考えた通り，表1を見ると，Cでの速さは質量mと無関係である。　ウ　誤り。物体の位置エネルギーは質量mに比例する。　エ　誤り。物体の運動エネルギーは質量mに比例する。
オ　正しい。(6)で考えた通り，角度aに関係なく，物体の位置エネルギーは高さhで決まる。
なお，ウとエからイが導かれることを補足する。物体の位置エネルギーと運動エネルギーはどちらも質量mに比例し，位置エネルギー＝$m\times h\times$定数①，運動エネルギー＝$m\times$速さ$^2\times$定数②と書ける。力学的エネルギー保存の法則より，$m\times h\times$定数①＝$m\times$速さ$^2\times$定数②となり，両辺のmを消すことができる。よって，斜面下での速さは質量mと無関係で，高さhによって決まる。

5 (ヒトのからだ－心臓の動きとはたらき)

(1)　ヒトの心臓の4つの部屋のうち，左心室から大動脈に出た血液は全身に送られるため、左心室の壁の筋肉は最も厚い。よって，図1で壁がもっとも厚いエが左心室である。つまり，図1はヒトの心臓を向き合った状態で描いたものだと確認できる。

(2)「酸素が少なく，二酸化炭素が多く含まれている血液」は静脈血である。全身から回収されて肺に運ばれる経路は，全身→大静脈→右心房(ア)→右心室(イ)→肺動脈(オ)→肺　の順である。これらがすべて塗られているのはキである。

やや難　(3)・(4)　図2の①～④では，それぞれ左心室で次のことが起こっている。なお，左心室につながる弁は，C(僧帽弁)とD(大動脈弁)である。

①　左心室には多くの血液がある。内圧は上昇中である。　C，Dとも閉じている。
②　大動脈から全身へ強い圧力で血液を押し出している。　Cは閉じ，Dは開いている。
③　左心室の血液量は少なく，内圧は低下中である。　C，Dとも閉じている。
④　心房から心室に血液が流入し，体積が増える。　Cは開き，Dは閉じている。

(5)　図2から，1回の拍動で送り出される血液の体積は，120－50＝70(mL)である。また，1回の拍動に0.8秒かかるので，1分間(60秒間)での拍動の回数は，60÷0.8＝75(回)である。以上から，心臓が1分間に送り出す血液の量は，70×75＝5250(mL)となる。

(6)　体重52kgのヒトの血液の質量は，52÷13＝4(kg)であり，これは4Lにあたる。一方，(5)のことから，60秒間に5.25Lの血液が送り出されている。4Lの血液が送り出される時間が，体循環にかかる時間になる。よって，60：5.25＝x：4　より，$x=45.7\cdots$だから，四捨五入により46秒となる。

(7)　ホ乳類の心臓は，図1のような完全な二心房二心室だが，両生類の心臓は二心房一心室である。そのため，両生類の成体の場合，全身からの酸素の少ない血液と，肺からの酸素の多い血液が，心室で混合してしまい，そのまま全身や肺へ送られる。大量の酸素を体の各部に送るには効率が悪い。実際，両生類の成体は肺呼吸だけでは酸素が不足するため，皮膚呼吸もおこなっており，体の各部から直接に酸素を取り入れている。

6 （水溶液－水溶液の区別とイオン化傾向）

重要 (1) 水溶液Cを加熱すると，こげて黒い固体が残ったので，有機物が溶けた①砂糖水である。水溶液AとBは，溶けている物質が固体ではないので，うすい塩酸かアンモニア水である。このうち，水溶液Bは強い刺激臭がするアルカリ性の水溶液なので③アンモニア水であり，水溶液Aは刺激臭のある②うすい塩酸である。次に，水溶液Eに銅片を入れると変化が起こることから，Eには銅よりもイオンになりにくい金属イオンが含まれている。問題の表でありうるのは銀イオンAg^+であり，水溶液Eは④硝酸銀水溶液と決まる。最後に残ったのは，食塩水と硫酸亜鉛水溶液である。このうち，水溶液Dは塩化バリウム水溶液を加えて白い沈殿が残る。これは，(5)で解説するとおり硫酸バリウム$BaSO_4$の沈殿であり，水溶液Dは⑤硫酸亜鉛水溶液と決まる。残る水溶液Fは⑥食塩水である。食塩は塩化ナトリウム$NaCl$だから，同じ塩化物の塩化バリウム$BaCl_2$とは反応しない。

(2) 70cm^3のエタノールの質量は$0.78\times70=54.6$(g)であり，できた100cm^3のエタノール水溶液の質量は$0.90\times100=90.0$(g)である。よって，加えた水の質量は$90.0-54.6=35.4$(g)である。その体積は，$35.4\div1.0=35.4$(cm^3)である。

(3) 水溶液をスライドガラスの上で加熱して何も残らないことから，固体が溶けていない水溶液だとわかる。用意した水溶液のうち，固体が溶けていないのは，塩化水素HClが溶けたうすい塩酸と，アンモニアNH_3が溶けたアンモニア水の2種類で，いずれも気体が溶けている。

重要 (4) 水溶液Eは硝酸銀$AgNO_3$の水溶液であり，銀イオンAg^+が含まれる。これに固体の銅Cuを入れると，銀よりも銅の方がイオンになりやすいので，銅Cuは電子e^-を放出して銅イオンCu^{2+}になり，水溶液中に溶け出す($Cu\rightarrow Cu^{2+}+2e^-$)。一方，水溶液中の銀イオン$Ag^+$は電子$e^-$を受け取って固体の銀$Ag$になる($Ag^++e^-\rightarrow Ag$)。結果として観察される変化は，銅片が溶け出して小さくなる様子，水溶液が銅イオンの青色に色づく様子，そして，銅片のまわりに銀が付着する様子などである。

(5) 水溶液Dは硫酸亜鉛$ZnSO_4$の水溶液である。含まれる硫酸イオンSO_4^{2-}が，塩化バリウム水溶液に含まれるバリウムイオンBa^{2+}と結びついて，硫酸バリウム$BaSO_4$の白色沈殿を生じる。硫酸バリウムは，医療においてX線造影剤に使われる白色の物質である。なお，選択肢のうちでは，銀イオンAg^+も塩化バリウム水溶液を加えて沈殿を生成する。もし水溶液Eの硝酸銀$AgNO_3$の水溶液に塩化バリウム水溶液を加えていたならば，塩化銀$AgCl$の白色沈殿が生じていた。他の4つの選択肢では沈殿は生じない。

(6) 水溶液Dは硫酸亜鉛$ZnSO_4$の水溶液，水溶液Fは塩化ナトリウム$NaCl$の水溶液である。これに金属を加えて区別する場合，(4)と同様の考え方で，イオンになりやすい金属が溶け出し，代わりに亜鉛イオンZn^{2+}が固体の亜鉛Znになる反応を起こせばよい。また，両水溶液を区別するためにはNa^+は変化してはいけない。問題の表で，イオンへのなりやすさがZnよりも左側で，Naより右側の金属，つまりMgとAlが実験に使える金属となる。

★ワンポイントアドバイス★

グラフの意味，数値の意味，文字式の意味は，いちど簡単なことばに直してみるとつかみやすい。早くつかんでてきぱき解こう。

＜社会解答＞《学校からの正答の発表はありません。》

1 問1　エ　　問2　(果実)　エ　　(野菜)　イ　　問3　1　ブラジル　　2　イ
問4　1　エ　　2　ア　　問5　ア　　問6　(例)　原油は，重量があり，かさばるので，一度に大量に運ぶのに適したタンカーで主に運ばれる。一方，ワクチンは，軽量・高価で，緊急を要するため，航空機で主に運ばれる。　問7　ウ　　問8　(例)　新製品の研究開発に資本の大半を投入する必要があり，工場などの設備投資に資本を回せなくなっているから。

2 問1　ウ　　問2　1　イ　　2　東シナ(海)　　3　イ　　4　サンゴ礁　　問3　ア
問4　(例)　台風による強風から住居を守るため，家の周囲を石垣や防風林で囲んでいる。また屋根瓦をしっくいで固めて，強風で飛ばされないようにしている。さらに，雨戸が備えられている。

3 問1　自由民主党　　問2　岸田文雄　　問3　1　C　国会　　D　国会議員　　E　両院協議会　　F　国事行為　　2　エ　　問4　1　イ　　2　ア　　問5　1　G　労働力
H　利潤　　I　市場　　2　(例)　非正規雇用が増加し，家計ごとの経済的な格差が拡大する中で，コロナ禍によって，さらに格差が顕著になっている。一方で，賃金は長期間にわたって上昇がみられず，消費が低迷している。　問6　1　憲法審査会　　2　(例)　憲法は，国民の権利・義務を守るために，国がやってはいけなこと，あるいはやるべきことについて決めた最高のきまりなので，より慎重な審議が必要である。

4 問1　ウ　　問2　ア　　問3　政治・経済　　問4　(例)　性に関することや子どもを産むことに関する健康と権利が守られること。

5 問1　A　蘇我　　B　新羅　　C　中大兄皇子　　D　聖武　　E　アステカ
問2　WHO　　問3　イ　　問4　班田収授の法　　問5　国分寺　　問6　1　銀
2　アフリカ　　問7　エ　　問8　ア

6 問1　(例)　繊維工業中心の第一次産業革命が起こり，綿花を輸入して，これを国内の工場で綿糸や綿織物に加工し，綿糸や綿織物を輸出するようになった。　問2　1　(例)　ロシアが不凍港を求めて中国の東北地方に南下したため，日本との対立が激しくなり，1904年には日露戦争が始まった。　2　イギリス　　問3　シベリア出兵　　問4　イ　　問5　1　不戦
2　二十一カ条の要求

○推定配点○

1　問6　4点　　問8　3点　　他　各1点×9　　2　問4　3点　　他　各2点×6
3　問5の2・問6の2　各3点×2　　他　各2点×13　　4　各2点×4(問3完答)
5　各1点×13　　6　問1・問2の1　各3点×2　　他　各2点×5　　計100点

＜社会解説＞

1　(地理－貿易，産業，環境問題，交通など)

やや難　問1　アメリカ合衆国は，中国，ASEAN，日本のどの地域に対しても貿易赤字になっている。よってAである。中国は，アメリカ合衆国，ASEAN，日本のどの地域に対しても貿易黒字になっている。よって，Bである。残ったCがASEANである。

基本　問2　果実の自給率は，1960年には100％であったが，その後，バナナやオレンジなどの輸入が増加したため，2015年現在，41％まで低下している。野菜の自給率は，1960年には100％であったが，2015年現在，80％となっている。なお，アは米，ウは牛乳および乳製品，オは小麦であ

る。

問3　1　ブラジルでは，セラードとよばれる半乾燥の未開の地に，大豆畑が開かれ，大豆の生産が急増。2018年現在，アメリカ合衆国に次ぐ世界第2位の生産国，世界最大の輸出国となっている。　2　E国は中国。中国では，長年にわたって「一人っ子政策」が採用され，人口増加を押さえてきた。現在では，少子高齢化が深刻化し，「一人っ子政策」は撤廃。人口減少に転じるのも時間の問題といわれる。

問4　1　2011年に「コスト等検証委員会」が発表した発電コスト試算によると，石炭火力は9.5円／kWh，石油火力は22.1～36円／kWhで，石炭火力の方が割安である。　2　デンマークは，年中，偏西風による安定した風力を得られること，大陸棚が広がる北海に面し，洋上風力発電に適することなどから風力発電が盛ん。2018年現在，発電量の45.7％を風力発電が占めている。よって，アが風力である。なお，イは太陽光，ウは地熱，エは水力である。

問5　2017年現在，東京都市圏から福岡県に移動する場合，約9割の人が航空機を利用している。イ－2019年の訪日外客数は31,882(千人)，出国日本人は20,081(千人)。ウ－ポートアイランドではなく，ハブ空港。エ－2017年現在，乗降客数は，成田国際空港が406(10万人)，関西国際空港が280(10万人)。

重要　問6　原油の大半は，石油輸送専用船であるタンカーによって運ばれている。一方，ワクチンのように軽量・高価で，緊急を要するものは，航空機で運ばれることが多い。

問7　電気自動車の開発とともに，自動運転の技術も進歩し，電気自動車には大量のICが用いられることになる。ア－高度経済成長期ではなく，1970年以降。イ－港の近くではなく，高速道路のインターチェンジの近く。エ－シリコンバレーは，カリフォルニア州のサンノゼ付近。

重要　問8　メーカーでありながら，製造部門をもたない経営形態をファブレスとよぶ。ファブレスは，製造設備や生産人員を保有せずにすみ，資本を研究開発や製品企画などの集中でき，高い利益率をあげやすいという特徴がある。また，製造部門をもたないため，迅速で機動的な経営方針の変更が可能で，急激な経営環境の変化にも対応しやすいという利点がある。

2 （日本の地理－沖縄の自然や人々の生活を題材にした地誌）

問1　地形図から，建築物の築年数を知ることはできない。

問2　1　黒潮(日本海流)は日本列島に沿って流れる暖流。フィリピン群島の東岸から，台湾の東側，南西諸島の西側，日本列島の南岸を流れ，千葉県の犬吠埼沖に至って陸から離れる。　2　東シナ海は，太平洋の縁海の一つで，中国本土，朝鮮半島，南西諸島，台湾などに囲まれた海域。　3　東シナ海を取り巻く日本，中国，韓国の沿岸では，海洋環境の悪化が進行し，赤潮が頻発している。とりわけ有害渦鞭毛藻の一種は過去10数年間にわたって大量に発生し，沿岸地域に甚大な被害を与えている。ア－石炭ではなく，原油や天然ガス。ウ－韓国ではなく，中国。エ－気候は温暖。また，樹木などの植生がみられる。　4　サンゴ礁は，サンゴ虫の遺骸や分泌物が集積してできた石灰質の岩礁。水温25～30℃，水深40m以浅の透明度が高い海域に形成される。

問3　愛知県はキク類(切花)の生産で日本一。露地栽培，温室栽培とも盛んで，一年中出荷される。よって，愛知県はC。沖縄県はキク類(切花)の生産で第2位。温暖な気候を利用して，冬季を中心に出荷される。よって，沖縄県はD。残ったEが栃木県である。

基本　問4　沖縄県の伝統的な住居は，台風の強風に対応したつくりになっているのが特徴。解答例以外に，平屋がほとんどで，風の影響を避けるため，屋根はわざと低くつくられていることがあげられる。

3 (公民－日本の政治のしくみ，時事問題など)

基本 問1　自由民主党は，1955年11月，日本民主党と自由党との合同によって結成された保守政党。初代総裁は鳩山一郎。以後，ほとんどの期間で与党の地位を維持している。

基本 問2　岸田文雄は，東京生まれの政治家。祖父・父とも衆議院議員を務めた。父の死を受けて出馬した1993年の衆議院議員選挙で，旧広島1区から初当選。外務大臣，自民党政調会長などを経て，2021年に首相に就任した。

問3　1　C・D　日本国憲法第67条第1項は，「内閣総理大臣は，国会議員の中から国会の議決で，これを指名する。」と明記している。　E　両院協議会は，両議院の議決が一致しない場合に，両議院の意見を調整するために設置される協議会。各議院で選挙された各10人で構成される。

F　国事行為は，日本国憲法第4条第2項，第6条，第7条で定められた，天皇が国家機関として行う「国事に関する行為」のこと。これらの行為は，形式的，儀礼的なものであって，すべて内閣の助言と承認を必要とし，内閣がその責任を負う。　2　内閣不信任案が決議されると，内閣は総辞職するか，衆議院を解散するか，どちらかを選択することになる。必ず総辞職しなければならないわけではない。

問4　1　臨時会は，内閣が必要と認めたとき，またはいずれかの議院の総議員の4分の1以上の要求があったときに召集される。会期は両院一致の議決により決定する。　2　日本国憲法第41条は，「国会は，国権の最高機関であって，国の唯一の立法機関である。」と明記している。イ－国政捜査権ではなく，国政調査権。ウ－衆議院の優越が認められている。エ－465人ではなく，248人。

問5　1　G　労働力は，財貨を生産するために使われる，人間の精神的・肉体的な諸機能。

H　利潤は，企業において，商品を販売したことによる，収入(売上)から費用を差し引いたもの。　I　市場は，売り手と買い手が集まって商品や株式の取引を行う特定の場所のこと。中央卸売市場，証券取引所などが好例。　2　岸田首相は，所得格差の拡大を抑制するため，「成長と分配の好循環」によって個人の所得を増加させ分厚い中間層を復活させたい考えで，企業に従業員の賃上げを促すための税制措置や，保育や介護などの現場で働く人々の所得の向上などが検討されている。

やや難 問6　1　憲法審査会は，日本国憲法の改正に関する審議を行う国会の常設機関。憲法改正の手続を定めた国民投票法が2007年5月に成立したのを受け，改正国会法に基づき，同年8月に衆参両院に設けられた。憲法改正原案の審議と，憲法や関連法制の調査の2つの機能をもつ。　2　日本国憲法第97条は，「この憲法が日本国民に保障する基本的人権は，人類の多年にわたる自由獲得の努力の成果であって，これらの権利は，過去幾多の試練に堪え，現在及び将来の国民に対し，侵すことのできない永久の権利として信託されたものである。」と明記し，さらに同第98条第1項は，日本国憲法が最高法規であることを宣言している。

4 (公民－男女共同参画社会，ジェンダーギャップなど)

やや難 問1　男女共同参画社会の実現に向けて中心的な役割を担っているのは，内閣府の内部部局の一つである男女共同参画局。内閣府の重要政策会議の一つである男女共同参画会議を所轄している。

問2　男性，女性で理系，文系の適性が異なるという科学的，客観的な事実は存在しない。根拠のない「思い込み」に過ぎない。

問3　2021年3月に世界経済フォーラムが発表した資料によると，日本は，経済分野で117位，政治分野で147位，教育分野で92位，健康分野で65位であった。

問4　「ジェンダー平等を実現しよう」を実現するための目標には，ほかに，「すべて女性と女の子に対する差別をなくす」，「子どもの結婚，早すぎる結婚，強制的な結婚などをなくす」，「政治や経済や社会の中で，何かを決めるときに，女性も男性と同じように参加したり，リーダーになったりできるようにする」などがある。

5 (日本と世界の歴史－感染症を題材にした歴史)

問1 A 蘇我氏は大和政権の大豪族。財政を担当し，大臣となる。馬子，蝦夷，入鹿のころが全盛期であったが，大化の改新で本宗家が滅ぼされた。 B 新羅は古代朝鮮の国名。唐と結んで百済，高句麗を征服し，668年朝鮮全土を統一した。 C 中大兄皇子は舒明天皇の皇子。663年，白村江の戦いで，唐・新羅の連合軍に敗れると，668年，正式に即位した(天智天皇)。

D 聖武天皇は，奈良時代中期の天皇。光明皇后とともに仏教に帰依し，全国に国分寺，国分尼寺，奈良に東大寺を建立し，東大寺には大仏を安置した。 E アステカは，14～16世紀，メキシコ中央高原に栄えた王国。1521年，スペインのコルテスによって征服された。

基本 問2 WHOは世界保健機関の略称。国連の専門機関の一つで，1948年に設立。保健衛生向上のための国際協力を目的とし，感染症の撲滅，衛生統計の交換などを行っている。

問3 かな文字は，平安時代前期に漢字から生まれた軽便な表音文字で，ひらがな，かたかなの2種類がある。これによって，日記，物語文学が発達した。アは室町時代，ウ・エは江戸時代。

基本 問4 班田収授の法は，唐の均田制にならった古代日本の土地制度。6年ごとに戸籍をつくり，6歳以上の男女に口分田を給付した。

問5 史料は，741年に発布された「国分寺建立の詔」。国ごとに僧寺，尼寺を設け，国家の平安を祈らせた。

重要 問6 1 石見銀山は，現在の島根県大田市にあった銀山。16世紀以降，生産が増大し，当時日本から海外に輸出された銀の大部分が石見銀山の産出とされる。 2 先住民の人口減少を補うため，アフリカから黒人奴隷が輸入され，銀山や農園で強制的に働かされた。

問7 北里柴三郎は，明治～昭和前期の細菌学者。ドイツに留学，コッホに師事して破傷風菌の純粋培養に成功。また，ベーリングとともに血清療法を創始した。

やや難 問8 インドネシアのバンドンでアジア・アフリカ会議が開催されたのは1955年。イは1960年，ウは1949年，エは1990年。

6 (日本と世界の歴史－日本の軍事費の推移を題材にした歴史)

問1 日清戦争(1894～1895)の前後，日本は繊維工業中心の第一次産業革命を達成。これまで輸入に依存していた綿糸や綿織物を国内で生産できるようになり，輸入は減少。それどころか，綿糸や綿織物を輸出できるようになった。

重要 問2 1 1900年の北清事変の前から，韓国(大韓帝国)に対するロシアの影響力が強まった。そして，ロシアは，北清事変に乗じて占領した満州(中国の東北地方)からその後も撤兵せず。満州を支配するに至った。 2 イギリスは，日本の軍事力を利用してロシアの南下政策に対抗する立場をとり，1902年には日英同盟が成立した。

問3 シベリア出兵は，ロシア革命の干渉を目的として，日本，イギリス，アメリカ合衆国，フランスなどがチェコ軍救出を名目としてシベリアに出兵した事件。革命軍の反撃，日本国内の反対，列国の非難などにより，1922年，ワシントン会議で撤兵を宣言し，同年10月に終了した。

問4 国民党の実権をにぎった蒋介石が，南京に国民政府をつくったのは1925年。アは1938年，ウは1941年，エは1919年。

やや難 問5 1 不戦条約は，1928年8月，パリで締結された戦争放棄に関する条約。アメリカ合衆国国務長官ケロッグ，フランス外相ブリアンが提唱，日本，イギリス，ドイツなど15か国(のちに63か国)が調印した。 2 二十一カ条の要求は，第一次世界大戦中の1915年，日本が中国に対して提出した要求。当時，日本は中国における権益の拡大を目指していたが，大戦で列強勢力の空隙が生じたのに乗じて，袁世凱大統領に5号21条からなる要求事項を提出した。

★ワンポイントアドバイス★

歴史では，不戦条約のようなやや難易度が高い事項も問われている。教科書や参考書を細かい記述までもれなく見ておく必要がある。

＜国語解答＞《学校からの正答の発表はありません。》

一　問一　a　適度　　b　閉(じ)　　c　格差　　d　負(え)　　e　遠路

問二　(例)　健康と運動量に相関関係はあるが，健康と運動量の因果関係は，科学的に証明されているわけではないから。　問三　ウ　　問四　(例)　実際には，環境にとって逆効果をもたらすことがあるから。　問五　ウ　　問六　(例)　大災害など過去に例のない事態に直面したときは，本能だけで行動するのではなく，果たしてそれは本当に効果的なのかどうかと冷静に考えて解決を目指すこと。　問七　エ

二　問一　iii　　問二　A　ア　　B　オ　　C　ア　　問三　エ　　問四　(例)　自分の自信は己惚れだったのかと不安になるが，それを認めたくはないという気持ち。

問五　オ　　問六　イ　　問七　(例)　観音様が言ったという，勉強しろ，癇癪を起こすな，よく辛抱しろ，という言葉を厳粛に受け止め，幸福感とともに感謝する気持ち。

三　問一　a　オ　　b　エ　　c　ア　　問二　①　ウ　　②　オ　　問三　(例)　現れているのは本当に仏なのかどうか　　問四　(例)　やはり，仏ではなかったということ。

問五　エ

○推定配点○

一　問一　各2点×5　　問二・問三・問六　各7点×3　　他　各4点×3

二　問一・問二　各2点×4　　問四・問七　各7点×2　　他　各4点×3

三　問一・問二　各2点×5　　問五　3点　　他　各5点×2　　計100点

＜国語解説＞

一　(論説文－漢字の書き取り，文脈把握，内容吟味，表現，要旨)

問一　a「適」を使った熟語はほかに「適応」「適宜」など。　b「閉」の訓読みは「し(まる)」「し(める)」「と(じる)」「と(ざす)」。音読みは「ヘイ」。熟語は「閉鎖」「密閉」など。　c「格」を使った熟語はほかに「格式」「格別」など。「格子(こうし)」という読み方もある。　d「負」の訓読みは「お(う)」「ま(かす)」「ま(ける)」。音読みは「フ」。熟語は「負傷」「負担」など。　e「遠」を使った熟語はほかに「遠洋」「遠慮」など。「久遠(くおん)」という読み方もある。

問二　「これ」が指すのは，直前の「『じゃあ健康になるためには運動がんばろうよ』……僕らはともすればこんなふうに考えてしまいがち」という内容で，直後に「ここで挙げられたデータからは，『健康』と『運動量』に相関関係があることがわかる。でも，『運動』が原因となって，『健康』という結果が手に入るとは限らない。逆に，『健康』が原因となって，『運動量』が上がっているという可能性を否定できないからだ」と説明されている。「健康」と「運動量」に相関関係はあるが，因果関係は科学的に証明されていない，という文脈である。

問三　直後に「協力者から健康状態と日ごろの運動量のアンケートをもらっただけでは，運動が人を健康にしているのか，それとも運動できるくらい健康な人が体を動かしている……だけなの

か，区別がつかないのである」と説明されている。アンケートをもらうという「観察」では，因果関係は立証できない，としているのでウが適切。

問四　直前に「環境保護論者」とあり，「よかれと思って」と同様のことは，「環境問題が……」で始まる段落に「しかし，環境問題は，よかれと思ってしたことが逆効果をもたらすことが多々あるのだ」とある。純粋な気持ちからよいことだと思ってしたことが，実際には逆効果になってしまうという皮肉な結果を示唆して「」を付けているのである。

やや難　問五　「環境保護」については，後に「環境問題が気になる人に言いたい。行動する前に考えよう。……根拠不明の活動に参加するためエンロはるばる自動車で駆けつけるような人は，二酸化炭素をまき散らすだけで終わっているのかもしれない。それなら家で寝ていたほうが環境のためになるのである」とあるので，ウが適切。

やや難　問六　直前に「しかし時代は移り，温暖化など地球規模の問題が現実化している。このような環境問題は原始時代には問題にならなかったことなので，僕ら人間の本能だけで解決を目指してはいけないのである」とある。過去にはなかった問題が現実化したり，大災害に見舞われたりした場合，本能だけで問題を解決することはできない，というのである。本能ではなく理性で立ち向かうことが求められる時代である，という筆者の主張をとらえ，過去に類を見ないような事態に直面したときには本能ではなく冷静に考えて問題解決を目指すべきである，という内容にすればよい。

問七　「相関関係」は，二つの物事が互いに関係しあうこと。「因果関係」は，原因と結果の関係にあること。原因と結果という関係にあれば「相関関係」は成立するが，互いに関係し合っていても原因と結果の関係(因果関係)ではないこともあるので，エが適切。

二　(小説－品詞・用法，語句の意味，文脈把握，内容吟味，情景・心情，大意)

問一　ⅰの「ない」は，「来る」の未然形「来」に接続する，打消しの「助動詞」。ⅱ・ⅳ・ⅴは形容詞。ⅲは，「思わ(動詞)・れ(助動詞)・ない(助動詞)」と分けられる。

問二　A　「狼狽」は，あわてて落ち着きをなくすこと，うろたえて騒ぐこと，という意味がある。B　「いたずらに」は「徒に」と書き，効果がない。無益だ，という意味。　C　「不遜」は，思い上がった態度，相手を見下した態度のこと。

やや難　問三　冒頭の段落に「何枚かの原稿を，気を付けてゆっくり読み返した」とあり，「すると，なぜか書いてあることが，自分の心もちとぴったり来ない。……彼は最初それを，彼の癇が昂ぶっているからだと解釈した」「彼はもう一度読み返した。が，調子の狂っていることは前と一向変わりはない」「彼はその前に書いた所へ眼を通した。すると，これもまた……糅然として散らかっている」と続いている。自分の書いたものに納得できず狼狽する様子が読み取れるので，「あせって確かめようとする様子」とするエが適切。

問四　「絶望の威力と戦い続けた」は，自身の才能に絶望する気持ちと，それに抗おうとする気持ちの葛藤の表現である。直前に「彼の強大な『我』は『悟り』と『諦め』とに避難するには余りに情熱に溢れている」とあることから，自分の才能に絶望する気持ちを認めたくないという気持ちの強さが読み取れる。

問五　前に「考えようとする努力と，笑いたいのを耐えようとする努力とで，靨が何度も消えたりできたりする。――それが馬琴には，自から微笑を誘うような気がした」とあるのでオが適切。孫の太郎の様子が可愛らしく，思わず笑みがこぼれ，さらに意外な発言が微笑ましく，思わず噴き出したのである。

やや難　問六　「思わず真面目な顔をした」とあることから，孫の可愛らしさに心が和んでいたが，「辛抱なさい」という言葉に反応して表情が変わったことがわかる。自分の才能に自信を失いかけていたところへ，「辛抱なさい」などと言われ，思わず「真面目な顔」になっているので，「核心をつかれて，ついむきになってしまった」とするイが適切。

やや難 問七　孫の太郎に「『浅草の観音様がそう言ったの』」と言われた後，「馬琴の心に，厳粛な何物かが刹那に閃いたのは，この時である。彼の唇には，幸福な微笑が浮かんだ」とある。直前の「『勉強しろ。癇癪を起すな。そうしてもっと辛抱しろ。』」という言葉をかみしめ，幸福感に浸る様子が読み取れるので，観音様が言ったという言葉を厳粛に，素直に受け入れ，幸福を感じていることを表現すればよい。

三　（古文ー語句の意味，口語訳，文脈把握，指示語，大意）

〈口語訳〉　昔，醍醐天皇の御代に，五条の天神の付近に，大きな柿の木で実の成らないものがあった。その木の上に仏が現れていらっしゃる。京中の人は一人残らず(天神に)参拝した。馬も車も抵抗せず，人も我慢せず，大騒ぎでお参りした。

　そうして，五，六日すると，右大臣殿は納得できないとお思いになったので，「本当の仏が，この末世に出現されるはずはない。私が行って見て来よう」とお思いになって，正装して，牛車に乗って，先払いのお供をたくさん連れて，榻を立てて，車懸けを外して，木の梢をまばたきもせず，よそ見もしないでじっと見つめていた。約二時間ほどそうなさっていると，この仏は，少しの間こそ，花も降らせ，光さえ放ちなさっていたけれど，あまりにもじっと見つめられて，どうしようもなくなって，大きな糞鳶で羽の折れたものが，地面に落ちて，困ってばたばたしているのを，童部たちが集まって撃ち殺した。大臣は，「やはり思った通りだった」と言ってお帰りになった。

　それから，当時の人々は，この大臣はたいそう優れた人でいらっしゃると大さわぎした。

問一　a 「こぞりて」は，一人残らず～する，皆そろって～する，という意味。　b 「しわぶ」は処置に困る，もてあます，という意味。　c 「ののしる」は，大声で騒ぐ，という意味。ここでは，人々が皆，大騒ぎで参拝する様子である。

やや難 問二　① 「心得(こころう)」は，理解する，という意味がある。「～ず」と打消しの形になっているので，「納得できない」とするウが適切。「思し給ひける」と尊敬表現になっていることにも着目する。　③ 「あからめ」は「傍目」と書き，視線をそらす，よそ見，という意味。「まもる」には，じっと見つめる，見守る，という意味があるので，「よそ見もしないでじっと見つめて」とするオが適切。

問三　直前に「まことの仏の，世の末に出で給ふべきにあらず」とある。現れるはずのない仏の正体を確かめたい，という気持ちで「試みん」と言っているのである。

問四　直前に「この仏……大きなる糞鳶の羽根折れたる，土に落ちて惑ひふためくを」とある。仏の正体は大きな鷹の一種であったことがわかり，大臣の「まことの仏の，世の末に出で給ふべきにあらず」という疑念は晴れ，やはり思った通りであった，と言っているのである。やはり仏が現れるはずがないのだ，という気持ちを表現すればよい。

問五　「右大臣殿」の言動は，「『まことの仏の，世の末に出で給ふべきにあらず。我行きて見ん』」「梢を目もたたかず，あからめもせずしてまもりて，一時ばかりおはするに……」というもので，世間の騒ぎをよそに，本当にそのようなことがあるのか，と疑い，実際に行って確かめている。そして，仏など存在せずに大きな鷹の一種が落ちてきただけだった，という結果を得ているので，「理性的で冷静」とするエが適切。

★ワンポイントアドバイス★

現代文は，指示内容や論旨を要約する練習を重ねよう！　古文は，基本古語の知識をおさえ，注釈を参照しながら口語訳できる力をつけておこう！

MEMO

大切なことはメモしておこうネ！

2021年度

★★★★★★★★★★★★★★★★★★★★★★★★

入　試　問　題

2021年度

お茶の水女子大学附属高等学校入試問題

【数　学】（50分）〈満点：100点〉

【注意】 1. 解答用紙には，計算，説明なども簡潔に記入し，作図に用いた線は消さずに残しておきなさい。

2. 根号$\sqrt{}$や円周率πは小数に直さず，そのまま使いなさい。

3. 問題用紙の図は必ずしも正確ではありません。

4. 携帯電話，電卓，計算機能付き時計を使用してはいけません。

1．次の各問いに答えなさい。

(1) 次の計算をしなさい。

$$\left(-\frac{1}{2}\right)^2 \div \left(-\frac{1}{14}\right) + \frac{11}{2}$$

(2) 次の計算をしなさい。

$$(4\sqrt{5}+2\sqrt{6})(4\sqrt{5}-2\sqrt{6})-(2\sqrt{14}-3\sqrt{3})(2\sqrt{14}+5\sqrt{3})$$

(3) 次の方程式を解きなさい。

$$\frac{2}{5}x^2+\frac{1}{10}x=\frac{3}{4}$$

(4) 3以上の奇数はとなりあう自然数の平方の差で表すことができる。

例えば，奇数7は，次の（例）のようになる。

（例）　$7=4^2-3^2$

このとき，次の各問いに答えなさい。

① 奇数11を（例）のように表しなさい。

② 3以上の奇数をp，となりあう自然数のうち大きい方をmとしたとき，mをpの式で表しなさい。

③ 111を（例）のようにとなりあう自然数の平方の差で表しなさい。

2．次の2直線

ℓ ：$y=(a+2)x+b-1$

m：$y=bx-a^2$

について，次の問いに答えなさい。ただし，a，bは定数とする。

(1) $a=\sqrt{2}$，$b=1$のとき，ℓ，mの交点の座標を求めなさい。

(2) $b \geqq 1$で，$\ell /\!/ m$とする。さらに，2直線ℓ，m上にx座標がtである2点をそれぞれとったとき，その2点のy座標の差が1となった。この条件をみたすa，bの値をすべて求めなさい。

3．図のように，正三角形ABCにおいて，辺AB，辺BC，辺CAの中点をそれぞれD，E，Fとする。また，袋の中にA，B，C，D，E，Fの文字が1つずつ書かれた6個の球が入っている。同時に3つの球を取り出すとき，次の問いに答えなさい。

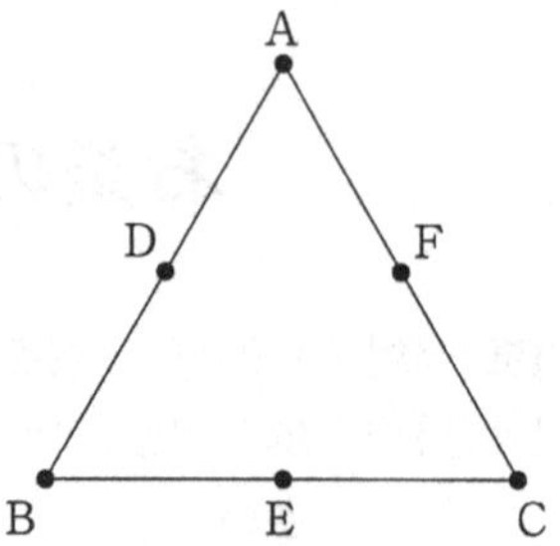

(1)　3つの球の取り出し方は何通りあるか。

(2)　取り出された球に書かれた3つの文字が表す3点をすべて結ぶとき，次の問いに答えなさい。

①　結ばれてできる図形が三角形になる確率を求めなさい。

②　結ばれてできる図形が正三角形でない三角形になる確率を求めなさい。

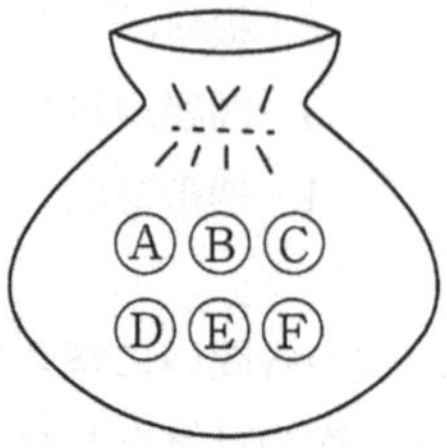

4．関数$y=\frac{1}{x}(x>0)$のグラフと傾き-1の直線ℓが図のように2点A，Bで交わっている。ℓとy軸との交点をCとする。また，2点A，Bのx座標をそれぞれa，bとすると$0<b<a$である。このとき，次の問いに答えなさい。

(1)　bをaの式で表しなさい。

(2)　CB：BA＝1：2のとき次の問いに答えなさい。

①　点A，Bの座標をそれぞれ求めなさい。

②　4点O，A，B，Dを頂点とする四角形が平行四辺形となるような点Dをとる。点Dが放物線$y=kx^2$上にあるとき，この条件を満たすkの値はいくつあるか。また，その中で最も小さいkの値を求めなさい。

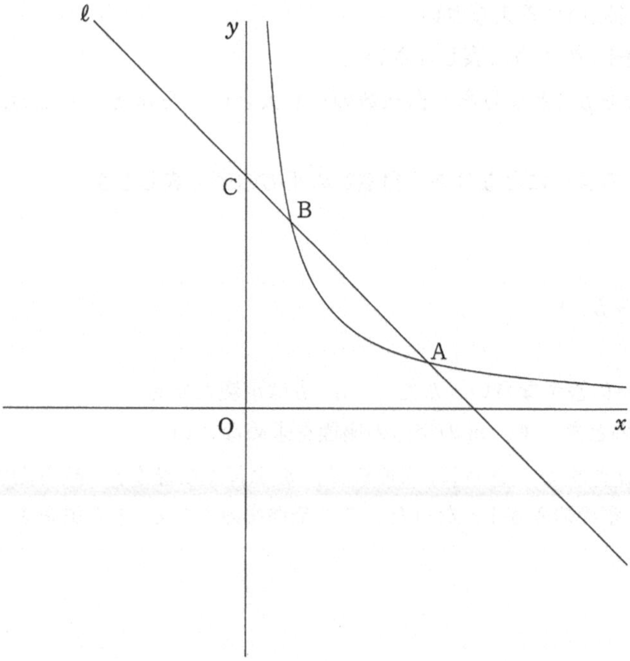

5．図のように，2本の平行線 ℓ，m があり，ℓ 上に2点A，Cをとり，m 上に2点B，Dをとる。三角形ABDにおいて，∠Bの内角の2等分線と∠Dの外角の2等分線は点Cで交わっている。三角形ABCにおいて∠Aの外角を a とし，$a<90^\circ$ とする。

(1) 解答欄に，平行線 ℓ，m と2点A，Bが与えられている。上の条件を満たすような点C，および点Dを作図し，図にC，Dを記入しなさい。ただし，作図に用いた線は残しておくこと。

(2) $a=30^\circ$ のとき，∠BCDを求めなさい。

(3) ∠ADC＝b とするとき，b を a の式で表しなさい。

(4) ∠BAD＝c，∠BCD＝d とするとき，c を d の式で表しなさい。

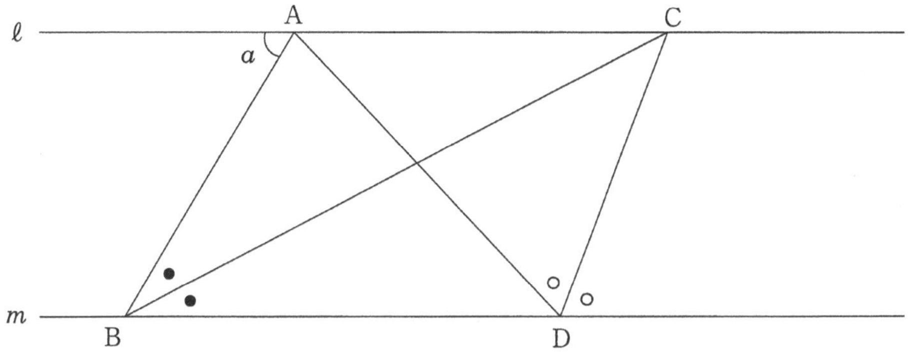

【英　語】（50分）〈満点：100点〉

> **【注　意】**
> 問題の**1**と**2**は放送による問題です。放送の指示に従って答えなさい。
> なお必要ならば，聞きながらメモをとってもかまいません。

1　**【聞き取りの問題】**英文が２回読まれます。よく聞いて，下の質問**1**から**4**に日本語で答えなさい。

1．Annaはなぜジャケットを洗わないのですか。

2．Annaはどのような服装で面接に行きましたか。

3．面接官はAnnaに何をするように言いましたか。

4．面接の結果はどうなりましたか。

2　**【書き取りの問題】**英文が３回読まれます。よく聞いて，下線部を正しく埋めなさい。ただし，英文は２回目のみゆっくり読まれます。

⑴　Robots ____
____.

⑵　The robots ____
____.

⑶　Then ____
____.

※リスニングテストの放送台本は非公表です。

3　次の英文を読んで，その内容と一致するように，後の要約文の空所**1**から**13**に適切な単語を入れなさい。

Everywhere — inside, outside, on top of a mountain, deep in a *coal mine — we are always surrounded by *large amounts of gases. These gases *are called the air, or the *atmosphere.

The gases of the atmosphere are *invisible, and usually we are not *aware of them. But they are very important. Without the atmosphere, people, animals, and plants cannot live. The *quality of the atmosphere is also very important — *whether it is pure or *polluted.

The atmosphere *is made up mainly of the gases *oxygen and *nitrogen, together with *water vapor and smaller amounts of CO_2 and other gases. But all air *contains small amounts of *impurities. In areas far away from factories and heavy traffic, the air may contain *pollen from plants, *dust from the soil, and even *bacteria. The amounts of these impurities are usually so small that they are not important.

Air is polluted when it contains enough *harmful impurities to *affect the health and safety of living things. The impurities, or *pollutants, are very small *particles of matter or gases not normally found in the air.

When people *breathe, pollutants in the air are carried into the *lungs or *absorbed into the body. And polluted air can *harm animals and plants as well as people. For this reason, we should carefully watch the air to keep it in good condition.

There are two main types of air pollution — natural pollution and pollution *caused by people. Natural pollutants are dust, pollen, *fog, and so on. The *ash from volcanoes is blown across large areas of the earth. And early in *the 1950s, forest fires in *the southeastern United States covered very large areas of the country with smoke. Air flights were *canceled *as far away as New York City. People cannot stop *acts of nature like these.

The main *concern is the second and perhaps more serious form of air pollution — the pollution caused by people. Most of this pollution is produced by *industry and by cars, trucks, and airplanes. It becomes worse as *society becomes *more industrialized — as more cars are driven, and more factories are built. And it is most serious in cities with large numbers of people and industries.

The millions of people who live in cities need heat, hot water, light, *electric power, and *transportation. Burning coal and oil to produce these creates much of the air pollution in cities. People in cities produce large amounts of *waste paper and garbage, and when they are burned, they produce a lot of smoke. This also produces air pollution. The *exhausts from cars in city traffic fill the air with still more pollutants. Sometimes the work at factories creates *waste chemicals, and they go into the air. Smoke from *cigarettes can pollute the air in a closed room. Even the *brakes and *tires of cars produce dust.

Some of these pollutants, such as exhaust gases from cars, are *discharged into the air *at street level. Others, such as smoke from *power plants and factories, enter the atmosphere at higher levels. When smoke and other pollutants *combine with fog, they form smog.

The amount of air pollution is affected by the conditions of the atmosphere such as temperature and *air pressure. Because the air near the earth's *surface is warmer than the air at higher levels, *air currents usually rise. The rising air currents carry pollutants to the higher atmosphere, and they are *scattered. But sometimes the air above the earth's surface is warmer than the air at the surface. When this happens, the warm air stops the rising air currents. In this way, the pollutants stay close to the surface, and do the most harm.

The *damage caused by air pollution is very big. It causes a *loss of billions of dollars each year. Many flower and vegetable *crops suffer bad effects from car exhaust gases. Trees are killed by pollution from power plants. *Cattle are *poisoned by smoke from factories which *recover aluminum. The walls of fine buildings become black with *soot.

Also, air pollution damages the human body. It affects the eyes, the *throats and the lungs. It also causes a number of serious diseases, and more and more people die of these diseases.

Scientists *are concerned that smoke and dust in the air may, *in time, reduce the amount of heat that the surface of the earth receives from the sun.

Another concern is *acid rain. This rain contains *oxides of sulfur and nitrogen, along with other chemicals. It causes damage in lakes and rivers, and poisons the plants and animals living in the water. Acid rain may also affect crops and other plants, stone buildings and monuments, and drinking water.

（注）　coal mine 「炭鉱」　large amounts of ～ 「多量の～」
be called ～ 「～と呼ばれる」　atmosphere 「大気」
invisible 「目に見えない」　aware of ～ 「～に気がついて」　quality 「性質」
whether ～ or ... 「～であるかそれとも...であるか」　polluted 「汚染された」
be made up of ～ 「～から成り立っている」　oxygen 「酸素」　nitrogen 「窒素」
water vapor 「水蒸気」　contain 「含む」　impurity 「不純物」　pollen 「花粉」
dust from the soil 「土ぼこり」　bacteria 「バクテリア」　harmful 「有害な」
affect 「～に影響を与える」　pollutant 「汚染物質」　particle 「粒子，小片」
breathe 「呼吸する」　lung 「肺」　absorb 「吸収する」　harm 「～に害を与える」
cause 「引き起こす」　fog 「霧」　ash from volcanoes 「火山灰」
the 1950s 「1950年代」　the southeastern United States 「米国南東部」　cancel 「運休する」
as far away as ～ 「（遠く）～まで」　act 「作用，はたらき」　concern 「懸念《けねん》，心配」
industry 「産業，工業」　society 「社会」　more industrialized 「工業化が進んで」
electric power 「電力」　transportation 「交通機関」　waste paper 「紙くず」
exhaust (gas) 「排気ガス」　waste chemical 「化学系廃棄物」　cigarette 「タバコ」
brake 「ブレーキ」　tire 「タイヤ」　discharge 「排出する」
at street level 「地上（の高さ）で」　power plant 「発電所」
combine with ～ 「～と結び付く」　air pressure 「気圧」　surface 「表面」
air current 「気流」　scatter 「拡散する」　damage 「損害；損なう」　loss 「損失」
crop 「作物，収穫物」　cattle 「牛」　poison 「害する；毒で汚染する」
recover aluminum 「アルミニウムを再生する」　soot 「すす」　throat 「のど」
be concerned that ... 「...と懸念している」　in time 「やがて」　acid rain 「酸性雨」
oxides of sulfur and nitrogen 「硫黄酸化物と窒素酸化物」

【要約文】

We cannot (1) the gases surrounding us, but they are always there. It is (2) for people, animals, and plants to live without them. We call them the air, or the (3).

The (3) contains oxygen, nitrogen, water vapor, CO_2 and small amounts of impurities. The air is polluted when there are enough impurities in it that will affect our (4) and safety. These impurities are called (5). Polluted air can be harmful not only to people but also to animals and plants, so we should try to keep the air in good condition by (6) it carefully.

(7) pollution is caused by (5) such as dust, pollen, fog, and so on. But there is a more serious form of pollution. This pollution is caused by (8). It becomes worse as the society becomes more industrialized.

Much air pollution in cities is caused by burning coal and oil to produce heat, hot water, light and (9). Also, the (10) made by burning waste paper and garbage, the (11) from cars, and waste chemicals from factories contain large amounts of (5). (7) pollution is also affected by the conditions of the (3).

(7) pollution causes a lot of damage to crops, trees, cattle, and buildings. It also affects our (4) and may reduce the (12) of the earth's surface.

(13) rain is another thing which is caused by this pollution, and it damages or affects lakes and rivers, plants and animals in the water, crops, buildings, and drinking water.

4 下の英文を読んで，次の問いに日本語で答えなさい。

(1) 下線部(1)について，それはどのような考えですか。

(2) 下線部(2)について，Emilyがそのように悟ったのはどのような経緯からですか。

(3) 下線部(3)について，Emilyは祖母にそのような気持ちを伝えるために，何をしようと決めましたか。

Emily didn't know what was wrong with Grandma. She was always forgetting things, like where she put the sugar, *when to pay her *bills, and what time to be ready to *be picked up for *grocery shopping.

"What's wrong with Grandma?" Emily asked. "She was such a *neat lady. Now she looks sad and *lost and doesn't remember things."

"Grandma's just getting old," Mother said. "She needs a lot of love right now, dear."

"*What's it like to get old?" Emily asked. "Does everybody forget things? Will I ?"

"*Not everyone forgets things when they get old, Emily. We think Grandma may have *Alzheimer's disease, and that makes her forget more. We have to put her in a *nursing home to get the right care she needs."

"Oh, Mother! That's terrible! She'll miss her own little house so much, won't she?"

"Maybe, but there isn't much else we can do. She'll get good care there and make some new friends."

Emily looked sad. She didn't like (1)<u>the idea</u> at all.

"Can we go and see her often?" she asked. "I'll miss talking to Grandma, *even if she forgets things."

"We can go on weekends," Mother answered. "We can take her a present."

"Like ice cream? Grandma loves strawberry ice cream!" Emily smiled.

"Strawberry ice cream it is!" Mother said.

*The first time they visited Grandma in the nursing home, Emily wanted to cry.

"Mother, almost all of the people are in wheelchairs," she said.

"They have to be, or they will fall," Mother explained. "Now when you see Grandma, smile and tell her how nice she looks."

Grandma sat *all by herself in a corner of the room they called the *sun parlor. She was looking out at the trees.

Emily hugged Grandma. "Look," she said, "we brought you a present — your favorite, strawberry ice cream!"

Grandma took the ice cream cup and the spoon and began eating without saying a word.

"I'm sure she's enjoying it, dear," Emily's mother said to her.

"But she doesn't *seem to know us." Emily was *disappointed.

"You have to give her time," Mother said. "She's in new *surroundings, and she has to *make an adjustment."

But the next time they visited Grandma it was the same. She ate the ice cream and smiled at them, but didn't say anything.

"Grandma, do you know who I am?" Emily asked.

"You're the girl who brings me the ice cream," Grandma said.

"Yes, but I'm Emily, too, your *granddaughter. Don't you remember me?" she asked, and threw her arms around the old lady.

Grandma smiled *faintly.

"Remember? Sure I remember. You're the girl who brings me ice cream."

(2)Suddenly Emily realized that Grandma would never remember her. Grandma would always think Emily was the ice-cream girl. She was living in a world *all her own, in a world of *shadowy memories and *loneliness.

"(3)Oh, how I love you, Grandma!" she said. Just then she saw a tear on Grandma's *cheek.

"Love," she said. "I remember love."

"You see, dear, that's all she wants," Mother said. "Love."

"I'll bring her ice cream every weekend then, and hug her even if she doesn't remember me," Emily said.

After all, that was more important — to remember love *rather than someone's name.

（注） when to ～ 「いつ～すべきか」 bill 「請求書」 be picked up 「車で拾ってもらう」
grocery 「食料雑貨」 neat 「きちんとした」 lost 「放心して」
What's it like to ～？ 「～するとはどういうこと？」
not everyone ～ 「誰もが～するわけではない」 Alzheimer's disease 「アルツハイマー病」
nursing home 「老人ホーム」 even if … 「たとえ…だとしても」
the first time … 「初めて…するとき」 all by herself 「一人きりで」
sun parlor 「日光浴室，サンルーム」 seem to ～ 「～するようだ」
disappointed 「がっかりして」 surroundings 「環境」 make an adjustment 「適応する」
granddaughter 「孫娘」 faintly 「かすかに」 all her own 「自分だけの」
shadowy 「あいまいな」 loneliness 「孤独」 cheek 「ほほ」
rather than ～ 「～よりむしろ」

5 次の英文の意味が通るように，空所**1**から**5**に入れるのに最も適切なものを，下のアからオの中から選び，記号で答えなさい。ただし，同じものを２回以上用いてはいけません。

The *popularity of names changes. In the United States, some of the most popular boys' names today are *Noah*, *Liam*, and *Mason*. [**1**] The names *Mary* and *John*, once very popular, are not very common anymore.

Your grandparents' names sound old and *out of fashion, but your *great-grandparents' names sometimes seem cool now. [**2**] The popularity of some names stays the same. [**3**]

It's sometimes hard to tell if a name is a boy's name or a girl's name. *Arizona*, for example, is the name of a *state. *Dakota* is the name of a native American *tribe. Are these boys' names or girls' names?

[**4**] David and Victoria Beckham's son's name is Brooklyn. Actor Antonio Sabato Jr. has a son with a very long name. His name is Antonio Kamakanaalohamaikalani Harvey Sabato. [**5**]

Do you prefer a common name or an *unusual name?

ア　The long name is a Hawaiian word meaning "a gift from the heavens."

イ　*Helen, Rose, Henry,* and *Max,* once not popular, are back.

ウ　Some of the most popular girls' names today are *Sophia, Emma,* and *Olivia.*

エ　For example, *William* is always one of the five most popular names for boys.

オ　Some *celebrities give their children unusual names.

（注）　popularity　「人気」　out of fashion　「すたれている」　great-grandparent　「曾《そう》祖父，曾祖母」
state　「州」　tribe　「部族」　unusual　「珍しい」　celebrity　「有名人」

6　例にならって，次の(1)から(5)の［　　］内の語句を与えられている順にすべて用い，さらに最低限必要な語を加えて，話の筋が通るように英文を完成させなさい。

【例】 Ms. Williams is a teacher and [there, thirty, children, class].

→ there are thirty children in her class

*　　　　*　　　　*　　　　*　　　　*

Daniel never liked work very much. (1)[When, he, school, he, not, good, any, subjects], so he was always at the *bottom of his class. Then he went and worked in an office, but he did not do much work there.

There were big windows in the office, and there was a street below them. There were always a lot of people and cars and buses in the street. (2)[Daniel, had, desk, one, windows], and (3)[he, liked, sit, chair, and, look, them].

Daniel had a friend. His name was Mark. (4)[He, worked, same, office, but, he, very, different, Daniel]. He worked very hard.

Last Tuesday Daniel just sat at his desk and spent his time. Then he said to his friend, Mark, "There's a very *lazy man in the street. He began *digging a hole this morning, but (5)[he, not, done, any, work, half, hour]!"

（注）　bottom　「最下位」　lazy　「怠惰《たいだ》な」　dig　「掘る」

7　「スマートフォン」について，それがどのようなものか，また，それを使用する上でどのような点に注意すべきか，40語程度の英語で述べなさい。なお，解答の末尾には使用した語数を記すこと。必要があれば，次の表現を参考にしなさい。

a smartphone / smartphones

【理　科】（50分）〈満点：100点〉

1　次の各問いについて，それぞれの解答群の中から答えを選び，記号で答えなさい。なお，「すべて選びなさい」には，１つだけ選ぶ場合も含まれます。

(1)　空気からガラスに光が進入して屈折したとき，入射角と屈折角の大きさの関係として正しいものを選びなさい。

ア　（入射角）＞（屈折角）　　**イ**　（入射角）＜（屈折角）

ウ　（入射角）＝（屈折角）　　**エ**　（入射角）＋（屈折角）＝（一定）

オ　（入射角）＝90°－（屈折角）　　**カ**　（入射角）＝90°＋（屈折角）

(2)　摩擦のある水平面に物体を置き，手で右方向に押し続けて等速直線運動をさせた。このとき，手が物体を押す力A，物体が手を押す力B，物体にかかる摩擦力Cの大きさの関係として正しいものをすべて選びなさい。

ア　A ＞ B　　**イ**　A ＜ B　　**ウ**　A ＝ B

エ　A ＞ C　　**オ**　A ＜ C　　**カ**　A ＝ C

キ　B ＞ C　　**ク**　B ＜ C　　**ケ**　B ＝ C

(3)　固体が融解するときに体積が減少する物質をすべて選びなさい。

ア　水　　**イ**　エタノール　　**ウ**　ろう　　**エ**　鉄　　**オ**　食塩

(4)　炭酸水素ナトリウムを加熱したときに発生する気体の説明として正しいものを２つ選びなさい。

ア　水によく溶けるので，下方置換法で集めるのが適当である

イ　チャートにうすい塩酸をかけると同じ気体が発生する

ウ　空気と混合し，マッチで点火すると爆発する

エ　肺静脈より肺動脈を流れる血液に多く含まれている

オ　木星の大気の主成分のひとつである

カ　乾燥した空気中に体積の割合で３番目に多く含まれている

キ　空気より密度が大きい

(5)　月の説明として正しいものを選びなさい。

ア　太陽の周りを公転している

イ　自転していない

ウ　月の満ち欠けは太陽の光が地球によってさえぎられるために起こる

エ　真南を向いて同じ時刻に観測すると，日が経つにつれて東に動いていく

オ　新月が南中する時刻は，真夜中の０時である

(6)　地球と太陽の間の距離と等しいものをすべて選びなさい。

ア　約38万km　　**イ**　約4000万km　　**ウ**　約1.5億km

エ　0.1天文単位　　**オ**　１天文単位　　**カ**　10天文単位

キ　光の速さで約8.2秒進んだ距離　　**ク**　光の速さで約８分20秒進んだ距離

ケ　光の速さで約８時間20分進んだ距離

(7)　植物を用いた実験とその結果について正しいものを３つ選びなさい。

ア　トウモロコシに赤インクを溶かした水を吸わせた。数時間後に茎の横断面を観察すると，輪状に並んだ維管束の内側が赤く染まっていた。

イ　ホウセンカに赤インクを溶かした水を吸わせた。数時間後に葉の横断面を観察すると，維管束の上側（葉の表に近い側）が赤く染まっていた。

ウ　水を入れ水面に油をたらしたメスシリンダー２本に，葉の枚数と大きさをそろえたツバキの枝をそれぞれさしたとき，すべての葉の表にワセリンをぬったもののほうが，すべての葉の裏にぬったものより，数時間後の水の減少量が大きかった。

エ　水を入れ水面に油をたらしたメスシリンダーに，すべての葉の表と裏にワセリンをぬったツバキの枝をさすと，数時間後の水の量は変化していなかった。

オ　試験管に水とBTB溶液を入れ，息をふきこみ黄色に調整した。オオカナダモをそこへ入れ，ゴム栓をして光を数時間当てると，BTB溶液の色は青色になっていた。

カ　試験管に水とBTB溶液を入れ，緑色に調整した。オオカナダモをそこへ入れ，試験管を暗箱の中に置いて光を数時間さえぎると，BTB溶液の色は緑色から変化していなかった。

(8)　ヒトの器官のはたらきについて正しいものをすべて選びなさい。

ア　肝臓は胆汁をつくり，胆汁に含まれるリパーゼによって脂肪を消化しやすくする

イ　胆のうは胆汁をつくり，胆汁に含まれる消化酵素以外の成分によって脂肪を消化しやすくする

ウ　肝臓はブドウ糖からグリコーゲンをつくり，グリコーゲンは胆のうに蓄えられる

エ　肝臓はブドウ糖からグリコーゲンをつくり，グリコーゲンは肝臓に蓄えられる

オ　じん臓はアンモニアから尿素をつくり，尿素はじん臓でこしとられ尿として排出される

カ　肝臓はアンモニアから尿素をつくり，尿素はじん臓でこしとられ尿として排出される

2　次の各問いに答えなさい。

(1)　大気圧から $1\,\mathrm{m}^2$ あたりの空気の層の質量を考えることができる。標高3000 mの大気圧は700 hPaであった。この高さでの $1\,\mathrm{m}^2$ あたりの空気の層の質量は何kgか。ただし，100 gにはたらく重力の大きさを１Nとする。

(2)　(1)の条件を使用して，標高０mの大気圧を1000 hPaとしたとき，空気の密度が一定だったと仮定した場合，空気の層の厚さは何mになるか。

(3)　塩酸の溶媒と溶質をそれぞれ物質名で答えなさい。

(4)　エタン C_2H_6 を完全燃焼させると二酸化炭素と水が生じる。この変化を化学反応式で表したとき，ｂに入る数値を整数で答えなさい。

$$aC_2H_6 + bO_2 \rightarrow cCO_2 + dH_2O$$

(5)　以下の文章を読んで，次の問いにそれぞれ答えなさい。

　乾湿計は，右図のように一方は感温部を常時水で湿っている状態にしたガーゼで巻いた湿球温度計，他方は感温部をそのままとした乾球温度計として気温を測る。ガーゼを湿らせている水の温度は（　　　）と同じになる。空気が水蒸気で飽和していないとき，湿球温度は乾球温度より低くなる。

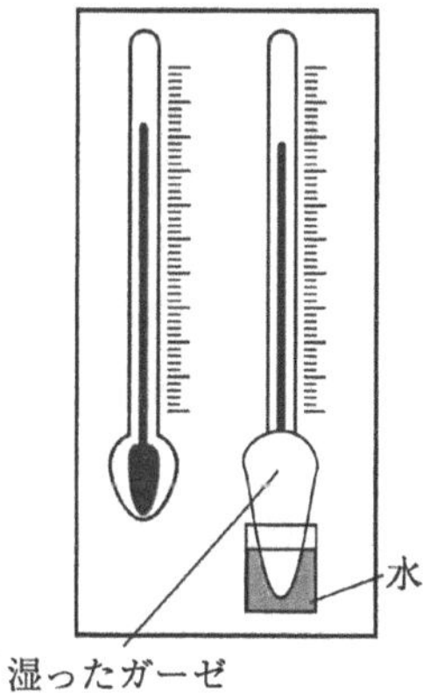

①　（　　　）に入る語句を漢字２文字で答えなさい。

②　下線部の現象のしくみと関連するヒトのからだのはたらきを答えなさい。

(6) ヒトの呼吸において，肋骨の間をつなぐ筋肉とともに，胸腔《きょうこう》の容積を変化させることに関わっている部位を何というか，漢字で答えなさい。

(7) 右図は，岩手県大船渡市三陸町綾里において，気象庁が観測した地球温暖化に関わる「ある物質」の大気中の濃度の経年変化である。このグラフは数年あたりでは増加傾向を示すが，1年あたりで見たときには増加と減少の「小さな変動」を示す。この「小さな変動」の中で減少する理由を答えなさい。

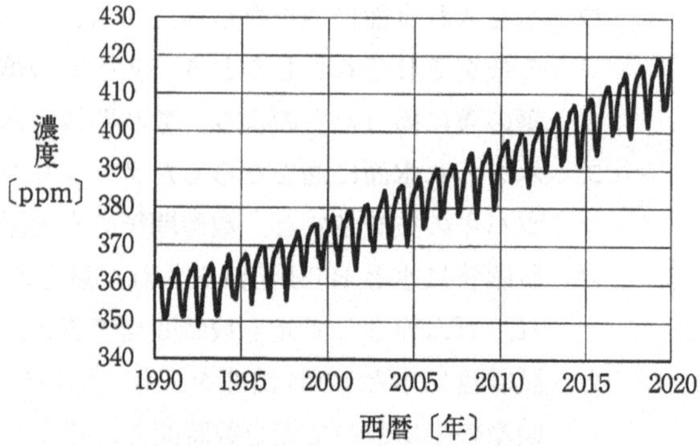

3　右図は，ある地域の地質調査の結果を模式的に表した断面図である。また，次の内容は調査の結果わかったことを説明したものである。以下の各問いに答えなさい。

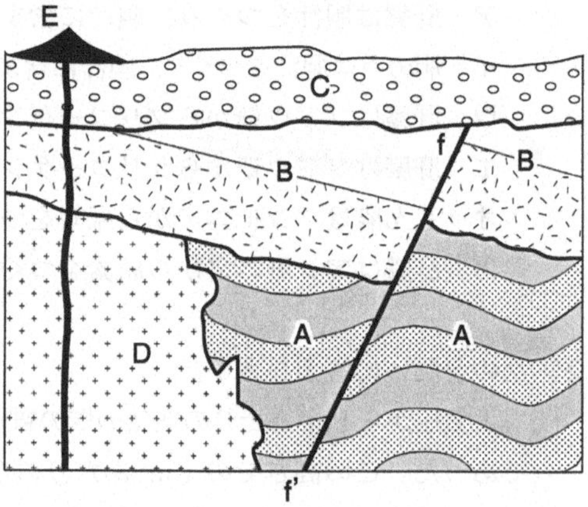

・Aは堆積岩からできている層で，しゅう曲が見られる。
・Bは堆積岩からできている層で，上の層からゾウの歯の化石が，下の層からはカヘイセキの化石が見つかった。
・Cは堆積岩からできている層で，上下で粒の大きさが異なっている。
・Dは花こう岩からできている部分である。
・Eの火山を成している岩石は全体が灰色で，顕微鏡で観察すると，角閃石《かくせんせき》が多く見られ斑状組織であった。
・f−f' は断層である。

(1) AとB，BとCのように，重なりが一時中断していることを何というか。

(2) Aの一部から火山灰の層が観察され，広い地域で年代を決めるための地層として利用されている。このような地層のことを何というか。

(3) Bの層ができた時代と同じ時代の出来事を次の中からすべて選び，記号で答えなさい。

ア　アンモナイトが栄えた	イ　ティラノサウルスなどの恐竜が栄えた
ウ　ビカリアが出現した	エ　マンモスが出現した
オ　デスモスチルスが出現した	カ　サンヨウチュウが出現した

(4) Cを形成している堆積岩の粒の大きさは，一般的にどのように堆積しているか説明しなさい。

(5) Dの花こう岩がマグマとして存在していたとき，このマグマの特徴を答えなさい。

(6) Eの岩石は何か，漢字で答えなさい。

(7)　この地質調査の結果から，次の**ア**から**カ**までの出来事を起きた順番に並べたとき，２番目と５番目の出来事になるものを記号で答えなさい。

ア　Aの層が堆積して，しゅう曲が起きた　　**イ**　Bの層が堆積した

ウ　Cの層が堆積した　　**エ**　Dの花こう岩ができた

オ　Eの火山ができた　　**カ**　f−f'の断層ができた

(8)　Aとf−f'から，この地域は時代の経過とともに地層にどのような力が加わったと考えられるか説明しなさい。

4　文章を読み，以下の各問いに答えなさい。

電流と電圧の関係といえば「オームの法則」を思い出す人が多いと思う。これは，抵抗器に流れる電流に対して，かかる電圧が比例する法則である。今回は，電流と電圧が比例しない場合，どのように抵抗の値を求めればよいかを考えてみよう。

まず抵抗器などに流れる電流に対して，かかる電圧が比例する場合で考えてみよう。

抵抗器Rは，**図1**のグラフのような電流と電圧の関係である。**図2**の回路のようにこの抵抗器Rと抵抗の値が10 Ωで一定の抵抗器を直列につなぎ，全体に10 Vの電圧をかける。抵抗器Rにかかる電圧をV〔V〕，流れる電流をI〔A〕とおいたとき，10 Ωの抵抗器にかかる電圧はIを用いて表すと ① 〔V〕となる。直列回路にかかる電圧の性質から，

② = ① ＋V　…（★）

となる。この（★）の式を変形して${}_{\mathrm{I}}$図1のグラフに描きこむ。グラフの交点より抵抗器Rに流れる電流とかかる電圧を求めることができる。

図1

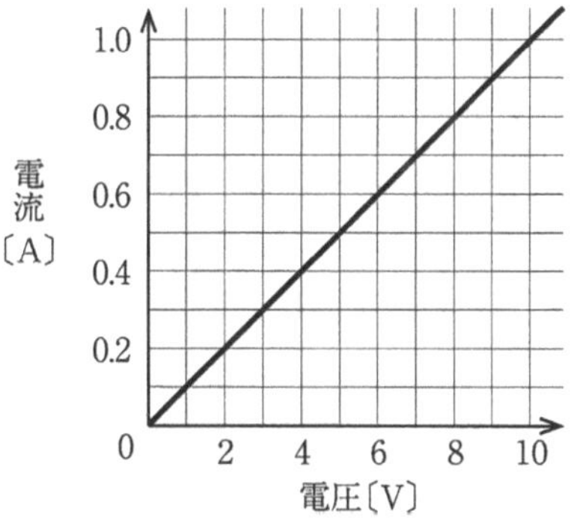

図2

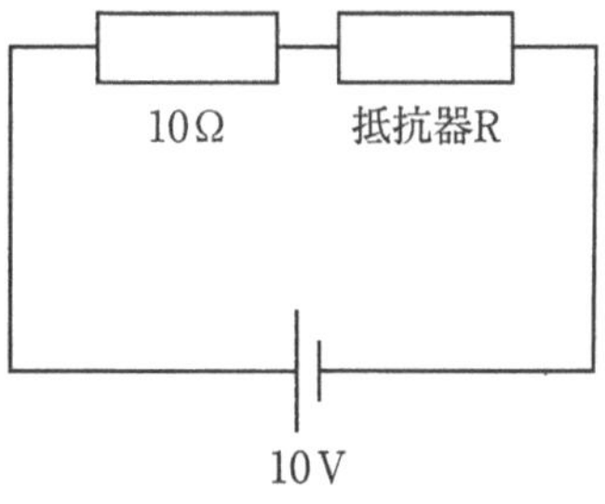

(1)　①に入る文字式および②に入る値を答えなさい。

(2)　下線部Ｉを解答用紙の図に描きなさい。ただし，縦軸（電流）と横軸（電圧）に必ず交わるように描きなさい。

(3)　抵抗器Rは何Ωか。

次に，先ほどの解き方を利用して，抵抗器などに流れる電流に対して，かかる電圧が比例しない場合を考えてみよう。

図3のグラフは白熱電球（電球X）1個に流れる電流とかかる電圧の関係である。**図3**のグラフより1個の電球Xに1Vの電圧をかけると ③ Ω，6Vの電圧をかけると ④ Ωの抵抗の値となる。**図3**のグラフの形状より電球Xの抵抗の大きさは【　Ⅱ　】。

図3

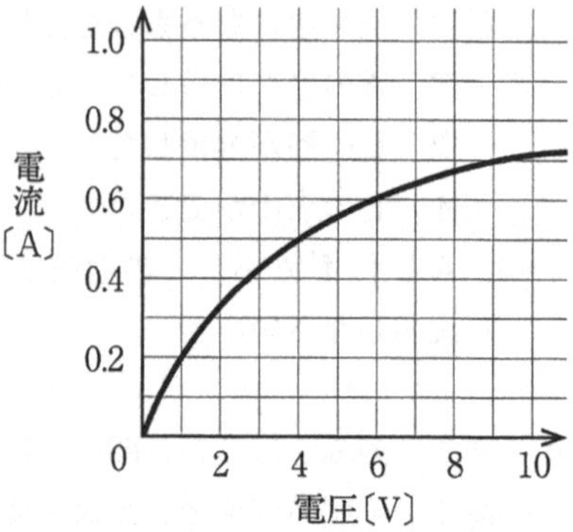

(4) ③，④に入る値を答えなさい。

(5) 【　Ⅱ　】に適するものを次の中から選び記号で答えなさい。

ア　かかる電圧が大きいほど大きくなる
イ　かかる電圧が大きいほど小さくなる
ウ　かかる電圧が大きくなっても変わらない
エ　かかる電圧とは無関係で大きくなったり小さくなったりする

(6) **図4**のように電球Xを2個直列につないだ。電球X1個にかかる電圧をV〔V〕，流れる電流をI〔A〕としたとき，(★)の式に対応する式を答えなさい。ただし，**図4**の回路中の抵抗器の抵抗の値は常に一定である。

(7) 電球Xを2個合わせた抵抗の値は何Ωか。

図4

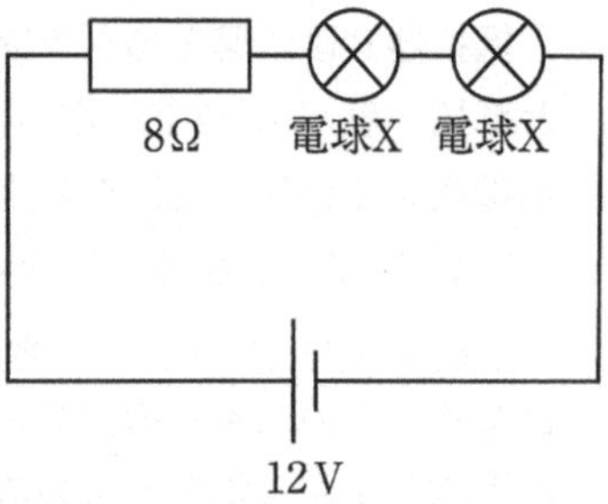

5　文章を読み，以下の各問いに答えなさい。

鉄は，金属元素の中でアルミニウムに次いで地表付近に多く存在する元素で，豊富な資源として身近な日用製品から巨大な建造物にいたるまで幅広く利用されている。しかし，単体の鉄は湿った空気中ではさびやすいという性質をもつため，Ⅰ鉄を利用する際には，鉄がさびないようにいろいろな工夫がなされている。自然界においても，単体の鉄はほとんど存在しておらず，酸化鉄などの化合物が鉄鉱石として存在している。これらの鉄鉱石から鉄を取り出して利用するために，様々な製鉄技術が発展してきた。

現在の製鉄所では，鉄鉱石にコークス（石炭を蒸し焼きにしてつくる燃料）を加えて溶鉱《ようこう》炉《ろ》の中で加熱し，鉄を取り出している。ここでは，化学式でFe_2O_3と表される酸化鉄を主成分とする鉄鉱石（赤鉄鉱）を例にとって，製鉄の過程で起きている化学変化を考える。

溶鉱炉では，約1200℃の熱風によって燃焼したコークスから，一酸化炭素COの気体が生じる。これがⅡ酸化鉄から酸素をうばうことで，鉄が生成される。

$$Fe_2O_3 + 3CO \rightarrow 2Fe + 3CO_2 \quad \cdots (★)$$

化学反応式から，この方法では鉄の生成にともない二酸化炭素が排出されることがわかる。近年の日本では，年間におよそ1億tの鉄がつくられているため，このときに排出される二酸化炭素の質量はおよそ【　　】億tにのぼり，日本の産業の中で最も二酸化炭素排出量が多い。

下線部Ⅰの工夫のひとつとして，電気分解を利用して製品の表面に金属の膜をつくる「電気めっき」がある。鉄の表面に亜鉛を電気めっきするために，次のような**実験**を行った。

《実験》

ある濃度の塩酸をいれたビーカーに亜鉛粉末を加えると，気体Aが発生し，亜鉛が溶けた。この溶液をめっき液として，図のように電源装置につないだ鉄板と炭素棒を浸し，電流を流すと，鉄板の表面全体が亜鉛でめっきされ，炭素棒では気体Bが発生した。

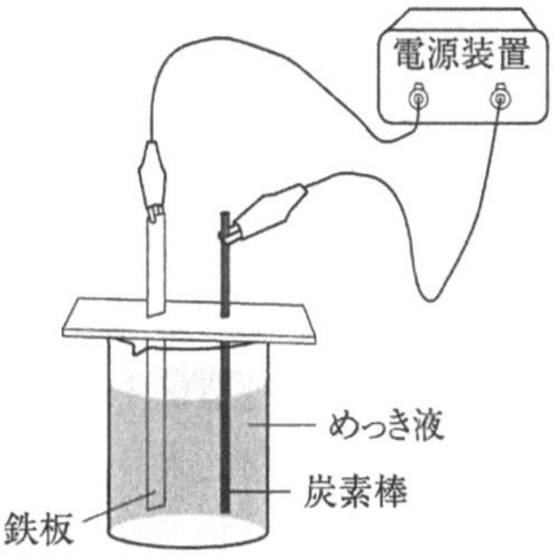

(1) **実験**において，鉄板は電源装置の＋極と－極のどちらとつなげればよいか。

(2) **実験**において，気体Aと気体Bをそれぞれ化学式で答えなさい。

(3) **実験**において，電子が n 個流れたとすると，亜鉛原子は何個生成されるか，n を用いた文字式で答えなさい。

(4) 下線部Ⅱのような化学変化を何というか，漢字２文字で答えなさい。

(5) （★）の化学反応式について，酸化鉄 1.0 kg と一酸化炭素 0.53 kg が反応し，0.70 kg の鉄が生成されるとする。

① 文中の空欄【　】に入る数値を四捨五入して，小数点以下第１位までの数値で答えなさい。

② 鉄原子１個と酸素原子１個の質量比を求め，最も簡単な整数比で答えなさい。

(6) 現在，水素を利用して鉄鉱石から鉄を得る方法の実用化に向けた開発が進められている。酸化鉄 Fe_2O_3 と水素の反応を化学反応式で示し，この方法の開発が進められている目的を説明しなさい。

6 茶実子《ちゃみこ》さんのクラスでは最近，『鬼の血液によって人間が鬼になってしまう』という漫画が人気である。茶実子さんもその漫画を読み，「血液といえば赤血球が思い浮かぶけど，赤血球ってそんなにヒトのからだに影響するのかな」と疑問に思った。次の会話は茶実子さんとクラスメイトが，松子先生からヒントをもらいながら考えた過程である。

茶実子 「赤血球はからだ全体の細胞数の何％を占めるのか考えてみたいんですけど，そもそもヒトのからだって何個の細胞でできているんですか？」

先　生 「昔は60兆個と言われていたけれど，より厳密に推定した論文では37兆個とされているんだ。」

蘭　子 「すごい桁数！じゃあ，血液のほうはどうかな。血液は液体成分の血しょうと細胞成分の赤血球，白血球，血小板でできているんだよね。I <u>血液が赤いのは赤血球に（　a　）という物質が含まれていて，それと酸素が結合するんだよね</u>。でも，赤血球ってどのくらいあるんだろう。」

先　生 「ヒトの血液を５L，赤血球数を１mL あたり 50 億個として計算してみよう。」

菊　子 「ヒトの細胞数を 37 兆個として，ヒトのからだの細胞数のうち，（　b　）％を占めることになるんだね。数字にすると，赤血球が多いってことがよくわかるね！」

茶実子 「人間が鬼になるというのはあくまで漫画だけど，これだけ赤血球の割合が多ければ，ヒトのからだに影響してもおかしくないよね。」

先　生 「そうだね。実際ヒトの ABO 式血液型に赤血球表面の構造が関わっていて，その構造は遺伝によって決まるんだよ。」

梅　子 「知ってる！私，お父さんからＡ遺伝子，お母さんからＯ遺伝子をもらって遺伝子の組み合わせが AO で，その構造を持った赤血球があるとＡ型なんだ。」

菊　子 「私はＢ型！ 【　X　】だから，遺伝子の組み合わせは BO って断言できる。梅子さんも私も０型でないってことは，Ａ型とＢ型は優性形質なんだね。優性って響きがいいなあ。」

蘭　子「そう言われると，０型の私は劣性形質かあ。ちょっと落ち込んじゃう。」

先　生「みんなの言う通り，Ⅱ修道院の神父だったメンデルがエンドウを用いて明らかにした遺伝の法則で，ABO 式血液型は理解できる部分が多いね。**表**にまとめるとこんなふうになるよ。対になっている親の遺伝子が（　**c**　）によってひとつずつ精子と卵に入り，受精後の組み合わせで血液型が決まるというのはエンドウの種子の形と同じだけど，AB 型については優性の法則だけでは説明できない点もあるね。あと，Ⅲ最近は優性や劣性と言わず，優性を顕性，劣性を潜性と言うようになってきていることも知っておくといいよ。」

表　血液型が決まるしくみ

遺伝子の組み合わせ	血液型
AA または AO	A 型
BB または BO	B 型
AB	AB 型
OO	O 型

(1)（　**a**　）～（　**c**　）に入る数値または語句を答えなさい。ただし，（　**a**　）はカタカナで，（　**b**　）は四捨五入して整数で，（　**c**　）は漢字４文字で答えなさい。

(2)　下線部Ⅰについて，大気中の酸素がヒトの全身の細胞に届くまでの経路として下の語句から５つ選んで空欄に入れたとき，(d)と(e)に入る語句を答えなさい。

口→気管→気管支→（　）→(d)→（　）→(e)→（　）→全身の細胞

[語句]　肺胞　肺動脈　肺静脈　大動脈　大静脈　右心房　右心室　左心房　左心室

(3)　(2)に関連して，ヒトは呼吸によって大気中の酸素を口から取り込むが，モンシロチョウは何という部位から酸素を取り込むか。漢字２文字で答えなさい。

(4)　下線部Ⅱについて，エンドウの分類や生殖として正しいものをすべて選び，記号で答えなさい。

ア　エンドウは被子植物で，離弁花に分類される

イ　自家受粉では同一個体のみで生殖が行われ，栄養生殖に分類される

ウ　自家受粉と他家受粉のどちらでも種子をつくることができる

エ　遺伝子の組み合わせによっては，自家受粉でも親と子の形質が異なることがある

オ　純系であれば親と子の形質は同じだが，孫の形質は異なることがある

(5)　【　**X**　】に入れたとき，菊子さんの発言に矛盾しないものをすべて選び，記号で答えなさい。

ア　お父さんもお母さんもＢ型　　**イ**　お父さんがＡ型，お母さんがＢ型

ウ　お父さんがＢ型，お母さんが AB 型　　**エ**　お父さんが AB 型，お母さんが０型

(6)　下線部Ⅲについて，遺伝の法則における優性・劣性という表現は人々に誤解を招く恐れがあったため，顕性・潜性という表現へ変更されることになった。その誤解とはどのようなものか，問題文の会話を参考に答えなさい。

(7)　茶実子さんは血液型の遺伝に興味を持ち，家族の話をもとに血液型に関する家系図を作成した。□は男性，○は女性を示しており，茶実子さんは 11 番の女性に該当する。家系図中の９番の女性の血液型はわからなかった。

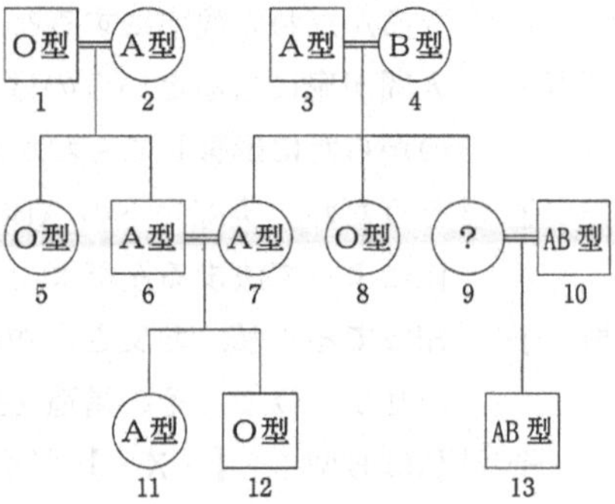

①　９番の女性の血液型として可能性があるものをすべて答えなさい。

②　Ａ型である茶実子さんの遺伝子の組み合わせが AO である確率を分数で答えなさい。

【社　会】（50分）〈満点：100点〉
【注意】解答は原則として漢字で記入しなさい。

1　次の文章を読み，下の各問いに答えなさい。

景観の観察を行なうと地域の特徴を読みとることができます。たとえば，（　A　）の広がっているようすからは，そこが熱帯から亜熱帯の気候で，淡水と海水の混ざり合う河口付近に位置していることがわかります。①東南アジアであれば，周囲にエビの養殖池がつくられていて，（　A　）の伐採が進んでいるのではないか，と考えをめぐらすこともできるでしょう。また，一面に水田地帯が広がっていれば，そこは大きな河川の下流域にあたる場所で，②米どころであることなどが予想できます。

図1は，オーストラリアのマウントホエールバックという鉱山のようすです。この一帯は土の（　B　）分が多いため，赤い大地が広がっています。樹木はなく，人がくらすには厳しい気候であることが予想できます。また，鉱産物を地表から直接けずり取りながら，うずを巻くようにして地下にほり進む，（　C　）という方法によって効率のよい採掘が行なわれていることがわかります。

図2は，③アメリカ合衆国のある地域のようすです。図2から，どのようなことを読みとることができるでしょうか。

ある場所の景観を観察し，その背景を想像できるようになると，地理はもっと楽しくなります。ぜひ景観を読み解く力を育んでみてください。

図1

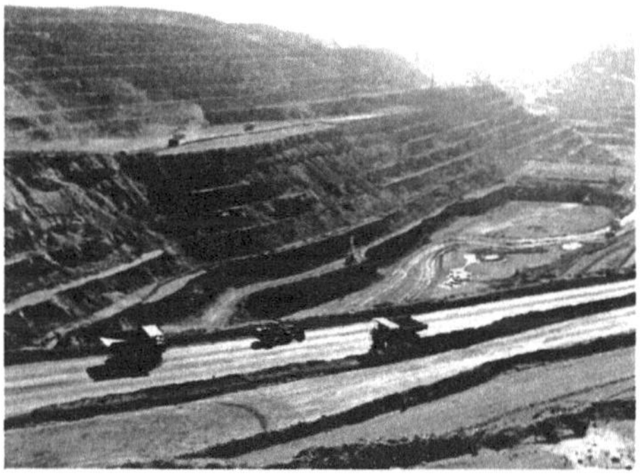

図2

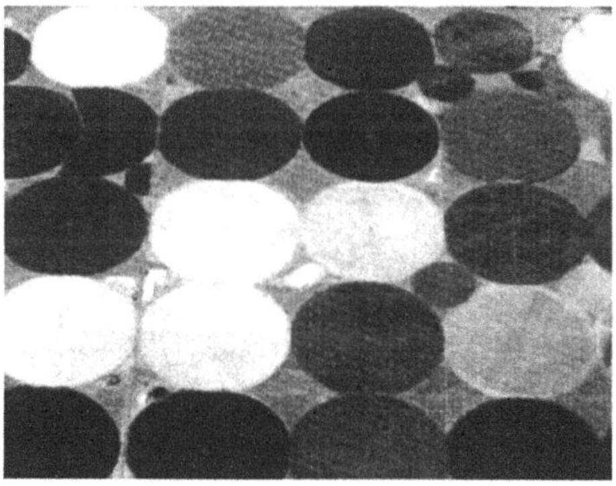

〔問1〕　文章中の空欄（　A　）から（　C　）にあてはまる適切な語句を答えなさい。

〔問2〕　文章中の下線部①東南アジアに関して，次の地図を見て，次ページの各問いに答えなさい。

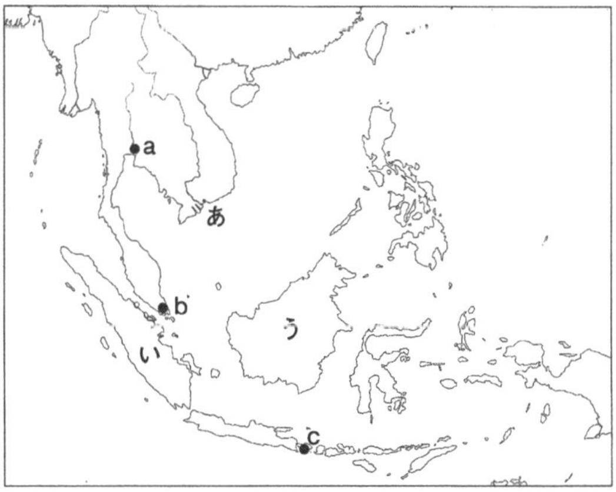

(1) 次の**ア**から**ウ**は，地図中の**a**から**c**のいずれかの地点における雨温図を示したものである。地点**b**と**c**にあてはまる適切なものを，次の**ア**から**ウ**の中からそれぞれ１つずつ選び，記号で答えなさい。

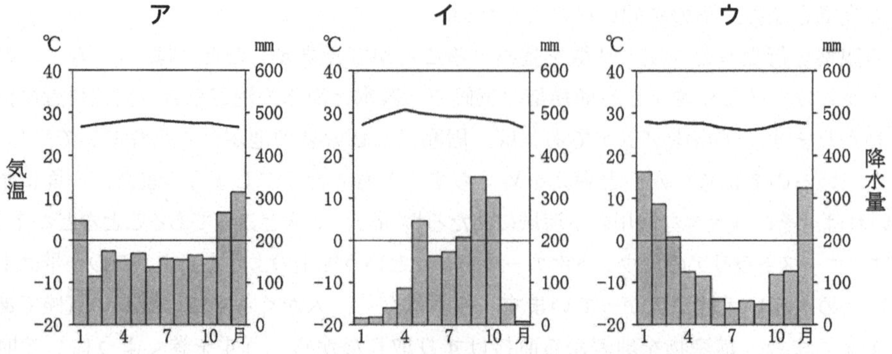

気象庁ウェブページ（世界の天候データツール）より作成

(2) 地図中の河川**あ**を答えなさい。

(3) 地図中の河川**あ**の下流域では，高床式の家屋が多くみられる。なぜ家屋が高床式になっているのか，理由を説明しなさい。

(4) 地図中の島**い**や島**う**では，大規模な開発による熱帯林の減少が問題となっている。大規模に開発する目的の１つとして，せっけんなどの原料となる商品作物の栽培がある。この商品作物を答えなさい。

〔問３〕 文章中の下線部②に関連して，右の図は世界の米の生産量，輸出量，輸入量を示したものである。図中の**ア**と**イ**にあてはまる国をそれぞれ答えなさい。

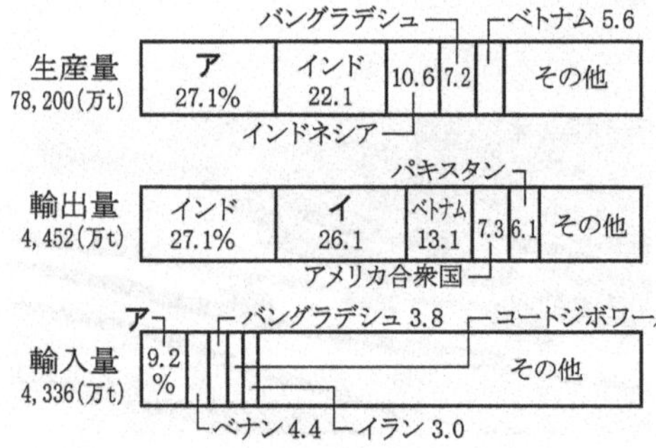

『世界国勢図会 2020/21』より作成

〔問４〕 文章中の下線部③アメリカ合衆国の農業の特徴についてのべた次の**ア**から**エ**の文は，次ページの図中の**え**から**き**のいずれかの地域についてのべたものである。**か**と**き**の地域についてのべた文として適切なものを，次の**ア**から**エ**の中からそれぞれ１つずつ選び，記号で答えなさい。

ア 冷涼な気候と大都市に近いという利点をいかして，酪農がさかんである。

イ 降水量が比較的多く，とうもろこしや大豆の栽培がさかんである。

ウ 綿花栽培が発達したが，その規模は減少傾向にある。

エ 地中海性気候をいかして，果樹や野菜の栽培がさかんである。

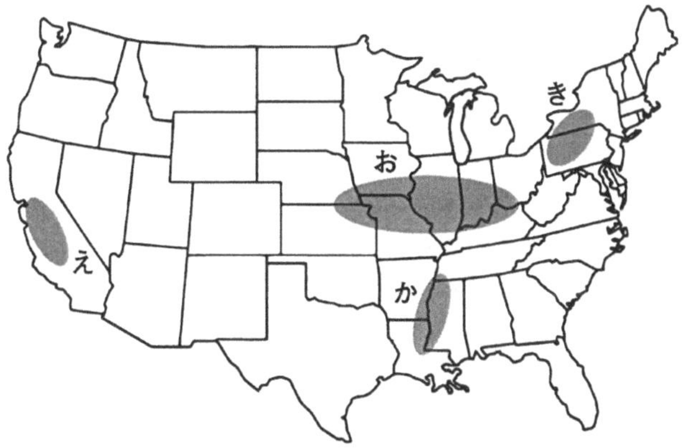

〔問5〕 17ページの図2のような景観がなぜみられるのか，気候の特徴にふれながら，説明しなさい。

2 次の図は，1920（大正9）年から2015（平成27）年までの日本の人口と5年間の人口増減率の推移を示したものである。会話文を読み，下の各問いに答えなさい。

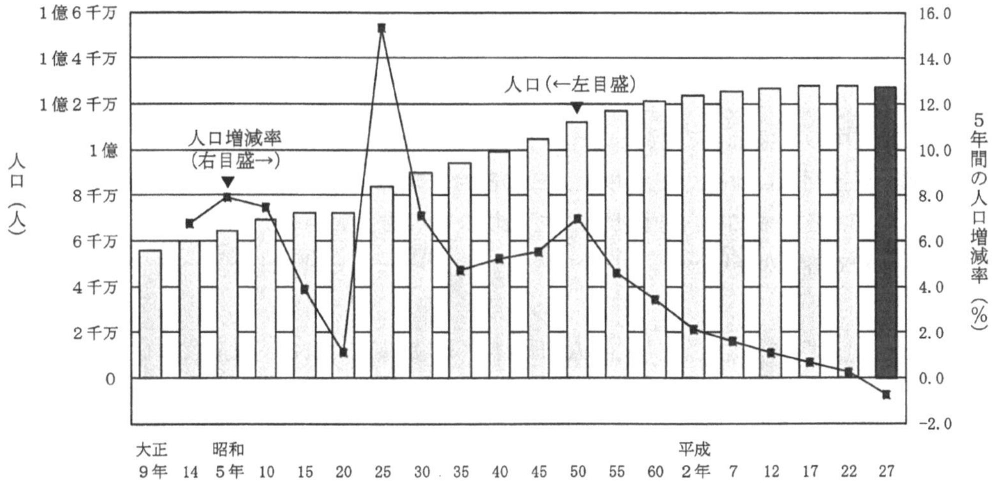

「平成27年国勢調査結果」（総務省統計局）より

生徒a　2020年は，国勢調査が始まって100年だったのよ。2020年の結果がまだ出ていないのが残念だけど，上の図から，①日本の人口の推移を見てみましょう。

生徒b　第1回国勢調査の結果を見ると，1920年の日本の人口は約5500万人で現在の半分弱ぐらいだったのね。

生徒c　人口増減率を見ると，1945年から1950年にかけて大きく増加しているのがわかるわ。これは，（　A　）とよばれる現象なのよね。

生徒a　うん。②1970年から1975年にかけても増加率が高くなっているわ。その後もじわじわ日本の人口は増え続けるけど，2015年に1920年の調査開始以来はじめて人口減少に転じるのね。

生徒b　③日本の総人口が減ったといっても，すべての都道府県で人口が減少したというわけではないんでしょう。

生徒c　東京都の人口は増えているって聞いたことがあるわ。

生徒a　④東京都の中でも自治体ごとに違いがあるのかしら。

〔問１〕　会話文中の空欄（　Ａ　）にあてはまる適切な語句を答えなさい。

〔問２〕　会話文中の下線部①に関連して，2020 年の人口が日本の人口をこえる国として**適切でないもの**を，次の**ア**から**エ**の中から１つ選び，記号で答えなさい。

ア　インドネシア　　　**イ**　カナダ　　　**ウ**　ナイジェリア　　　**エ**　ロシア

〔問３〕　会話文中の下線部②に関連して，次の**ア**から**ウ**は，1950 年，1970 年，1990 年のいずれかの人口ピラミッドを示したものである。1970 年を示したものとして適切なものを，次の**ア**から**ウ**の中から１つ選び，記号で答えなさい。

ア　　　　**イ**　　　　**ウ**

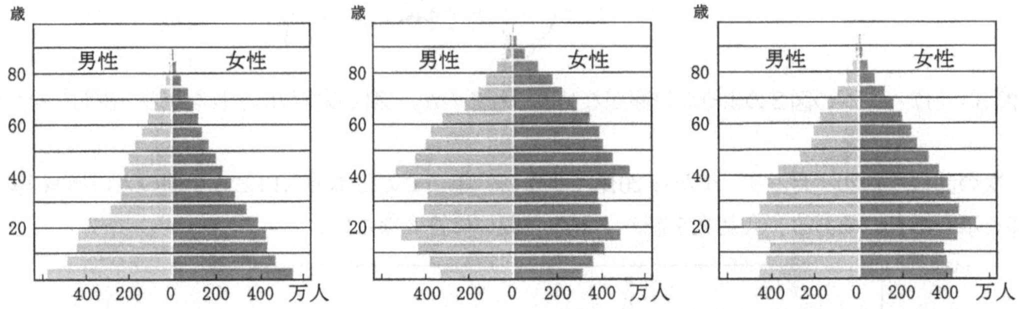

総務省ウェブページより作成

〔問４〕　会話文中の下線部③に関連して，次の表は，愛知県，沖縄県，神奈川県，福島県の人口増減率，昼夜間人口比率，65 歳以上人口の割合，製造業に従事する人の割合をそれぞれ示したものである。愛知県，沖縄県として適切なものを，表中の**ア**から**エ**の中から１つずつ選び，記号で答えなさい。

（%）

	人口増減率 ※１	昼夜間人口比率 ※２	65 歳以上人口の割合	製造業に従事する人の割合※３
ア	-5.7	100.2	28.7	18.5
イ	0.9	91.2	23.9	14.4
ウ	1.0	101.4	23.8	25.3
エ	2.9	100.0	19.6	4.9

※１　人口増減率は平成 22 年から平成 27 年
※２　昼夜間人口比率＝昼間人口÷夜間人口×100
※３　15 歳以上就業者における製造業に従事する人の割合

「平成 27 年国勢調査結果」（総務省統計局）より作成

〔問５〕　会話文中の下線部④に関連して，次のページの図１は，東京都の多摩市と港区における人口推移を示したものである。図１を見て，次の各問いに答えなさい。なお，多摩市と港区の位置は，次のページの図２を参考にすること。

⑴　多摩市の人口は，1960 年から 1990 年までの 30 年間で約 15 倍に増加した。その理由を説明しなさい。

⑵　港区の人口は 1995 年まで減少しているが，それ以降は増加している。1990 年代後半から人口が増加した理由を説明しなさい。

図１

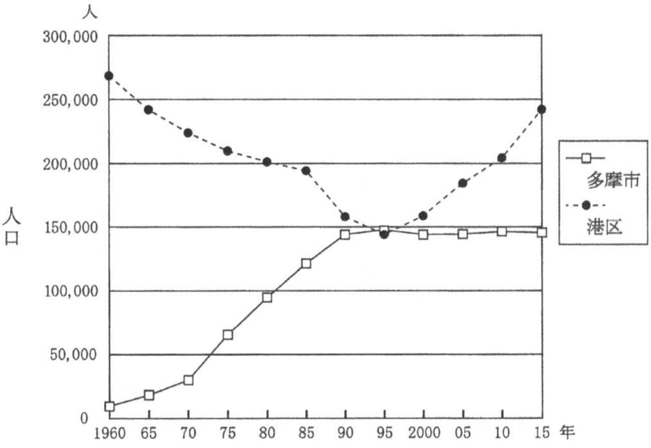

「国勢調査結果」（総務省統計局）より作成

図２

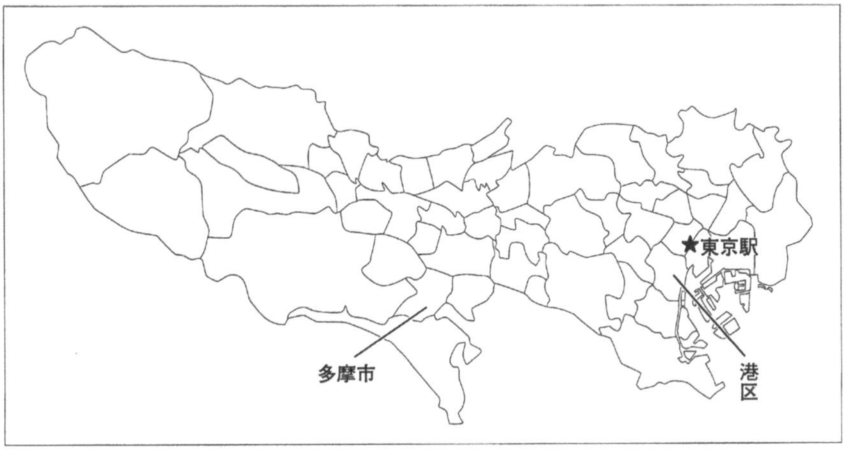

3　次の会話文を読み，下の各問いに答えなさい。

生徒ａ　　週末に上野の博物館で「桃山－天下人の100年」をみてきたの。

生徒ｂ　　桃山文化は100年も続いてはいないよね。

生徒ａ　　うん。桃山文化の時期をふくむ（　Ａ　）世紀後半からのおよそ100年の時期の書画や工芸品，甲冑（かっちゅう），刀などが展示されていたよ。教科書や資料集でみたことのあるものもたくさんあったよ。ポスターにも使われていた①「唐獅子図屏風」などの屏風やふすまが思っていたよりも大きくてびっくりしたわ。（　Ｂ　）。

生徒ｂ　　そうだね。先生がそんな話をしていたかも。「唐獅子図屏風」って，背景が金色の屏風だよね。他の作品も力強くてはなやかな作品ばかりなのかな。

生徒ａ　　長谷川等伯の②「松林図屏風」は，墨の濃淡で静かな林を表現した，大きいけれど「唐獅子図屏風」とは雰囲気の異なる作品だったよ。（　Ｃ　）が③わび茶の作法を完成させたのも桃山文化の時期だったから，何か関係があるのかな。去年，授業でみた「洛中洛外図屏風」もあったよ。

生徒ｂ　たしか，「唐獅子図屛風」と同じ人物が描き，織田信長が越後（新潟県）の（　D　）に贈ったっていわれているのだよね。このころ，２人はそれぞれ④武田勝頼と対立していて同盟関係にあったのだよね。

生徒ａ　そうだったっけ。その「洛中洛外図屛風」以外にも，いくつか「洛中洛外図屛風」が展示されていたの。当時，⑤京都やその周辺のようすや，京都で行なわれる⑥行事のようすを描くことが流行していたみたい。描かれた時期によって，少しずつ京都の町のようすが違っていておもしろかったよ。

〔問１〕　会話文中の空欄（　A　）にあてはまる数字を答えなさい。

〔問２〕　会話文中の空欄（　B　）にあてはまるもっとも適切な文を次の**ア**から**エ**の中から１つ選び，記号で答えなさい。

ア　貴族が住む寝殿造には，大きな作品がふさわしかったのだろうね。

イ　宋からとり入れた，新しく力強い建築様式の影響なのかな。

ウ　権力を示すため，天守閣を持つ城を築いたことと関係があるのかな。

エ　オランダから長崎を通じて，西洋の文化がもたらされたからだね。

〔問３〕　会話文中の空欄（　C　）と（　D　）にあてはまる人物を答えなさい。

〔問４〕　会話文中の下線部①「唐獅子図屛風」の作者を，次の**ア**から**エ**の中から１つ選び，記号で答えなさい。

ア　歌川広重　　**イ**　狩野永徳　　**ウ**　高村光雲　　**エ**　菱川師宣

〔問５〕　会話文中の下線部②「松林図屛風」としてもっとも適切なものを，次の**ア**から**エ**の中から１つ選び，記号で答えなさい。

ア

イ

ウ

エ

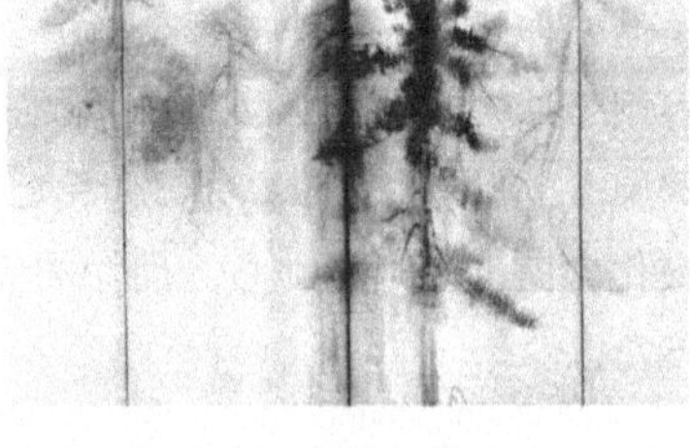

〔問6〕 会話文中の下線部③に関連して，鎌倉時代には，茶の産地を当てるなど，人びとが集まって茶を楽しむ会が行なわれるようになった。このように，人びとが集まって楽しむことが広がった影響もあり，中世の日本で発達した文化を，茶の湯以外に1つ答えなさい。

〔問7〕 会話文中の下線部④武田勝頼の領国にふくまれる地域として適切なものを，次の**ア**から**エ**の中から1つ選び，記号で答えなさい。

ア 愛知県　**イ** 岩手県　**ウ** 栃木県　**エ** 山梨県

〔問8〕 会話文中の下線部⑤京都に関する次の各問いに答えなさい。

(1) 京都に都をうつした人物を答えなさい。

(2) 次の**ア**から**ウ**の文は京都に都がうつされてから「洛中洛外図屛風」が描かれるまでの間のできごとについてのべたものである。**ア**から**ウ**を年代の古い順に並べかえ，記号で答えなさい。

ア 藤原氏が権力をにぎる過程で，菅原道真が大宰府に左遷された。

イ 嵯峨天皇が空海を保護したこともあり，貴族の間で密教が広まった。

ウ 浄土信仰が広まり，藤原頼通が宇治に阿弥陀堂を建てた。

〔問9〕 会話文中の下線部⑥に関して，次の図は「洛中洛外図屛風」に描かれた祇園祭である。祇園祭は平安時代に疫病をもたらす神の怒りを鎮めるためにはじまったといわれている。現在，祇園祭の見どころのひとつとなっているのが，京都の町を巡行する山鉾（やまほこ）である。図を見て，下の各問いに答えなさい。

(1) 祇園祭が始まったころは朝廷が祭礼を支援していたが，図に見られる山鉾は，室町時代ごろに町ごとに出されるようになった。こうした変化がもたらされた背景を説明しなさい。

(2) 祇園祭にはとだえていた時期がある。そのきっかけとなったできごととして適切なものを，次の**ア**から**エ**の中から1つ選び，記号で答えなさい。

ア 応仁の乱　**イ** 大塩平八郎の乱　**ウ** 壬申の乱　**エ** 平将門の乱

4 次の史料は1987年にサーグッド・マーシャルが「憲法－生きている文書」と題して行なった演説である。これを読み，下の各問いに答えなさい。なお，史料はわかりやすく一部改変してある。

> …憲法が常に変容する性質を備えていることを理解するのには，序文の最初の三語を見るだけで十分です。「ウィ・ザ・ピープル（われわれ人民は）」。①1787年に，建国の父祖がこの言葉を使用したとき，かれらはアメリカに住む市民の大多数を除外していました。父祖たちの「われわれ人民は」という言葉は「自由民の全体」を意味していました。たとえば投票権というきわめて基本的な権利について，黒人奴隷たちは除外されていました。…②女性は，130年以上も選挙権を獲得することができませんでした。…憲法の文言では，「奴隷」，「奴隷制度」を注意深く避けています。奴隷制度反対の道徳的信念－それを持っていた人びとにとってですが－は妥協をせまられ，アメリカの独立革命の大義，すなわち自明の真理である，「人間はみな平等につくられ，ゆずりわたすことのできない権利を神によってあたえられていること。その中には，（　A　），自由，（　B　）の追求がふくまれていること」と抵触（ていしょく）※することに，何らの説明もありませんでした。…「われわれ人民は」という文言のもともとの意図は，いかなる解釈をしようと間違えようのないほど明らかでした。1857年…裁判で，最高裁の首席裁判官は，…判決文で次のようにのべています。「われわれは，奴隷が人民ではなかった，…ふくまれる予定もなかったと考える。…したがって，アフリカの子孫である黒人は，…財産として所有し，売買される…。」…奴隷制度を廃止する憲法修正第13条が批准されるには，血なまぐさい③南北戦争を経ねばなりませんでした。…連邦は南北戦争を生きのびましたが，憲法はそうではありませんでした。新しく正義と平等を保障する基盤，修正第14条が追加され，適切な手続きをふまずに，（　A　），自由と財産が，あらゆる人びとから剥奪（はくだつ）されることのない点が確認され，法による平等な保護が約束されました。それにもかかわらず，④アメリカの黒人が基本的な教育，住居，雇用において平等の機会の権利を共有し，選挙で自分たちの票が数えられ，しかも公平に数えられるようになるには，さらに1世紀近く待たねばなりませんでした。…「われわれ人民」は，もはや奴隷にされることはありません。でもそうなったのは憲法の起草者のおかげではありません。⑤「自由」，「正義」，「平等」の時代遅れの定義を黙認することを拒否し，改善しようと奮闘した人びとのおかげです。…私は，権利の章典やその他，個人の自由と人権を守る修正条項をふくめた，生きている文書としての憲法の200周年を祝うつもりです。
>
> ※矛盾をかかえていること
>
> 『アメリカの黒人演説集』より引用・一部改変

〔問1〕　史料中の波線部は，アメリカ独立宣言の一部である。史料中の空欄（　A　）と（　B　）にあてはまる語句をそれぞれ**漢字2字**で答えなさい。

〔問2〕　史料中の下線部①に関して，史料および次のアメリカ合衆国憲法の条文を読み，1787年の段階で「われわれ人民」はどのような人びとをさしていたか答えなさい。

> 下院議員および直接税は，連邦に加入する各州の人口に比例して，各州の間に配分される。＜各州の人口とは，年季契約労役者をふくむ，自由人の総数をとり，課税されない先住民を除外し，それに自由人以外のすべての人数の5分の3を加えたものとする。＞※
>
> ※＜＞内は現在効力を持たない
>
> 『史料が語るアメリカ』より引用・一部改変

〔問３〕　史料中の下線部②に関連して，アメリカ合衆国やイギリスでは同じような時期に，女性が参政権を獲得した。その背景を，右の図をふまえて説明しなさい。

〔問４〕　史料中の下線部③南北戦争がおこった年にもっとも近いできごとに関する説明として適切なものを，次の**ア**から**エ**の中から１つ選び，記号で答えなさい。

ア　井伊直弼が，桜田門外で水戸藩などの元藩士に殺害された。

イ　義和団の乱を機に，列強が中国に共同出兵した。

ウ　イギリスのロンドンを会場に，世界で初めて万国博覧会が開催された。

エ　ガンディーの指導のもと，非暴力・不服従の抵抗運動が行なわれた。

〔問５〕　史料中の下線部④に関連して，アメリカ合衆国で選挙権や公共施設での人種差別を禁止する法律が成立した1960年代には，アメリカ合衆国が関わる戦争に対する反戦運動が国際的に高まった。この戦争を答えなさい。

〔問６〕　史料中の下線部⑤に関連して，20世紀の日本でも差別問題の解決をめざす動きがみられた。これに関する次の史料を読み，空欄（　C　）にあてはまる語句を**漢字**で答えなさい。なお，史料は一部分かりやすく改変してある。

> 全国に散在するわが特殊部落民よ団結せよ。…われわれがエタである事をほこり得る時が来たのだ。…人の世の冷たさが，どんなに冷たいか，人間をいたわる事がなんであるかをよく知っているわれわれは，心から人世の熱と光を願求礼讃するものである。（　C　）は，かくして生れた。人の世に熱あれ，人間に光あれ。

5　次の図は，日本の国会，内閣，裁判所についてａ班からｄ班の生徒たちがそれぞれまとめたものの一部である。図を見て，下の各問いに答えなさい。

> ａ班：国会の１年の例
> １月　（　A　）の召集
> 　　政府から翌年度の総予算やたくさんの法律案が提出され，審議される。
> ２月　総予算の審議（衆議院・参議院）
> 　　総予算は①衆議院で先に審議が行なわれる。
> ３月　法律案・条約等の審議
> ９月　臨時会の召集
> 　　必要に応じて臨時会が召集される。緊急に対策が必要になった場合は，補正予算や関連する法律案などを審議する。

> ｂ班：日本国憲法と内閣
> 第66条から
> ・内閣は，内閣総理大臣とその他の国務大臣で組織される。
> ・内閣総理大臣と，その他の国務大臣は（　B　）でなければならない。
> ・内閣は，行政権の行使について，国会に対して（　C　）して責任を負う。
> 第68条から
> ・内閣総理大臣は，国務大臣を任命する。ただし，その過半数は（　D　）の中から選ばれなければならない。
> ・内閣総理大臣は，任意に国務大臣を罷免することができる。

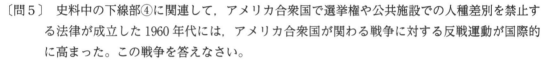

c 班：裁判と人権

・現行犯の場合をのぞき，裁判官が出す（　E　）がなければ逮捕されない。

・被告人は判決を受けるまでは（　あ　）と推定される。

・被疑者や被告人には②黙秘権が認められている。

・免田事件など，死刑判決を受けた人がやり直しの裁判である（　F　）によって無罪となった例がある。

・被告人は公平な裁判所の迅速な公開裁判を受ける権利が保障されている。

d 班：三権の抑制と均衡

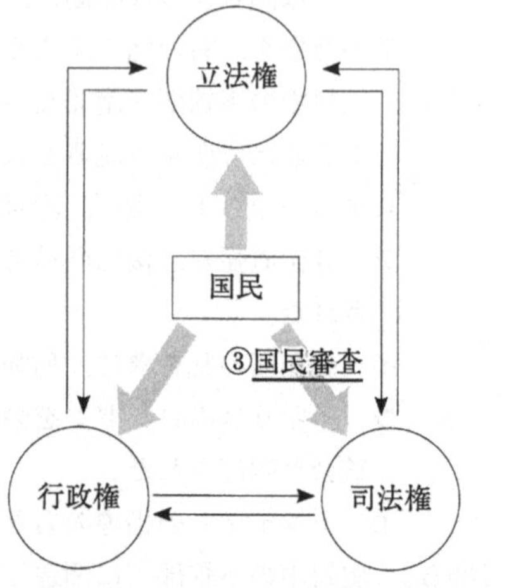

〔問１〕 図中の空欄（　A　）から（　F　）にあてはまる適切な語句を答えなさい。

〔問２〕 図中の空欄（　あ　）に関して，解答欄に示したもののうち適切な語句に○をつけなさい。

〔問３〕 図中の下線部①に関連して，次の表は「衆議院の優越」の一部を示したものである。表を見て，下の各問いに答えなさい。

案件	「衆議院の優越」の対象となる場合
内閣総理大臣の指名	・参議院が衆議院と異なった人を指名・議決し、（　G　）を開いても意見が一致しないとき。 ・参議院が、衆議院の指名を議決後（　H　）日以内に指名・議決しないとき。
法律案	・衆議院で可決した法律案を参議院が否決または修正議決したとき。 ・参議院が衆議院で可決された法律案を受け取ってから（　I　）日以内に議決しない場合に、衆議院で参議院が否決したとみなす議決をしたとき。

(1) 表中の空欄（　G　）から（　I　）にあてはまる適切な語句や数字を答えなさい。

(2) なぜ「衆議院の優越」が認められているのか，衆議院と参議院の違いをふまえて説明しなさい。

〔問４〕 図中の下線部②黙秘権に関して，被疑者や被告人に黙秘権が認められているのはなぜか，説明しなさい。

〔問５〕　図中の下線部③国民審査に関して，最高裁判所裁判官の国民審査が形式的なものになってしまっているとの意見がある。なぜ形式的なものになってしまっているのか，次の資料をふまえて説明しなさい。

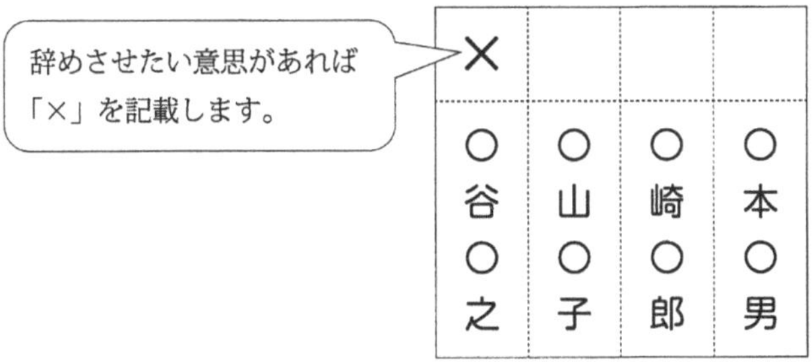

総務省ウェブページより作成

〔問６〕　d班の図に関連して，三権の抑制と均衡の関係とはどういうことか，立法権と司法権との関係を例に説明しなさい。

ア　侍従大納言は猫が好きで、生前大切にしていた。
イ　どこからともなくかわいらしい猫が姉妹の元にやって来た。
ウ　妹が猫を飼いたいと強く言ったので、姉も同意した。
エ　猫に飽きた姉妹は猫をしばらく北面に閉じ込めておいた。
オ　猫は突然、姉妹の前で自分のことについて語り始めた。

記述問題用　下書き欄　（注意　解答は必ず解答用紙に記入しなさい）

15

［注8］　つとまとはれて…さっとまとわりついて。
［注9］　ものさわがしく…家の中がなんとなく騒がしく。
［注10］　北面…北側の部屋。家族、あるいは使用人が住むところであった。
［注11］　いづら…どこですか。
［注12］　など…どうして。
［注13］　さるべき縁…こうなるはずの前世からの因縁。
［注14］　中の君…次女のこと。
［注15］　あてに…身分が高く。

問一　二重傍線部**a**「手」・**b**「らうたがる」・**c**「かしがましく」のここでの意味として最も適切なものを次の中から選び、それぞれ記号で答えなさい。

a「手」
ア　手形　**イ**　手の甲　**ウ**　筆跡
エ　やり方　**オ**　和歌

b「らうたがる」
ア　遊びたがる　**イ**　いやがる　**ウ**　うるさがる
エ　かわいがる　**オ**　群がる

c「かしがましく」
ア　うるさく　**イ**　かわるがわる
ウ　ここかしこに　**エ**　これ見よがしに
オ　ひどく

問二　波線部**ⅰ**「起きゐたれば」・**ⅱ**「うち臥したり」・**ⅲ**「うちおどろきたれば」の主語を次の中から選び、それぞれ記号で答えなさい。

ア　乳母　**イ**　姉なる人　**ウ**　侍従の大納言の御むすめ
エ　猫　**オ**　作者

問三　傍線部①「尋ぬる人やある」と考えたのはなぜですか。最も適切なものを次の中から選び、記号で答えなさい。
ア　餌を食べなかったから
イ　かわいらしい猫だったから
ウ　のどかに鳴いているから
エ　人に慣れていたから
オ　夢に出てきたから

問四　傍線部②「なやむ」と同じ意味で用いられている単語を本文中から抜き出して答えなさい。

問五　傍線部③「なほさるにてこそは」の解釈として最も適切なものを次の中から選び、記号で答えなさい。
ア　依然としておなかが空いて鳴くのだろう
イ　きっと人がいないから鳴くのだろう
ウ　なお具合が悪くて鳴くのだろう
エ　もっと遊んでほしくて鳴くのだろう
オ　やはり何かわけがあって鳴くのだろう

問六　傍線部④「かくなりたるなり」とはどのようなことですか、二〇字以内で答えなさい。

問七　夢の中で猫が語った内容はどこからどこまでですか、最初と最後の三字ずつを本文中から抜き出して答えなさい。

問八　本文の内容として最も適切なものを次の中から選び、記号で答えなさい。

エ　父親は息子が早く学校を卒業して、自立してほしいと考えている。

オ　父親は方言丸出しなところが無教養で、誰の前でも機嫌悪くいらいらしている。

カ　章三郎は、血がつながっているだけに、強気にでる父親に反抗的に振る舞ってしまう。

キ　章三郎は、父親に優しくしなければとわかっているが、顔を見ると意地を張りたくなる。

ク　章三郎は、他人に対しては気遣いができるが、父親のことになると優しくできなくなる。

ケ　章三郎は、父親が乱暴な言葉で叱ると感情を表に出さないではいられなくなる。

コ　章三郎は、一言もしゃべらず、心の中だけで父親に言い返して反抗している。

三　次の文章を読んで、あとの問いに答えなさい。

花の咲き散るをりごとに、乳母《めのと》なくなりしをりぞかし、とのみあはれなるに、同じをり[注1]なくなりたまひし[注2]侍従の大納言の御むすめの a手を見つつ、[注3]すずろにあはれなるに、五月ばかり、夜ふくるまで物語をよみて i起きゐたれば、来つらむ方も見えぬに、猫のいと[注4]なごう鳴いたるを、おどろきて見れば、いみじうをかしげなる猫あり。いづくより来つる猫ぞと見るに、姉なる人、[注5]あなかま。人に聞かすな。いとをかしげなる猫なり。飼はむ」とあるに、いみじう人なれつつ、かたはらに iiうち臥《ふ》したり。①尋ぬる人やあると、これを隠して飼ふに、すべて[注6]下衆《げす》のあたりにもよらず、つと前にのみありて、ものもきたなげなるは、ほかざまに顔をむけて食はず。姉[注7]おととの中に[注8]つとまとはれて、をかしがり bらうたがるほどに、姉の②なやむことあるに、[注9]ものさわがしくて、この猫を[注10]北面にのみあらせて呼ばねば、cかしがましく鳴きののしれども、③なほさるにてこそはと思ひてあるに、わづらふ姉おどろきて「[注11]いづら、猫は。こちゐて来」とあるを、「[注12]など」と問へば、「夢にこの猫のかたはらに来て、おのれは侍従の大納言殿の御むすめの、④かくなりたるなり。[注13]さるべき縁のいささかありて、この[注14]中の君のすずろにあはれと思ひ出でたまへば、ただしばしここにあるを、このごろ下衆の中にありて、いみじうわびしきことといひて、いみじう鳴くさまは、[注15]あてにをかしげなる人と見えて、iiiうちおどろきたれば、この猫の声にてありつるが、いみじくあはれなるなり」と語りたまふを聞くに、いみじくあはれなり。

（『更級日記』による。本文を改めたところがある）

[注1]　なくなりたまひし…お亡くなりになった。「たまひ」は尊敬の意味を添えている。

[注2]　侍従の大納言の御むすめ…侍従大納言藤原行成《ふじわらのゆきなり》（九七二～一〇二七）の娘。

[注3]　すずろに…わけもなく、むやみに。

[注4]　なごう…「和《なご》く」が音便化したもので、のどやかに、の意。

[注5]　あなかま…しっ、静かに。

[注6]　下衆…使用人などの下賤な者。

[注7]　おとと…「おとうと」の約。男女にかかわらず、年下のきょうだいに対して用いる。

エ　ねちねちと　　オ　むっと

問二　二重傍線部ⅰ・ⅱ・ⅲ・ⅳの中で品詞の異なるものを一つ選び、記号で答えなさい。

問三　波線部A「けんもほろろに」・B「虫を殺して」・C「溜飲を下げる」のここでの意味として最も適切なものを次の中から選び、それぞれ記号で答えなさい。

A「けんもほろろに」

ア　あいまいに　　イ　いい加減に　　ウ　怒りをこめて

エ　親しみをこめて　　オ　とりつくすべもなく

B「虫を殺して」

ア　怒りを抑えて我慢して　　イ　気持ちを見せずに

ウ　苦々しい気持ちを抱いて　　エ　まったく相手にしないで

オ　冷酷な気持ちになって

C「溜飲を下げる」

ア　気分が落ち込んで滅《めい》入る

イ　念願がかないうれしい

ウ　不満が解消して気分が落ち着く

エ　胸がすっきりして希望を持つ

オ　わだかまりがあり不安だ

問四　傍線部①「彼自身の罪」とありますが、どのようなことが、なぜ「罪」だというのですか。最も適切なものを次の中から選び、記号で答えなさい。

ア　章三郎がいつも寝ていることは、父が章三郎のことを大切に思ってくれないせいだから。

イ　章三郎が父を無視するのは、父が理屈を理解しない無教養な人間であるせいだから。

ウ　父が暴力を簡単に振るうようになったことは、章三郎が乱暴な行為を行ったせいだから。

エ　父が野蛮な人間になったことは、章三郎が父の顔を立てずに無視し続けたせいだから。

オ　父が乱暴で冷酷なことをするのは、章三郎が毎日一日中寝ているせいだから。

問五　傍線部②「これ程の不愉快を抱かないでも済んだであろう」とありますが、章三郎が「不愉快」に感じるのはなぜですか。三〇字以内で答えなさい。

問六　傍線部③「決して口へ出そうとしない」とありますが、なぜですか。六〇字以内で答えなさい。

問七　傍線部④「別な悲しみ」とありますが、次の1・2の各問いに答えなさい。

1　元々あったのはどのような悲しみですか。

2　「別な悲しみ」とはどのような悲しみですか。

問八　章三郎と父親の人物像として当てはまらないものを次の中から二つ選んで、記号で答えなさい。

ア　父親は好人物であるが、息子の反抗にあい、威圧的に振る舞うようになった。

イ　父親は何時間も息子を叱りつけ、息子が自分の意見に従うまで話を止めなかった。

ウ　父親は最終的には譲歩して、涙まで浮かべることがあった。

んだ。考えがあるならそれを云ってみろ。」

こう云う調子で、親父は Ⅳ 膝を詰め寄せるが、二時間でも三時間でも章三郎は黙って控えて居る。

「考えがある事はあるけれど、説明したって分りゃしませんよ。」

と彼は腹の中で呟《つぶや》くばかりで、③決して口へ出そうとしない。そうかと云って、一時の気休めに出鱈目《でたらめ》な文句を列《なら》べ、父親を安心させようと云う気も起らない。そんな気を起す余裕がない程、彼の心は惨憺《さんたん》たる感情に充《み》たされるのである。しまいに親父が焦立《いらだ》って来て、いよいよ乱暴な言葉を用いると、章三郎も胸中に漲《みなぎ》る反抗心を、出来るだけ明瞭《めいりょう》に表情と態度とによって誇示しようとする。例えば恐ろしい仏頂《ぶっちょう》面《づら》をして、眼を瞋《いか》らせるとか、相手が夢中で怒鳴って居る最中に殊更《ことさら》仰山《ぎょうさん》なあくびをして見せるとかした。

「ちょッ」

と親父は舌打ちをして、

「まあ何て云う奴《やつ》だろう。親に意見をされながら、あくびをする奴があるか。第一手前のその面は何だ。何でそんなに膨れッ面をして居るんだ。」

こう云われると章三郎は始めていくらか胸が Ⅴ する。つまり自分の表情と態度の意味が、親父の神経にまで届いた事を発見して、やっと反抗の目的を達したように、c溜飲《りゅういん》を下げるのである。

「ほんとうに呆《あき》れ返《けえ》って話にもなりゃしねえ。先《さっき》から口を酸《す》っぱくして聞いてるのに、黙ってばかり居やあがって、剛情《ごうじょう》なのか馬鹿なのか訳が分らねえ。……これから何だぞ、うんと性根を入れ換えて、ちっとしっかりしなきゃあ駄目《だめ》だぞ。今までみたいに寝坊をしないで、朝は六時か七時に起きて、毎日必ず学校へ出掛けて行きねえ。それにもう、今までのように矢鱈《やたら》に余所《よそ》へ泊って来ちゃあならねえぞ。出て行ったっきり、三日も四日も何処《どこ》かへ泊って来るなんて法があるもんじゃねえ。これからきっと改めないと承知しねえから……」

結局親父は我を折って、多少哀願的な調子になって、捨て台辞《ぜりふ》を云った揚句《あげく》に章三郎を放免する。この時になると、さすがに父の眼底には、いつも涙が光って見えた。

「涙を浮《うか》べるくらいなら、なぜもう少しⅳ温かい言葉をかけてくれなかったのだろう。そうして己《おれ》も、なぜもう少し、優しい態度になれなかったのだろう。」

そう思うと章三郎は、④別な悲しみがひしひしと胸に迫るのを覚えた。いっそ親父があくまで強硬な態度を通してくれた方が、かえって此方《こっち》も気が楽であった。

（谷崎潤一郎《たにざきじゅんいちろう》「異端者の悲しみ」による。本文を改めたところがある）

[注1] 険相な…怒って顔つきが険しくなった様。

[注2] 総領…一番上の子供。戦前は、一般的には後継ぎになるので、父親に次いで、家族の中で特別に優遇され、期待もされた。

[注3] 畢竟…つまり、結局。

[注4] 僻めて…ゆがめて。

問一 [ ] Ⅰ・Ⅱ・Ⅲ・Ⅳ・Ⅴに入れるのに最も適切な語を次の中から選び、それぞれ記号で答えなさい。ただし、同じ記号を二度以上使ってはいけません。

ア うとうとと　**イ** じりじりと　**ウ** せいせい

章三郎は Ⅱ したが、考えてみると父親をこれ程 i荒っぽい、野蛮な人間にさせてしまったのは、みんな①彼自身の罪であった。彼の父は決して昔からこんな乱暴な、子供に対して冷酷な人間ではなかったはずである。今でも妹のお富を初め、母親やその他の者に擱《つか》まると、むしろ軽蔑されるくらいの好人物に見えるのだが、ただ[注2]総領の章三郎に対してのみ、猛獣のように威張りたがった。[注3]畢竟《ひっきょう》それは章三郎が、あまりに親の権力と云うものを無視して懸《かか》って、これまでに散々父の根性を[注4]僻《ひが》めてしまった結果なのである。せめて表面だけでも、父の顔が立つように仕向けてやればよかったものを、彼にはたったそれだけの我慢が出来ず、Aけんもほろろに取り扱うので、父親の方でも、「何糞《なにくそ》！」と云う了見になるのであった。

「父を無教育だと罵る前に、教育のある己《おの》れから、まず第一に態度を改めてかかるがよい。そうすれば父も段々素直になって、必ず感情が融和するに違いない。」——

彼にはこの理窟《りくつ》がよく分《わか》って居た。B虫を殺して、父親に優しくしてさえ居れば、自分の良心も少しは休まる暇があろうと、思わないではなかった。そう知りながら、一旦父親の顔を見ると、——もしくはひと言叱言《こごと》を云われると、不思議にもたちまち意地が突っ張って来て、到底大人しく服従する訳に行かなくなった。

父を軽蔑すると云っても、もちろん積極的に悪罵を浴びせたり、腕を捲《ま》くったりするのではない。それが出来るくらいなら、彼は恐らく父に対して、②これ程の不愉快を抱かないでも済んだであろう。父を全然他人のように感じ、他人のように遇する事が出来たなら、彼はもう少し仕合わせになり得るはずであった。自分を罵る者が他人であったなら、彼は容赦なく罵り返してやるだろう。誤解する者が他人であったなら、彼はただちに弁解を試みるであろう。憐《あわ》れな者、卑しむべき者、貧しき者が他人であったなら、彼はその人を慰め、敬遠し、恵む事が出来たであろう。場合によってはその人と絶交する事も出来たであろう。ただただその人が彼の肉身の父であるために、ほとんどこれに施す可《べ》き術《すべ》がないのである。

章三郎が、父に対しての術を施し得ないのは、必ずしも彼に道徳があるからではない。道徳と云う一定の固まった言葉では、とても説明することの出来ない、或《あ》る不思議な、胸のつかえるような、頭を圧《お》さえつけられるような、暗い悲しい ii腹立たしい感情が、常に父親と彼との間に介在して居て、彼はどうしても打ち解ける事が出来なかった。たまたま父の前へ出れば、無闇に反抗心が勃興して、不平や癇癪《かんしゃく》がムラムラと込み上げて来る。ところが父親の痩せ衰えた顔の中には、何となく陰鬱な、人に憐愍《れんびん》を起させるような傷々《いたいた》しい俤《おもかげ》があって、そのために章三郎は口を利《き》くことも、身動きをすることも出来なくなる。この老人の血液の中から、自分と云う者が生れたのかと考えると、何だか iiiたまらない気持ちがして、体が一時に硬張《こわば》ってしまう。

「二十五六にもなって、毎日学校を怠けてばかり居やあがって、一体手前《てめえ》はどうする気なんだ。………どうする気なんだってばよ！」

折々彼は、否応《いやおう》なしに父親の傍《かたわら》へ呼び付けられて、 Ⅲ 詰問《きつもん》されて、意見を聴かされる時がある。そんな場合に章三郎は、面と向って据わったまま、いつまで立っても返辞《へんじ》をしなかった。

「手前だってまさか子供じゃあねえんだから、ちッたあ考《かん》えがあるんだろう。え、おい、全体どう云う了見で、毎日ぶらぶら遊んで居るるためには、読解力は必要なく、コミュニケーション力もさほど必要ではない。

イ　多くの人々の前で全体状況に対する読解力を働かせ、意見をたたかわせながら相手を説得していく力がコミュニケーション力である。

ウ　自分とは異なる考えをもつ相手の言葉や状況を読み取る力が読解力であり、それをもとにして意思疎通をはかることがコミュニケーションである。

エ　専門や世代が異なる人とにこやかに談笑しながら意見交換する力がコミュニケーション力であり、それは読解力とは異なるものである。

オ　仲間うちや同じ関心をもつ人とのコミュニケーションにおいて、自分の言葉を相手にとどける新しい切り口を創造する力が読解力である。

問九　あとの表は、文化庁が実施した「国語に関する世論調査」の結果を示したものです。この表について、次の**1**・**2**の各問いに答えなさい。

1　表から分かることを、次の語を用いて四〇字以内でまとめなさい。

【　誤解　・　コミュニケーション　】

2　この世論調査をもとに文化庁がまとめた報告には【問い】と回答の形式（Q&A）で、コミュニケーション上の注意点などについて解説が加えられています。次の【問い】に対する回答を、本文の内容を踏まえながら自分で考えて書きなさい。

【問い】　自分の言ったこと、書いたことが、思ったとおりに相手に伝わらないことや、相手の意図をうまく受け取れないことがあります。誤解は防げないものでしょうか。

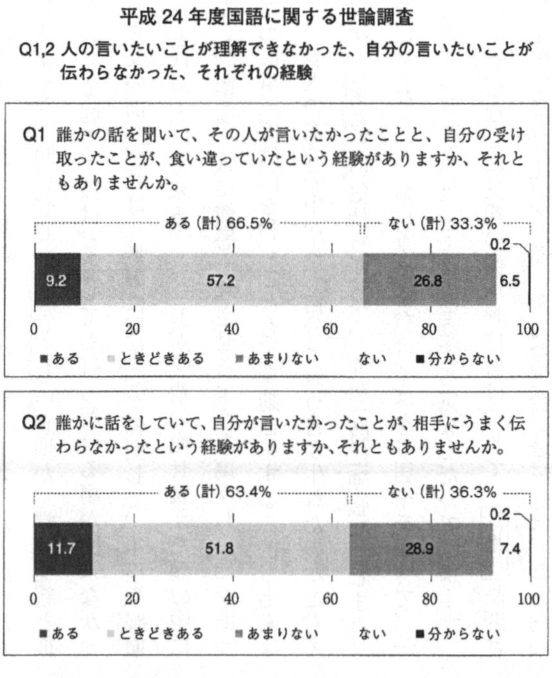

平成24年度国語に関する世論調査
Q1,2 人の言いたいことが理解できなかった、自分の言いたいことが伝わらなかった、それぞれの経験
Q1 誰かの話を聞いて、その人が言いたかったことと、自分の受け取ったことが、食い違っていたという経験がありますか、それともありませんか。
ある（計）66.5%
ない（計）33.3%
9.2
57.2
26.8
6.5
0.2
0
20
40
60
80
100
■ある　ときどきある　■あまりない　ない　■分からない
Q2 誰かに話をしていて、自分が言いたかったことが、相手にうまく伝わらなかったという経験がありますか、それともありませんか。
ある（計）63.4%
ない（計）36.3%
11.7
51.8
28.9
7.4
0.2
0
20
40
60
80
100
■ある　ときどきある　■あまりない　ない　■分からない

二　次の文章を読んで、あとの問いに答えなさい。

蓄音機の道具を散らかしたまま、彼は日の暮れまで［　I　］睡《ねむ》った。

「おい、章三郎、起きねえか、起きねえか。」

こう呼ばれたので眼を覚ますと、親父《おやじ》が[注1]険相《けんそう》な顔をして枕もとに立ちながら、足の先で彼の臀《しり》っぺたを揺す振って居る。

「いくら親父だって、自分の悴《せがれ》を起《おこ》すのに足蹴《あしげ》にしないでもよさそうなものだ。何と云《い》う無教育な人間なんだろう。」

ミュニケーション力」とは、「生きる力」にほかならない。

（村上慎一《むらかみしんいち》『読解力を身につける』による。本文を改めたところがある）

［注1］内田樹…一九五〇〜。思想家、武道家、作家。神戸女学院大学名誉教授。専門はフランス現代思想。

［注2］コンテンツ…中身、内容。

［注3］勝海舟…一八二三〜一八九九。江戸時代末期（幕末）から明治時代初期の武士（幕臣）、政治家。

［注4］司馬遼太郎…一九二三〜一九九六。小説家、ノンフィクション作家、評論家。

［注5］坂本龍馬…一八三五〜一八六七。江戸時代末期の志士、土佐藩郷士。

［注6］攘夷…幕末期に広まった、外国との通商に反対し、外国を撃退して鎖国を続けようとする排外思想。

［注7］スマホネイティブ…スマートフォン（スマホ）が普及している環境で生まれ育った世代。

問一　二重傍線部**a**・**b**・**c**・**d**・**e**について、漢字はその読み方をひらがなで記し、カタカナは漢字に改めなさい。

問二　波線部**A**「血気にはやった」・**B**「卑近に過ぎた」のここでの意味として最も適切なものを次の中から選び、それぞれ記号で答えなさい。

A「血気にはやった」

ア　明るく元気な　　**イ**　おごりたかぶった

ウ　思いやりにあふれた　　**エ**　決意をもって立ち上がった

オ　向こう見ずに意気込んだ

B「卑近に過ぎた」

ア　抽象にすぎた　　**イ**　特殊すぎた　　**ウ**　難解すぎた

エ　飛躍しすぎた　　**オ**　身近すぎた

問三　［　］Ⅰ・Ⅱにあてはまる漢数字をそれぞれ答えなさい。

問四　傍線部①「コミュニケーションにはいろいろなものが絡む」とありますが、「いろいろなもの」としてどのようなものが考えられますか、自分で考えて三つ挙げなさい。

問五　傍線部②「プラットホーム」とありますが、この語は、本文全体を通してどのような意味で用いられていますか。二五字以内で説明しなさい。

問六　傍線部③「勝海舟にまつわる有名な話」とありますが、この例はある主張の裏付けとなっています。それはどのような主張ですか、説明しなさい。

問七　傍線部④「私にはコミュニケーション力について勘違いしてきたところがある」とありますが、作者のコミュニケーション力の理解について説明した次の文の空欄に当てはまる語を、それぞれ本文中から指定の字数で抜き出して答えなさい。

作者がはじめに考えていたコミュニケーション力とは（**1**　七字　）力のことである。しかし、内田氏による勝海舟の話から、（**2**　三字　）力だと考えるようになった。

問八　傍線部⑤「コミュニケーション力と読解力の関係」について、筆者はどのように考えていますか。説明として最も適切なものを次の中から選び、記号で答えなさい。

ア　生きるか死ぬかという状況に追い込まれたときに生き延び

行為）等の意味がある。新しい切り口で言葉の新しい活用を創造していくことこそ、コミュニケーション力の本質である、氏はそう語っていた。

　その後の説明である。「（コミュニケーション力とは）コミュニケーションが成立しなくなっている状況で、それでも意思疎通ができる力を言う。②プラットホームができていて、その上の[注2]コンテンツをどうするかという問題ではない。プラットホームが壊れているときに、棒でも瓦礫《がれき》でも樋《とい》でもそこら辺にころがっているものを使って、何とかして架橋する。通じていないところを通じさせるようにする。それがコミュニケーション力、自分が使っているコードを破る力である」と話があった。

　次に、コードを破ってコミュニケーションを図った優れた例が挙げられた。③[注3]勝海舟《かつかいしゅう》にまつわる有名な話で、[注4]司馬遼太郎《しばりょうたろう》氏が書いている。[注5]坂本龍馬《さかもとりょうま》が海舟を訪ねてくる。このときの龍馬は、A血気にはやった単純な青年に過ぎない。[注6]攘夷《じょうい》を単純に良いことだと信じていて、「勝を斬る」とはやっている。その龍馬に勝は言う、「おう、まず、あがんなよ。俺を斬りに来たんだろ」と。家に招き入れて、開国論を縷々《るる》述べる。話が終わったときには、龍馬は「勝先生、弟子にしてください」と言うようになっている。龍馬は「この人は本物だ」「この人の言っていることには迫力がある」と感じたのであろう。自分と全く意見の違う人間と出会って、生きるか死ぬかという状況に追い込まれて、どう生き延びるか、そこに働いた力こそコミュニケーション力と言える。なるほど、④私にはコミュニケーション力について勘違いしてきたところがある。

　こんな想像をした。ドレスなど興味がなく、持っているお金で絵画を買おうと思って複合商業施設を訪れた客があったとして、その客を自分の店に案内し、ドレスを買ってもらったということがあったとすると、そのときのやりとりに働いていた力にはコミュニケーション力が関わっていると言ってもよいのではないか……。例がB卑近に過ぎた。業界ごとに、専門分野ごとにプラットホームが違ってしまって、業界、専門が違うと、コミュニケーションが成立しないという問題が生じているからである。それだけではない。ときに、この国では世代ごとにプラットホームが違ってしまったのではないかと思うことがある。[注7]スマホネイティブとも言われる子どもたちとその祖父母の間には、ある種のコミュニケーションeフゼンが広がっている。

　さて、⑤コミュニケーション力と読解力の関係である。仲間うちの話、あるいは会社での会議、同じ関心を持つ人へのプレゼンなどに対してさほどコミュニケーション力は必要なく、同時にさほど読解力も必要ではない。しかし、プラットホームが異なるところに何とか架橋しようという場合は、そうはいかない。相手のプラットホームがどうなっているか、自分のプラットホームとどう違うか、そこからスタートする。スタートに必須の力は読解力だと思う。そのうえで相手が渡りやすいような橋を架けていく。相手が読み取りやすいような橋として何を選んだらよいか、どんな言葉が必要か、自分のコードから出て考える。実はそこにも全体状況に対する読解力が働くのだと思う。

　内田氏は、通じ合えない場面に出会い続けるのが人生だと話した。そのときは臨機応変に対処する。マニュアルなどない。そこで発揮される力がコミュニケーション力というわけだが、そのとき働く「コ

【国　語】（五〇分）〈満点：一〇〇点〉

【注意】　字数制限のある問いについては、特に指示がない限り、句読点・記号も一字として数えなさい。

一　次の文章を読んで、あとの問いに答えなさい。

　コミュニケーション力という言葉を聞いて、どんなことを思い浮かべるだろう。私は、初めにこやかに談笑しながら意見交換をする人々の姿を思い浮かべた。そういうことができる人がコミュニケーション力が高いのではないかと。その後、この言葉が広く流布《るふ》するにいたり、また、企業が新人社員に求める能力のナンバーワンがこの能力だという情報に接するにつけ、談笑しながら意見交換をする力というだけでは足りないのではないかと思うようになった。多くの人々の前で分かりやすくプレゼンする力、会議で意見をたたかわせながら相手を説得していく力、多くの人とスムーズな人間関係を築くための会話をする力、場合によっては関係が壊れてしまった誰かとの関係をaシュウフクする力……、そういうものを含めてコミュニケーション力というのではないかと思うように変わっていった。一方で、寡黙であまりしゃべらないけれど、いつも確かな考えに基づいて行動し、皆の信頼を得ているような人のコミュニケーション力はどうなのだろう、「話す」「聞く」を中心とした目に見える言語活動から測ることができるものだけがコミュニケーション力なのだろうかと疑問に思うようにもなっていった。

　このような疑問には理由がある。大学の講義でのことであったと思うが、「コミュニケーションにおいて、言語活動がb占める割合はどれほどのものか?」という質問があった。会話がコミュニケーションの中心で、他は添え物のようなものだと思っていた私は会話が七割くらいだろうと予想した。結果は、まるで逆だった。「［Ⅰ］割が言語活動、他が［Ⅱ］割というのが一般的ですが、中には他が九割という研究結果もあります」と話があった。それを聞いていて思い出したことがある。これも大学で教授から聞いた。かなり以前のことになる。教授は、放送局のアナウンサーになるための試験を受けることになった。その面接で「『うれしい』を六通りに表現してください」という課題があった。飛び上がりたいほど「うれしい」から、本当はうれしくないけど相手に気を遣って口にする「うれしい」まで、いろいろな場面を想定して表現したという。文字に起こせば、たとえばメールで書けば、一様に「うれしい」となるだけのことである。確かに①コミュニケーションにはいろいろなものが絡《から》む。そういういろいろが欠落した言語活動は、コミュニケーションの名にc値しないかもしれない。その講義を聴き終わるまでに私が考えていたことは、そんなところである。

　[注1]内田樹《うちだたつる》氏による、その講演は「コミュニケーション力とは何か」を一つのテーマとしていた。氏は、こう切り出した。「コミュニケーション力とは、どこかに謳《うた》われているような『自分の意見をはっきりと言う力』などではない。今この瞬間に（相手への表現を）イノベーションする力を言う。そうでないと相手には届かない」。イノベーションの訳語として、まず浮かぶのは、「技術dカクシン」という語だが、よく調べてみるとイノベーションには、物事の「新結合」「新機軸」「新しい切り口」「新しい捉え方」「新しい活用法」（を創造する

MEMO

大切なことはメモしておこうネ！

2021年度

解 答 と 解 説

《2021年度の配点は解答欄に掲載してあります。》

＜数学解答＞《学校からの正答の発表はありません。》

1. (1) 2 (2) $45-4\sqrt{42}$ (3) $x=-\frac{3}{2},\ \frac{5}{4}$ (4) ① $11=6^2-5^2$
 ② $m=\frac{p+1}{2}$ ③ $111=56^2-55^2$

2. (1) $(-2\sqrt{2}+2,\ -2\sqrt{2})$ (2) $a=-1,\ b=1$ $a=0,\ b=2$

3. (1) 20通り (2) ① $\frac{17}{20}$ ② $\frac{3}{5}$

4. (1) $b=\frac{1}{a}$ (2) ① $\mathrm{A}\left(\sqrt{3},\ \frac{\sqrt{3}}{3}\right)$，$\mathrm{B}\left(\frac{\sqrt{3}}{3},\ \sqrt{3}\right)$ ② 点kの個数 3個
 $k=-\frac{\sqrt{3}}{2}$

5. (1) 解説参照 (2) 60° (3) $b=90°-\frac{1}{2}a$ (4) $c=2d$

○推定配点○

1. (4) ① 2点 ②・③ 各4点×2 他 各6点×3 2. (1) 6点 (2) 各4点×2
3. (1) 6点 (2) 各4点×2 4. 各4点×5
5. (1) 8点 (2) 4点 他 各6点×2 計100点

＜数学解説＞

1. (小問群－数の計算，平方根の計算，2次方程式，規則性)

基本 (1) $\left(\frac{1}{2}\right)^2\div\left(-\frac{1}{14}\right)+\frac{11}{2}=\frac{1}{4}\times(-14)+\frac{11}{2}=-\frac{7}{2}+\frac{11}{2}=2$

基本 (2) $(4\sqrt{5}+2\sqrt{6})(4\sqrt{5}-2\sqrt{6})-(2\sqrt{14}-3\sqrt{3})(2\sqrt{14}+5\sqrt{3})=\{(4\sqrt{5})^2-(2\sqrt{6})^2\}-\{(2\sqrt{14})^2+2\sqrt{3}\times2\sqrt{14}-3\sqrt{3}\times5\sqrt{3}\}=(80-24)-(56+4\sqrt{42}-45)=56-56-4\sqrt{42}+45=45-4\sqrt{42}$

(3) $\frac{2}{5}x^2+\frac{1}{10}x=\frac{3}{4}$ 両辺を20倍すると，$8x^2+2x-15=0$ さらに両辺を2倍すると，$16x^2+4x-30=0$ $4x=\mathrm{A}$とおくと，$\mathrm{A}^2+\mathrm{A}-30=0$ $(\mathrm{A}+6)(\mathrm{A}-5)=0$ $\mathrm{A}=-6,\ \mathrm{A}=5$ Aを元に戻すと，$4x=-6$から，$x=-\frac{6}{4}=-\frac{3}{2}$ $4x=5$から，$x=\frac{5}{4}$

(4) ① $11=a^2-b^2$で表されるとすると，$11=(a+b)(a-b)$ 11は素数であり，$11=1\times11$ 和が11，差が1となる2数は6と5だから，$11=6^2-5^2$

重要 ② となりあう自然数のうち大きい方をmとすると，小さい方は$m-1$と表せる。よって，$p=m^2-(m-1)^2=m^2-m^2+2m-1=2m-1$ $2m=p+1$ $m=\frac{p+1}{2}$

③ $m=\frac{p+1}{2}$に$p=111$を代入すると，$m=\frac{111+1}{2}=56$ よって，$111=56^2-55^2$

2. (関数とグラフ－直線の交点，方程式)

(1) $a=\sqrt{2}$，$b=1$のとき，$\ell: y=(\sqrt{2}+2)x+1-1=(\sqrt{2}+2)x$ $m: y=1x-(\sqrt{2})^2=x-2$ ℓ，mの交点のx座標は方程式$(\sqrt{2}+2)x=x-2$の解として求められる。$(\sqrt{2}+1)x=-2$ 両辺に$(\sqrt{2}-1)$をかけると，$(\sqrt{2}+1)(\sqrt{2}-1)x=-2(\sqrt{2}-1)$ $x=-2\sqrt{2}+2$ 直線mの

式に代入して，$y=-2\sqrt{2}+2-2=-2\sqrt{2}$　よって，$(-2\sqrt{2}+2,\ -2\sqrt{2})$

(2)　平行な直線は傾きが等しいから，$\ell /\!/ m$のとき，$a+2=b$…①　2直線ℓ，m上でx座標がtである点のy座標はそれぞれ$y=(a+2)t+b-1$，$y=bt-a^2$　ところで，$b\geqq 1$だから，直線mの傾きは正であり，平行なので直線ℓの傾きも正である。また，直線ℓの切片は$b-1\geqq 0$　直線mの切片は$-a^2\leqq 0$だから，$(a+2)t+b-1>bt-a^2$　よって，$\{(a+2)t+b-1\}-(bt-a^2)=1$　$a^2+(a+2)t+b-1-bt=1$　$a+2=b$を代入すると，$a^2+bt+b-1-bt=1$　$a^2+b-2=0$　$b=a+2$を代入すると，$a^2+a+2-2=0$　$a(a+1)=0$　よって，$a=-1,\ 0$　$a=-1$のとき，$b=1$　$a=0$のとき，$b=2$　なお，$b\geqq 1$なので，$a+2\geqq 1$　$a\geqq -1$　よって，これらの値は条件にあてはまる。

3.　(場合の数・確率，図形ー球の取り出し，三角形)

(1)　3つの球の取り出し方を，A，B，C，D，E，Fの順に整理しながら書き出すと，ABC，ABD，ABE，ABF，ACD，ACE，ACF，ADE，ADF，AEF，BCD，BCE，BCF，BDE，BDF，BEF，CDE，CDF，CEF，DEFの20通りとなる。

(2)　①　20通りのうち三角形にならない取り出し方は，3つの点が同じ直線上にあるときで，ABD，BCE，ACFの3通りある。よって，三角形ができる取り出し方は17通りだから，その確率は，$\dfrac{17}{20}$

(3)　三角形ができる17通りの取り出し方のうち，正三角形ができる取り出し方は，ABC，ADF，BDE，CEF，DEFの5通りあるから，正三角形でない三角形は12通りできる。よって，その確率は，$\dfrac{12}{20}=\dfrac{3}{5}$

4.　(関数・グラフと図形ー座標，関係式，平行四辺形，直線の式，交点)

重要　(1)　2点A，Bのy座標は，$y=\dfrac{1}{x}$にそれぞれ$x=a$，$x=b$を代入して，$y=\dfrac{1}{a}$，$y=\dfrac{1}{b}$　よって，$\mathrm{A}\left(a,\ \dfrac{1}{a}\right)$，$\mathrm{B}\left(b,\ \dfrac{1}{b}\right)$　直線ℓの傾きは，$\left(\dfrac{1}{b}-\dfrac{1}{a}\right)\div(b-a)=\dfrac{a-b}{ab}\times\dfrac{1}{-(a-b)}=-\dfrac{1}{ab}$　これが-1だから，$-\dfrac{1}{ab}=-1$　$ab=1$　したがって，$b=\dfrac{1}{a}$

(2)　①　同一直線上，または平行な直線上の線分の長さの比は，その線分の両端のx座標(またはy座標)の差の比で求められるので，$\mathrm{CB}:\mathrm{BA}=(b-0):(a-b)$　これが$1:2$であるとき，$b:(a-b)=1:2$　$2b=a-b$　$3b=a$　これに$b=\dfrac{1}{a}$を代入すると$\dfrac{3}{a}=a$　$a^2=3$　$a>0$なので$a=\sqrt{3}$　$b=\dfrac{1}{\sqrt{3}}=\dfrac{\sqrt{3}}{3}$　よって，$\mathrm{A}\left(\sqrt{3},\ \dfrac{\sqrt{3}}{3}\right)$，$\mathrm{B}\left(\dfrac{\sqrt{3}}{3},\ \sqrt{3}\right)$

やや難　②　点Bを通るOAに平行な直線，点Aを通るOBに平行な直線，点Oを通るABに平行な直線を引き，それらの交点を右図のようにP，Q，Rとすると，四角形OAPB，OABQ，ORABは平行四辺形となる。よって，点P，Q，Rが平行四辺形をつくる4点O，A，B，DのDとなる点である。点P，Q，Rのうち，点Rのy座標は負であり，点Rが$y=kx^2$上にあるとき，kの値は負になり最も小さい。$a=\sqrt{3}$のとき，$b=\dfrac{1}{\sqrt{3}}\left(=\dfrac{\sqrt{3}}{3}\right)$　y座標は$1\div\dfrac{1}{\sqrt{3}}=\sqrt{3}$　$\mathrm{B}\left(\dfrac{\sqrt{3}}{3},\ \sqrt{3}\right)$なので直線OBの傾きは，$\sqrt{3}\div\dfrac{\sqrt{3}}{3}=3$

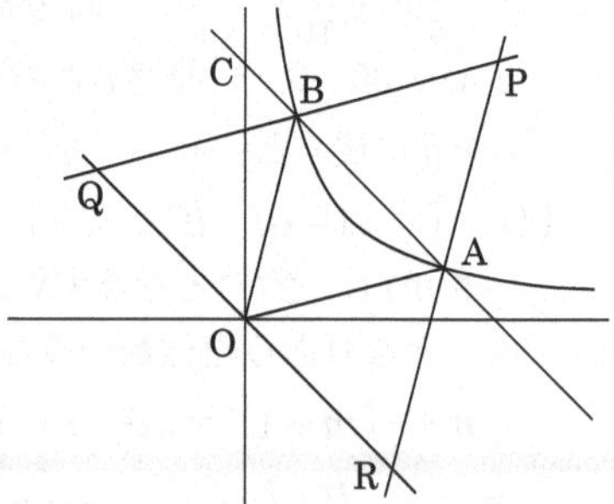

点Aのy座標は，$\dfrac{1}{\sqrt{3}}=\dfrac{\sqrt{3}}{3}$だから，直線RAの式を$y=3x+m$とおいて$\left(\sqrt{3},\ \dfrac{\sqrt{3}}{3}\right)$を代入すると，$\dfrac{\sqrt{3}}{3}=3\sqrt{3}+m$　$m=\dfrac{\sqrt{3}}{3}-3\sqrt{3}=-\dfrac{8\sqrt{3}}{3}$　よって，直線RAの式は$y=3x-\dfrac{8\sqrt{3}}{3}$

直線ORは直線BAと並行だから，傾きは-1　原点を通るので切片は0だから，直線ORの式は$y=-x$　点Rのx座標は方程式$3x-\frac{8\sqrt{3}}{3}=-x$の解として求められる。$4x=\frac{8\sqrt{3}}{3}$　$x=\frac{2\sqrt{3}}{3}$　y座標は$-\frac{2\sqrt{3}}{3}$　これらを$y=kx^2$に代入すると，$-\frac{2\sqrt{3}}{3}=k\times\left(\frac{2\sqrt{3}}{3}\right)^2$　$k=-\frac{2\sqrt{3}}{3}\div\frac{4}{3}=-\frac{\sqrt{3}}{2}$　なお，点Pは，直線RA：$y=3x-\frac{8\sqrt{3}}{3}$と直線BP：$y=\frac{1}{3}x+\frac{8\sqrt{3}}{9}$との交点であり，その座標は$\left(\frac{4\sqrt{3}}{3},\ \frac{4\sqrt{3}}{3}\right)$　kの値は$\frac{\sqrt{3}}{4}$である。また，点Qは，直線BP：$y=\frac{1}{3}x+\frac{8\sqrt{3}}{9}$と直線QR：$y=-x$との交点であり，その座標は$\left(-\frac{2\sqrt{3}}{3},\ \frac{2\sqrt{3}}{3}\right)$　kの値は$\frac{\sqrt{3}}{2}$となる。よって，P，Q，Rは異なる放物線上にあるので，kの値は3個ある。

5.（平面図形ー平行線，二等辺三角形，作図，角の二等分線，三角形の外角）

重要

(1)　①　直線m上の点Bの右側に点Eをとり，∠ABEの二等分線を引く。（点Bを中心に適当な半径で円を書き，直線BA，直線BEとの交点をそれぞれP，Qとする。点P，Qをそれぞれ中心として等しい半径の円を書き，その交点の一つをRとして半直線BRを引けば，BRが∠ABEの二等分線となる。）　②　∠ABEの二等分線と直線ℓとの交点をCとする。　③　点Aを中心とする半径ACの円を書くと，直線mとの交点が点Dとなる。（なぜなら，図のように直線m上に点Fをとると，△ACDはAC＝ADの二等辺三角形であり，底角が等しいから，∠ADC＝∠ACD　$\ell /\!/ m$で錯角が等しいから，∠ACD＝∠FDC　よって，∠ADC＝∠FDCとなり，CDは∠Dの外角∠ADFの2等分線である。）

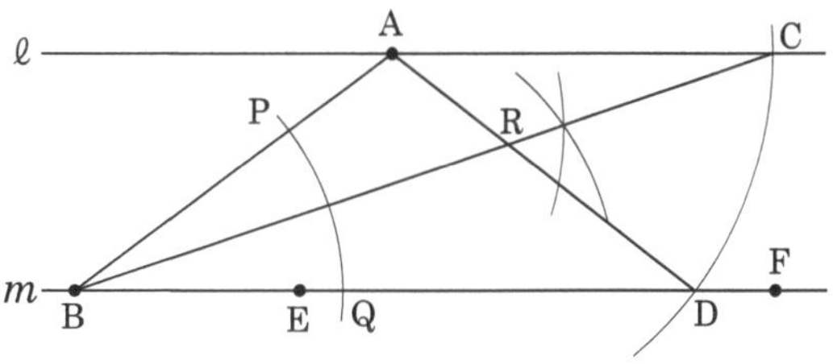

(2)　$\ell /\!/ m$なので錯角が等しく，∠ABD＝30°，∠ABC＝∠DBC＝∠ACB＝15°　△ABCは2角が等しいので二等辺三角形であり，AB＝AC…①　∠ADC＝∠FDC＝∠ACD　△ACDも2角が等しいので二等辺三角形であり，AC＝AD…②　①，②からAB＝ADであり，△ABDは二等辺三角形である。よって，∠ADB＝∠ABD＝30°　∠ADF＝150°，∠CDF＝75°　∠CDFは△BDCの外角だから，∠BCD＋∠CBD＝∠CDF　∠BCD＝75°－15°＝60°

(3)　$\ell /\!/ m$だから，∠ABD＝a　AB＝AC＝ADだから，∠ADB＝∠ABD＝a　∠ADF＝$2b$なので，$2b+a=180°$　よって，$b=90°-\frac{1}{2}a$

(4)　∠ADFは△ADBの外角なので，∠ADF＝∠ABD＋∠BAD＝$a+c$　よって，∠CDF＝$\frac{1}{2}(a+c)$　∠CDFは△CDBの外角だから，∠CDF＝∠BCD＋∠CBD＝$d+\frac{1}{2}a$　よって，$\frac{1}{2}(a+c)=d+\frac{1}{2}a$　$\frac{1}{2}c=d$　$c=2d$

★ワンポイントアドバイス★

1.(3)は2次方程式の解の公式を使ってもよいが，工夫して解くこともできる。2.(2)は直線ℓとmの上下関係を確かめよう。4.(2)の②は各辺の平行線を引いてみよう。5.は，錯角が等しいことから二等辺三角形ができることを利用する。

＜英語解答＞《学校からの正答の発表はありません。》

1 聞き取りの問題解答省略　**2** 書き取りの問題解答省略

3 1 see　2 impossible　3 atmosphere　4 health　5 pollutants　6 watching　7 Air　8 people　9 transportation　10 smoke　11 exhausts　12 heat　13 Acid

4 (1) おばあちゃんを老人ホームに入れるという考え。　(2) エミリーたちが2回目に訪問した時も，おばあちゃんはエミリーを自分の孫と思わず，アイスクリームを持ってきてくれる女の子だと思っているから。　(3) 毎週末，おばあちゃんへアイスクリームを持っていき，抱きしめようと決めた。

5 1 ウ　2 イ　3 エ　4 オ　5 ア

6 (1) When he was at school, he was not good at any subjects　(2) Daniel had his desk by one of the windows　(3) he liked to sit on the chair and look at them　(4) He worked in the same office but he was very different from Daniel.　(5) he has not done any work in half an hour

7 (例) A smartphone is a portable device that allows us to make phone calls, send messages, browse the Internet, take pictures, watch videos and so on. We should set a time limit for using the smartphone so that we will not depend on it too much.

○推定配点○

5 各2点×5　7 6点　他 各3点×28　計100点

＜英語解説＞

1 聞き取りの問題解説省略。

2 書き取りの問題解説省略。

3 **(長文読解問題・論説文：語句補充，要旨把握)**

(全訳) あらゆるところに，屋内でも屋外でも，山の頂上にも炭鉱の奥深くにも，私たちは常に大量の気体に囲まれている。これらの気体は空気，または大気と呼ばれる。

大気の気体は目に見えず，たいてい私たちはそれに気が付いていない。しかしそれは非常に重要である。大気がなければ人，動物，植物が生きられない。大気の質，つまり，きれいか汚染されているか，もまた非常に重要だ。

大気は主に酸素と窒素の気体から成り立っており，水蒸気，少量の二酸化炭素と他の気体も含まれている。しかし全ての空気は少量の不純物を含む。工場や交通量の多いところから離れた地域では，空気は植物の花粉，土ぼこり，さらにはバクテリアを含むかもしれない。これらの不純物の量は通常ごく少ないので重要ではない。

空気が生き物の健康と安全に影響を与えるのに十分な量の有害な不純物を含む場合，その空気は汚染されている。不純物つまり汚染物質は，通常では空気中に発見されない物質の非常に小さな粒子や気体である。

人が呼吸すると，空気中の汚染物質は肺に入るか体内に吸収される。そして汚染された空気は人と同様に動物や植物にも害を与えうる。この理由のため，私たちは空気を良い状態に保つよう，注意深く空気を観察すべきだ。

大気汚染には主に2つの種類，つまり，自然汚染と人によって起こされた汚染がある。自然の汚染物質は土ぼこり，花粉，霧などだ。火山灰は地球の広範囲に吹き飛ばされる。1950年代初頭，アメリカ南東部における森林火災がその国の非常に広い地域を煙で覆った。遠く離れたニューヨーク市までも航空機が運休になった。人はこのような自然のはたらきを止めることはできない。

主な懸念は，2番目の，おそらく大気汚染のより深刻な形態である，人によって引き起こされる汚染だ。この汚染のほとんどは，工業と車，トラック，飛行機によって生み出される。社会の工業化が進み，多くの車が運転され，多くの工場が建設されると，それはさらに悪化する。人や工場の数が多い都市では，それは非常に深刻だ。

都市に住む何百万人もの人々は熱，温水，明かり，電力，交通機関を必要とする。これらを作り出すために石炭や石油を燃やすことは都市の大気汚染の多くを生み出す。都市の人々は大量の紙くずや生ごみを出し，それらが燃やされるとたくさんの煙を出す。これも大気汚染を生み出す。都市交通の車の排気ガスは空気をさらに多くの汚染物質で満たす。工場の仕事は科学系廃棄物を生み出すことがあり，それらも空気中に広がる。たばこの煙は換気の悪い部屋の中の空気を汚染する。車のブレーキやタイヤさえもほこりを生じる。

これらの汚染物質の中には，車の排気ガスのように，地上で空気に排出されるものがある。発電所や工場から生じる煙のように，もっと高い場所で大気に入るものもある。煙や他の汚染物質が霧と結びつくと，スモッグを形成する。

大気汚染の量は気温や気圧のような大気の状態に影響される。地球の表面近くの空気は高いところの空気よりも暖かいので，気流はふつう上昇する。上昇気流は汚染物質を上空の大気に運び，それらは拡散される。しかし，地球の表面より上にある空気が地表の空気よりも暖かいことがある。この場合，その暖かい空気が上昇気流を止める。このようにして汚染物質が地表近くにとどまり，最大の害をもたらす。

大気汚染によって生じる損害は非常に大きい。それは毎年何十億ドルもの損失を生じている。多くの花や野菜の作物は，車の排気ガスによって被害を受ける。木は発電所から生じる汚染によって死んでしまう。牛はアルミニウム再生工場の煙によって汚染される。素晴らしい建物の壁はすすで黒くなる。

また大気汚染は人間の体にも害を与える。それは目，のど，肺に影響を与える。また，多くの深刻な病気を引き起こし，これらの病気で亡くなる人が増えている。

科学者たちは，空気中の煙とほこりは，やがて地球の表面が太陽から受ける熱の量を減らすかもしれない，と懸念している。

もう1つの懸念は酸性雨だ。この雨は硫黄酸化物と窒素酸化物を含み，別の化学物質も含む。それは湖や川に被害をもたらし，水中に住む動植物を汚染する。酸性雨は作物や他の植物，石の建造物や記念碑，そして飲料水にも影響を与えるかもしれない。

【要約文】(全訳)　私たちは，私たちを取り巻く気体を(1)見ることができないが，それらは常に存在する。人や動物，植物にとってそれなしで生きることは(2)不可能だ。私たちはそれを空気や(3)大気と呼ぶ。

(3)大気は酸素，窒素，水蒸気，二酸化炭素，そして少量の不純物を含む。私たちの(4)健康や安全に影響を与えるに足る不純物が含有されている場合，その空気は汚染されている。これらの不純物は(5)汚染物質と呼ばれる。汚染された空気は人間だけでなく動植物にも有害な可能性があるため，注意深く(6)観察することによって空気をよい状態に保つようにすべきだ。

(7)大気汚染は土ぼこり，花粉，霧などの(5)汚染物質によって引き起こされる。しかし，より深刻な汚染形態がある。この汚染は(8)人によって引き起こされる。それは社会の産業化が進むにつれて悪化する。

都市の大気汚染の多くは熱，温水，明かり，(9)交通機関を生み出すために石炭や石油を燃やすことで引き起こされる。また，紙くずや生ごみを燃やすことで作られる(10)煙や，車の(11)排気ガス，工場から出る科学系廃棄物は大量の(5)汚染物質を含む。(7)大気汚染は(3)大気の状態にも影響される。

(7)大気汚染は作物，木，牛，建物に大きな損害を与える。それは私たちの(4)健康にも影響し，地表の(12)熱を減らすかもしれない。

(13)酸性雨はこの汚染によって引き起こされるもう1つのもので，湖や川，水中の動植物，作物，建物や飲料水に害を与えたり，影響を与えたりする。

やや難 問　要約文下線部参照。　(1)　本文の第2段落第1文のinvisible「目に見えない」をcannot seeと言い換える。　(2)　本文の第2段落第3文のcannot liveをIt is impossible ~ to liveと言い換える。impossible「不可能な」

4 (長文読解問題・物語文：内容吟味)

(全訳)　エミリーは，おばあちゃんはどこの具合が悪いのか，わからなかった。彼女はいつもいろいろなことを忘れてばかりだった。どこに砂糖を置いたか，いつ請求書の支払いをすべきか，食料品の買い出しに連れて行ってもらうために何時に支度しておくか，というようなことを。

「おばあちゃんはどうしちゃったの？」とエミリーは尋ねた。「前はすごくきちんとした人だった。今は悲しそうで，放心しているみたいで，物事を覚えていないわ」

「おばあちゃんはただ，年を取ってきているのよ」と母親が言った。「彼女は今，たくさんの愛を必要としているの」

「年を取るとはどういうこと？」とエミリーは尋ねた。「誰でも物事を忘れるの？　私もそうなるの？」

「年を取った時に誰もが物事を忘れるわけではないわ，エミリー。おばあちゃんはアルツハイマー病かもしれない，それでさらに忘れてしまうの。彼女が必要としている適切な介護が受けられるよう，私たちは彼女を老人ホームに入れなくてはいけないの」

「えー，お母さん！　それはひどい！　彼女はきっと，自分の家がとても恋しくなるよ」

「そうかもね，でも私たちができることは他にあまりないの。彼女はそこでよく介護してもらって新しい友達ができるでしょう」

エミリーは悲しそうだった。彼女は(1)その考えが全く気に入らなかった。

「私たちは頻繁に彼女に会いに行けるの？」と彼女は尋ねた。「私はおばあちゃんとお話できなくてさみしくなるわ。たとえ彼女がいろいろ忘れてしまっても」

「週末に行けるわ」と母が言った。「彼女にプレゼントを持っていくこともできる」

「アイスクリームとか？　おばあちゃんはイチゴアイスクリームが大好きよね！」 エミリーはほほ笑んだ。

「そう，イチゴアイスクリーム！」と母親が言った。

初めて彼女たちが老人ホームへおばあちゃんに会いに行った時，エミリーは泣きたくなった。

「お母さん，ほとんど全員が車いすに乗っているわ」と彼女は言った。

「そうしないといけないの，さもないと転んでしまうから」と母が説明した。「さあ，おばあちゃんに会ったら，にっこり笑って，とても調子が良さそうねって言ってね」

おばあちゃんはサンルームと呼ばれている部屋の隅で，一人きりで座っていた。彼女は外を眺め木を見ていた。

エミリーはおばあちゃんを抱きしめた。「見て」と彼女は言った。「私たちはプレゼントを持ってきたの，大好きなイチゴアイスクリームよ！」

おばあちゃんはアイスクリームカップとスプーンを取り，一言も言わずに食べ始めた。

「彼女はきっと喜んで食べているわ」 エミリーの母が彼女に言った。

「でも彼女は私たちのことをわかっているように見えない」 エミリーはがっかりした。

「彼女にはまだ時間が必要よ」と母が言った。「新しい環境に入って，適応しなくちゃいけないから」

しかし，次に彼女たちがおばあちゃんを訪問した時も同じだった。彼女はアイスクリームを食べ，彼女たちに微笑んだが，何も言わなかった。

「おばあちゃん，私が誰かわかる？」 エミリーが尋ねた。

「あなたは私にアイスクリームを持ってきてくれる女の子よ」とおばあちゃんが言った。

「そうよ，でも私はエミリー，あなたの孫でもあるのよ。私のことを覚えていないの？」と彼女は尋ね，その老婦人を抱きしめた。

おばあちゃんはかすかにほほ笑んだ。

「覚えている？ もちろん覚えていますよ。あなたは私にアイスクリームを持ってきてくれる女の子よ」

(2)突然エミリーはおばあちゃんが彼女のことを思い出すことはないだろうと悟った。おばあちゃんはきっとずっと，エミリーのことをアイスクリームの女の子と思うだろう。彼女は自分だけの世界，あいまいな記憶と孤独の世界に住んでいた。

「(3)ああ，本当に愛しているわ，おばあちゃん！」と彼女は言った。するとその時，おばあちゃんの頬に涙が見えた。

「愛」と彼女が言った。「私は愛を覚えているわ」

「ほらね，彼女はそれだけがほしいのよ」と母が言った。「愛よ」

「それなら私は毎週末にアイスクリームを持ってきて，彼女を抱きしめるわ，たとえ彼女が私のことを覚えていなくても」とエミリーが言った。

結局，誰かの名前よりもむしろ愛を覚えているほうが大切なことなのだった。

(1) 下線部(1)の7つ前の文 We have to put her in a nursing home to get the right care she needs. を指す。

(2) エミリーたちが2回目におばあちゃんに会いに行った時も，おばあちゃんはエミリーのことを認識せず，「アイスクリームを持ってきてくれる女の子」と思っていた。

(3) 本文最後のエミリーの言葉を参照する。

基本 5 (長文読解問題・紹介文：文補充・選択)

(全訳) 名前の人気は変化する。アメリカでは，現在最も人気のある男の子の名前は，ノア，リアム，メイソンだ。[1]現在最も人気のある女の子の名前は，ソフィア，エマ，オリビアだ。メアリーとジョンという名前はかつて非常に人気があったが，今はもうあまり一般的ではない。

あなたの祖父母の名前は古くてすたれた感じに聞こえるが，曾祖父，曾祖母の名前は今，格好よく思われることがある。[2]ヘレン，ローズ，ヘンリー，マックスはかつて人気がなかったが，復活した。いくつかの名前の人気度はずっと変わらない。[3]例えば，ウィリアムは常に男の子の人気の名前の上位5つの中の1つだ。

ある名前が男の子の名前か女の子の名前かわからないこともある。例えばアリゾナは州の名前だ。ダコタはネイティブアメリカンの部族の名前である。これらは男の子の名前か，それとも女の子の名前だろうか。

[4]自分の子供に珍しい名前を付ける有名人がいる。デイビッドとビクトリアのベッカム夫妻の

息子の名前はブルックリンだ。俳優アントニオ・サバト・Jrは，非常に長い名前の息子がいる。彼の名前は，アントニオ・カマカナアロハマイカラニ・ハーベイ・サバトだ。[5]その長い名前は「天からの贈り物」という意味のハワイ語だ。

あなたは一般的な名前のほうが好きですか，それとも珍しい名前のほうが好きですか。

問　全訳下線部参照。

やや難 6　(長文問題・物語文：動詞，前置詞，熟語，冠詞，不定詞，現在完了)

(全訳)　ダニエルは一生懸命取り組むことが好きではなかった。(1)学生の頃，彼はどの教科も得意ではなかったので，いつもクラスの最下位だった。その後，彼はある事務所に働きに出たが，そこでもあまり仕事をしなかった。

その事務所には大きな窓があり，その下には通りがあった。その通りにはいつも大勢の人や車やバスが通っていた。(2)ダニエルはその窓の1つの横に自分の机があり，(3)彼はいすに座って彼らを見るのが好きだった。

ダニエルには友人がいた。名前はマークだった。(4)彼は同じ職場で働いていたが，彼はダニエルとは非常に異なっていた。彼は熱心に働いた。

この前の火曜日，ダニエルはただ自分の机のところに座って自分の時間を過ごした。そして彼は友人のマークに言った。「通りにとても怠け者の男がいるよ。彼は今朝，穴を掘り始めて，(5)30分経っても何の仕事も終わっていない！」

(1)　be at school「在学中である」 be good at ～「～が得意だ」 ここでは was not good at any subjects で「どの教科も得意でない」となる。

(2)　desk の前に his「彼の」を付ける。by the window は「窓際に，窓の横に」という意味。ここでは by one of the windows「(複数ある)窓のうちの1つの横に」とする。

(3)　「～することが好きだった」となるよう，liked に続く動詞 sit の前に to を入れる。sit on the chair「いすに座る」 look at ～「～を見る」

(4)　same「同じ」には通例 the を付ける。be different from ～「～と異なる」

(5)　過去分詞 done があることから，現在完了形の文と考えて has を補う。< in +時間>「～後に，～経って」 half an hour「30分」

重要 7　(条件英作文)

(解答例の訳)「スマートフォンは，電話，メッセージ送信，インターネット閲覧，写真撮影，動画視聴などを可能にする携帯機器である。私たちはそれに依存しないようにするため，時間制限を設けるべきだ」

★ワンポイントアドバイス★

3の長文読解問題は，例年要約文に単語を補充する問題である。本文中の単語をそのまま要約文に入れるものと，意味をふまえて別の単語に書き換えるものがあるので注意しよう。

<理科解答>《学校からの正答の発表はありません。》

1　(1)　ア　(2)　ウ，カ，ケ　(3)　イ，ウ，エ，オ　(4)　エ，キ　(5)　エ
(6)　ウ，オ，ク　(7)　イ，ウ，オ　(8)　エ，カ

2 (1) 7000kg (2) 10000m (3) (溶媒) 水 (溶質) 塩化水素 (4) 7
(5) ① 気温 ② 暑いときは汗をかいてその気化熱で体温を下げようとする。
(6) 横隔膜 (7) 夏には植物の光合成がさかんになるから。

3 (1) 不整合 (2) 鍵層 (3) ウ，エ，オ (4) 地層の下から上に向かって粒の大きさが徐々に小さくなる。 (5) 温度が低く，二酸化ケイ素が多く，粘性が高い。 (6) 安山岩
(7) (2番目) エ (5番目) ウ (8) 地層に両側から引っぱりの力がかかった。

4 (1) ① 10I ② 10 (2) 右図 (3) 10Ω
(4) ③ 5 ④ 10 (5) ア
(6) $12=8I+2V$ (7) 16Ω

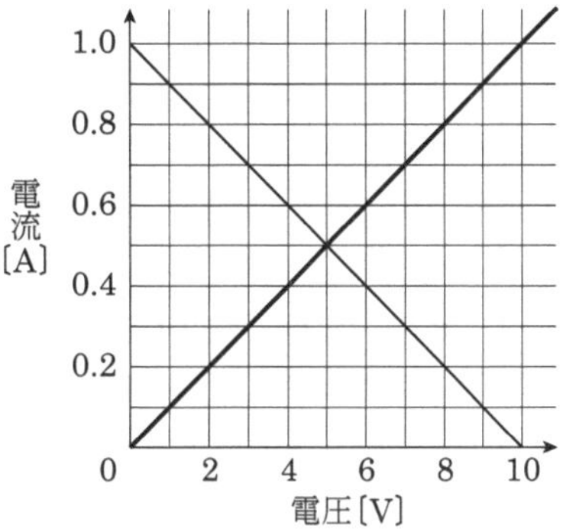

5 (1) －極 (2) (気体A) H_2 (気体B) Cl_2
(3) 0.5n個 (4) 還元 (5) ① 1.2
② 7：2 (6) $Fe_2O_3+3H_2 \rightarrow 2Fe+3H_2O$ 温暖化の原因とされる二酸化炭素を発生しないから。

6 (1) a ヘモグロビン b 68 c 減数分裂 (2) d 肺静脈 e 左心室
(3) 気門 (4) ア，ウ，エ (5) イ，エ (6) 優性形質が優れていて劣性形質が劣っているという意味ではないから。 (7) ① A型，B型，AB型 ② $\frac{2}{3}$

○推定配点○

6 (1)～(3) 各1点×6 他 各2点×47(**2**(3)・**3**(7)各完答) 計100点

＜理科解説＞

1 (小問集合－各領域の小問集合)

(1) 空気からガラスに光が入射するときは，ガラスの表面からより深くなる向きに光が進む。入射角と屈折角は，いずれもガラスの表面に立てた垂線から測るので，入射角よりも屈折角の方が小さい。なお，入射角＝0°のとき屈折角＝0°だから，エ～カは成り立たない。

基本 (2) 作用反作用の法則より，手が物体を押す力Aと，物体が手を押す力Bは，つねに大きさが等しい(A＝B)。また，慣性の法則より，等速直線運動をしている物体にはたらく力は，全体としてつりあっている。水平方向では，手が物体を押す力Aと，物体にかかる摩擦力Cがつりあっている(A＝C)。また，BとCの間には直接の関係はないが，A＝B，A＝Cだから，結果的にB＝Cとなっている。

重要 (3) ほとんどの物質は，液体から気体になるときに体積が減少し，密度が増加する。例外的なのが水で，水に氷が浮かぶように，体積が約1.1倍に増加し，密度が約0.9倍に減少する。他の選択肢はすべて通常の物質である。なお，鉄について，鋳物工業などに使われる鋳鉄(銑鉄)は炭素分が多く，液体の方が密度が小さいが，純粋な鉄ではそのようなことは起こらない。

(4) 炭酸水素ナトリウム$NaHCO_3$を加熱してできる気体は二酸化炭素CO_2である。 ア 誤り。二酸化炭素は水に少し溶ける。選択肢の「よく溶ける」という表現があいまいだが，他に2つ明らかな正答があるので，これは誤答となる。 イ 誤り。チャートの主成分は二酸化ケイ素SiO_2であり，塩酸を加えても溶けない。 ウ 誤り。二酸化炭素は燃焼後にできる気体であり，それ以上は燃焼や爆発をしない。 エ 正しい。肺静脈は肺から心臓に向かう血液で，二酸化炭素が最も少ない。 オ 誤り。木星の大気の主成分は，体積比で約9割の水素と約1割のヘリウ

ムである。　カ　誤り。空気中の体積の割合は，窒素が約78.1％，酸素が約20.9％，アルゴンが約0.9％，二酸化炭素が約0.04％で，二酸化炭素は4番目である。　キ　正しい。二酸化炭素の密度は空気の密度よりも，約1.5倍大きい。

(5)　ア　誤り。月は地球の周りを公転しており，その地球は太陽の周りを公転している。間接的に太陽の回りを回っているが，公転の中心はあくまで地球である。　イ　誤り。月の自転周期は公転周期と同じ27.32日である。そのため，月は地球にいつも同じ面だけを見せている。

ウ　誤り。月の満ち欠けは，太陽，月，地球の位置関係によってなす角度のちがいで起こる。選択肢の文は月食の説明である。　エ　正しい。月の南中の周期は，平均で24時間50分程度なので，同じ時刻に見ると，日が経つにつれ東へ動いて見える。　オ　誤り。新月は太陽と近い動きをするため，南中は正午頃である。

(6)　太陽から地球までの距離は，約1.5億kmであり，これを1天文単位と決めている。光速は30万km/秒だから，太陽光が地球に届く時間は1.5億÷30万＝500秒である。

(7)　ア　誤り。トウモロコシは単子葉類であり，茎の中の維管束は輪状に並んでいない。

イ　正しい。葉の維管束は葉脈ともいい，上側が道管，下側が師管である。　ウ　正しい。葉の表にワセリンをぬっても，葉の裏に多数ある気孔から蒸散する。　エ　誤り。茎からの蒸散があるので，水は少し減少する。　オ　正しい。BTB液は青色の状態で保管されていることが多い。実験開始時の色が青色だとすれば，息を吹きこんで黄色となり，オオカナダモの光合成で二酸化炭素が消費されると，もとの青色に戻る。もし緑色から実験を始めたならば，最後も緑色になる。　カ　誤り。オオカナダモの呼吸により二酸化炭素が放出されるので，液は酸性となりBTB液は酸性となる。

(8)　ア　誤り。胆汁は脂肪を小さな粒にするだけで，分解する酵素は含まれていない。　イ　誤り。胆汁は肝臓でつくられ，胆のうに蓄えられる。　ウ　誤り。　エ　正しい。グリコーゲンを合成し蓄えるのは肝臓である。　オ　誤り。　カ　正しい。アンモニアから尿素をつくるのは肝臓である。

2 （小問集合－各領域の小問集合）

(1)　700hPa＝70000Pa＝70000N/m^2である。1Nは100gの空気にはたらく重力と等しいので，70000Nは100×70000＝7000000g，つまり7000kgとなる。

(2)　空気の密度が一定とすると，標高3000m以上にある空気の圧力が700hPaで，標高0m以上にある空気の圧力が1000hPaだから，厚さ3000mの範囲にある空気の圧力は，1000－700＝300hPaである。よって，3000m：300hPa＝x：1000hPaにより，空気の層の厚さxは，x＝10000mとなる。なお，これは空気の密度を一定とした計算であり，実際は空気の密度は上空ほど小さいので，実際の空気の層は本問の解答よりはるかに厚い。

(3)　塩酸は，水に気体の塩化水素HClが溶けた水溶液である。

(4)　化学反応式の左右の原子数を考えると，Cについて2a＝c，Hについて6a＝2d，Oについて2b＝2c＋dとなる。a＝1とおくと，b＝3.5，c＝2，d＝3となり，整数にならない。そこで，a＝2とおくと，b＝7，c＝4，d＝6となり，すべて整数となる。a＝4，6などでもすべて整数になるが，化学反応式では最も小さい整数で表すので，a＝2の場合が適切である。

重要　(5)　①　空気中に放置していた水の温度は，気温と等しい。　②　湿球では，水が蒸発することで熱が奪われるため，乾球に比べて温度が低い。その差が大きいと湿度が低いといえる。同じしくみが関係した人体の機能としては，暑いときや体温が高いときの発汗がある。

(6)　肋骨が上がり，横隔膜が下がると，胸腔の容積が増え，息が吸い込まれる。肋骨が下がり，横隔膜が上がると，胸腔の容積が減り，息がはき出される。

(7) 大気中の二酸化炭素濃度は，人類による化石燃料の大量消費によって，経年的に増加し続けている。しかし，1年のうちをみると，夏季は減少し，冬季は増加している。夏季は，植物の光合成がさかんになり，二酸化炭素がより多く消費されるためである。

3 (地層と岩石－地質断面図)

(1) 下位の地層と上位の地層の間に，時代の隔たりがある関係を不整合という。下位の地層が陸化して侵食されたことを示す。

(2) 火山灰層や凝灰岩層は，離れた地域での地層の同時性を確認するのに役に立つ地層である。このように地層から地史を解く手がかりとなる地層を鍵層という。

基本 (3) Bの層からは，大型ホ乳類であるゾウや，有孔虫の一種であるカヘイセキ(貨幣石)の化石が出ている。これらは新生代の示準化石である。ウのビカリアは巻貝，エのマンモスは大型ホ乳類，オは海岸付近に生息したホ乳類で，いずれも新生代の示準化石である。なお，アとイは中生代，カは古生代のことである。

(4) ふつうの地層は，1枚の地層の中で粒の大きさがそろっている。一方，Cのように地層内で粒の大きさが異なるのは，海底地すべりなどで発生した混濁流が積もってできた地層である。このとき，粒の大きいものが速く積もるので，地層の下位から上位に向かってしだいに粒が小さくなっていく。

(5) 花こう岩は，マグマが地下深くで年月をかけてゆっくり冷えて固まった岩石である。花こう岩となるマグマは，温度が800～900℃程度と低めで，二酸化ケイ素SiO_2の量が多く，粘性に富み流動性に乏しい。

(6) 岩石Eは斑状組織をしているので，火成岩のうちマグマが地表や地下浅部で急に冷えて固まった火山岩の一種である。全体に灰色で，角閃石が多いことから，安山岩の可能性が高い。

重要 (7) 地層は下位から順に，A→B→Cの順で堆積した。また，DはAに貫入しているがBには貫入していないので，AとBの間の時期にできた。断層f－f'はAとBを切っているが，Cを切っていないので，BとCの間の時期に活動した。EはCを貫いているので，最後にできた。まとめると，ア→エ→イ→カ→ウ→オとなる。

(8) 断層f－f'の面に対し，上側にある左側のブロックがずり下がっているので，両側から引っぱりの力がかかってできた正断層である。

4 (電流と電圧－オームの法則)

重要 (1) 図2の回路は直列回路なので，流れる電流はどこもI[A]である。10Ωの抵抗器にもI[A]の電流が流れているので，オームの法則から，かかる電圧は$10I$[V]である。また，抵抗器Rにかかる電圧がV[V]で，全体の電圧が10Vだから，$10=10I+V$ が成り立つ。

(2) 図1のグラフは，縦軸が電流，横軸が電圧である。このグラフでの形を示すように，(1)の式$10=10I+V$を変形すると，$I=-\frac{1}{10}V+1$となる。つまり，傾きが$\frac{1}{10}$で切片が1のグラフとなる。これを図1に書き込めばよい。

(3) 図1のグラフに(2)を書き込んだ交点は，(5V，0.5A)であり，これが抵抗器Rにかかる電圧と流れる電流である。よって，抵抗器Rの抵抗は，$\frac{5\text{V}}{0.5\text{A}}=10\Omega$となる。

(4) 図3で，電圧が1Vのとき電流は0.2Aだから，抵抗は$\frac{1\text{V}}{0.2\text{A}}=5\Omega$である。また，電圧が6Vのとき電流は0.6Aだから，抵抗は$\frac{6\text{V}}{0.6\text{A}}=10\Omega$である。

(5) (4)でみたように，電圧が大きいほど，抵抗も大きくなっている。これは，図3のグラフで，電圧が大きくなると，電流があまり伸びなくなることからもわかる。電圧が大きくなると，発熱量が大きくなり，電球の温度が上がるのが原因である。

(6)　図4の回路は直列回路なので，流れる電流はどこもI〔A〕である。8Ωの抵抗器にもI〔A〕の電流が流れているので，オームの法則から，かかる電圧は$8I$〔V〕である。また，電球Xにかかる電圧が1個あたりV〔V〕で，全体の電圧が12Vだから，$12=8I+V+V$が成り立つ。

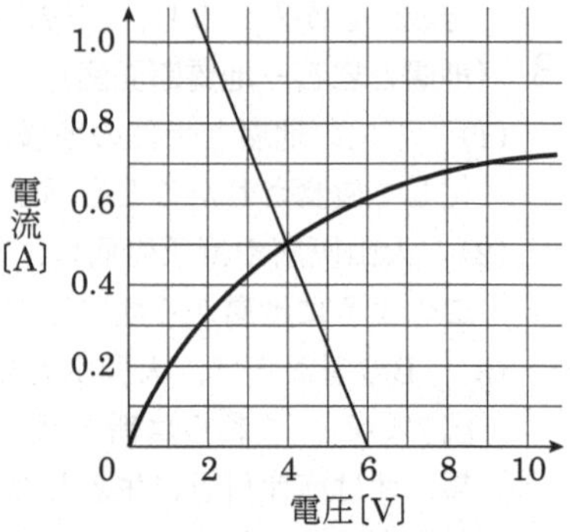

(7)　(6)の式，$12=8I+2V$を変形すると，$I=-\frac{1}{4}V+\frac{3}{2}$となる。つまり，傾きが$-\frac{1}{4}$で切片が$\frac{3}{2}$のグラフとなる。これを図3に書き込むと右の図のようになる。交点は(4V，0.5A)であり，これが電球Xの1個にかかる電圧と流れる電流である。よって，電球Xの1個の抵抗は$\frac{4V}{0.5A}=8\Omega$となる。2個合わせた抵抗の値は$8\times2=16\Omega$である。

5　(化学変化と質量－鉄の製造と利用)

重要

(1)　実験では，塩酸HClに亜鉛Znを溶かして塩化亜鉛$ZnCl_2$となっている。よって，水溶液中には亜鉛イオンZn^{2+}がある。これを亜鉛原子Znにして鉄板の表面に析出させるには，鉄板を陰極に使わなければならない。鉄の表面で，電池のマイナス極からきた電子2個が亜鉛イオンZn^{2+}と結びつき，固体の亜鉛が鉄板の表面に付着して，めっきができる。

(2)　実験で，塩酸に亜鉛を入れて発生する気体Aは水素H_2である。また，できた塩化亜鉛$ZnCl_2$水溶液を電気分解すると，陰極では(1)のように亜鉛が析出し，陽極では塩化物イオンCl^-が集まってきて電子を手放し，気体の塩素Cl_2が発生する。

(3)　実験で，陰極では(1)のように，亜鉛イオンZn^{2+}に電子2個が結びついて，亜鉛原子Znが1個できる。よって，電子n個の場合は，亜鉛原子は0.5n個できる。

(4)　酸化物から酸素を奪う化学反応は，還元と呼ばれる。

(5)　①　酸化鉄1.0kgと一酸化炭素0.53kgが反応し，0.70kgの鉄が生成するから，質量保存の法則より，発生する二酸化炭素は，$1.0+0.53-0.70=0.83$kgである。鉄と二酸化炭素の質量比から，鉄1億tの場合，0.70：0.83＝1億：xより，x＝1.18…億で，四捨五入により，発生する二酸化炭素は1.2億tである。　②　酸化鉄Fe_2O_3の1.0kgから，鉄0.70kgができるので，結びついていた酸素は0.30kgである。つまり，(Fe原子2個)：(O原子3個)＝0.70：0.30の質量比となっている。よって，原子1個ずつの質量比は，$\frac{0.70}{2}:\frac{0.30}{3}=0.35:0.10=7:2$となる。

(6)　酸化鉄Fe_2O_3を水素H_2で還元すると，水素が酸素と結びついて水H_2Oが発生する。化学式を並べると$Fe_2O_3+H_2\rightarrow Fe+H_2O$である。次に，左右の原子数を見て係数を整えると，$Fe_2O_3+3H_2\rightarrow 2Fe+3H_2O$となる。この方法では，二酸化炭素が発生しない。二酸化炭素は温室効果を持ち，地球温暖化の原因とされている。水蒸気も温室効果を持つが，水蒸気は大気中に増え続けることはなく，また液体の水であれば温室効果は関係がない。

6　(生殖と遺伝－ヒトの血液型の遺伝)

(1)　(a)　赤血球に含まれる色素タンパク質は，鉄を含むヘモグロビンである。　(b)　5L＝5000mLだから，赤血球の数は50億×5000＝25兆個である。ヒトの細胞数に対する割合は，25兆÷37兆×100＝67.5…で，四捨五入により68％である。　(c)　体細胞では，染色体は2本ずつ組になっているが，卵や精子のような生殖細胞では，1本ずつである。このように，生殖細胞では染色体数が半分になる。生殖細胞を作る特別な細胞分裂が減数分裂である。

(2)　気管支を通った空気は，肺をなす小さな袋である肺胞に入る。酸素は毛細血管で血液に取り込まれ，その血液は，肺静脈を通って心臓の左心房に入る。左心室から出た血液は大動脈を通って全身に送られる。まとめると，気管支→肺胞→肺静脈→左心房→左心室→大動脈→全身の細胞，となる。

(3)　昆虫は，肺やえらのような特定の呼吸器を持たず，体じゅうに張りめぐらされた気管に空気を通して，細胞が直接に呼吸をしている。その気管の出入り口は気門である。

(4)　ア　正しい。花びらは3種類計5枚あり，すべて離すことができる。　イ　誤り。同一個体のみであっても，卵細胞と精細胞がかかわる有性生殖である。　ウ　正しい。自家受粉でも他家受粉でも，受粉が起これば種子をつくることができる。　エ　正しい。自家受粉でも，例えばAaの親からaaの子が生まれることがある。　オ　誤り。純系は，AAのみ，あるいはaaのみの家系であり，形質は同じである。

(5)　ア　誤り。両親がBBとBOいずれの場合も，菊子さんはBBの可能性がある。　イ　正しい。菊子さんがB型の場合，お父さんがAOと決まるので，お母さんがBB，BOどちらであっても，菊子さんはBOと決まる。　ウ　お父さんがBBとBOいずれの場合も，菊子さんはBBの可能性がある。　エ　正しい。両親はABとOOに決まるので，菊子さんはBOと決まる。

(6)　遺伝で用いられている優性という語は，両方の遺伝子を持っていたときに現れる方を意味しているだけで，生物学的に形質が優れていることを意味しない。劣性も，劣っているという意味ではない。そこで，誤解を避けるため，近年では顕性，潜性という語を使うことが増えてきている。

(7)　①　9番の女性の両親(3番と4番)には，O型の子(8番)がいることから，両親はAOとBOに決まる。このことから，9番の女性は，A型，B型，AB型，O型のすべての可能性がある。次に，9番の女性にAB型の子(13番)がいることから，9番の女性はO型の可能性はなくなる。よって，可能性はA型，B型，AB型である。　②　茶実子さん(11番の女性)の両親(6番と7番)には，O型の子(12番)がいることから，両親ともAOと決まる。この両親から生まれる子の遺伝子の確率は，AA：AO：OO＝1：2：1である。茶実子さんについて，A型のうちAOである確率は，$\frac{2}{1+2}=\frac{2}{3}$となる。

★ワンポイントアドバイス★

問題文が長く，問題数も多い。一読して意味が取れるように練習し，キーになる箇所は目立つように印をつけるなど工夫しよう。

＜社会解答＞《学校からの正答の発表はありません。》

1　問1　A　マングローブ　B　鉄　C　露天掘り　問2　1　b　ア　c　ウ
2　メコン(川)　3　(例)　雨季の河川の水位の上昇から家屋を守るため。　4　パーム油
問3　ア　中国　イ　タイ　問4　か　ウ　き　ア　問5　(例)　気候が著しく乾燥しているので，地下水を円形に散水して灌漑しているから。

2　問1　(第一次)ベビーブーム　問2　イ　問3　ウ　問4　(愛知)　ウ　(沖縄)　エ
問5　1　(例)　ニュータウンが建設され，東京のベッドタウンとして発展したから。
2　(例)　東京湾岸の開発が進み，高層マンションなど建設されたから。

3　問1　16　問2　ウ　問3　C　千利休　D　上杉謙信　問4　イ　問5　エ
問6　(例)　連歌　問7　エ　問8　1　桓武天皇　2　イ(→)ア(→)ウ
問9　1　(例)　商業の発展によって，富裕な商人による町ごとの自治が行われるようになっ

たから。　2　ア

4　問1　A　生命　　B　幸福　　問2　(例)　先住民や黒人奴隷を除く白人を中心とした人々。問3　(例)　兵士として戦場に送り込まれた男性に代わり，女性が工場などで働いて，社会全体を支えるようになったから。　問4　ア　　問5　ベトナム戦争　　問6　水平社

5　問1　A　通常国会[常会]　　B　文民　　C　連帯　　D　国会議員　　E　令状　　F　再審　問2　無罪　　問3　1　G　両院協議会　　H　10　　I　60　　2　(例)　衆議院は，参議院に比べ，任期が4年と短く，解散もあるので，国民の考えを反映しやすいと考えられるから。問4　(例)　拷問による自白の強要を防ぐことにより，被告人の人権を守ることができるから。　問5　(例)　辞めさせたいという積極的な意思をもたない人は，何も書かずに投票してしまい，結果として全員を信任したことになってしまうから。　問6　(例)　国会は，裁判所に対し，弾劾裁判を行う。一方，裁判所は，国会に対し，違憲立法審査を行う。

○推定配点○

1～4　各2点×39　　5　問1　各1点×6　　他　各2点×8　　　計100点

＜社会解説＞

1　（地理－「景観の観察」をテーマにした世界の自然，産業など）

基本　問1　A　マングローブは，熱帯・亜熱帯の海岸や河口に生育するヒルギなどの植物の総称。これらの樹木は海底に根をおろし，海水につかっているが，干潮時には根元が露出する。波の侵食から海岸を守り，幼魚の生育域になるなど，生態系の保全に果たす役割が大きい。　B　鉄分の多い土壌は一般に赤色を呈する。熱帯・亜熱帯に分布するラトソルとよばれる土壌も，鉄分やアルミニウム分が表層に集積するため，赤色(赤褐色)を示す。　C　露天掘りは，坑道を設けず，表土を除き，地表から直接鉱石を掘り取る採掘法。坑道掘りに比べ，低コストで，安全性も高い。

問2　1　bはシンガポールで，年中高温多雨の熱帯雨林気候区(Af)に含まれる。また，cはインドネシアのデンパサル(バリ島)で，低日季(6～9月)は乾燥，高日季(12～3月)は多雨のサバナ気候区(Aw)に含まれる。なお，a(タイのバンコク)はイである。　2　メコン川は，東南アジア最長の河川で，中国，ミャンマー，ラオス，タイ，カンボジア，ベトナムを流れる。河口付近には広大なデルタ(三角州)を形成し，東南アジア有数の稲作地域となっている。　3　メコン川は，雨季と乾季で流量が大きく変化する。そのため，その下流域では，雨季の増水，洪水に備えて，高床式の家屋が多く見られる。　4　パーム油は，アブラヤシの果肉から抽出した油。主にパルミチン酸，オレイン酸のグリセリン・エステルから成る。マーガリン，食用油とするほか，石鹸製造その他の工業原料となる。

問3　中国は，世界最大の米の生産国(2018年)であるが，人口約14億人をかかえる人口大国であるため，輸出余力はほとんどなく，世界最大の米の輸入国でもある(2017年)。一方，タイは，人口がそれほど多くないため，輸出余力は十分で，世界でもトップクラスの米の輸出国となっている。

問4　「か」は，ミシシッピ川の下流域で，伝統的な綿花地帯を形成している。ただし，第二次世界大戦後はやや衰退に向かい，テキサス州など西部の諸州にも栽培が広がっている。「き」はアメリカ合衆国東部のニューヨーク州，ペンシルヴェニア州にまたがる地域で，冷涼な気候と大都市への近接性から酪農が盛んである。なお，「お」はコーンベルトの一部で，「イ」が該当する。また，「え」はカリフォルニア州の一部で，「エ」が該当する。

重要　問5　図2は，センターピボット方式による灌漑農地。乾燥・半乾燥地域に見られる灌漑農法で，

360度回転するアームで，地下水の散水・施肥・農薬散布などを行う。主にアメリカ合衆国のグレートプレーンズで利用されている。

2 （日本の地理－日本の人口と人口問題）

基本 問1　ベビーブームは，出生数が大幅に増加すること。第二次世界大戦後の日本では，1947～49年ごろの第一次ベビーブーム，1971～74年ごろの第二次ベビーブームがある。

問2　2020年現在，カナダの人口は約3,774万人。なお，同年，インドネシアの人口は約2億7,352万人，ナイジェリアの人口は約2億614万人，ロシアの人口は約1億4,593万人である。

問3　一般に，人口ピラミッドは，時間の経過，社会の発展などによって，ピラミッド型(ア)→釣鐘型(ウ)→つぼ型(イ)と変化する。

重要 問4　愛知県は，自動車工業を中心に工業が極めて盛んで，工業出荷額は日本一である。よって，製造業に従事する人の割合が4県の中で最も高い。よってウである。一方，沖縄県は，観光業などの第3次産業が盛んで，製造業に従事する人の割合は極端に低い。よって，エである。なお，アは人口増減率がマイナスになっていることから福島県，イは昼夜間人口比率が100を大きく下回っていることから神奈川県である。

やや難 問5　1　多摩市は，東京都西部の多摩丘陵に位置する都市。かつては農業中心のまちであったが，1960年代に入って多摩丘陵の開発が行われ，多摩ニュータウンの建設が進められた。この結果，人口が急増した。　2　港区，中央区などでは，1990年代後半から湾岸地区の再開発が進められ，高層マンションの建設が相次いだ。そのため，人口が増加した(都心回帰)。

3 （日本の歴史－博物館の展示品を題材にした歴史）

問1　一般に，安土桃山時代は，1568年の織田信長の入京から1600年の関ケ原の戦いまでの約30年間をさす。

問2　狩野永徳の「唐獅子図屏風」のような絵画を障壁画とよぶ。障壁画は，装飾のために障子《しょうじ》・襖《ふすま》・屏風《びょうぶ》・衝立《ついたて》などに描かれた絵画の総称で，安土桃山時代～江戸時代初期には城郭建築の隆盛に応じて全盛期を迎えた。

問3　C　千利休は，安土桃山時代の茶人。茶道の大成者。堺の商人出身で，信長・秀吉に仕えたが，秀吉の怒りに触れ，自刃を命じられた。　D　上杉謙信は，戦国時代の武将。越後(現在の新潟県)を拠点に，武田氏と川中島で戦い，関東に兵を進めて北条氏と争った。さらに，能登・加賀に進出して織田信長と戦ったが，1578年に病死した。

問4　狩野永徳は，安土桃山時代の画家。織田信長，豊臣秀吉に仕え，安土城・聚落第《じゅらくだい》・大阪城などの障壁画に一門を率いて筆を揮い，新時代にふさわしい絵画様式を創始した。

問5　「松林図屏風」は長谷川等伯が描いた水墨画の屏風。中国の水墨画に学び，湿潤な松林の情景を瑞々しく描き出して水墨画の和様化を達成した傑作。アは雪舟の「秋冬山水図(冬景)」，イは歌川広重の「名所江戸百景(飛鳥山北の眺望)」，ウは長谷川等伯の「智《ち》積《しゃく》院《いん》襖《ふすま》絵《え》(楓《かえで》の間)」。

やや難 問6　連歌《れんが》は，和歌の上句(長句)と下句(短句)をそれぞれ別の人が詠み，唱和させたもの。鎌倉時代から流行し，賭物などをして優劣を競い合うようになった。そして，この頃から連歌師とよばれるプロの指導者も現れた。なお，中世の日本で多くの人々が楽しんだ文化として，琵琶法師が語った「平家物語」，能，狂言，生け花，盆踊りなどがある。

問7　武田氏は，甲斐国(現在の山梨県)の戦国大名。武田信玄のときに，今川・上杉・北条氏などに対抗し，周辺地域に勢力を広げ，東国屈指の戦国大名となったが，その子勝頼が織田・徳川氏に攻められ，1582年滅亡した。

問8　1　桓武天皇は，奈良時代後期～平安時代初期の天皇。奈良時代の仏教政治の弊害を除くために新宗派の設立を助け，784年長岡京を造営，794年平安京遷都を実行した。　2　アは901年。

イは平安時代初期(空海が嵯峨《さが》天皇から教王護国寺(東寺)を与えられたのは823年)。ウは1053年。

重要 問9　1　戦国時代，京都では，富裕な商工業者である町衆《まちしゅう》を中心とした都市民の自治的な団体である「町」が生まれた。そして，惣村と同じように，町としてそれぞれ独自の町法を定め，住民の生活や営業活動を守った。さらに，町は町衆のなかから選ばれた月行事の手によって自治的に運営された。　2　応仁の乱(1467～1477年)は，足利義政の後継争いに守護大名の勢力争いが絡んで起こった約10年におよぶ大乱。この結果，京都は焼け野原となり，祇園祭も中断された。応仁の乱によって焼かれた京都は，町衆によって復興され，祇園祭も町を母体とした町衆たちの祭として再興された。

4 (総合－市民革命，女性参政権，南北戦争など)

やや難 問1　日本国憲法第13条は，「すべて国民は，個人として尊重される。生命，自由及び幸福追求に対する国民の権利については，公共の福祉に反しない限り，立法その他の国政の上で，最大の尊重を必要とする」とし，アメリカ独立宣言の影響を強く受けていることが伺える。

問2　「課税されない先住民を除外」とあることから，アメリカ合衆国の先住民が除外されていること，「自由人の総数」を基準にしていることから，奴隷としてアメリカ合衆国に連れてこられた黒人は除外されていることが分かる。

重要 問3　女性が参政権を獲得したのは，アメリカ合衆国が1920年，イギリスが1928年。第一次世界大戦(1914～1918年)において，男性の多くが兵士として戦場に送り込まれ，工場などで労働力不足が深刻となった。その結果，多くの女性が工場に送り込まれ，戦争遂行には女性の貢献が必要・不可欠であることが証明された。このため，これらの国々では，戦後，相次いで女性の参政権が認められたのである。

やや難 問4　南北戦争は1861～1865年。アは1860年，イは1900年，ウは1851年，エは1919～1922年・1930～1934年。

問5　ベトナム戦争は，1961～1975年，ホー・チ・ミンが率いるベトナム民主共和国(北ベトナム)と南ベトナムとの間で戦われた内戦に，アメリカ合衆国が冷戦を背景に介入した戦争。1964年のアメリカ合衆国による北爆の開始により本格化した。1975年4月のサイゴン(現在のホーチミン市)陥落によって，北ベトナムの勝利が確定し，戦争は終結した。

問6　史料は，1922年，全国水平社の結成大会で採択された「水平社宣言」。起草者は西光万吉《さいこうまんきち》。日本で始めての人権宣言とされる。

5 (公民－三権分立と政治のしくみ)

基本 問1　A　通常国会(常会)は，年1回，定期的に召集される国会。毎年1月に召集され，会期は150日間である。両議院一致の議決で1回に限り延長することができる。次年度の予算の審議が議題の中心である。　B　文民は，軍人ではない人。日本国憲法第66条②は，「内閣総理大臣その他国務大臣は，文民でなければならない。」と明記している。　C　日本国憲法第66条③は，「内閣は，行政権の行使について，国会に対し連帯して責任を負う。」としている。このようなしくみを議院内閣制といい，日本の政治のしくみの大きな特色の一つとなっている。　D　「国会議員」と明記しているので，衆議院議員，参議院議員のいずれから任命してもかまわない。　E　令状は，強制処分の判決・決定・命令などを記載した裁判書。召喚状・拘引状・逮捕状・捜索状・差押状などがある。　F　再審は，確定判決に対して，重大な間違いを理由に判決を取り消し，再度裁判をすることを申し立てること。近年，死刑囚にも再審が開始されるようになった。免田事件のように，再審により冤罪(無実の罪)が認められ，無実になった例もある。

問2　刑事裁判で，証拠に基づいて有罪を宣告されるまで，被告人は無罪と推定されるべきであるという考え方を「推定無罪」とよぶ。「疑わしきは罰せず」という原則によるものである。

問3　1　G　両院協議会は，両議院の議決が一致しないとき，両議院の意見を調整するために設置される協議会。各議院で選挙された各10人，計20人で構成される。　H　日本国憲法第67条②は，内閣総理大臣の指名について，「衆議院と参議院とが異なった指名の議決をした場合に，法律の定めるところにより，両議院の協議会を開いても意見が一致しないとき，又は衆議院が指名の議決をした後，国会休会中の期間を除いて10日以内に，参議院が，指名の議決をしないときは，衆議院の議決を国会の議決とする。」と明記している。　I　日本国憲法第59条④は，「参議院が，衆議院の可決した法律案を受け取った後，国会休会中の期間を除いて60日以内に，議決しないときは，衆議院は，参議院がその法律案を否決したものとみなすことができる。」と明記している。　2　衆議院に参議院よりも大きな権限が与えられているのは，衆議院の方が任期が4年と短く(参議院の任期は6年)，解散もあるため(参議院は解散がない)，世論を敏感に反映すると考えられるからである。

やや難　問4　黙秘権は，自己に不利益な供述を強要されない権利。日本国憲法第38条①は，「何人も，自己に不利益な供述を強要されない。」と明記している。

問5　国民審査では，罷免させたいと思う裁判官の名前の上に×を記入することになっている。つまり，何も記入しないで投票すると，すべての裁判官を信任してしたということになる。そのため，「適任だと思うので×をつけなかった」というケースと，結果的に同じ意味をもつことになってしまう。

重要　問6　立法権(国会)は，弾劾裁判所を設置して，裁判官としてふさわしくない行為があった裁判官を辞めさせるかどうかを決める裁判(弾劾裁判)を行う。一方，司法権(裁判所)は，国会がつくった法律が，憲法に違反していないかどうかを，具体的な裁判の中で判断する。このような裁判所に与えられている権限を「違憲立法審査権」という。

★ワンポイントアドバイス★

絵画の写真を用いた問題の出題がみられる。よって，教科書や資料集の図版をよく見ておく必要があるだろう。ややマイナーな作品まで見逃してはいけない。

＜国語解答＞《学校からの正答の発表はありません。》

一　問一　a　修復　b　し(める)　c　あたい　d　革新　e　不全　問二　A　オ　B　オ　問三　I　三　II　七　問四　感情・場面・状況　問五　(例)　その人の考えや認識の基礎となっているもの。　問六　(例)　自分とは全く考えの違う人と出会ったときに発揮される対処力こそが「コミュニケーション力」であり，「生きる力」である。　問七　1　意見交換をする　2　生きる　問八　ウ　問九　1　(例)　コミュニケーションの場では，約65％の確率で誤解が生じていることがわかる。　2　(例)　相手の考え方や状況などを考慮して相手を理解する努力をした上で，伝え方や言葉選びを工夫するとよいでしょう。

二　問一　I　ア　II　オ　III　エ　IV　イ　V　ウ　問二　iii　問三　A　オ　B　ア　C　ウ　問四　エ　問五　(例)　軽蔑する相手が肉親では，絶交することもできないから。　問六　(例)　説明したところで父には分からないとあきらめており，一時の気休めを言う気も起こらないほど惨憺たる感情に充たされていたから。

問七　1　(例)　父とわかり合えないという悲しみ。　2　(例)　父を哀れだと思うことによって生じる悲しみ。　問八　オ・ケ

三　問一　a　ウ　b　エ　c　ア　問二　i　オ　ii　エ　iii　イ　問三　エ

問四　わづらふ　問五　オ　問六　(例)　猫の姿となって現れたということ。

問七　おのれ～きこと　問八　イ

○推定配点○

一　問一　各1点×5　問五・問六・問九　各4点×4　問八　3点　他　各2点×9

二　問一　各1点×5　問四・問七　各3点×3　問五・問六　各4点×2　他　各2点×6

三　各2点×12　計100点

＜国語解説＞

一　(論説文－漢字，語句の意味，脱語補充，文脈把握，内容吟味，要旨，グラフの読み取り)

問一　a　「修復」は，壊れたり，傷ついたりした部分を元通りに直すこと。「修」を使った熟語はほかに「修繕」「修理」など。音読みはほかに「シュ」。熟語は「修行」「修羅場」など。訓読みは「おさ(まる)」「おさ(める)」。　b　「占」の訓読みは「うらな(う)」「し(める)」。音読みは「セン」。熟語は「占有」「占領」など。　c　「値」の訓読みは「あたい」「ね」。音読みは「チ」。熟語は「価値」「数値」など。　d　「革新」は，古い習慣や方法・考え方を改めて新しくすること。「革」を使った熟語はほかに「改革」「変革」など。訓読みは「かわ」。　e　「不全」は，完全でない，十分でない，という意味。「全」を使った熟語はほかに「健全」「万全」など。訓読みは「まった(く)」「すべ(て)」。

問二　A　「血気」は，向こう見ずに事を行う，激しやすい，という意味なので，オが適切。

B　「卑近」は，身近でわかりやすい，高尚でなく俗なこと，という意味なので，オが適切。

問三　直前に「私は会話が七割くらいだろうと予想した。結果はまるで逆だった」とあるので，「会話」にあたる「言語活動が三割」，「他が七割」となる。

問四　「コミュニケーション」とは，言葉や文字などで意思の伝達を行うことで，意思の伝達を行う相手に正しく伝えるためには，相手の置かれている，その時の状況や，その時の感情，場面を考慮することが必要である。

やや難　問五　「相手のプラットホームがどうなっているか，自分のプラットホームとどう違うか，そこからスタートする」とあることから，「プラットホーム」とは，コミュニケーションの基本となる，それぞれの考え方や認識を意味すると考えられる。

問六　同段落後半に「自分と全く意見の違う人間と出会って，……そこに働いた力こそコミュニケーション力といえる」とあり，同様のことは，本文最後で「『コミュニケーション力』とは，『生きる力』にほかならない。」と表現されている。

問七　冒頭に「コミュニケーション力という言葉を聞いて，……にこやかに談笑しながら意見交換をする人々の姿を思い浮かべた」とあり，本文最後には「……そのとき働く『コミュニケーション力』とは，『生きる力』にほかならない」と述べられているので，1には「意見交換をする」，2には「生きる」が入る。

問八　直後に「仲間うちの話，あるいは会社での会議，同じ関心を持つ人へのプレゼンなどに対してさほどコミュニケーション力は必要なく，同時に読解力も必要ない」とあり，同段落最後には「相手が読み取りやすいような橋として何を選んだらよいか，どんな言葉が必要か，……実はそ

こにも全体状況に対する読解力が働く」と説明されているので，ウが適切。

やや難 問九　1　Q1の問いに対して，「ある」「ときどきある」の合計が66.5％，Q2の問いに対して「ある」「ときどきある」の合計が63.4％であることから，コミュニケーションの場において，約65％の確率で誤解が生じていることがわかる。　2　意思疎通について，本文では「コミュニケーションの読解力」が必要だと説明されており，その上で「相手が読み取りやすいような橋として何を選んだらよいか，どんな言葉が必要か，自分のコードから出て考える」と述べられている。

二　**（小説－脱語補充，副詞，語句の意味，慣用句，文脈把握，内容吟味，情景・心情，大意）**

問一　Ⅰ　直後の「睡った」を修飾する語が入るので，浅く眠る様子を表す「うとうと」が適切。Ⅱ　直前の「『いくら親父だって，……何と云う無教育な人間なんだろう』」という不快感を表す語が入るので，怒りを意味する「むっと」が適切。　Ⅲ　直後の「詰問されて」を修飾する語としては，しつこい様子を表す「ねちねちと」が適切。　Ⅳ　直後の「膝を詰め寄せる」を修飾する語としては，確実に近づいてくる様子を表す「じりじりと」が適切。　Ⅴ　直後の「やっと……溜飲を下げるのである」という様子にあてはまる語としては，気分が晴れ晴れする様子を表す「せいせい(する)」が適切。

問二　ⅰの「荒っぽい」，ⅱの「腹立たしい」，ⅳの「温かい」は形容詞。ⅲの「たまらない」は，動詞「たまる」の未然形「たまら」に，助動詞「ない」が接続した連語。

問三　A 「けんもほろろ」は，人の頼みや相談などを，冷淡に拒絶する様子のことで，「とりつくすべもない」は同類の句。　B　アが適切。「虫」には，心の中にあって感情を左右するもの，という意味があり，「虫を殺す」は，怒りをおさえて我慢する，という意味なのでアが適切。C 「溜飲を下げる」は，心に中の不平や不満が解消されて，胸がすっきりする様子。

問四　直後に「彼の父は決して昔からこんな乱暴な，子どもに対して冷酷な人間ではなかったはずである。……畢竟それは章三郎が，あまりに親の権力というものを無視して，これまで散々父の根性を僻めてしまった結果なのである。せめて表面だけでも，父の顔が立つように仕向けてやればよかったものを……」と説明されているので，この内容と合致するエが適切。

問五 「不愉快」になる理由については，直後に「父を全然他人のように感じ，他人のように遇することが出来たなら，彼はもう少し仕合せになり得るはずであった。……その人が彼の肉親の父であるために，ほとんどこれに施す可き術がないのである」と説明されている。

問六　直前に「『考えがある事はあるけれど，説明したって分かりゃしませんよ。』と彼は心の中で呟くばかり」とあり，直後には「そうかと云って，一時の気休めに出鱈目な文句を列べ，父親を安心させようと云う気も起らない。そんな気を起す余裕がない程，彼の心は惨憺たる感情に充たされるのである」と，口へ出さない理由が説明されている。

やや難 問七　直後に「いっそ親父があくまで強硬な態度を通してくれた方が，かえって此方も気が楽であった」とあることから，父親の弱さを「別の悲しみ」としていることがわかる。章三郎の父に対する感情については，「章三郎が」で始まる段落に「父の前へ出れば，無暗に反抗心が勃興して，不平や癇癪がムラムラと込み上げてくる。ところが父親の痩せ衰えた顔の中には，何となく陰鬱な，人に憐憫を起させるような痛々しい俤があって，そのために……出来なくなる」とあるので，元の悲しみは「父とわかり合えないという悲しみ」，別の悲しみを「父を憐れだと思わなくてはならない悲しみ」などとする。

問八　オは，「章三郎は」で始まる段落に「今でも妹のお富を初め，母親やその他の者に摑まると，むしろ軽蔑されるくらいの好人物に見えるのだが」とあることと合致しない。ケは，「父を軽蔑すると云っても，もちろん積極的に悪罵を浴びせたり，腕を捲くったりするのではない」とあることと合致しない。

三 (古文ー語句の意味, 口語訳, 文脈把握, 内容吟味, 大意)

〈口語訳〉 (毎年)桜の咲き散るごとに, 乳母が亡くなった季節だなあと, そればかりが思い出されて心がいたむのだが, そうした折, 同じころにお亡くなりになった侍従の大納言藤原行成の娘君の御筆跡を取り出して眺めながら, わけもなくもの悲しくなっていた。すると, 五月ごろのことだったが, 夜の更けるまで物語を読んで起きていると, どこからやってきたのかわからないが, 猫がたいそうのどかに鳴いているので, はっとして見ると, なんとも可愛らしい猫がいる。どなたの元から迷ってきた猫だろうと見ていると, 姉が「しっ, 静かに。人に聞かせてはなりません。たいそう可愛い猫だこと。私たちで飼いましょう」と言うので, 飼ってみると, 非常に人馴れて, (私の)そばにやってきて寄り添って寝るのだった。探している飼い主がありやしないかと, この猫を隠して飼っていると, この猫は使用人のところなどには全然寄りつかず, じっと私たちのそばにばかりいて, (食べ物も)汚らしいものには顔をそむけて食べない。(私たち)姉妹の間にさっとまとわりついているので, (私たちも)それをおもしろがり, 可愛がっていたが, (そのうちに)姉が病気になり, 家の中がなんとなく騒がしく, この猫を北側の部屋にばかり置いて, 呼んでやらないでいると, うるさく鳴きさわぐ。けれども, やはり何かわけがあって鳴くのだろうと思っていると, 病気の姉が目を覚まして, 「どこですか, 猫は。こちらへ連れていらっしゃい」と言うので, 「どうして」と聞くと, 「(今)夢にあの猫が現れて, 『私は侍従の大納言の御姫君で, 仮にこういう姿になっているのです。こうなるはずの前世からの因縁が少々あって, こちらの中の君が私のことをしきりに, いとおしんで思い出してくださるので, ほんのしばらくと思ってここにいるのですが, このごろ, 下衆の間にいて, 本当に寂しくて』と言って, ひどく泣く様子が, (いかにも)身分が高く美しい人のように見えて, はっと目を覚ましたところ, この猫の声だったのが, ひどく悲しかったのです」とお話しになるのを聞き, (私は)ひどく胸を打たれた。

問一 a 「手」には, 文字, その人の「筆跡」という意味がある。 b 「らうたし」は, 愛らしい, かわいい, という意味なので, 「らうたがる」は「かわいがる」となる。 c 「かしがまし」は, うるさい, やかましいという意味なので, 「かしがましく」は「うるさく」となる。

問二 i 直前に「夜ふくるまで物語をよみて」とある。ここで物語を読んでいるのは, 語り手である「作者」。 ii 直前に「いみじう人なれつつ, かたはらに」とあるので, 主語は, 姉妹の傍らに寄り添う「猫」。 iii 会話文の直前に「わづらふ姉」とあるので, 主語は「姉なる人」。「わづらふ姉おどろきて」と「うちおどろきたれば」が呼応している。

問三 「尋ねる人」は, 探している人, という意味。この猫を探している人がいるに違いないから隠して飼おうという文脈である。直前に「いみじう人なれつつ」とあるので, エが適切。

問四 「姉のなやむことあるに」と同様のことは, 後に「わづらふ姉」と表現されているので「わづらふ」が適切。「なやむ」「わづらふ」はともに, 病気をする, という意味がある。

問五 「なほ」は, やはり, 「さる」はそのような, という意味。「こそ」は強調を意味するので, やはりそうなのだろう, という意味になる。ここでは, 騒がしく鳴く猫を見て思うことなので, 「やはり何かわけがあって鳴くのだろう」とするオが適切。

問六 「かくなりたる」は, このようになった, という意味。話者は夢に出て来た「猫」なので, 「このように」は, 猫の姿になったことを指す。

問七 話者は「猫」なので「この猫のかたはらに来て」の直後から会話文が始まり, 終わりは, 引用の助詞を含む「といひて」の直前まで。「おのれ～きこと」が会話文に該当する。

問八 「侍従大納言」については, 「おのれは侍従の大納言の御むすめの, かくなりたり……」とあるだけなので, 「猫が好きで」とあるアは合致しない。イは, 「来つらむ方も見えぬに, ……いみじうをかしげなる猫あり」とあることと合致する。ウは, 「姉なる人, 『あなかま, ……いとをかしげなる猫なり。飼はむ』」とあることと合致しない。エは，「姉のなやむことあるに，ものさわがしくて，この猫を，北面にのみあらせて」とあることと合致しない。オは，「『夢にこの猫のかたはらに来て，おのれは……といひて，いみじう鳴くさまは……』とあることと合致しない。

★ワンポイントアドバイス★

記述問題が多いので，時間配分を考えててきぱきと解答する練習をしておこう！
設問に対して，過不足なく表現しきる記述力を身につけよう！

MEMO

大切なことはメモしておこうネ！

2020年度

入　試　問　題

2020年度

お茶の水女子大学附属高等学校入試問題

【数　学】（50分）〈満点：100点〉

【注意】 1. 解答用紙には，計算，説明なども簡潔に記入し，作図に用いた線は消さずに残しておきなさい。

2. 根号$\sqrt{\ }$や円周率πは少数に直さず，そのまま使いなさい。

3. 問題用紙の図は必ずしも正確ではありません。

4. 携帯電話，電卓，計算機能付き時計を使用してはいけません。

1.　次の各問いに答えなさい。

(1)　次の計算をしなさい。

$$\left\{\left(\frac{1}{2}\right)^3-\frac{1}{3}\right\}\times\frac{6}{2^2-3^2}$$

(2)　1次関数 $y=-\frac{3}{2}x+a$ において，xの変域が$-3\leqq x\leqq 2$のとき，yの変域は$-2\leqq y\leqq b$となる。このときa，bの値を求めなさい。

(3)　2つの自然数の和と差の積が21となるときの2つの自然数の組$(m,\ n)$をすべて求めなさい。ただし，$m>n$とする。

2.　xについての2次方程式

$$x^2+(a+2)x-a^2+2a-1=0\ \cdots ①$$

について次の問いに答えなさい。

(1)　①の解の1つが0であるときのaの値と，もう1つの解を求めなさい。

(2)　①の解の1つがaであるときのaの値を求めなさい。ただし，$a>0$とする。

また，このとき2次方程式①は

$$x^2+\boxed{ア}x+\boxed{イ}=0$$

となる。$\boxed{ア}$，$\boxed{イ}$にあてはまる値をそれぞれ求めなさい。

3.　次のページの図のように，関数$y=x^2$のグラフの$x\geqq 0$の部分を①，関数$y=\frac{1}{4}x^2$のグラフの$x\geqq 0$の部分を②とする。①上にy座標がaである点Aをとり，点Aを通りx軸に平行な直線と②の交点をB，点Aを通りx軸に垂直な直線と②の交点をCとする。ただし，$a>0$とする。このとき，次の問いに答えなさい。

(1)　点Bの座標，点Cの座標をaを用いて表しなさい。

(2)　AB＝ACとなるとき，aの値を求めなさい。

さらに関数$y=\dfrac{1}{n^2}x^2$のグラフの$x \geqq 0$の部分を③とする。①上にy座標がbである点Dをとり，点Dを通りx軸に平行な直線と③の交点をE，点Dを通りx軸に垂直な直線と③の交点をFとする。

ただし，$n>1$，$b>0$とする。

(3) DE，DFの長さをそれぞれb，nを用いて表しなさい。

(4) DE＝DFとなるとき，bをnを用いて表しなさい。

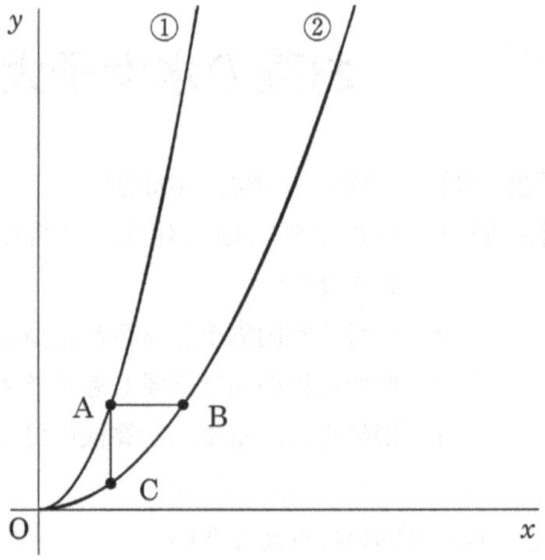

4.　一辺の長さが１である正六角形がある。この正六角形の６つの角を図のように削り取って正十二角形をつくる。このとき，次の問いに答えなさい。

(1) できた正十二角形の一辺の長さを求めなさい。

(2) (1)で求めた一辺の長さの線分を作図しなさい。ただし，解答用紙にある線分の長さを１とする。作図に用いた線は消さずに残しておくこと。また，作図して求めた線分がわかるように，線分ABと記しなさい。

(3) 正十二角形の面積は，もとの正六角形の面積の何倍であるか求めなさい。

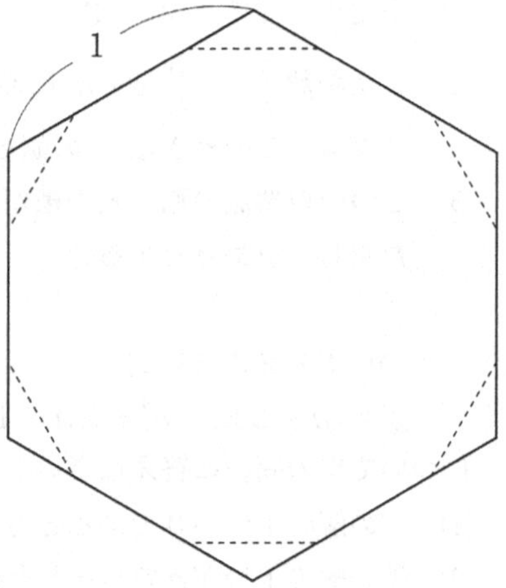

5.　A，B，C，Dの４人が，右図のように，正方形の頂点のところに内側を向いて立ち，キャッチボールをすることになった。ただし，次のルールに従ってキャッチボールを行う。

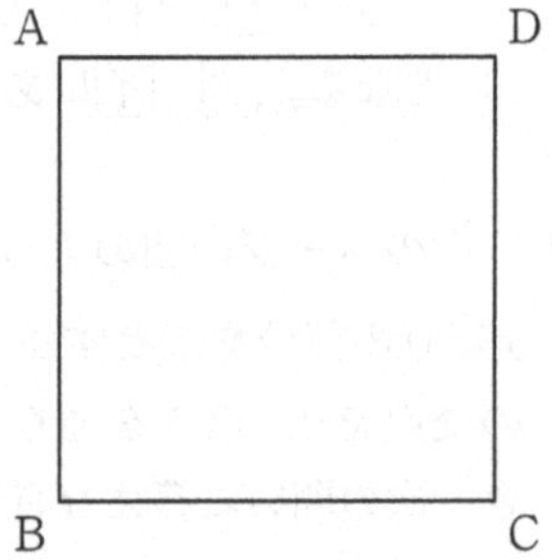

① どちらか隣の頂点にいる相手から正方形の辺にそって飛んできたボールは，キャッチしたあと対角線上の頂点にいる相手に投げる。

② 対角線上の頂点にいる相手から飛んできたボールは，キャッチしたあと正方形の辺にそってどちらか隣の頂点にいる相手に投げる。

③ Aが投げることからスタートし，最初にAに戻ってくるまでを１ラウンドと考える。

④ 各ラウンドはAがCにボールを投げることからはじまるものとする。

このとき，次の問いに答えなさい。

(1)　1ラウンドのボールの動きについて解答用紙にある樹形図の続きを記入し，完成させなさい。

(2)　1ラウンド中に行われると考えられるキャッチボールの回数をすべて答えなさい。ただし，1人が投げたボールを相手がキャッチしたら，1回のキャッチボールと数えるものとする。

(3)　3ラウンド中に行われるキャッチボールの回数がちょうど13回になる確率を求めなさい。ただし，条件②でどちらの隣りに投げるかは，ともに確率$\frac{1}{2}$であるとする。

【英　語】（50分）〈満点：100点〉

> **［注　意］**
> 問題の**1**と**2**は放送による問題です。放送の指示に従って答えなさい。
> なお必要ならば，聞きながらメモをとってもかまいません。

1　【聞き取りの問題】　英文とその内容についての英語の質問が4つ，それぞれ2回読まれます。よく聞いて，質問に英語で答えなさい。

1.

2.

3.

4.

（注）　brooch　「ブローチ」

2　【書き取りの問題】　英文が3回読まれます。よく聞いて，下線部(1)から(4)を正しく埋めなさい。ただし，英文は2回目のみゆっくり読まれます。

In Japan, (1) ______________________________

____

______________________________. (2) ______________________________

____

______________________________. (3) ______________________________

______________________________.

(4) ______________________________

______________________________.

※リスニングテストの放送台本は非公表です。

3　次の英文を読んで，その内容と一致するように，後の要約文の空所1から12に適切な単語を入れなさい。

Your elementary, middle, and high school years may not *seem very important while you are there, but they are in many ways the most *influential time of your life. Those early years can stay with you forever. In elementary school, children learn many subjects, including *basic reading, writing, English, math, history, science and art. It is perhaps *the first time the child meets lots of other children *his or her age. Teachers in elementary school *pay more attention to *individual students to help them with their studies. Middle school becomes more difficult. *While students study the same subjects as in elementary school, they have more work to do, and the classes are more *challenging.

There are many changes in high school that can be difficult—and *scary! There is a completely different building and *atmosphere. Classes become even more difficult, with more papers to write and more homework to do. Students *are expected to be more *independent and *mature. The *upperclassmen can be *intimidating, especially to first-year students. However, this is also an exciting time *filled with many new experiences such as the beginning of *dating, driving, the taking of college entrance exams, and planning for the future. Often, new friendships are made, and these can last for a lifetime. There is a lot of pressure for students to do well in their classes, and they have a lot more work to do to get ready for university. For some students, the pressure is too much, and they *get depressed. They may *dislike some subjects or just get bored. During the high school years, there are many circles or clubs that students can join such as dance, sports, *drama, music, and tea ceremony. These clubs allow students to meet others with *similar hobbies and interests, and that helps to build personal confidence.

These changes happen fast and often *cause a lot of stress. The teenage years are often the hardest in a person's life, especially around the age of fourteen or fifteen. These years are also difficult for the parents. It is a time of great change. The child is growing quickly, *physically and *emotionally, into an adult. As children become more independent, they separate more and more from their parents, and yet, they still depend upon them. Teenagers are trying to *fit in with friends and, at the same time, they are trying to be different and to find their own *identities. Many teenage boys *have a hard time communicating or fitting in, and may *behave badly or rudely. Teenage girls often mature more quickly than boys. They *spend a lot of time using *make-up and buying nice clothes, but they also worry about their *appearance and popularity.

One study from Harvard University followed 2.5 million students for over twenty years. The study *aimed to see if and how good teachers *affect their students *over the long term and was one of the largest and most important studies of its kind. While many people believe that having a good teacher in the child's earlier years is more valuable than having one at a later grade, the study did not find this. A good teacher, the study found, has a positive *impact on a child and on his or her future—at any grade. In fact, teachers' *effect in a child's education is *second only to that of his or her parents.

The study also found that when a good teacher teaches a class in elementary or middle school, *not only do test *scores rise, but there are also many helpful effects outside of the classroom. Studies before this one showed that a good teacher can affect a student for about four years, and then the positive effects disappear. This study found that a good teacher's effects last not only while the student is in school, but for a lifetime. *Thanks to a good teacher, as a teenager, the student is *less likely to *get into trouble or to *commit a crime. Later on, he or she is more likely to go to college, get a better job, earn more money, and live in a better *neighborhood. The study also found that a poor teacher can actually hurt a child's chance of *success in life.

*Albert Einstein said, "Education is *what remains after one has forgotten everything one learned in school."

（注） seem ～ 「～のように思える」 influential 「大きな影響を与える」
basic 「基礎的な」 the first time … 「最初に…するとき」
his or her age 「自分と同じ年齢の」 pay attention to ～ 「～に注意を払う」
individual 「個々の」 While ～，… 「～であるが一方…」
challenging 「挑戦的な，困難だがやりがいのある」 scary 「恐ろしい」
atmosphere 「雰囲気」 be expected to ～ 「～するように期待されている」
independent 「自立した」 mature 「成熟した；成熟する」
upperclassmen < upperclassman 「上級生」 intimidating 「怖そうな」
filled with ～ 「～で一杯の」 dating 「デートすること」 get depressed 「憂うつになる」
dislike 「嫌う」 drama 「演劇」 similar 「同じような」 cause 「引き起こす」
physically 「身体的に」 emotionally 「精神的に」 fit in with ～ 「～になじむ」
identity 「自己認識，アイデンティティー」 have a hard time ～ ing 「～するのに苦労する」
behave badly or rudely 「不正な行いや無礼な振る舞いをする」
spend a lot of time ～ ing 「長い時間をかけて～する」 make-up 「化粧」
appearance 「容姿」 aim to ～ 「～することを目的にする」 affect ～ 「～に影響を与える」
over the long term 「長期間にわたって」 impact ; effect 「影響」
second only to ～ 「～に次いで大きい」 not only do ～… 「～が…するだけではなく」
score 「得点，成績」 thanks to ～ 「～のおかげで」
less likely to ～ 「～する可能性がより低くなって」 get into trouble 「もめごとに巻き込まれる」
commit a crime 「罪を犯す」 neighborhood 「地域」 success 「成功」
Albert Einstein 「アルベルト・アインシュタイン（ドイツ出身の物理学者。1879 ～ 1955）」
what remains after … 「…の後に残るもの」

【要約文】

While you are in school, you may not realize the（ **1** ）of your years there, but actually they are the most influential time of your life. In elementary school, you learn many subjects and meet for the first time many other children who are as（ **2** ）as you are. In middle school, you have more work to do and the classes become harder but more（ **3** ）.

The changes you experience in high school are difficult and they may（ **4** ）you. Since classes become more difficult, you have more papers to write and more homework to do. Students have to be more independent and mature. The upperclassmen will（ **4** ）you sometimes, but you will have an exciting time which is（ **5** ）of new experiences. You will make new friends, and they will be with you all your (6). You experience a lot of(7)because you have to get good grades and (8) for college. Also you can take (9) in many circles or clubs, and you can meet other students with similar hobbies and interests.

The teenage years, especially those around fourteen or fifteen, can be very hard for the (10) as well as for the children. Children experience and are worried about two things or ideas that are quite different from each other. While they become independent, they still depend on their parents. They want to fit in with friends, but at the same time, they want to be different and find out what (11) of persons they are.

A study from Harvard University found that a good teacher has a positive impact on children at any time, not only when they are in school, but also for all their (6). A good teacher's effects can give children a chance to live a (12) life.

4 下の英文を読んで，次の問いに日本語で答えなさい。

(1) 下線部(1)について，Sueはその前にどこで何をしていましたか。

(2) 下線部(2)について，Mrs. Simpsonは何に気づきましたか。

(3) 下線部(3)について，Mrs. Simpsonはなぜそのように言ったのですか。話の内容を踏まえて説明しなさい。

One time Mrs. Simpson invited a lot of people to her house for dinner. She planned to *feed them a good dinner of meat and vegetables and her special soup.

On the day of the party, everyone was busy at the Simpson house. Mrs. Simpson had five daughters, but no one thought about making the soup. They washed and *ironed and cleaned the house. They made the *dessert. Then Mrs. Simpson thought of the soup, and she ran to the kitchen to make it.

Mrs. Simpson made the best soup in the town. No woman was a better cook than she was. But this time she forgot to put salt into it. Of course, a good soup needs some salt.

Mrs. Simpson made a bigger fire and put her soup on the *stove. Then she began to *sweep the floor. Her hands became very *dirty.

Suddenly she thought about the soup. "I have not put any salt into it!" So she called one of her daughters to help her.

"Sue," she said, "will you put some salt into the soup? My hands are too dirty."

"I can't, Mom. I'm washing my hair in the bathroom," said Sue.

"Sara, will you go and put salt into the soup?"

"I can't," said Sara. "Something is wrong with my dress and I have to *sew it."

"Brenda, can you salt the soup?"

"No, Mom," said Brenda. "Ask somebody else to do it."

"Won't anyone help me? Jenny, go and salt the soup."

"Tell Linda to do it, Mom. I'm ironing the tablecloth," Jenny said.

"I can't, Mom. I'm looking for my watch! I'm not going to do anything else until I find it," Linda said.

So Mrs. Simpson put down her broom. She washed her hands and salted the soup. Then she began again to clean the floor.

Linda began to think that she should *obey her mother, so she went quietly to the kitchen and salted the soup. After that she continued to look for her watch. She looked into this corner and that.

Jenny began to be sorry that she was *rude, so she salted the soup, too. Then she finished the ironing.

(1)Sue went into the kitchen and smelled the soup. "It will taste better with salt," she told herself, so she salted it.

Later Sara thought, "I really should help Mom," and she salted the soup. Then Brenda went quietly to the kitchen and salted the soup, too.

That night the hungry guests sat and waited for the soup. They could smell it, and it smelled good. Then Mrs. Simpson put it on the table in front of everyone. The *preacher was there to dinner, so Mrs. Simpson gave him the first dish. He took *a big mouthful of the soup. Suddenly his eyes opened wide, he picked up his glass of water, and he drank it *all in one gulp.

Now Mrs. Simpson knew that something was wrong, and she tasted the soup herself. (2)Then she knew.

"Which one of you girls put salt into this soup?" she asked her daughters.

"I did, Mom," all five said together.

"And I did, too," Mrs. Simpson said. "(3)Too many cooks spoil the *broth."

And that's the truth.

(注) feed 「振る舞う，食事を与える」 iron 「アイロンをかける」 dessert 「デザート」
stove 「コンロ」 sweep 「掃く」 dirty 「汚い」 sew 「縫う」
obey ～ 「～に従う」 rude「失礼な」 preacher 「牧師」
a big mouthful of ～ 「口いっぱいの～」 all in one gulp 「一口でゴクリと」 broth: soup

5 次の英文の意味が通るように，空所1から5に入れるのに最も適切なものを，次のページのアからオの中から選び，記号で答えなさい。ただし，同じものを2回以上用いてはいけません。

*Taking notes is an important part of learning. Students listen to the teacher. They write down the important things. Or they use a computer. These days, many students take a computer to class to *type their notes.

Some people think that using a computer is better. [1] That means they can write more. If you can type fast, you can type every word the teacher says.

[2] Almost every student in university has a computer which is small enough to take to class in order to type their notes. [3] So there is a *trend in schools now to *focus less on teaching kids how to write. Many people see no need for writing by hand.

[4] When students can't write every word, they have to think about it more. They have to *pick out important information. [5] Studies show that people who write down their notes remember the information better.

ア　People type faster than they write.

イ　And *the act of writing helps the person to remember.

ウ　Computers are becoming very common in classrooms.

エ　However, studies show that it is good to write things down.

オ　Fewer students write things down.

（注）　take notes　「ノートを取る，メモを取る」　type　「（ワープロで）打つ，タイプする」
trend　「傾向」　focus on ～　「～を重点的に取り扱う」　pick out　「選び出す」
the act of writing「書く行為」

6　例にならって，次の(1)から(5)の［　　］内の語句を与えられている順にすべて用い，さらに最低限必要な語を加えて，話の筋が通るように英文を完成させなさい。

【例】　Miss Williams is a teacher and [there, thirty, children, class].
→ there are thirty children in her class

*　*　*　*　*

Emma left school in her town when she was seventeen years old. (1) [She, went, famous, college, New York] for a year to learn to be a *typist. She passed her exams quite well and then went to look for work. She was still living with her parents.

(2) [that, time, it, was, not, difficult, her, find, interesting, work] because a lot of offices were looking for typists. (3) [Emma, went, several, offices, and, then, chose, one, offices]. It was near her parents' house. She thought, "(4) [I, don't, have, go, office, bus]. I'll walk every morning."

She visited the office again and said to the *manager, "Mr. Taylor, I want to work here, but I want to know what you will pay me."

"How about paying you 10 dollars now and 15 dollars after three months?" he asked.

(5) [Emma, thought, few, seconds, before, she, answered, question]. Then she said, "All right, then I'll start in three months' time."

（注）　typist　「タイピスト」　manager　「経営者」

7　コンビニエンスストアが年中無休で24時間営業することについて，あなたは賛成ですか。それとも反対ですか。理由を含めて40語以上の英語で述べなさい。なお，解答の末尾には使用した語数を記すこと。

必要があれば，次の語句を参考にしなさい。

a convenience store / convenience stores / open / closed

【理　科】（50分）〈満点：100点〉

1　次の各問いについて，それぞれの解答群の中から答えを選び，記号で答えなさい。なお，「すべて選びなさい」には，1つだけ選ぶ場合も含まれます。

(1)　融点の最も高い物質を選びなさい。

ア　エタノール　　**イ**　二酸化炭素　　**ウ**　水　　**エ**　ろう　　**オ**　マグネシウム

(2)　ガスバーナーで加熱することによって起こる反応をすべて選びなさい。

ア　炭酸カルシウム　＋　塩酸　→　二酸化炭素　＋　塩化カルシウム　＋　水

イ　マグネシウム　＋　酸素　→　酸化マグネシウム

ウ　水　→　酸素　＋　水素

エ　硫酸　＋　水酸化バリウム　→　硫酸バリウム　＋　水

オ　炭酸水素ナトリウム　→　炭酸ナトリウム　＋　二酸化炭素　＋　水

カ　酸化銀　→　銀　＋　酸素

(3)　図のような装置を用いて雲をつくる実験をした。大型注射器の操作に伴うフラスコ内の温度変化とようすの組みあわせとして正しいものを２つ選びなさい。

ア　ピストンをすばやく引くと温度が上昇し，くもった

イ　ピストンをすばやく引くと温度が上昇し，くもらなかった

ウ　ピストンをすばやく引くと温度が下降し，くもった

エ　ピストンをすばやく引くと温度が下降し，くもらなかった

オ　ピストンをすばやく押すと温度が上昇し，くもった

カ　ピストンをすばやく押すと温度が上昇し，くもらなかった

キ　ピストンをすばやく押すと温度が下降し，くもった

ク　ピストンをすばやく押すと温度が下降し，くもらなかった

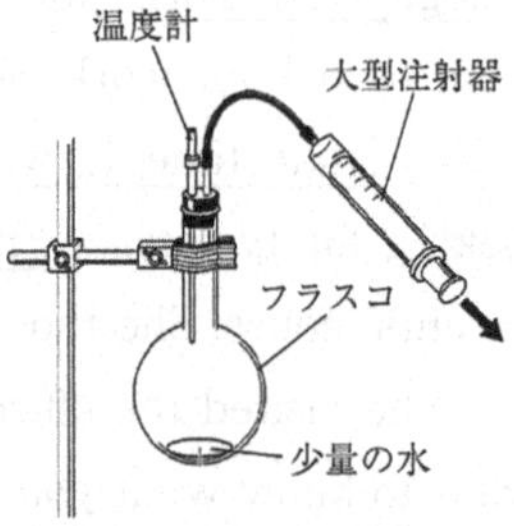

※フラスコ内には線香の煙も入っている

(4)　自然界で雲が発生しやすい条件として適切なものをすべて選びなさい。

ア　空気が山の斜面に沿って上がるとき

イ　空気が山の斜面に沿って下がるとき

ウ　太陽の熱によって地表付近の空気があたためられたとき

エ　地上付近での気流が１か所から様々な方向に吹き出るとき

オ　地上付近での気流が１か所に集まって上方に向かって吹くとき

(5)　カモノハシとクジラに共通するものをすべて選びなさい。

ア　自然界での様子を沖縄県で観察することができる

イ　体表が毛でおおわれている

ウ　背骨がある

エ　肺呼吸をする

オ　胎生である

カ　子は乳によって育つ

(6)　タマネギを用いた観察・実験について正しいものをすべて選びなさい。

ア　土の中にうめて育てると，平行脈のある葉を観察することができる

イ　土の中にうめて育てると，根から新しい個体ができ，栄養生殖を観察することができる

ウ　りん葉を用いることで，細胞壁や葉緑体，液胞など，植物細胞の代表的なつくりを観察することができる

エ　根をうすい塩酸に入れ，60℃の湯で加熱すると，細胞どうしを離れやすくすることができる

オ　根の細胞は，根もとに比べて先端のほうが大きいものが多い

カ　根の先端，中間，根もとのどこであっても，染色体を観察できる細胞の割合は同じである

(7)　放射線やその性質として正しいものをすべて選びなさい。

ア　放射線は物体を通り抜ける能力がある

イ　放射線は１種類のみである

ウ　放射性物質から出される放射線量は時間とともに減少する

エ　胸部レントゲン１回で照射される放射線量は，１年間に受ける自然放射線量より多い

オ　体内に入った放射性物質から放射線が出ることはない

(8)　ある質量の水を加熱して水温を上昇させたとき，加えた熱量が最も大きいものを選びなさい。ただし，加えた熱量はすべて水温を上昇させるのに使われたものとする。

ア　水 100 g を 10℃から 30℃にした　　**イ**　水 50g を 10℃から 20℃にした

ウ　水 200 g を 20℃から 30℃にした　　**エ**　水 120 g を 40℃から 60℃にした

オ　水 30g を 10℃から 30℃にした

2　次の各問いに答えなさい。

(1)　水分子 10 個の質量は，水素原子 100 個の質量の 1.8 倍である。酸素原子１個の質量は，水素原子１個の質量の何倍か。

(2)　炭素を含み，燃焼すると二酸化炭素と水を生成する物質を何というか。

(3)　小腸の内壁の表面にあり，消化された養分を効率的に吸収することに役立っている構造を何というか，漢字で答えなさい。

(4)　有性生殖には，親から生じる子に関して無性生殖にはない特徴がある。その特徴を簡潔に説明しなさい。

(5)　文章中の①，②にあてはまる適切な用語をそれぞれ答えなさい。

地層の重なりに大地から力が加わると様々な地形の特徴が現れ，傾斜した地層や，波打ったようにみえる（　①　）のつくりが見られる。地層に大きな力が加わると岩石が割れて断層ができる。断層があるところは過去に（　②　）が起きた証拠になる。

(6)　**図１**の断層ができるときどのような向きの力が加わったか，解答欄の図に矢印を書きなさい。なお，図中の矢印は，ずれの方向を示す。

図１

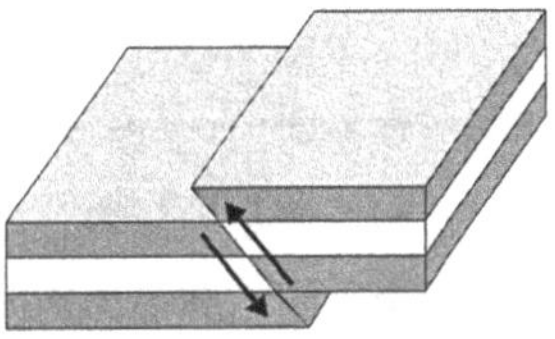

(7) 図２のような回路の①〜④に電流計と電圧計を正しくつなぐ。このとき，電流計をつなぐ場合は［A］，電圧計をつなぐ場合は「V」をそれぞれ書きなさい。

(8) (7)の回路に電圧計と電流計を正しくつなぎ，電源Eを5.0 Vにした。抵抗器Xの抵抗の大きさと流れる電流の大きさはそれぞれ10 Ω，0.30 A，抵抗器Yの抵抗の大きさが10 Ωのとき，抵抗器Zの抵抗の大きさは何Ωか答えなさい。

図２

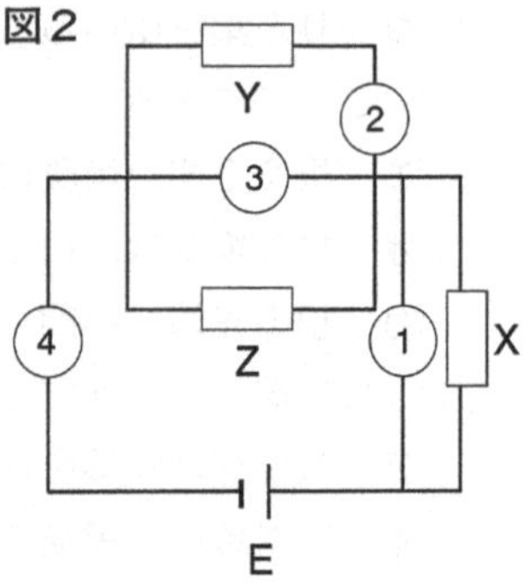

3 文章を読み，以下の各問いに答えなさい。

2019年は日本の科学・技術者が関わる宇宙の研究成果があった。４月には国際プロジェクトで［X］(正確には［X］シャドウ)が直接観測され，今までの理論を実証する第一歩となった。［X］はA太陽系がある天の川銀河（銀河系）の中心にもあると考えられ，その観測も研究されている。

７月には，B地球から約３億km離れている地球近傍C小惑星「Dリュウグウ」に小惑星探査機［はやぶさ２］が到着し，世界で初めて「リュウグウ」に人工［Y］を作った。月にも［Y］があるがこれは月に微惑星がぶつかった証拠である。「リュウグウ」は，E炭素を含んでいて表面の色が非常に黒いこともわかっている。月の表面も一部が黒く見えるが，これはF玄武岩質であることが確認されている。

(1) ［X］，［Y］に当てはまる用語をそれぞれカタカナで答えなさい。

(2) 下線部Aについて，太陽系は天の川銀河のどのあたりにあるか，正しいものを選びなさい。

ア 中心から約28000km　イ 中心から約2.8光年　ウ 中心から約28光年
エ 中心から約280光年　オ 中心から約28000光年

(3) 下線部Bについて，地球から３億km離れた「リュウグウ」付近の［はやぶさ２］に信号を送った場合，何分何秒後に着くか答えなさい。ただし，通信電波の速さを30万km/sとする。

(4) 下線部Cについて，太陽系の小惑星は主にどのあたりにあるか。

「【惑星１】と【惑星２】の軌道間」

という表現になるように【惑星１】,【惑星２】をそれぞれ漢字で答えなさい。ただし,【惑星１】の方が太陽に近い惑星とする。

(5) ［Y］は地球ではほとんど見られないのはなぜか，その理由を１つ答えなさい。

(6) 下線部Dについて，「リュウグウ」の直径はおよそ900 mと観測された。「はやぶさ２」が地球から「リュウグウ」に到達した精度を，月から地球にボールを落とす精度となぞらえたとき，ボールを地球のどの広さの範囲に落とすこととおおよそ同じになるか選びなさい。

ア 日本列島の範囲　イ 北海道の範囲　ウ 東京都の範囲
エ 東京ドームの範囲　オ 教室の扉１枚分の範囲

(7) 下線部Eについて，炭素を含んでいない物質をすべて選びなさい。

ア ガラス　イ ポリエチレン　ウ 木材
エ 食パン　オ 鶏肉　カ １円玉

(8) 下線部Fについて，玄武岩の分類や性質として正しいものはどれか，すべて選びなさい。

ア　堆積岩である　　**イ**　火成岩である　　**ウ**　火山岩である　　**エ**　深成岩である
オ　とけた状態では，ねばりけが弱い　　**カ**　とけた状態では，ねばりけが強い

4　電気分解の実験を２種類（**実験１**，**実験２**）行った。以下の各問いに答えなさい。

実験１では，**図１**のように炭素棒を電極として，ある濃度の水酸化ナトリウム水溶液，塩化銅水溶液，塩酸の３種類の水溶液の電気分解を行った。電極**D**では赤色の物質が電極に付着し，その他の電極では気体が発生した。

図１

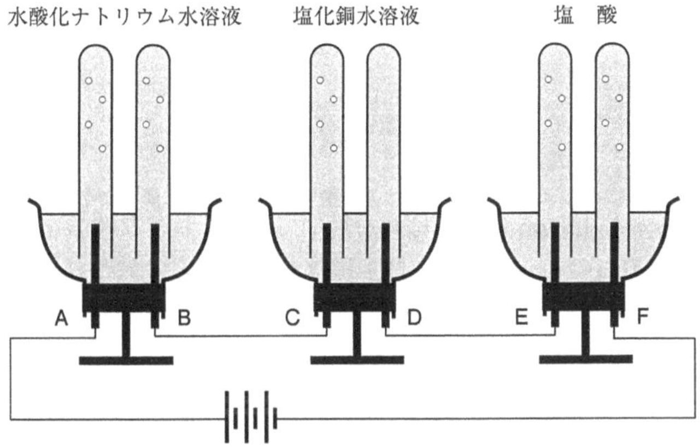

⑴　電極**D**に付着した物質は何か。化学式で答えなさい。

⑵　電極**E**，**F**でそれぞれ発生する気体の名称を答えなさい。

⑶　電極**E**，**F**と同じ気体が発生する電極があれば，その記号を，同じものがなければ，「なし」と解答欄に記入しなさい。

⑷　電極**B**と**C**の間で，電子の移動する方向を矢印で示しなさい。

⑸　電極**A**と**B**で発生する気体の体積の関係について正しいものを次の中から選び，記号で答えなさい。

ア　1：1　　**イ**　1：2　　**ウ**　2：1　　**エ**　2：3
オ　一定の決まった関係はない

実験２では，**図２**のように，炭素棒を電極として一定の電流を流し，うすい塩酸の電気分解を行った。発生した気体の体積と電流を流した時間との関係を調べたところ，次の**グラフ**のようになった。

⑹　電極**Y**で発生する気体は，はじめのうち装置内にほとんどたまらない。この理由として最も適切なものを選び，記号で答えなさい。

ア　電極に付着した　　**イ**　電極と反応した　　**ウ**　塩酸にとけた

⑺　電流を流しはじめてから５分後の塩酸２mL を中和するのに，ある濃度の水酸化ナトリウム水溶液 18mL を要する。また，同じく 12 分後の塩酸５mL を中和するのに，同じ水酸化ナトリウム水溶液 38mL を要する。同じ濃度の水酸化ナトリウム水溶液を用いるとして，電流を流す前の塩酸３mL を中和するのに必要な水酸化ナトリウム水溶液の体積を求めなさい。なお，発生する気体は塩酸の濃度に影響を与えないものとする。

図2

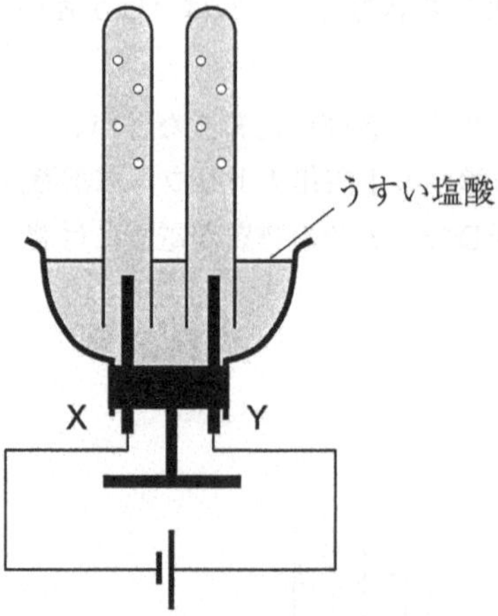

グラフ

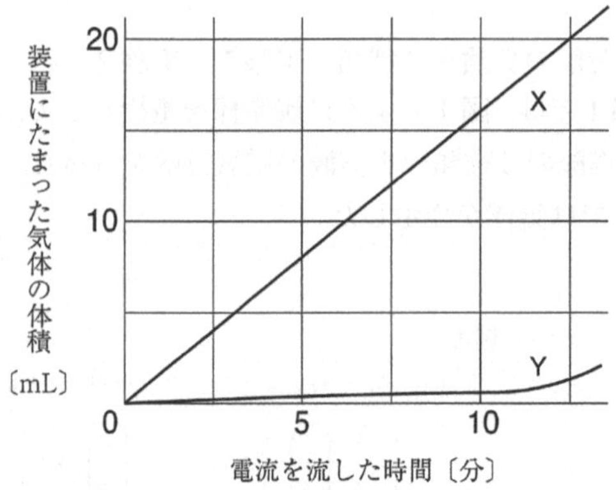

5 100 g のおもりをつるすと 1.5 cm 伸びるばねを用いて，さまざまな実験を行った。ただし，ばねの体積や質量は無視できるものとし，質量 100 g にはたらく重力の大きさを 1N として，以下の各問いに答えなさい。

(1) このばねに円柱のおもり（**図1**）をつるすと 6.0 cm 伸びた。この円柱の質量は何 g か答えなさい。

(2) (1)の状態から，円柱のおもりを机の上に置き，ばねの伸びを 1.5cm にした。このとき，机の上にはたらく圧力は何Paか答えなさい。

次に**図2**のように台ばかりの上に水の入ったビーカーをのせた。

(3) ばねをつけた円柱のおもりをすべて水の中に入れたとき，水の高さは最初の位置から何 cm 上昇したか答えなさい。ただし，水はビーカーからあふれないものとする。

(4) (3)のとき，ばねの伸びは 4.2 cm になった。ビーカーの下の台ばかりの示す値は，円柱のおもりを入れる前と比べて何 g 変化したか答えなさい。ただし，台ばかりの示す値が入れる前より小さくなった場合は答えに－（マイナス）をつけて答えなさい。

図1

図2

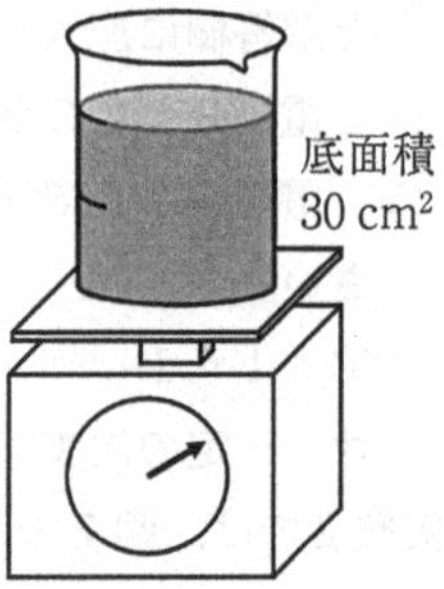

円柱のおもりと同じ質量と大きさの磁石を，上をN極，下をS極にしてばねに取り付けた。さらに台ばかりに上側をS極にした磁石を置いて，**図3**のようにばねについた磁石を近づけた。

(5)　このとき，ばねと台ばかりが示す値の変化について正しいものを選びなさい。

ア　ばねはさらに伸びて，台ばかりの値は小さくなった

イ　ばねはさらに伸びて，台ばかりの値は大きくなった

ウ　ばねはさらに伸びて，台ばかりの値は変化がなかった

エ　ばねは縮んで，台ばかりの値は小さくなった

オ　ばねは縮んで，台ばかりの値は大きくなった

カ　ばねは縮んで，台ばかりの値は変化がなかった

図3

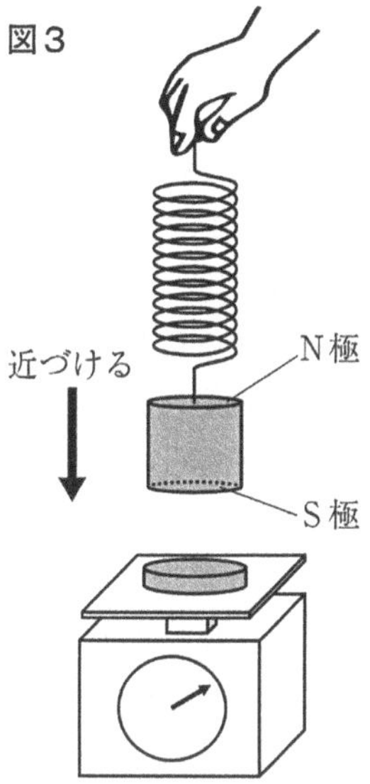

(6)　台ばかりに置いた磁石をひっくり返し上側をN極にして同様な実験を行った。このとき，ばねと台ばかりが示す値の変化について正しいものを(5)の選択肢から選びなさい。

ばねについた磁石の下側にコイルをおく。**図4**のように　ばねの長さを自然長になるところ（**A**）まで上げてから手を離す。すると磁石は下向きに動き，コイルの直上（**B**）で磁石が止まり，上昇して元の位置（**A**）に戻る動きをしばらく繰り返す。コイルには発光ダイオードが付いており，電流が矢印の方向に流れると点灯する。**図5**はこのときの磁石の位置と発光ダイオードの点灯を表したもので，磁石は**A**と**B**の間を2往復しており，■でぬられたところで発光ダイオードは点灯した。

図4

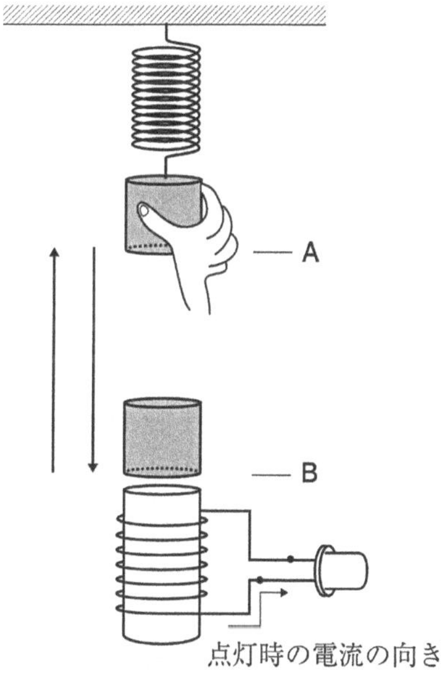

(7)　**図5**のように発光ダイオードが点灯したとき，ばねについた磁石の下側は何極になるか，答えなさい。

(8)　ばねについた磁石の上下を反対にして，同様な実験を行った。発光ダイオードが点灯したところを，**図5**のように表しなさい。

図5

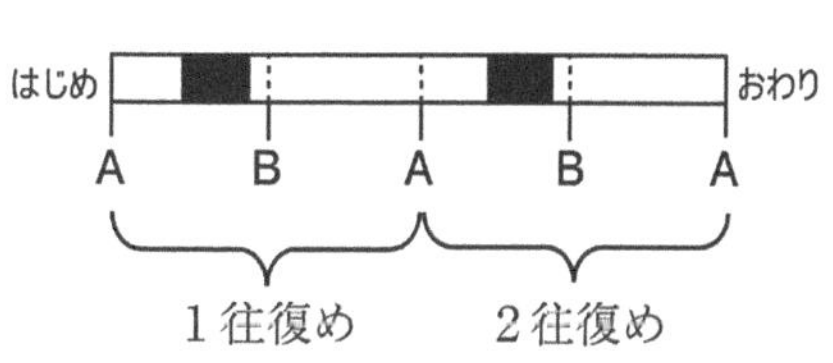

6 茶実子《ちゃみこ》さんは理科の授業で学校内を散策し，様々な樹木を観察した。いくつかの植物を観察しているうちに「樹木の内側は外側に比べて暗いけれど，内側の日当たりの悪い葉は光合成によってデンプンを蓄えることができるのかな」と疑問に思った。そこで探究活動の時間に校内の樹木から日当たりのよい葉（A）と，日当たりの悪い葉（B）を１枚ずつとってきた。先生に教えてもらいながら，いろいろな明るさにおける葉の二酸化炭素の出入りを時間をおって調べ，右のグラフのように結果をまとめた。なお，葉（A）（B）ともに，単位時間あたりの呼吸による二酸化炭素の放出量は明るさに関係なく，一定であるものとする。この結果について，中間発表でクラスメイトから次のような質問を受けた。

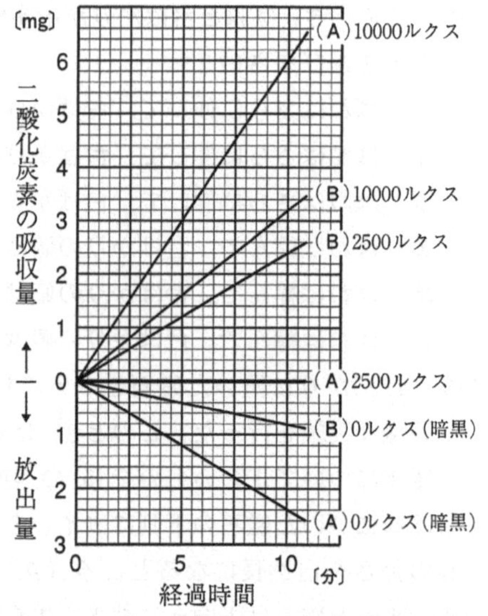

葉１枚あたりの二酸化炭素吸収量（放出量）
（たて軸のmgは質量の単位で1000 mgで１gとなる）

蘭子　「（A）2500 ルクスのとき，光があるのに光合成が起きていないように見えるけれど，実験は正しくできているのかな？」

茶実子「大丈夫だよ。植物は光合成と同時に呼吸をしていて，このとき，【　Ⅰ　】という理由だからだね。たとえば，（A）2500 ルクスのとき，10 分での光合成による二酸化炭素の吸収量は（　①　）mgとグラフから計算できるね。」

蘭子　「そうなんだあ。今回は二酸化炭素の出入りを調べているけれど，同じ気体なら（　②　）の出入りを調べてもよさそうだね。」

菊子　「ところで，蘭子さんが二酸化炭素の出入りって言っていたけれど，どうやって測定したの？」

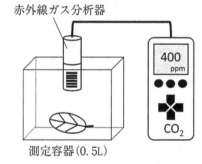

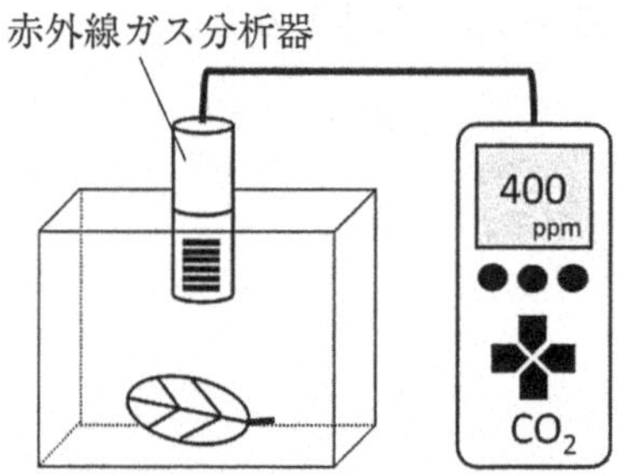

茶実子「実験にはこんな装置を作ってみたんだ（右図）。二酸化炭素は赤外線をよく吸収するんだよね。だから，（　③　）ガスとして知られ，地球温暖化の原因にもなってるよね。この装置にある赤外線ガス分析器は赤外線を放出するんだけど，放出される赤外線が多く吸収されるほど二酸化炭素は多いとわかるし，赤外線があまり吸収されなければ二酸化炭素は少ないとわかるんだ。二酸化炭素の濃度は一般にppmの単位で表されていて，その数値の変化を記録したよ。」

菊子　「ppm っていう単位，環境問題の授業で習ったなあ。%は全体を 100（百）としたときの割合で，ppm は全体を 1000000（百万）としたときの割合だったよね。計算過程も教えてもらえる？」

茶実子「たとえば，ある時点で測定容器中の二酸化炭素の濃度が 400 ppm だったとするね。測定容器の体積が 0.5 L で，実験をしたときの二酸化炭素１Ｌあたりの質量を 1.8 g とすると，容器中の二酸化炭素の質量は（　④　）mgと計算できるね。こんなふうに時間ごとに調べ，はじめとの差から二酸化炭素の吸収量・放出量を求めたんだよ。」

梅子　「その計算は葉１枚あたりだよね？　発表の中で（A）と（B）の葉の写真を見せてもらったけど，そもそも葉の大きさが違っていたなぁ。葉の大きさに比例して（　⑤　）の数も比例するから，二酸化炭素の出入りする量も変わってくると思うんだけど。」

茶実子「確かに，同じ面積でないと葉の特徴は比べにくいよね。最終発表に向けて，もう一度，データを整理してくるね。」

(1) 植物細胞の中にあるつくりのうち，二酸化炭素を放出するものの名称を答えなさい。

(2) 【　I　】に入る文を答えなさい。

(3) （　①　）～（　⑤　）に入る語句・数値を答えなさい。ただし，（　②　），（　⑤　）は漢字２文字で，（　③　）は漢字４文字で答えること。

次の文章は，最終発表に向けて茶実子さんが今回の探究活動を整理した過程である。

＜中間発表の振り返り＞

梅子さんの質問を受けて，茶実子さんは（A）と（B）の葉の面積を調べることにした。まず，たて 10cm，横 20cm の長方形の厚紙を用意し，質量をはかったところ，10.5g であった。次に，（A）と（B）の葉と同じ大きさに厚紙を切り抜いて質量をはかったところ，（A）は 18.9g で，（B）は 25.2 g であった。この結果を利用して，茶実子さんは（A）と（B）の葉の面積を計算し，葉の面積 100cm^2 における二酸化炭素の吸収量・放出量を求めた。

＜最終発表へ向けた要約＞

問い　：樹木における日当たりの悪い葉は，光合成によってデンプンを蓄えることができるのだろうか？

まとめ：葉がデンプンを蓄えることができるかは，光合成と呼吸のバランスによって決まる。葉の面積 100cm^2 における光合成による二酸化炭素の吸収量を比べると，2500 ルクスでは日当たりのよい葉（A）は日当たりの悪い葉（B）の（　⑥　）倍で，10000 ルクスでは（A）は（B）の（　⑦　）倍である。一方，葉の面積 100cm^2 における呼吸による二酸化炭素の放出量を比べると，明るさに関係なく，（A）は（B）の（　⑧　）倍である。したがって，（A）の葉は（B）の葉に比べて，光が強いほど光合成の効率が高くなり，デンプンをより多く蓄えることができる。一方（B）の葉は（A）の葉に比べて，光が弱いときの光合成の効率は同程度であるが，【　II　】という特徴によって，光が弱いときでもデンプンを蓄えることができる。

(4) （　⑥　）～（　⑧　）に入る数値を答えなさい。

(5) 【　II　】に入る文を「呼吸」という言葉を用いて答えなさい。

【社　会】（50分）〈満点：100点〉

【注意】 解答は原則として漢字で記入しなさい。

1　次の地図は，南極点を中心に描いた正距方位図法によるものである。地図を見て，下の各問いに答えなさい。ただし，経線と緯線は15度ごとに引かれている。

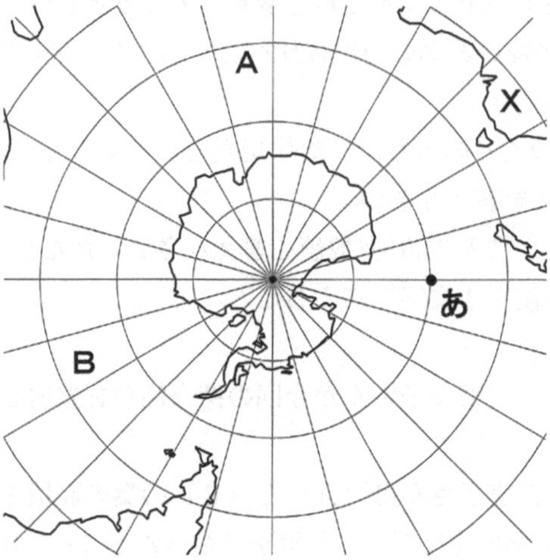

〔問1〕 **A**と**B**の海洋の名称をそれぞれ答えなさい。

〔問2〕 地点**あ**から南極点までの距離として適切なものを，次の**ア**から**エ**の中から1つ選び，記号で答えなさい。

ア　約1,111km　　**イ**　約2,222km　　**ウ**　約3,333km　　**エ**　約4,444km

〔問3〕 地点**あ**から見た南極点の方位を答えなさい。

〔問4〕 南極についてのべた文として**適切でないもの**を，次の**ア**から**エ**の中から1つ選び，記号で答えなさい。

ア　12月には，一日中太陽がしずまない現象を見ることができる。

イ　北極に比べ，年平均気温が低い。

ウ　樹木が育たない気候帯に分類され，森林は形成されない。

エ　イヌイットとよばれる人びとが，あざらしなどの狩りをして生活している。

〔問5〕 **X**の大陸に関して，人口はどのような場所に集中しているか，自然環境にふれながら，説明しなさい。

2　次の文章を読み，次の各問いに答えなさい。

人間は，①生活に必要な水や食料を得るために，また自然災害から身を守るために生活する場所を選んできた。

平野は，②河川の水を活用しやすいことから，多くの人びとが生活してきた。しかし，平野の中でも③低地は，しばしば水害による被害を受ける場所でもあった。一方，④台地は，低地に比べると水は得にくいが，洪水といった自然災害にはあいにくい場所である。海岸沿いの場所では，⑤漁業により食料を得ることができる。とりわけ干潟は，波が静かで多様な生物が生息することから，多くの水産資源を得られる場所であった。しかし現代では，⑥各地でうめ立てられその環境が破壊されている。

山地には，木の実や山菜などの食料や燃料となる資源がある。⑦林業も古くから営まれてきた。山地で農業を行う際には，水と日当たりが問題になる。水は雨水やわき水を利用し，東向き，南向きの日当たりの良い斜面が多く利用されてきた。今では美しい景観として評価されている（　A　）は，山の斜面で土砂を流出させずに農業を行うためにつくり出されたものであり，水をためるダムのような役割も果たす。

このように，⑧人間は，自然と向き合い，その恩恵を最大限得られるように，さまざまな工夫をしてきた。

〔問１〕　文章中の空欄（　A　）にあてはまる語句を答えなさい。

〔問２〕　文章中の下線部①に関して，次の図は，国内の水需要の推移を示したものであり，**ア**から**ウ**は生活用水，農業用水，工業用水のいずれかを示している。生活用水を示したものとして適切なものを，次の**ア**から**ウ**の中から１つ選び，記号で答えなさい。

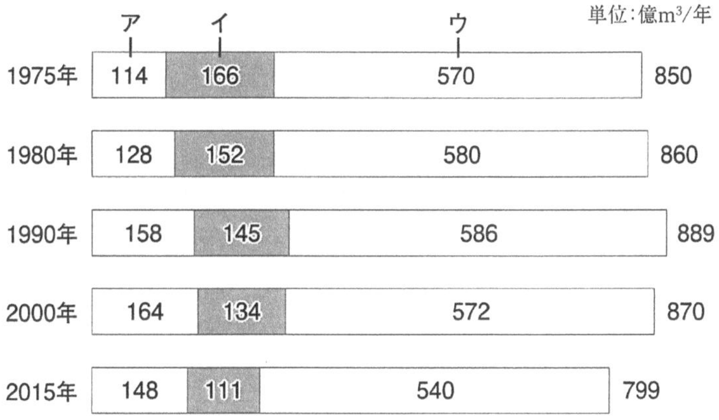

『日本国勢図会2019/20』より

〔問３〕　文章中の下線部②に関して，次の文章は，ヨーロッパの河川についてのべたものである。文章を読み，下の各問いに答えなさい。

> ライン川は，アルプス山脈に源を発し，（　B　）とフランスの国境をへて（　B　）国内を流れ，（　C　）で北海に注ぐ国際河川である。ライン川やその支流沿いには重工業が発達したが，近年では，臨海部などに新しい工業地域が形成されている。

(1)　文章中の空欄（　B　）と（　C　）にあてはまる国を答えなさい。

(2)　文章中の下線部に関して，ライン川やその支流沿いに重工業が発達したのはなぜか，説明しなさい。

〔問４〕 文章中の下線部③に関連して，次の地形図に見られる集落の形態を答え，その特徴を説明しなさい。

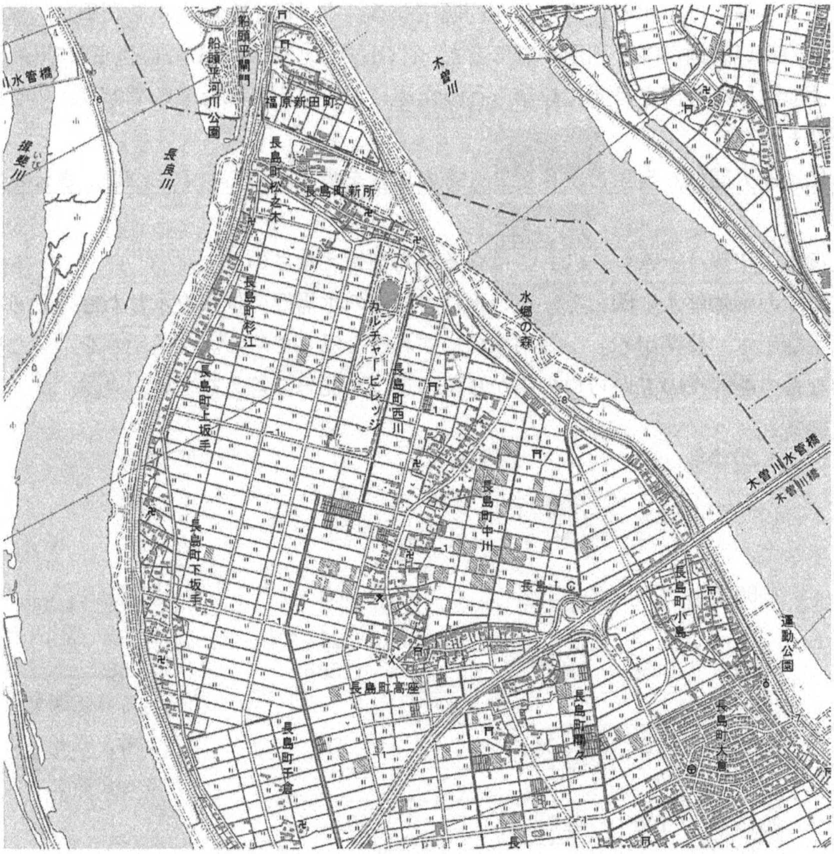

2万5千分の1地形図　弥富（平成30年8月1日発行）を一部加工

〔問５〕 文章中の下線部④に関連した次の各問いに答えなさい。

(1) 牧ノ原台地や三方原台地など水はけの良い土地での栽培に適しており，静岡県が都道府県別生産量第１位である農作物を答えなさい。

(2) 次の表は，(1)の農作物のおもな生産国，生産量，世界全体の生産量にしめる割合（2017年）を示したものである。表中の空欄（　D　）から（　F　）にあてはまる国の組み合わせとして適切なものを，次のアから力の中から１つ選び，記号で答えなさい。

国名	生産量（千 t）	世界全体の生産量にしめる割合（%）
中国	2,460	40.3
（　D　）	1,325	21.7
（　E　）	440	7.2
（　F　）	350	5.7
ベトナム	260	4.3
トルコ	234	3.8

『世界国勢図会 2019/20』より

ア　D：アメリカ合衆国　　E：日本　　F：ブラジル
イ　D：アメリカ合衆国　　E：インド　　F：ブラジル
ウ　D：アメリカ合衆国　　E：ケニア　　F：日本
エ　D：インド　　E：スリランカ　　F：日本
オ　D：インド　　E：日本　　F：ブラジル
カ　D：インド　　E：ケニア　　F：スリランカ

〔問６〕　文章中の下線部⑤に関して，右の図は，日本の漁業別漁獲量と水産物の輸入量の推移を示したものである。図中の**ア**から**エ**は，遠洋漁業，沖合漁業，沿岸漁業，海面養殖業のいずれかを示してる。沖合漁業と沿岸漁業を示したものとして適切なものを，図中の**ア**から**エ**の中から１つずつ選び，記号で答えなさい。

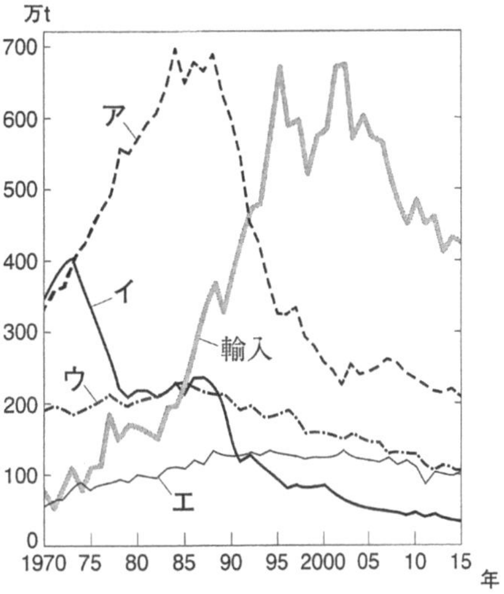

『日本国勢図会 2019/20』、
平成 27 年度食糧需給表（e-Stat）より

〔問７〕　文章中の下線部⑥に関して，次の**ア**から**ウ**の文は，干拓やうめ立てについてのべたものである。**ア**から**ウ**を時期の古い順に並べなさい。
ア　エネルギー革命を機に，大阪湾岸のうめ立て地に化学工場が建ち並んだ。
イ　農地として利用するため，秋田県の八郎潟の干拓が始まった。
ウ　バブル経済崩壊後，東京湾岸の工場跡地が高層住宅などに生まれ変わった。

〔問８〕　文章中の下線部⑦に関連して，現在，日本の木材自給率は低く，木材需要量の約３分の２を輸入にたよっている。この理由として**適切でないもの**を，次の**ア**から**エ**の中から１つ選び，記号で答えなさい。
ア　外国産の木材に比べ，国産の木材は価格が高いから。
イ　日本では，大規模な開発により森林面積の減少が続いているから。
ウ　日本では，林業に従事する人が高齢化し若い担い手が不足しているから。
エ　日本の山は急で険しく，木材を運び出すのに手間がかかるから。

〔問９〕　文章中の下線部⑧に関連して，熱帯から温帯の地域で広く見られ，日本でも山間部で古くから行われてきた農業の方法として，焼畑がある。焼畑を行う利点を説明しなさい。

3　次の史料Ⅰ・Ⅱを読み，年表を見て，次の各問いに答えなさい。史料はわかりやすく現代語訳してある。

史料Ⅰ

600年　新羅が任那を攻めた。①天皇は任那を救おうとし，境部臣を大将軍に任命した。
607年　7月1日，②大礼小野臣妹子を中国に遣わす。鞍作福利を通訳とした。
608年　4月小野妹子が中国から戻った。中国の使者，裴世清らとともに筑紫に到着した。
8月1日，中国からの使者らが③京に到着した。
9月裴世清らが中国に帰った。小野臣妹子を大使として国書を持たせ，裴世清とともに中国に遣わした。その国書には「東の天皇，つつしんで西の皇帝に申し上げます。」と書かれていた。この時，④中国に高向漢人玄理，学問僧新漢人旻，南淵漢人請安ら学生8人を送った。

史料Ⅱ

600年　倭王多利思比孤が阿輩鶏弥（おおきみ）と名のって使者を送ってきた。
皇帝は使者に倭の風俗をたずねさせた。
607年　倭王多利思比孤が使者を遣わし朝貢してきた。使者は「中国では天子の力で⑤仏教が栄えていると聞いています。私を派遣して，天子に礼をつくし，また，仏教を学ばせるため僧を同行させました」と言った。国書には「⑥日出づる処の天子が日没する処の天子に手紙を送ります。お変わりありませんか。」と書かれていた。⑦帝はこの国書を見て不機嫌になり，役人に「今後周辺諸国からの国書に無礼なものがあったなら，二度と私に見せるな」と命じた。
608年　帝は裴世清を倭国に遣わした。倭王は家臣を送り裴世清を迎えさせた。

年表

581年　文帝が（　A　）を建てる
584年　（　A　）が大運河の建設・改修を始める（～610年）
589年　（　A　）が中国を統一する
604年　（　A　）の2代皇帝煬帝が即位する
611年　煬帝が3度にわたる高句麗遠征を始める（～614年）
618年　李淵が唐を建てる
640年　南淵請安，高向玄理が帰国する
645年　高向玄理，旻が国博士となる
720年　持統天皇までの歴史を記した（　B　）成立

〔問１〕 年表中の空欄（ A ）と（ B ）にあてはまる語句を答えなさい。

〔問２〕 史料 Ⅰ 中の下線部①に関連して，日本と朝鮮半島の歴史的関係に関する次の各問いに答えなさい。

(1) ５世紀の大和政権が朝鮮半島に進出して手に入れようとしていたものを，次の**ア**から**エ**の中から１つ選び，記号で答えなさい。

ア 鉄　**イ** 米　**ウ** 木綿　**エ** 火薬

(2) 倭寇撃退の実績をあげ，14 世紀末に朝鮮を建国した人物を，次の**ア**から**エ**の中から１つ選び，記号で答えなさい。

ア 李参平　**イ** 李成桂　**ウ** 李舜臣　**エ** 李承晩

(3) 17 世紀から 19 世紀前半にかけて，朝鮮との外交を担当した藩を答えなさい。

〔問３〕 史料Ⅰ中の下線部②大礼小野臣妹子の「大礼」は小野妹子個人に与えられた冠位であり，「臣」は小野氏に与えられた姓（カバネ）である。より古くから存在したのは，冠位と姓のどちらか，答えなさい。

〔問４〕 史料 Ⅰ 中の下線部③京が置かれていた地を答えなさい。

〔問５〕 史料 Ⅰ 中の下線部④に関する次の各問いに答えなさい。

(1) 彼らはどのような人びとであったと考えられるか，留学した人びとの姓（カバネ）に注目し，答えなさい。

(2) 留学生の派遣はその後の大和政権にどのような影響を与えたと考えられるか，説明しなさい。

〔問６〕 史料 Ⅱ 中の下線部⑤仏教に関する次の各問いに答えなさい。

(1) 宋から臨済宗を伝え，鎌倉幕府の保護を受けて，禅を発展させた人物を答えなさい。

(2) 江戸時代に宗派別に寺が作成し，戸籍の役割を果たしたものを，次の**ア**から**エ**の中から１つ選び，記号で答えなさい。

ア 御定書　**イ** 朱印状　**ウ** 宗門改帳　**エ** 藩札

〔問７〕 史料Ⅱ中の下線部⑥日出づる処の天子を，史料 Ⅰ 中ではどのように表現しているか，**史料Ⅰから抜き出して**答えなさい。

〔問８〕 史料Ⅱ中の下線部⑦に関連して，帝が不機嫌になった理由を説明しなさい。

4 次の文章を読み，次の各問いに答えなさい。

文字の発明や文字を記すための材料の発明・発達により，人びとは自分の思いを手紙にしたためて相手に伝えるようになった。手紙は個人的なものだけでなく，商取引の通信手段や権力者の情報収集手段としても活用された。

手紙にはる切手の原形の１つは，手紙におされた郵便料金収納印であったと考えられている。これに加え，①17 世紀のイギリスでは，郵便の送達時間を管理するための日付印も導入された。その後，イギリスでは，1840 年に郵便料金の前納制などを採用した近代郵便制度がつくられ，ヴィクトリア女王を描いた切手が発行された。日本でこうした近代郵便制度が導入されたのは 1871 年のことである。日本は郵便制度を整備し，1877 年には国際的な郵便組織に加盟するなど，郵政面で②欧米諸国にならぶ立場となった。

こうした近代郵便制度のもと，③さまざまな図柄が切手に使用され，時にそれは政治や社会状況を反映した。たとえば，太平洋戦争中には，富士山を描いた切手がフィリピンで発行された。また，④ 1956 年にはソ連で雪舟を描いた切手が発行された。

〔問１〕 文章中の下線部①に関連して，17 世紀のイギリスに関する説明として適切なものを，次の**ア**から**エ**の中から１つ選び，記号で答えなさい。

ア 北アメリカ大陸でイギリスと 13 植民地との間にアメリカ独立戦争が生じた。

イ クロムウェルが指導する議会の軍が国王の軍を破り，国王を処刑して共和政を実現した。

ウ イギリスの植民地支配に対し，東インド会社にやとわれていたインド兵士が反乱を起こしたのをきっかけにインド大反乱が生じた。

エ 国王の専制を防ぐために，貴族たちは国王にせまってマグナ＝カルタを認めさせた。

〔問２〕 文章中の下線部②に関連して，条約改正により，日本が関税自主権を完全に回復した年にもっとも近い時期におきたできごとを，次の**ア**から**エ**の中から１つ選び，記号で答えなさい。

ア 憲政党の大隈重信を首相とする，日本初の政党内閣が成立した。

イ 日本が韓国を保護国にし，伊藤博文が初代統監となった。

ウ 加藤高明内閣のもとで，普通選挙法が成立した。

エ 孫文を臨時大総統とする，中華民国の建国が宣言された。

〔問３〕 文章中の下線部③に関連して，次の切手に関する下の各問いに答えなさい。

『外国切手に描かれた日本』より引用

⑴ 次の資料は，この切手に描かれている人物が日本に来航した背景をのべたものである。資料中の空欄（ A ）と（ B ）にあてはまる語句をそれぞれ**漢字２字**で答えなさい。

> 合衆国がカリフォルニア地方を獲得すると，（ A ）洋に臨むその地の利から，国民の関心は，商業分野の拡大に向けられ，わが国の西海岸とアジアとの直接の交易は当たり前のこととして考えられるようになった。むろん，そこには蒸気の力が念頭にあり，それを得るための燃料が不可欠だった。そこで（ B ）の供給が問題になった。
>
> 『ペリー提督日本遠征記』より引用・一部改変

⑵ この切手が発行された当時，この切手が発行された地域はどのような状況にあったか，この切手から読みとれることにもとづいて，説明しなさい。

〔問４〕 文章中の下線部④に関連して，1956 年にソ連と日本との関係はどのように変化したか，説明しなさい。

5 次の文章を読み，下の各問いに答えなさい。

日本で（　A　）歳以上人口が総人口の７％を超える高齢化社会となったのは1970年であり，その後1994年には14%，2018年には28%を超え，急速に高齢化が進んでいる。さらに少子化も進行し，合計特殊出生率は人口を維持するのに必要とされる（　B　）を大幅に下回っており，2011年以降，継続して人口が減少している。

こうした状況は，医療・年金といった①社会保障に関する費用の増大や②経済成長率の低下などをもたらす可能性が考えられ，政府が取り組むべき大きな課題となっており，どのように解決していくかは③選挙における争点にもなっている。

〔問１〕 文章中の空欄（　A　）と（　B　）にあてはまる数字を答えなさい。ただし，空欄（　B　）は四捨五入して小数第１位まで答えなさい。

〔問２〕 文章中の下線部①に関連して，次の文章は日本の社会保障制度についてのべたものである。文章中の空欄（　C　）から（　E　）にあてはまる数字を答えなさい。

> 社会保障制度とは，すべての国民に一定の生活水準を保障しようとするしくみであり，日本では日本国憲法第（　C　）条「健康で文化的な最低限度の生活」の保障にもとづいて制度化されている。少子高齢化への対応として，2000年からは（　D　）歳以上の人が加入する介護保険制度，2008年からは（　E　）歳以上の人が独自に加入する後期高齢者医療制度が実施されている。

〔問３〕 文章中の下線部②に関して，人口の減少や少子高齢化の進行が経済成長率の低下をもたらすと考えられるのはなぜか，次の語をすべて用いて説明しなさい。

労働力　　　　貯蓄

〔問４〕 文章中の下線部③に関連して，次の文章は日本の選挙についてのべたものである。文章中の空欄（　F　）から（　I　）にあてはまる語句を答えなさい。

> 衆議院議員の選挙は，（　F　）制と全国を11のブロックに分けて行う比例代表制とを組み合わせた（　G　）制をとっている。また，参議院議員の選挙は，全国を１つの選挙区とする比例代表制と，都道府県を単位とする選挙区制をとっているが，2015年には「（　H　）」を改善するため，鳥取と島根，（　I　）と高知をそれぞれ統合し，新たな選挙区としている。

6 次の文章は，国際ＮＧＯヒューマンライツ・ナウのウェブページに掲載されている文章を抜粋・改変したものである。文章を読み，次の各問いに答えなさい。

2019年４月10日にニューヨーク国連本部にて，“The Future of Work”（仕事の未来）と題された①ＩＬＯ創立100周年記念のハイレベル・イベントが②国連総会によって開催されました。テクノロジーの発展や③環境問題などで急激に変化しつつある今日の世界で，労働の需要なども大きく変わりつつあります。現実問題への理解を深めて，人間としての尊厳が守られる公正で道義的な仕事が約束される未来のために，どんなポリシーが効果的かなどを話し合う目的で開かれました。

今日私たちは，④格安な衣類から輸入食品まで何でも簡単に手に入れることができます。しかし，一見豊かで便利な世の中でも，その下には弱い立場の人びとの⑤人権をふみにじる，ゆがんだ不正義の世界が何層もひそんでいます。同じ地球にくらす仲間の人間が空腹や疲労や屈辱にじっとたえている現実をよそに，金銭的利益だけを追求する経済・ビジネスモデル，そしてそれに執着する⑥企業や政府。そんなグローバル規模の現状を変えるには，私たち一人ひとりが意志を持って立ち上がるしかありません。

〔問１〕 文章中の下線部①ＩＬＯの名称として適切なものを，次の**ア**から**エ**の中から１つ選び，記号で答えなさい。

ア 国際通貨基金
イ 国際労働機関
ウ 国際開発協会
エ 国際原子力機関

〔問２〕 文章中の下線部②に関して，国連総会の説明として適切なものを，次の**ア**から**エ**の中から１つ選び，記号で答えなさい。

ア 国連総会は，全会一致での議決を原則としている。
イ 国連総会は，年に３回定期的に開かれる。
ウ 国連総会では，すべての加盟国は一票ずつ投票権を持つ。
エ 国連総会では，安全保障理事会の常任理事国は拒否権を行使できる。

〔問３〕 文章中の下線部③に関連して，次の表はおもな地球環境問題への国際的な取り決めに関するものである。表中の空欄（　A　）から（　D　）にあてはまる語句を，下の**ア**から**エ**の中から１つずつ選び，記号で答えなさい。

採択年	おもな取り決め	おもな内容
1971年	ラムサール条約	湿地とそこに生息・生育する動植物の保全促進
1973年	（　A　）	過度な国際取引による野生動植物の絶滅防止
1987年	（　B　）	オゾン層を破壊する物質の放出の規制
1992年	気候変動枠組条約	大気中の温室効果ガスの濃度の安定化
1992年	生物多様性条約	生物多様性の保護と生物資源の持続可能な利用
1997年	（　C　）	先進国への温室効果ガス排出削減目標の規定
2015年	（　D　）	世界共通の長期目標として２℃目標を設定

ア 京都議定書　　**イ** モントリオール議定書
ウ パリ協定　　**エ** ワシントン条約

〔問４〕 文章中の下線部④に関連する次の各問いに答えなさい。

⑴ 次ページの図は，為替レートの変動と貿易の関係をあらわしたものである。図中の空欄（　E　）から（　H　）にあてはまる数字を答えなさい。

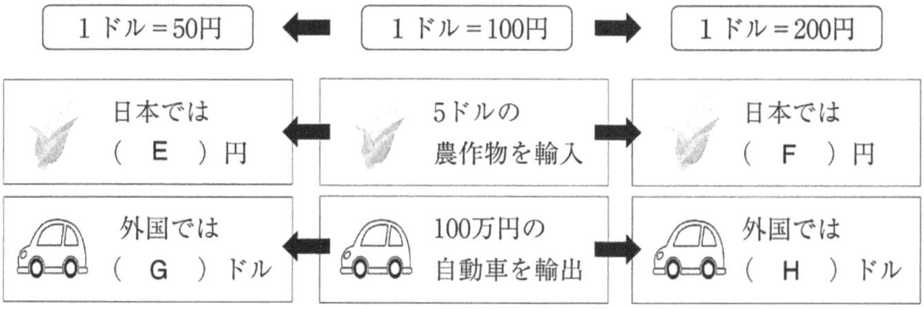

(2)　次の図は，日本の品目別輸出入額（2018年）を示したものである。円高ドル安が進むと日本に住む人たちの生活にはどのような影響が生じると考えられるか，この図から読みとれることにもとづいて，説明しなさい。

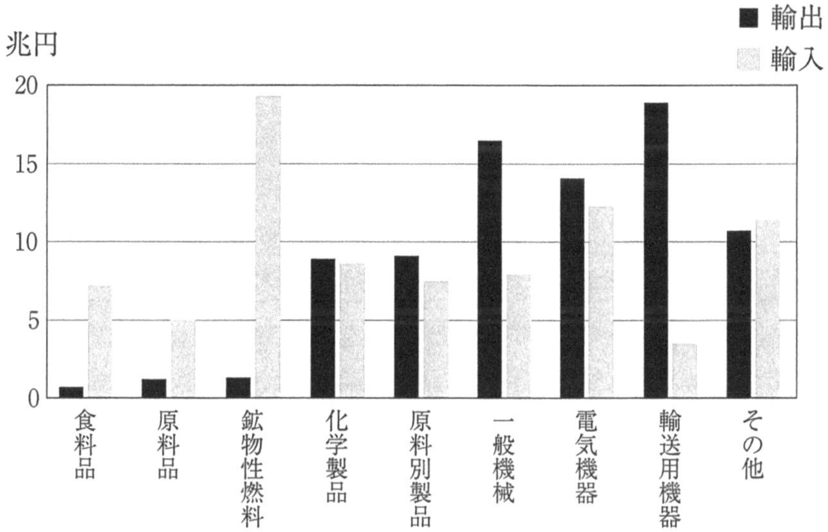

財務省貿易統計より

〔問5〕　文章中の下線部⑤に関連して，次の資料は1948年に国連総会で採択された世界人権宣言第1条である。資料中の空欄（　I　）から（　K　）にあてはまる語句を答えなさい。

> すべての人間は，生れながらにして（　I　）であり，かつ，尊厳と権利とについて（　J　）である。人回は，理性と（　K　）とを授けられており，互いに同胞の精神をもって行動しなければならない。

〔問6〕　文章中の下線部⑥に関連して，現在では多国籍企業の世界展開が加速しているが，それによる問題も生じている。多国籍企業の世界展開によって生じる問題にはどのようなものがあるか，本文の内容をふまえて説明しなさい。

2　なぜそのようにしたのですか。答えなさい。

記述問題用　下書き欄

（注意　解答は必ず解答用紙に記入しなさい）

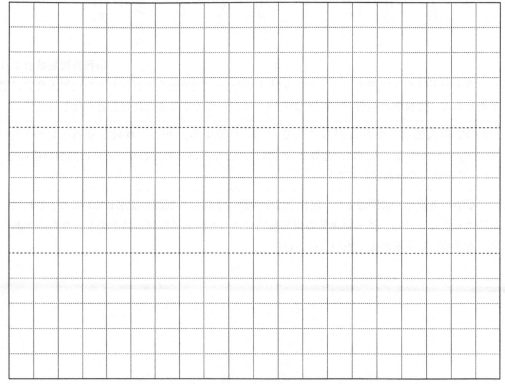

〔注15〕修理して…つくろって。
〔注16〕心つけんため…気をつけさせようとするため。

問一　二重傍線部ⅰ「なほ」・ⅱ「けふ」の読み方を現代仮名遣いで答えなさい。

問二　A・B・Cはそれぞれ誰の発言ですか。最も適切なものを次の中から選び、それぞれ記号で答えなさい。ただし、同じ記号を何度選んでも構いません。

ア　時頼　**イ**　松下禅尼
ウ　城介義景　**エ**　なにがし男

問三　傍線部①「手づから」・⑤「ありがたかりけり」・⑥「通へり」のここでの意味として最も適切なものを次の中から選び、それぞれ記号で答えなさい。

①「手づから」
ア　器用に　**イ**　自然に　**ウ**　自分で
エ　手づかみで　**オ**　前もって

⑤「ありがたかりけり」
ア　愛情深いことであった　**イ**　感謝したことであった
ウ　教育熱心であった　**エ**　珍しいことであった
オ　有名な話であった

⑥「通へり」
ア　劣っている　**イ**　似ている　**ウ**　秀でている
エ　見習っている　**オ**　理解が及ばない

問四　傍線部②「たまはりて」・④「よもまさりはべらじ」・⑦「ただ人にはあらざりける」の解釈として最も適切なものを次の中から選び、それぞれ記号で答えなさい。

②「たまはりて」
ア　その仕事にお金をお与えになって
イ　その仕事に人を遣わして
ウ　その仕事の話をよくうかがって
エ　その仕事はこちらにいただいて
オ　その仕事は知り合いに頼んで

④「よもまさりはべらじ」
ア　きっと手を加えないでしょう
イ　決してかなわないでしょう
ウ　全く似ていないでしょう
エ　世の中では通用しないでしょう
オ　口出しはできないでしょう

⑦「ただ人にはあらざりける」
ア　一般的なことではなかったのだ
イ　格別なことではなかったのだ
ウ　常識のない人だったのだ
エ　徳の高い人になれたのだった
オ　並の人ではなかったのだ

問五　傍線部③「さやうのこと」がさす内容を答えなさい。

問六　波線部「わざとかくてあるべきなり」について、次の1・2の各問いに答えなさい。

1　「かくて」がさす内容を、本文中から一〇字以内で抜き出して答えなさい。

ますか。最も適切なものを次の中から選び、記号で答えなさい。

ア 言うことを聞かない信太郎に対する祖母の気持ちを少しでもなごませようと努めていることを感じさせる効果。

イ 怒られている信太郎のために祖母の注意を自分たちにそらそうと必死な様子を示す効果。

ウ 家族それぞれが勝手なことをしているためにまとまりがないことを感じさせる効果。

エ 祖母と信太郎のいさかいをユーモラスに包み込んで家族の絆の強さを感じさせる効果。

オ へんくつな信太郎に比べて弟や妹たちはユーモアに富んだ社交的な子どもであることを示す効果。

問八 この小説には主人公のどのような心境の変化が描かれていますか。七〇字以内で答えなさい。

三 **次の文章を読んで、あとの問いに答えなさい。**

[注1]相模守《さがみのかみ》[注2]時頼《ときより》の母は、[注3]松下禅尼《まつしたのぜんに》とぞ申しける。[注4]守《かみ》を[注5]入れ申さるる事ありけるに、すすけたる[注6]明《あか》り障子《さうじ》の破ればかりを、禅尼①手づから小刀して切りまはしつつ張られければ、[注7]兄《せうと》の城介《じやうのすけ》義景《よしかげ》、その日の[注8]けいめいして[注9]候《さうら》ひけるが、

A「②たまはりて、[注10]なにがし男《をのこ》に[注11]張らせ候はん。③さやうのことに心得たる者に候ふ。」と申されければ、

B「その男、尼が細工に④よもまさりはべらじ。」とて[注12]ⅰなほ[注13]一間《ひとま》づつ張られけるを、義景、

「みなを張りかへ候はんは、はるかにたやすく候ふべし。まだらに候ふも見苦しくや。」と重ねて申されければ、

C「尼も後は[注14]さはさはと張りかへんと思へども、ⅱけふばかりはわざとかくてあるべきなり。物は破れたる所ばかりを[注15]修理《しゆり》して用ゐることぞと、若き人に見ならはせて、[注16]心つけんためなり。」と申されける。いと⑤ありがたかりけり。世を治むる道、倹約を本とす。女性《によしやう》なれども聖人の心に⑥通へり。天下を保つほどの人を子にて持たれける。まことに⑦ただ人にはあらざりけるとぞ。

（『徒然草』による。本文を改めたところがある）

〔注1〕相模守…相模国《さがみのくに》（現在の神奈川県）の長官。
〔注2〕時頼…鎌倉中期の幕府第五代執権、北条時頼《ほうじょうときより》（一二二七〜一二六三）。
〔注3〕松下禅尼…安達景盛《あだちかげもり》の娘で、北条時氏《ときうじ》の妻。「禅尼」は仏門に入った女性。
〔注4〕守…ここでは、相模守時頼のこと。
〔注5〕入れ申さるる…（自分の家に）招き入れなさる。
〔注6〕明り障子…明かりが入るように薄い紙を張った障子。
〔注7〕兄の城介義景…禅尼の兄、安達義景（一二一〇〜一二五三）。「城介」は、城を管理する職。
〔注8〕けいめいして…準備をして。
〔注9〕候ひける…（その家に）控えていた。
〔注10〕なにがし男…身分の低い者を、名前をぼかした言い方。
〔注11〕張らせ候はん…張らせましょう。
〔注12〕なほ…やはり。
〔注13〕一間…障子の一こま。
〔注14〕さはさはと…さっぱりと。

問一　波線部**A**「角のある」・**B**「その手を食わずに」・**C**「ませた口」のここでの意味として最も適切なものを次の中から選び、それぞれ記号で答えなさい。

A「角のある」

ア　嫌味な　**イ**　きんきんした　**ウ**　とげとげしい

エ　はっきりした　**オ**　抑揚のある

B「その手を食わずに」

ア　穏やかではいられずに　**イ**　思惑に乗らずに

ウ　関係ないふりをして　**エ**　失敗を恐れないで

オ　手出しをせずに

C「ませた口」

ア　大きな声　**イ**　おどけた口調　**ウ**　大人びた口調

エ　沈んだ声　**オ**　反省した口調

問二　二重傍線部**ⅰ**「おいでなさる」・**ⅱ**「わかってます」・**ⅲ**「書いて頂く」に含まれる敬語の種類を次の中から選び、それぞれ記号で答えなさい。

ア　尊敬　**イ**　謙譲　**ウ**　丁寧

問三　傍線部①「今度は返事をしなかった」とありますが、それはなぜですか。二〇字以内で答えなさい。

問四　傍線部②「気休めに」とありますが、ここではどのような気持ちを表していますか。三〇字以内で答えなさい。

問五　傍線部③「未だ横になって居た」とありますが、この時、信太郎はどのように考えていますか。最も適切なものを次の中から選び、記号で答えなさい。

ア　いつも自分より遅く起きる信三の気配を感じ、信三が起こしにくるまで起きまいと考えている。

イ　祖母に起こされて起きるのはしゃくなので、時間だから自発的に起きる体裁を取りたいと考えている。

ウ　祖母に怒られてしまったので、意地になって今日は何があっても絶対に起きるものかと考えている。

エ　祖母を怒らせてしまったので、顔を伏せて反省をして祖母への謝罪の言葉を考えている。

オ　そろそろ起きる時間だと思っていたので、祖母の言葉をきっかけに起きるぞと考えている。

問六　傍線部④「然しもう起しに来まいと思うと楽々と起きる気になれた」とありますが、それはなぜですか。最も適切なものを次の中から選び、記号で答えなさい。

ア　嫌いな祖母がその場からいなくなったので、起きて気ままに過ごせるから。

イ　すっかり目覚めていたため、いつでも起きられる状態になっていたから。

ウ　祖母と張り合う必要がなくなって、自分ひとりだけで決めれば事が運ぶから。

エ　祖母への反発心が起きることの障害になっていたが、祖母と和解したから。

オ　祖母を泣かせてしまったので、早く謝りに行こうと気づかっていたから。

問七　挿入されている信太郎の弟や妹の話にはどのような効果があり

「何《なに》にするんです」信太郎の方は故意と未だ少しむっとしている。

「坊さんに[注13]お塔婆《とうば》を　書いて頂《いただ》くのっさ」

「駄目《だめ》さ。そんな細いんで書けるもんですか。お父さんの方に立派なのがありますよ」

「お祖父《じい》さんのも洗ってあったっけが、何処《どこ》へ入って了ったか……」

そう云いながら祖母はその細い筆を持って部屋を出て行こうとした。

「そんなのを持って行ったって駄目ですよ」彼は云った。

「そうか」祖母は素直にもどって来た。そして叮嚀にそれを又元の所に仕舞《しま》って出て行った。

　信太郎は急に可笑《おか》しくなった。旅行もやめだと思った。彼は笑いながら、其処に苦茶々々《くちゃくちゃ》にしてあった小夜着を取り上げてたたんだ。敷布団も。それから祖母のもたたんでいると彼には可笑しい中《うち》に何だか泣きたいような気持《きもち》が起って来た。涙が自然に出て来た。物が見えなくなった。それがポロポロ頬《ほお》へ落ちて来た。彼は見えない儘《まま》に押入れを開けて祖母のも自分のも無闇《むやみ》に押し込んだ。間もなく涙は止《とま》った。彼は胸のすがすがしさを感じた。

　彼は部屋を出た。上の妹と二番目の妹の芳子とが隣の部屋の炬燵《こたつ》にあたって居た。信三だけ炬燵櫓《やぐら》の上に突っ立って威張《いば》って居た。信三は彼を見ると急に[注14]首根を堅くして天井《てんじょう》の一方を見上げて、

「銅像だ」と力《りき》んで見せた。上の妹が、

「そう云えば信三は頭が大きいから本当に[注15]西郷《さいごう》さんのようだわ」と云った。信三は得意になって、

「偉いな」と臂《ひじ》を張って髭《ひげ》をひねる真似《まね》をした。和《やわら》いだ、然し少し淋《さび》しい笑顔をして立って居た信太郎が、

「西郷隆盛《たかもり》に髭はないよ」と云った。妹二人が、「わーい」とはやした。信三は、

「しまった！」といやに　ませた口をきいて、櫓を飛び下りると、いきなり一つでんぐり返しをして、おどけた顔を故意と皆《みんな》の方へ向けて見せた。

（志賀直哉《しがなおや》「或《あ》る朝」による。本文を改めたところがある）

〔注1〕夜着…寝るときに用いる寝具のひとつ。
〔注2〕擦筆画…鉛筆、コンテ、木炭、チョーク、パステルで描いたうえに、擦筆でぼかしをつけた画。擦筆は、吸い取り紙やなめし革を巻いて筆状にしたもの。
〔注3〕あまのじゃく…何事も人の意に逆らうもののこと。
〔注4〕南京玉…陶製やガラス製の小さな玉。
〔注5〕懐中時計…ひもや鎖で帯やバンドに結びつけて、ふところやポケットに入れて携帯する小型の時計。
〔注6〕やくざ…不良。
〔注7〕おっつけ…間もなく。じきに。
〔注8〕福吉町…現在の東京都港区赤坂二丁目。
〔注9〕唐紙をあけたてして…襖《ふすま》を開け閉めして。
〔注10〕諏訪…長野県の諏訪湖。
〔注11〕用箪笥…身の回りの物を入れておく小形の箪笥。
〔注12〕伊香保…群馬県渋川市の温泉地。
〔注13〕お塔婆…卒塔婆《そとば》。死者の供養《くよう》のため、墓石の後ろに立てる細長い板。
〔注14〕首根を堅くして…首筋に力を入れて。
〔注15〕西郷さん…明治維新の政治家、西郷隆盛（一八二七～一八七七）のことだが、ここでは上野公園に立つその銅像をさす。

いつも彼に負けない寝坊の信三《しんぞう》が、今日は早起きをして、隣の部屋で妹の芳子《よしこ》と騒いで居る。

「お手玉、[注4]南京《なんきん》玉、大玉、小玉」とそんな事を一緒に叫んで居る。そして一段声を張り上げて、

「その内大きいのは芳子《よっこ》ちゃんの眼玉」と一人《ひとり》が云うと、一人が「信三さんのあたま」と怒鳴った。二人《ふたり》は何遍《なんべん》も同じ事を繰り返して居た。

又、祖母が入って来た。信太郎は又起きられなくなった。

「もう七時になりましたよ」祖母はこわい顔をして反《かえ》って叮嚀《ていねい》に云った。信太郎は七時の筈《はず》はないと思った。彼は枕《まくら》の下に滑り込んで居る[注5]懐中時計を出した。そして、

「未だ二十分ある」と云った。

「どうしてこう[注6]やくざだか……」祖母は溜息《ためいき》をついた。

「一時に寝て、六時半に起きれば五時間半だ。やくざでなくても五時間半じゃあ眠いでしょう」

「宵《よい》に何度寝ろと云っても諾《き》きもしないで……」

信太郎は黙って居た。

「直ぐお起き。[注7]おっつけ[注8]福吉町《ふくよしちょう》からも誰か来るだろうし、坊さんもうお出《い》でなさる頃だ」

祖母はこんな事を言いながら、自身の寝床をたたみ始めた。祖母は七十三だ。よせばいいのにと信太郎は思っている。

祖母は腰の所に敷く羊の皮をたたんでから、大きい敷蒲団《しきぶとん》をたたもうとして息をはずませて居る。祖母は信太郎が起きて手伝うだろうと思って居る。ところが信太郎はBその手を食わずに故意に冷《ひや》かな顔をして横になったまま見ていた。とうとう祖母は怒り出した。

「不孝者」と云った。

「年寄《としより》の云いなり放題になるのが孝行なら、そんな孝行は真《ま》っ平《ぴら》だ」

彼も負けずと云った。彼はもっと毒々しい事が云いたかったが、失策《しくじ》った。文句も長過ぎた。然《しか》し祖母をかっとさすにはそれで十二分だった。祖母はたたみかけを其処《そこ》へほうり出すと、涙を拭《ふ》きながら、烈《はげ》しく[注9]唐紙《からかみ》をあけたてして出て行った。

彼もむっとした。④然しもう起しに来まいと思うと楽々と起きる気になれた。

彼は毎朝のように自身の寝床をたたみ出した。大夜着から中の夜着、それから小夜着をたたもうとする時、彼は不意に「ええ」と思って、今祖母が其処にほうったように自分もその小夜着をほうった。

彼は枕元に揃《そろ》えてあった着物に着かえた。

あしたから一つ旅行をしてやろうかしら。[注10]諏訪《すわ》へ氷滑りに行ってやろうかしら。諏訪なら、この間三人学生が落ちて死んだ。祖母は新聞で聴いている筈だから、自分が行っている間少《すくな》くも心配するだろう。

押入《おしい》れの前で帯を締めながらこんな事を考えて居ると、又祖母が入って来た。祖母はなるべく此方《こっち》を見ないようにして乱雑にしてある夜具のまわりを廻《まわ》って押入れを開けに来た。彼は少しどいてやった。そして夜具の山に腰を下《おろ》して足袋《たび》を穿《は》いて居た。

祖母は押入れの中の[注11]用箪笥《ようだんす》から小さい筆を二本出した。五六年前信太郎が[注12]伊香保《いかほ》から買って来た自然木《しぜんぼく》のやくざな筆である。

「これでどうだろう」祖母は今迄の事を忘れたような顔を故意《わざ》として云った。

を書きなさい。

問六　波線部「戦争をなくすには、戦争について考えることが最も重要だ」とありますが、それはなぜですか。本文全体を踏まえて、六〇字以内で答えなさい。

二　次の文章を読んで、あとの問いに答えなさい。

祖父の三回忌の法事のある前の晩、信太郎《しんたろう》は寝床で小説を読んで居ると、並んで寝て居る祖母が、

「明日《あす》坊さんの i おいでなさるのは八時半ですぞ」と云《い》った。

暫《しばら》くした。すると眠っていると思った祖母が又《また》同じ事を云った。彼は①今度は返事をしなかった。

「それ迄《まで》にすっかり支度《したく》をして置くのだから、今晩はもう寝たらいいでしょう」

「ii わかってます」

間もなく祖母は眠って了《しま》った。

どれだけか経《た》った。信太郎も眠くなった。時計を見た。一時過ぎて居た。彼はランプを消して、寝返りをして、そして[注1]夜着《よぎ》の襟《えり》に顔を埋《うず》めた。

翌朝（明治四十一年正月十三日）信太郎は祖母の声で眼を覚《さま》した。

「六時過ぎましたぞ」驚かすまいと耳のわきで静かに云って居る。

「今起きます」と彼は答えた。

「直《す》ぐですぞ」そう云って祖母は部屋を出て行った。彼は帰るように又眠って了った。

又、祖母の声で眼が覚めた。

「直ぐ起きます」彼は②気休めに、唸《うな》りながら夜着から二の腕まで出して、のびをして見せた。

「このお写真にもお供《そな》えするのだから直ぐ起きてお呉《く》れ」

お写真と云うのはその部屋の床の間に掛けてある[注2]擦筆画《さっぴつが》の肖像で、信太郎が中学の頃習った画学の教師に祖父の亡《な》くなった時、描《か》いて貰《もら》ったものである。

黙っている彼を「さあ、直ぐ」と祖母は促した。

「大丈夫《だいじょうぶ》、直ぐ起きます。——彼方《むこう》へ行ってて下さい。直ぐ起きるから」そう云って彼は今にも起きそうな様子をして見せた。

祖母は再び出て行った。彼は又眠りに沈んで行った。

「さあさあ。どうしたんだっさ」今度はA角《かど》のある声だ。信太郎は折《せっ》角《かく》沈んで行く、未《ま》だその底にたっしない所を急に呼び返される不愉快から腹を立てた。

「起きると云えば起きますよ」今度は彼も度胸を据《す》えて起きると云う様子もしなかった。

「本当に早くしてお呉れ。もうお膳《ぜん》も皆出てますぞ」

「わきへ来てそうぐずぐず云うから、尚《なお》起きられなくなるんだ」

「[注3]あまのじゃく！」祖母は怒って出て行った。信太郎ももう眠くはなくなった。起きてもいいのだが余り起きろ起きろと云われたので実際起きにくくなって居た。彼はボンヤリと床の間の肖像を見ながら、それでももう起《おこ》しに来るか来るかという不安を感じて居た。起きてやろうかなと思う。然《しか》しもう少しと思う。もう少しこうして居て起しに来なかったら、それに免じて起きてやろう、そう思っている。彼は大きな眼を開《あ》いて③未だ横になって居た。

ここで重要なことは、第1段階から第4段階までは、【　4　】に進む1回限りのものではないということである。「考える」ということは、連続的な行為である。何度も考えることによって、初めの考えに誤りを見つければそれを修正することができる。それによってより正しい考えを持つことができる。そのためには、自分自身で考え、言葉として相手に伝え、相手の考えを聞き、また自分の考えを振り返り、さらに一緒に考えるという、第1段階と第4段階の間を【　5　】に何度も行き来するような一連の動的な繰り返し作業を行う必要がある。この営みこそが「考える」ということなのだ。

考えることとは必ずしも一回だけの、一瞬の行為であるとは限らない。むしろ、私たちは何度も考え、必要に応じて考えを修正し、さらに考えるということを時間軸の中で[b]ダンゾク的または連続的に行っている。

「どうせ戦争はなくならないのだから考えても仕方ない」と思う人もいるかもしれない。悟りきったというか、[c]タッカンしたというか、[注1]厭世《えんせい》的な感じがしないでもないが、ひょっとしたら「どうせ戦争はなくならない」はある程度の事実を捉えているのかもしれない。しかし、それだけでは何も解決しないことこそが、まさに事実である。

戦争は今日明日にはなくならないとしても、「いかにして戦争を起こさないようにするか」、「いかにして起こる戦争の数を減らすか」、「いかにして起こってしまった戦争による[d]サッショウや破壊をなくしたり少なくしたりするか」について考えることには意味がある。

それはなぜだろうか。大きな理由がある。【　6　】な言い方になるが、「戦争を考えないと戦争はずっとなくならない」ということである。一方で、ある戦争がいったん起こったとしても、遅かれ早かれいつかは終わる。他方で、その間にも他の地域や場所で他の戦争が起こっている。そこには、②戦争が起こるさまざまな「負の連鎖」があるかもしれない。「それは何であるのか」「なぜそれが戦争を起こすのか」という事実を分析すること、そしてその背景として「負の連鎖は戦争の原因となる悪いものであるから、なくすべきである」と私たちが考えることが、戦争を減らし、なくなる方向付けを行う[e]イチジョになるからである。

（眞嶋俊造《まじましゅんぞう》『平和のために戦争を考える』による。本文を改めたところがある）

［注1］　厭世…世の中をいやなものと思うこと。

問一　二重傍線部a・b・c・d・eのカタカナを漢字に改めなさい。

問二　【　】1・2・3・4・5・6に入れるのに最も適切な語を次の中から選び、それぞれ記号で答えなさい。ただし、同じ記号を二度以上選んではいけません。

ア　逆説的　　**イ**　建設的　　**ウ**　直線的
エ　以心伝心　　**オ**　縦横無尽　　**カ**　四六時中

問三　傍線部①「『思う』『感じる』と、『考える』との間には違いがある」とありますが、どのような違いですか。八〇字以内で答えなさい。

問四　□A・B・C・Dには、「考える」ことの第1段階から第4段階を端的に説明する語句が入ります。その語句を考え、一五字以内でそれぞれ答えなさい。

問五　傍線部②「戦争が起こるさまざまな『負の連鎖』」とありますが、具体例としてどのようなことが考えられますか。あなたの考えて、他の人の考えに対しても、まずは「聞く」という意味で責任を持つことを意味する。

もう少し「考える」について見てみよう。「考える」には段階がある。「考える」ことの第1段階は、さしあたり「自分自身で考える」ことである。通常、この意味で私たちは「考える」ということを理解している場合が多いのではないだろうか。

しかし、もし自分自身で考えているとしても、他の人には、本当に考えているのか、何を考えているのかは分からない。「【　3　】」という言葉があるが、ひょっとしたら心は言葉にしなくても相手に伝わることがあるかもしれない。しかし、「考え」は言葉にして初めて相手に伝わる。すると、第1段階の「考える」とは、「　A　」というのが、より真実に近いのである。

それでは、第2段階以降の「考える」とはどういうことだろうか。それは一言でいうと、「自分自身で考え、みんなで考え、みんなと考える」ことである。第2段階の「考える」は、その考えを言葉として相手に伝えることである。言葉になって初めて、考えがきちんと相手にしっかりと伝わる。また、その際、相手が言葉をしっかり受け止める姿勢を持っていることが前提である。そうではないと伝わったことにはならない。それは、考えを言葉として伝えたい相手が聞く耳を持っていない、つまり一緒に考えるつもりがないということである。もし残念なことにそのようになってしまったら、相手と一緒に「考える」ことはできないことになってしまう。

では、　B　だけで、みんなと、みんなで考えたことになるのかというと、そうではない。それだけではまだ十分ではない。第3段階は、相手の考えに耳を傾ける、つまり、相手の考えを言葉として受け止める姿勢を持つことである。相手が自分の考えを受け止めてくれたように、自分も相手の考えを受け止めることが求められる。相手の考えを聞かないのであれば、それは本当の意味での「考え」ではなく、独り善がりの「思い込み」や「妄信」でしかない。

　C　ことで、自分ひとりでは考えもつかなかったことを知る機会を得ることができる。自分が考えつかなかったことを知るということは、一言でいうと、「自分の世界」が広がるということである。今まで見えなかったものが見えてくる。今まで知らなかったことを知ることができる。何と素晴らしいことではないか。

さて、第3段階までで、自分と相手の考えが言葉を介して理解する土俵が整った。第4段階は、その同じ土俵の上で、お互いと、お互いで、つまり、「みんなと、みんなで考える」ことである。私たちは自分の考えを相手に伝えることによって、そこから相手の考えに何らかの影響を与えることがある。また、同じように、相手の考えを聞くことによって、私たち自身の考えが影響を受けることもある。例えば、相手の考えを知ることによって、私たちは自らの考えの間違いを正したり、不足を補ったりすることができる。また、自分の考えを知った相手が、自身の考えの誤りに気づくことがあるだろう。

このように、自身で、お互いと、お互いで、考えの間違いを修正し、より間違っていない、より正しい考えに近づいていくことが、第4段階の「　D　」ことである。言い換えれば、第4段階の「考える」ということは、「みんながみんなで、より正しい考えに向かって、建設的な対話に積極的に参加し、関わり続けること」である。

【国　語】（五〇分）〈満点：一〇〇点〉

【注意】字数制限のある問いについては、特に指示がない限り、句読点・記号も一字として数えなさい。

一　次の文章を読んで、あとの問いに答えなさい。

戦争について考えたことがあるだろうか。おそらく、いつかの機会に、何かを考えたことがある人は多いと思う。むしろ、戦争について今まで一度も考えたことがないという人はいないのではないだろうか。とはいえ、朝から晩まで【　1　】、戦争について考えている人はほとんどいないだろう。そんなことをしていたら勉強や仕事ができなくなってしまう。まず、ここで私たちが話の出発点にしたいのが、「私たちは戦争について考えたことがある」ということだ。「戦争は嫌だ」と思うことも、広い意味では「戦争について考えた」といえる。

「戦争について考える」ことは、戦争を肯定することではない。「戦争がなければいい」、「戦争がなくなればいい」、「戦争の被害がなかったり、少なかったりしたらいい」と思うからこそ、私たちは戦争についてきちんと考える必要がある。

戦争をなくすには、戦争について考えることが最も重要だと著者は考える。戦争について考えることなしに、戦争をなくすことはできない。戦争をなくしたいからこそ、戦争について考えるのだ。

戦争について考える前に、まずは「考える」とはどういうことかについて見ていこう。

「考える」ということはどのようなことだろうか。「考える」と似た言葉に、「思う」や「感じる」という言葉がある。私たちは普段それらの言葉を特に区別することなく、何気なく使っていることが多いだろう。確かに、「戦争は嫌だと思う」、「戦争は嫌だと感じる」、「戦争は嫌だと考える」との間にはそれほどの差はないように見えるかもしれない。

しかし、①「思う」「感じる」と、「考える」との間には違いがある。ある人が「自分は思う、感じる」といった場合、「なぜ、どうして、そう思う、感じるのか」についてそう思った、感じた理由を他の人に対して必ずしも説明する必要はないだろう。もし他の人が「いや、自分はそう思わない、感じない」と言ったとしても、極端な言い方をすると、「君はそうかもしれないけれど自分はそう思う、感じるのだから」で話を終えることができる。相手も、そう思った、そう感じた人の思ったことや感じたことに余程の興味があるか、余程のおせっかいではない限り、それ以上は追及しないだろう。

「思う」「感じる」とはａタイショウ的に、「考える」は、「どうして、そう考えるのか」について、そのように考えた人がその理由を説明しなければならない。これはどういうことだろうか。

ある人が「自分はそう考える」と言った場合、その人はそのように考えた理由を持っているはずである。もし他の人が「いや、自分はそう考えない」と言ったとしたら、「君はそうかもしれないけれど、自分はこう考えるから」では済まなくなる。もし前向きな、【　2　】な意見交換や話し合いを行うことを望むのであれば、「そう考える」と言った人と「いや、自分はそう考えない」と言った人の双方に、「なぜ、どうしてそう考えたのか」を説明する責任が生じる。つまり、「考える」ということは、少なくとも自分の考えに責任を持つこと、そし

MEMO

大切なことはメモしておこうネ！

2020年度

解　答　と　解　説

《2020年度の配点は解答欄に掲載してあります。》

＜数学解答＞《学校からの正答の発表はありません。》

1.　(1)　$\frac{1}{4}$　(2)　$a=1$, $b=\frac{11}{2}$　(3)　$(5,\ 2)$, $(11,\ 10)$

2.　(1)　$a=1$, もう1つの解　-3　(2)　$a=-2+\sqrt{5}$
　ア　4　イ　-1　[ア　$\sqrt{5}$　イ　$6\sqrt{5}-14$]

3.　(1)　$B(2\sqrt{a},\ a)$, $C\left(\sqrt{a},\ \frac{1}{4}a\right)$　(2)　$\frac{16}{9}$　(3)　$DE=n\sqrt{b}-\sqrt{b}$, $DF=b-\frac{1}{n}b^2$
　(4)　$\frac{n^4}{(n+1)^2}$

4.　(1)　$2\sqrt{3}-3$　(2)　解説参照　(3)　$4\sqrt{3}-6$

5.　(1)　解説参照　(2)　4回, 5回　(3)　$\frac{3}{8}$

○推定配点○
1.　各6点×3((3)完答)　2.　(1)　各4点×2　(2)　a　6点　ア, イ　各3点×2
3.　(2)　4点　(4)　6点　他　各3点×4　4.　(2)　8点　他　各6点×2
5.　(3)　8点　他　各6点×2　計100点

＜数学解説＞

1.　(小問群－数の計算, 1次関数の変域, 自然数の組)

基本　(1)　$\left\{\left(\frac{1}{2}\right)^3-\frac{1}{3}\right\}\times\frac{6}{2^2-3^2}=\left(\frac{1}{8}-\frac{1}{3}\right)\times\frac{6}{4-9}=-\frac{5}{24}\times\left(-\frac{6}{5}\right)=\frac{1}{4}$

基本　(2)　1次関数は変化の割合が一定であり, 変化の割合が負の場合は, xの値が増加するとyの値は減少する。よって, $x=2$のとき$y=-2$　$-2=-\frac{3}{2}\times2+a$　$a=1$　$x=-3$のとき$y=b$
$b=-\frac{3}{2}\times(-3)+1=\frac{11}{2}$

(3)　$(m+n)(m-n)=21$のとき, $(m+n)$, $(m-n)$はともに自然数だから, $m+n=21$…①, $m-n=1$…②　または, $m+n=7$…③, $m-n=3$…④　①＋②から, $2m=22$　$m=11$　①に代入して, $n=10$　③＋④から, $2m=10$　$m=5$　③に代入すると, $n=2$
よって, $(m,\ n)=(5,\ 2)$, $(11,\ 10)$

2.　(2次方程式－解と係数, 方程式の作成)

基本　(1)　$x=0$を代入すると, $x^2+(a+2)x-a^2+2a-1=-a^2+2a-1=0$　両辺を-1でわって, $a^2-2a+1=0$　$(a-1)^2=0$　$a=1$　よって, $x^2+(1+2)x-1^2+2\times1-1=x^2+3x=0$
$x(x+3)=0$なので, もう1つの解は, $x=-3$

(2)　$x=a$のとき, $a^2+(a+2)\times a-a^2+2a-1=a^2+4a-1=0$　$a^2+4a=1$　$a^2+4a+4=1+4$　$(a+2)^2=5$　$a>0$だから, $a+2=\sqrt{5}$　$a=-2+\sqrt{5}$　ところで, $a^2+4a-1=0$の解が$a=-2+\sqrt{5}$となるのだから, aをxに置き換えた$x^2+4x-1=0$の解の1つも$x=-2+\sqrt{5}$となる。よって, アは4, イは-1　aの値を①の式に代入して得られる式も$x=-2+\sqrt{5}$を解として持つ。$a=-2+\sqrt{5}$のとき, $x^2+(a+2)x-a^2+2a-1=x^2+(-2+\sqrt{5}+2)x-(-2+\sqrt{5})^2$

$+2\times(-2+\sqrt{5})-1=x^2+\sqrt{5}x-(9-4\sqrt{5})-4+2\sqrt{5}-1=x^2+\underline{\sqrt{5}}x+\underline{6\sqrt{5}-14}=0$
＜確かめ＞この方程式を解の公式に当てはめて解くと，$x=\dfrac{-\sqrt{5}\pm\sqrt{5-4(6\sqrt{5}-14)}}{2}=$
$\dfrac{-\sqrt{5}\pm\sqrt{61-24\sqrt{5}}}{2}=\dfrac{-\sqrt{5}\pm\sqrt{45-2\times\sqrt{45}\times\sqrt{16}+16}}{2}=\dfrac{-\sqrt{5}\pm\sqrt{(\sqrt{45}-\sqrt{16})^2}}{2}=$
$\dfrac{-\sqrt{5}\pm(3\sqrt{5}-4)}{2}$　$x>0$の場合，$x=\dfrac{-\sqrt{5}+(3\sqrt{5}-4)}{2}=-2+\sqrt{5}$となる。

3.（関数・グラフと図形－$y=ax^2$のグラフ，文字式の扱い，方程式）

(1)　点Aのx座標は，$a=x^2$，$x>0$だから，$x=\sqrt{a}$　点Bのx座標は，$a=\dfrac{1}{4}x^2$，$x>0$から，$x=2\sqrt{a}$　点Cのy座標は，$y=\dfrac{1}{4}\times(\sqrt{a})^2=\dfrac{1}{4}a$　よって，$\mathrm{A}(\sqrt{a},\ a)$，$\mathrm{B}(2\sqrt{a},\ a)$，$\mathrm{C}\left(\sqrt{a},\ \dfrac{1}{4}a\right)$

(2)　$\mathrm{AB}=2\sqrt{a}-\sqrt{a}=\sqrt{a}$　$\mathrm{AC}=a-\dfrac{1}{4}a=\dfrac{3}{4}a$　よって，AB＝ACのとき，$\sqrt{a}=\dfrac{3}{4}a$　両辺をそれぞれ平方すると，$a>0$だから，$a=\dfrac{9}{16}a^2$　$9a^2-16a=0$　$a(9a-16)=0$　よって，$a=\dfrac{16}{9}$

(3)　点Dのx座標は，$b=x^2$から，$x=\sqrt{b}$　$\mathrm{D}(\sqrt{b},\ b)$　点Eのx座標は，$b=\dfrac{1}{n^2}x^2$　$x^2=n^2b$　$x=n\sqrt{b}$　$\mathrm{E}(n\sqrt{b},\ b)$　$\mathrm{DE}=n\sqrt{b}-\sqrt{b}$　点Fのy座標は，$y=\dfrac{1}{n^2}\times(\sqrt{b})^2=\dfrac{1}{n^2}b$　よって，$\mathrm{DF}=b-\dfrac{1}{n^2}b$

やや難　(4)　DE＝DFとなるとき，$n\sqrt{b}-\sqrt{b}=b-\dfrac{1}{n^2}b$　$\sqrt{b}(n-1)=\dfrac{b(n^2-1)}{n^2}=\dfrac{b(n+1)(n-1)}{n^2}$
両辺を$n-1$で割ると，$\sqrt{b}=\dfrac{b(n+1)}{n^2}$　両辺をそれぞれn^2倍して平方すると，$n^4b=b^2(n+1)^2$　bは0ではないから，両辺を$b(n+1)^2$で割って，$b=\dfrac{n^4}{(n+1)^2}$

4.（平面図形－正六角形，正十二角形，図形の移動，三平方の定理，作図，面積）

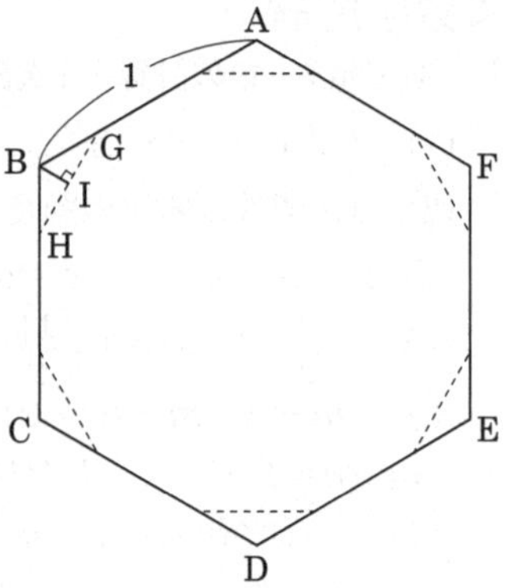

重要　(1)　右図のように点A～Hをおく。正六角形の1つの内角の大きさは，$180°\times(6-2)\div6=120°$　△BGHは二等辺三角形なので，∠GBHの二等分線とGHとの交点をIとすると，BI⊥GH，GI＝HI　△GBIは内角の大きさが30°，60°，90°の直角三角形となるので，$\mathrm{BG}:\mathrm{GI}=2:\sqrt{3}$　BG＝xとすると，$\mathrm{GI}=\dfrac{\sqrt{3}}{2}x$，$\mathrm{GH}=\sqrt{3}x$　GHは正十二角形の1辺の長さなので，$2x+\sqrt{3}x=1$　$(2+\sqrt{3})x=1$　$x=\dfrac{1}{2+\sqrt{3}}=\dfrac{2-\sqrt{3}}{(2+\sqrt{3})(2-\sqrt{3})}=2-\sqrt{3}$　よって，正十二角形の1辺の長さは，$\sqrt{3}(2-\sqrt{3})=2\sqrt{3}-3$

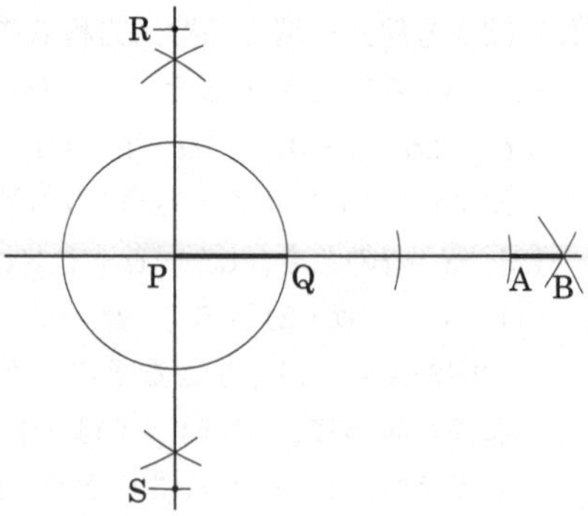

重要　(2)　与えられた長さ1の線分をPQとする。①直線PQ上にPA＝3となる点Aをとる。②直線PBが1辺の長さが4の正三角形の高さとなるような正三角形をつくるために，点Pから直線PQに垂線を引き，直線PAについて両側にPR＝PS＝2となる点R，Sをとる。③点R，Sをそれぞれ中心として，半径4の円を書き，その交点のうち，点Aの側にできる点をBとする。線分ABが，長さ$2\sqrt{3}-3$となる。

(3)　正六角形の対角線AD，BE，CFを引くことで，正六角形は合同な6つの正三角形に分けることができる。1辺が1の正三角形の高さは$\dfrac{\sqrt{3}}{2}$，面積は$\dfrac{\sqrt{3}}{4}$なので，正六角形の面積は$\frac{\sqrt{3}}{4}\times 6=\frac{3\sqrt{3}}{2}$　削り取る三角形△BGHは，底辺GH＝$2\sqrt{3}-3$，高さBI＝$\frac{1}{2}\times$BG＝$\frac{2-\sqrt{3}}{2}$　したがって，△BGH＝$\frac{1}{2}\times(2\sqrt{3}-3)\times\frac{2-\sqrt{3}}{2}=\frac{7\sqrt{3}-12}{4}$　それを6個分削り取るのだから，正十二角形の面積は，$\frac{3\sqrt{3}}{2}-\frac{7\sqrt{3}-12}{4}\times 6=\frac{3\sqrt{3}}{2}-\frac{21\sqrt{3}-36}{2}=\frac{36-18\sqrt{3}}{2}=18-9\sqrt{3}$　したがって，正十二角形の面積はもとの正六角形の面積の$(18-9\sqrt{3})\div\frac{3\sqrt{3}}{2}=\frac{12-6\sqrt{3}}{\sqrt{3}}=4\sqrt{3}-6$

5. (確率ー正方形の内部を動く点)

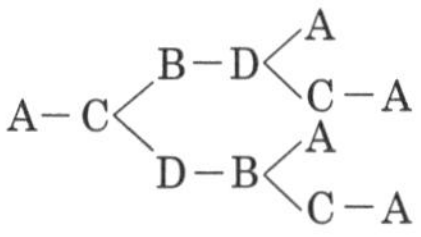

基本 (1)　右の図はボールの動きについてまとめた樹形図である。

基本 (2)　樹形図からわかるように，キャッチボールの回数は，4回の場合と5回の場合がある。

(3)　ことがらA，B，C，……の起きる確率がp，q，r，……のとき，A，B，C，……が引き続き起きる確率は$p\times q\times r\times$，……で求められるので，A→C→B→D→Aと進む確率は，$1\times\frac{1}{2}\times1\times\frac{1}{2}=\frac{1}{4}$　A→C→B→D→C→Aと進む確率は，$1\times\frac{1}{2}\times1\times\frac{1}{2}\times1=\frac{1}{4}$　A→C→D→B→Aと進む確率は，$1\times\frac{1}{2}\times1\times\frac{1}{2}=\frac{1}{4}$　A→C→D→B→C→Aと進む確率は，$1\times\frac{1}{2}\times1\times\frac{1}{2}\times1=\frac{1}{4}$　つまり，1ラウンド中の回数が4回のときも5回のときもAからCに至る確率は同じである。そして，それぞれに2パターンずつがあるから，1ラウンドが4回になる確率と5回になる確率はそれぞれ$\frac{1}{2}$で等しい。ところで，3ラウンドの回数は，4回，4回，4回の12回，4回，4回，5回の13回，4回，5回，5回の14回，5回，5回，5回の15回と考えられるが，13回のときは，何回目に5回となるかで3通りある。よって，13回になる確率は$\frac{1}{2}\times\frac{1}{2}\times\frac{1}{2}\times3=\frac{3}{8}$

★ワンポイントアドバイス★

2.(2)はxにaを代入してaについての2次方程式を作りaの値を求め，それを代入する。3.はx座標が平方根となるが，かまわず普通に進める。4.は，辺の比が2：1：$\sqrt{3}$となる三角形を利用する。5.(3)はそれぞれの進み方の確率を求めてから考える。

＜英語解答＞《学校からの正答の発表はありません。》

1　聞き取りの問題解答省略　**2**　書き取りの問題解答省略

3　1　importance　2　old　3　interesting　4　scare　5　full　6　life　7　pressure　8　prepare　9　part　10　parents　11　kind　12　successful

4　(1)　お風呂場で髪を洗っていた。　(2)　スープが非常に塩辛いこと。　(3)　6人がスープに塩を入れてスープを台無しにしたから。

5　1　ア　2　ウ　3　オ　4　エ　5　イ

6　(1)　She went to a famous college in New York　(2)　At that time, it was not difficult for her to find an interesting work　(3)　Emma went to several offices and then chose one from those offices　(4)　I don't have to go to the office by bus.　(5)　Emma thought for a few seconds before she answered the question.

7　(例)　I don't agree convenience stores should open daily for twenty-four hours. There are fewer customers late at night, so the operation costs and the longer work time put a burden on the store owner. Besides, using energy all through night is bad for the environment.

○推定配点○

1～4・6　各3点×28　　5　各2点×5　　7　6点　　計100点

＜英語解説＞

1　聞き取りの問題解説省略。

2　書き取りの問題解説省略。

3　**(長文読解問題・論説文：語句補充，熟語，要旨把握)**

(全訳)　小学校，中学校，高校は，在校中はあまり重要だと思われないかもしれないが，それらはあなたの人生において多くの点で最も大きな影響を与える時である。それらの子供の頃の年月はずっとあなたと共にある可能性がある。小学校で子供たちは，基礎的な読み書き，英語，算数，歴史，理科，図画など多くの教科を学ぶ。おそらく子供たちは初めて自分と同じ年齢の他の多くの子供たちに会う。小学校の先生たちは生徒たちの勉強を手伝うため，個々の生徒に多くの注意を払う。中学校はもっと難しくなる。生徒たちは小学校と同じ教科を習うが，やるべきことが増え，授業はより困難だがやりがいのあるものとなる。

高校では多くの変化があり，難しく恐ろしくなりうる。建物や雰囲気が全く違う。授業はさらに難しくなり，レポート課題も増え，宿題も増える。生徒たちはさらに自立して成熟していることが期待される。上級生たちは特に1年生にとって怖いことがある。しかしこれは，初めてデートに行ったり，車を運転したり，大学入学試験を受けたり，将来の計画を立てたりするような，多くの新しい経験で一杯のわくわくする時間でもある。しばしば新しい友情が結ばれ，これらが生涯続くこともある。生徒たちには授業でよい成績を取るよう多くのプレッシャーがあり，大学への準備をするためにさらに多くの勉強をしなくてはならない。プレッシャーが多すぎて，憂うつになってしまう生徒もいる。彼らはいくつかの教科を嫌ったり，飽きてしまったりする。高校時代には，ダンス，スポーツ，演劇，音楽，茶道など，生徒たちが参加できるたくさんのサークルやクラブがある。これらのクラブによって生徒たちは同じような趣味や興味を持つ他の生徒たちと出会うことができ，それが個人的な自信を養うのに役立つ。

これらの変化は急速に起き，しばしば多くのストレスを引き起こす。10代の頃は人の一生において最も大変な時であることが多い。特に14歳や15歳の頃は。これらの年代は親にとっても大変だ。それは大きな変化の時である。子供は急速に，肉体的にも精神的にも大人になっていく。子供たちは自立するにつれて親からますます離れていくが，それでも子供たちは親に依存している。10代の子供たちは友達となじもうとするが，同時に，他の人と違っていよう，自分の個性を見つけようとする。多くの10代の少年たちは意思疎通やなじむことに苦労して，不正な行いや無礼な振る舞いをするかもしれない。10代の少女たちは少年たちよりも早く成熟する場合が多い。彼女たちは多くの時間を費やして化粧をしたり素敵な服を買ったりするが，自分の容姿や人気について気にする。

ハーバード大学のある研究が，20年以上に渡り250万人の学生たちを追跡調査した。その研究は，良い教師は生徒たちに長期にわたって影響を与えるか否か，そしてどのように影響を与えるか，を確認することを目的とし，その種の研究の中で最大かつ最重要なものの1つだった。多くの人が，子供が小さい頃に良い先生に教えてもらうことは高学年で教えてらうよりも価値があると信じているが，その研究はこれを証明しなかった。研究によれば，良い教師はどの学年においても子供とその子供の将来に良い影響を及ぼす。実際，子供の教育における教師の影響は，両親の影響に次いで大きい。

その研究によって，良い教師が小学校や中学校で授業をすると，テストの点数が上がるだけではなく，教室の外でも多くの実用的な効果があるということもわかった。この研究より以前の研究では，良い教師は生徒に約4年間影響を与えうるが，その後は良い影響は消えてしまう，ということだった。この研究で，良い教師の影響は生徒が在学している間だけでなく，生涯続くということがわかった。10代の頃は，良い教師のおかげで生徒がもめごとに巻き込まれたり罪を犯したりする可能性が低くなる。その後，その生徒は大学へ行き，より良い仕事を得て，より多くのお金を稼ぎ，より良い地域に住む可能性が高まる。その研究で，質の低い教師は実際に，子供が将来成功する可能性を損ないうる，ということもわかった。

アルバート・アインシュタインは「教育とは，学校で学んだことを全て忘れてしまった後に残るものである」と言った。

【要約文】（全訳）　あなたは学校に通っている間は，そこでの年月の(1)重要性を実感しないかもしれないが，それらはあなたの人生において最も影響力のある時である。小学校では多くの教科を学び，初めて自分と同じ(2)年齢の他の多くの子供たちに会う。中学校ではやるべきことが増え，授業はより難しいがより(3)興味深くなる。

高校で経験する変化は難しく，あなた(4)を怖がらせるかもしれない。授業はさらに難しくなるのでレポート課題や宿題も増える。生徒たちはさらに自立し成熟しなければならない。上級生たちがあなた(4)を怖がらせることもあるが，あなたは新しい経験で(5)いっぱいのわくわくする時間を過ごすだろう。新しい友達ができ，彼らは(6)生涯ずっとあなたと共にいるだろう。良い点数を取って大学への(8)準備をしなくてはならないため，たくさんの(7)プレッシャーを経験する。また，多くのサークルやクラブに(9)参加することができ，同じような趣味や興味を持った他の生徒たちと会うことができる。

10代の頃，特に14歳か15歳の頃は子供たちにとっても(10)親にとってもとても困難になりうる。子供たちは全く異なる2つの物事や考えを経験したり心配したりする。彼らは自立する一方でいまだに親に依存している。彼らは友達となじみたいが，同時に違っていたいし，自分がどんな(11)種類の人間なのか知りたいと思う。

ハーバード大学の研究により，良い教師はいつでも子供たちに良い影響をもたらし，それは在学中だけでなく，(6)生涯にわたるとわかった。良い教師の影響は，子供たちに(12)実り多き人生を送る可能性を与える。

やや難　問　要約文下線部参照。　(3)　本文第1段落最終文の more challenging「より困難だがやりがいがある」を harder but more interesting「より難しいがより興味深い」と書き換える。
(11)　第3段落第7文参照。find their own identity「自分のアイデンティティを見つける」を find out what kind of persons they are「自分がどんな種類の人間か理解する」と書き換える。

4 （長文読解問題・物語文：内容吟味）

（全訳）　ある時，シンプソン夫人は大勢の人を自宅に，夕食に招いた。彼女は彼らに肉，野菜，そして特製スープから成る素晴らしい夕食をふるまうつもりだった。

パーティー当日，シンプソン家では誰もが忙しかった。シンプソン夫人には5人の娘がいたが，誰もスープを作ることを考えなかった。彼女たちは洗濯したりアイロンがけをしたり家を掃除したりした。彼女たちはデザートを作った。そしてシンプソン夫人はスープのことを思い出し，それを作ろうとキッチンに駆け込んだ。

シンプソン夫人は町で一番のスープを作った。彼女より料理の上手な女性はいなかった。しかし今回，彼女は塩を入れるのを忘れてしまった。もちろん，おいしいスープには塩が少々必要だ。

シンプソン夫人は火を強くしてコンロの上にスープを置いた。そして彼女は床を掃き始めた。彼女の手はとても汚くなった。

突然，彼女はスープのことを考えた。「塩を全く入れていないわ！」 そこで彼女は手伝ってもらおうと娘の1人を呼んだ。

「スー，スープに塩を入れてくれる？　私の手はとても汚れているのよ」と彼女は言った。

「できないわ，ママ。私はお風呂場で髪の毛を洗っているの」とスーが言った。

「サラ，スープに塩を入れに行ってくれる？」

「できないわ，ママ」とサラが言った。「私のドレスがおかしくて，縫わないといけないの」

「ブレンダ，スープに塩を入れられる？」

「無理よ，ママ」とブレンダが言った。「誰か他の人に頼んで」

「誰も手伝ってくれないの？　ジェニー，スープに塩を入れに行って」

「リンダにやるように言ってよ，ママ。私はテーブルクロスにアイロンをかけているの」とジェニーが言った。

「私はできないわ，ママ。私は腕時計を探しているの。見つけるまで他のことは何もしないわ」とリンダが言った。

そこでシンプソン夫人はほうきを置いた。彼女は手を洗い，スープに塩を入れた。そして再び床掃除を始めた。

リンダは母に従うべきだったと思いはじめ，静かにキッチンへ行きスープに塩を入れた。その後，腕時計を探すのを続けた。彼女はあちこちの隅を探した。

ジェニーは自分が失礼だったのを申し訳なく思うようになり，彼女もスープに塩を入れた。その後，彼女はアイロンがけを終えた。

(1)スーはキッチンへ行きスープのにおいをかいだ。「塩があったほうがもっとおいしくなるわ」と彼女は自分に言い聞かせ，塩を入れた。

その後サラは「私はママの手伝いをしなくちゃ」と思い，スープに塩を入れた。そしてブレンダも静かにキッチンへ行き，スープに塩を入れた。

その晩，お腹を空かせた招待客たちが席に着き，スープを待った。彼らはそのにおいをかぐことができ，それはおいしそうなにおいだった。そしてシンプソン夫人はそれをみんなの前のテーブルの上に置いた。牧師が夕食に来ていたので，シンプソン夫人は彼に最初の皿を渡した。彼はスープを口いっぱいに入れた。突然目を大きく見開き，彼は水の入ったグラスを手に取って一口でゴクリと全部飲んでしまった。

シンプソン夫人は今や何かがおかしいと気づき，自分でスープの味見をした。(2)そして彼女は知った。

「あなたたちの誰がこのスープに塩を入れたの？」と彼女は娘たちに尋ねた。

「私よ，ママ」と5人全員が一緒に言った。

「それに私もね」とシンプソン夫人が言った。「(3)料理人が多すぎると，スープが台無しになるわね」

そして，それは真実なのだ。

(1)　シンプソン夫人は最初にスーに頼んだが，スーは風呂場で髪を洗っているので無理だと言った。

(2)　シンプソン夫人は自分でスープの味見をして，塩辛すぎることに気づいた。

(3)　Too many cocks spoil the broth.「料理人が多すぎると，スープが台無しになる」は英語のことわざで，「指示を出す人が多いとかえって物事がうまく行かなくなる」という意味。日本のことわざの「船頭多くして船山に上る」に相当する。この話では実際に，シンプソン夫人と5人の娘がスープに塩を入れたため，スープが非常に塩辛くなってしまった。

基本 5 **(長文読解問題・物語文：文補充・選択)**

(全訳)　ノートを取ることは学習の重要な部分である。学生たちは教師の話を聞く。彼らは重要なことを書き留める。もしくは彼らはコンピュータを使う。近頃は多くの学生たちがノートをタイプするためにコンピュータを教室に持ってくる。

コンピュータを使うほうがいいと考える人もいる。[1]人は手書きするよりもタイプするほうが早い。それはよりたくさん書き留められるということだ。もしあなたが早くタイプできるなら，教師が言う全ての単語をタイプすることができる。

[2]コンピュータは教室で当たり前のものになってきている。ほとんど全ての大学生は，ノートをタイプするために，授業に持っていける小ささのコンピュータを持っている。[3]手で書き留める学生はどんどん少なくなっている。そこで今，学校では子供たちに書き方を教えるのを重点的に取り扱わなくなっている傾向がある。多くの人が手書きの必要性はないと思っている。

[4]しかしながら，研究によると，手で書き留めるのは良いことだ。学生たちは全ての単語を書くことができないと，それについてよく考えなくてはならなくなる。彼らは重要な情報を選び出さなくてはならない。[5]そして書く行為は人が記憶するのに役立つ。研究によると，ノートを手書きする人はその情報をより良く覚えている。

問　全訳下線部参照。

やや難 6 **(長文問題・物語文：冠詞，熟語，不定詞，前置詞)**

(全訳)　エマは17歳の時，地元の学校を離れた。彼女はタイピストになる勉強をするために，1年間(1)ニューヨークにある有名な専門学校に通った。彼女は試験にかなり良い成績で合格し，仕事を探しに出かけた。彼女はまだ親と一緒に住んでいた。

(2)当時，彼女にとって興味深い仕事を見つけるのは難しくなかった。なぜなら多くの会社がタイピストを求めていたからだ。(3)エマはいくつかの会社に行き，そしてそれらの会社から1つを選んだ。それは彼女の実家に近かった。彼女は「(4)私はバスに乗って会社に行く必要がない。私は毎朝歩くわ」と思った。

彼女はその会社を再び訪問し，経営者に「テイラーさん，私はここで働きたいのですが，お給料はいかほどか知りたいです」と言った。

「今は10ドル支払って，3か月後には15ドルではどうでしょう？」と彼は尋ねた。

(5)エマはその質問に答える前に数秒考えた。そして彼女は「結構です，では私は3か月後に働き始めます」と言った。

(1)　go to ～「～へ行く」 famous college に a を付ける。in New York「ニューヨークの」

(2)　at that time「当時」 < It is … for ＋人＋ to ＋動詞の原形>「(人)にとって～することは…だ」 interesting work の前に冠詞 an を付ける。

(3)　go to ～「～へ行く」 choose ～ from …「…から～を選ぶ」 offices は「エマが訪問した複数の会社」のことであるから，those「それらの」を付ける。

(4) < don't have to +動詞の原形>「~する必要はない，~しなくてもよい」 go to the office「会社へ行く」 by bus「バスで」

(5) for a few seconds「数秒間」 question「質問」は直前の経営者の問いかけを指すので，定冠詞 the を付け「その質問」とする。

重要 **7** (条件英作文)

(解答例の訳)「私はコンビニエンスストアが年中無休で24時間営業すべきだということに同意しません。夜遅い時間にはお客さんが少ないので，営業コストと長時間労働が店のオーナーの負担となります。さらに，一晩中電力を使うことは環境に悪いです」

★ワンポイントアドバイス★

3の長文読解問題は学生時代の意義についての論説文。昨年度のクレオパトラについての文章より読みやすいだろう。

<理科解答>《学校からの正答の発表はありません。》

1 (1) オ (2) イ，オ，カ (3) ウ，カ (4) ア，ウ，オ (5) ウ，エ，カ
(6) ア，エ (7) ア，ウ (8) エ

2 (1) 16倍 (2) 有機物 (3) 柔毛 (4) 親と形質が必ずしも同じでないこと。 (5) ① しゅう曲 ② 地震 (6) 右図 (7) ① V ② A ③ V ④ A (8) 20Ω

3 (1) X ブラックホール Y クレーター (2) オ (3) 16分40秒後
(4) (惑星1) 火星 (惑星2) 木星 (5) (例) 地表を流れる水によって侵食された。
(6) オ (7) ア，カ (8) イ，ウ，オ

4 (1) Cu (2) (電極E) 塩素 (電極F) 水素 (3) (電極E) C (電極F) B
(4) B←C (5) イ (6) ウ (7) 30mL

5 (1) 400g (2) 1250Pa (3) 4cm
(4) 120g (5) オ (6) ア
(7) N極 (8) 右図

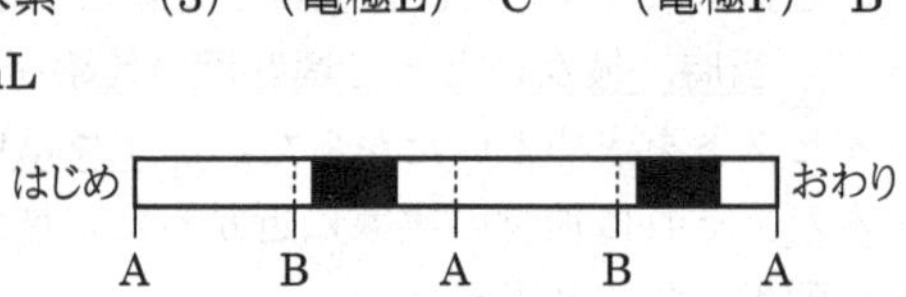

6 (1) ミトコンドリア (2) 光合成量と呼吸量が等しい (3) ① 2.4 ② 酸素
③ 温室効果 ④ 0.36 ⑤ 細胞 (4) ⑥ 1 ⑦ 2.8 ⑧ 4
(5) 呼吸量が少ない

○推定配点○

各2点×50(2(5)・(7)，3(1)・(4)，4(2)・(3)各完答) 計100点

<理科解説>

1 (小問集合－各領域の小問集合)

基本 (1) 常温でアとウは液体，イは気体だから，これらの融点は常温以下である。固体であるエとオ

の融点は常温以上だが，ロウは少し加熱しただけで液体になることからも分かるように，融点はさほど高くない。種類にもよるが，ふつう100℃以下である。金属であるマグネシウムの融点は高く，650℃ほどである。

(2)　アとエは加熱しなくとも，混ぜただけで反応が起こる。ウは加熱しても反応が起こらず，ふつう電流を流して分解する。イの酸化，オ，カの熱分解は，加熱によっておこる。

重要　(3)　ピストンをすばやく引くと，空気が急に膨張して温度が下がり，露点に達して水滴ができて曇る。ピストンをすばやく押すと，空気が急に圧縮されて温度が上がるため，水滴はできない。

(4)　雲が発生するのは．空気が地面から上空へと上昇して，膨張し温度が下がるときである。つまり，山をのぼるとき(ア)，地表が温められたとき(ウ)，低気圧の中心(オ)，前線面をのぼるときなどである。一方，山を下るとき(イ)は温度が上がる。また，高気圧の中心(エ)は下降気流が生じている。

(5)　カモノハシは河川や湖沼にすむ哺乳類，クジラは海にすむ哺乳類である。　ア　クジラは沖縄近海にも現れるが，カモノハシはオーストラリア東部にのみ生息する。　イ　カモノハシは体毛でおおわれているが，クジラの体毛は頭部にわずかに残る程度で，ほとんどない。　ウ　どちらも哺乳類だからセキツイ動物である。　エ　どちらも水中生活をするが，肺呼吸をしている。　オ　クジラは胎生だが，カモノハシは哺乳類としては例外的に卵生である。　カ　どちらも母乳で育つ。

重要　(6)　ア　正しい。タマネギは単子葉類である。　イ　誤り。タマネギの食用部分は，チューリップやヒヤシンスの球根と同じく，根ではなく茎の一部を葉が取り巻いた構造(鱗茎，鱗葉)である。　ウ　誤り。タマネギの食用部分である鱗葉は白く，葉緑体を持たない。　エ　正しい。細胞の観察では，細胞の重なりをなくす必要がある。　オ　誤り。先端付近は細胞分裂により，1つの細胞が小さい。　カ　誤り。染色体は細胞分裂のときのみ観察できるので，先端で多く観察できる。

(7)　放射線には，高いエネルギーを持つ粒子(α線，β線など)や，高いエネルギーを持った電磁波(γ線，X線など)が知られており，種類によって程度の差はあるが，物質を透過する能力がある。放射性物質は，自然界にも一定割合だけ存在するので，ヒトの体内にも存在し，放射線を出している。放射性物質は，壊変して数が減っていくので，放射線の強さは減っていくが，その減少速度は種類によってさまざまで，半減するのに1秒未満のものもあるが，数十億年以上かかるものもある。放射線量は，ヒトが自然界から受ける平均が，場所にもよるが年間2mSv(ミリシーベルト)程度であり，胸部X線の撮影は1回0.06mSv程度である。年間100mSvを超えるようだと，健康に心配が出てくる。

(8)　水の比熱をC〔J/g・℃〕とする。各選択肢の熱量は，ア　$C\times100\times(30-10)=2000C$〔J〕，イ　$C\times50\times(20-10)=500C$〔J〕，ウ　$C\times200\times(30-20)=2000C$〔J〕，エ　$C\times120\times(60-40)=2400C$〔J〕，オ　$C\times30\times(30-10)=600C$〔J〕である。

2 (小問集合－各領域の小問集合)

(1)　水H_2Oの分子10個には，水素原子が20個と，酸素原子10個が含まれる。この質量が水素原子100×1.8＝180(個)分なのだから，酸素原子10個の質量は，水素原子180－20＝160(個)分である。よって，酸素原子1個の質量は，水素原子1個の質量に比べ，160÷10＝16(倍)である。

基本　(2)　炭素Cや水素Hを含み，完全燃焼するとCO_2とH_2Oが生成し，エネルギーを取り出すことができる物質は，有機物とよばれる。大半は，元をたどれば生物由来の物質である。

(3)　小腸の内壁には，細かな突起である柔毛が無数にある。これは，表面積を広げ，栄養分を効率的に吸収するのに役立っている。柔毛の内部には，毛細血管やリンパ管が通っている。

(4) 有性生殖は．両親から半分ずつの遺伝子を受け継ぐので，親と子の遺伝子の組み合わせは必ずしも一致しない。そのため，親と子の形質も必ずしも一致しない。

(5) 地層に長い年月にわたって圧縮の力がかかり続けると，地層が変形するしゅう曲(褶曲)が生じる。また，地震などの強い力がかかると，地層が切断された断層が生じる。

(6) 図1の断層は，断層面に対して上側にある右側のブロックが，ずり上がっている状態にある。これは，地盤に左右両側から圧縮の力がはたらいたことによって生じる逆断層である。

重要 (7) 図2の回路では，電池Eの＋極を出た電流は，Xを通ったあと，2つに分かれてYとZを通り，再び一緒になって電池の－極に入る。この経路上にある②と④は，回路に直列につながれた電流計である。また，電流が通らない①と③は，回路に並列につながれた電圧計である。

(8) 抵抗器Xにかかる電圧は，$10\Omega \times 0.30A = 3.0(V)$である。よって．抵抗器YやZにかかる電圧は，$5.0V - 3.0V = 2.0(V)$である。このうち，抵抗器Yに流れる電流は，$\frac{2.0V}{10\Omega} = 0.20(A)$である。よって，抵抗器Zに流れる電流は，$0.30A - 0.20A = 0.10(A)$であり，抵抗器Zの抵抗の大きさは$\frac{2.0V}{0.10A} = 20(\Omega)$である。

3 (地球と太陽系－惑星や小惑星の様子)

(1) X 地球上の8つの電波望遠鏡をつなぎあわせた巨大で仮想的な望遠鏡で，ブラックホールの姿を初めてとらえることに成功したことが，2019年4月に公表された。 Y 日本の探査機「はやぶさ2」は，2014年12月に打ち上げられ，2018年に小惑星リュウグウに接近し，1年半ほどかけて，人工クレーターをつくり，物質の採取をおこなうなど，さまざまな観測をおこなった。今後，地球に帰還する予定である。

(2) われわれのいる銀河系，いわゆる「天の川銀河」の円盤部の直径は約10万光年である。その円盤部のうち，太陽系は銀河中心から約2.8万光年の距離にある。

(3) 電波の速さ30万km/sが，3億kmの距離を進む時間は，3億÷30万＝1000(秒)である。これは，1000÷60＝16余り40により，16分40秒である。

(4) 小惑星は太陽系に広く分布するが，その軌道が多く集まっているのは，火星軌道と木星軌道の間である。なお，小惑星リュウグウは，ほとんど地球軌道と火星軌道の間を動いている。

重要 (5) クレーターは，隕石などが惑星や衛星に衝突したときに残った跡である。月には多数のクレーターが残っているので，近くにある地球も同じ確率でクレーターが生成したはずである。しかし，地球の表面には大気や水があるため，クレーターの大半は侵食によって消滅した。その他に，地球表面ではプレート運動に伴う活発な地殻変動が起こっており，地形の変形や火山活動などによって消滅したクレーターも多い。これらから1つ答えればよい。

(6) 3億km離れた小惑星リュウグウの大きさが900mである。一方，月～地球の平均距離は約38万kmである。その比率から，3億：900＝38万：x とすると，x＝1.14mとなる。選択肢ではオの大きさが最も近い。

(7) アは主に二酸化ケイ素SiO_2からなる。カはアルミニウムAlからなる。他はすべて有機物であり，炭素Cを含む。

(8) 玄武岩は黒っぽい火山岩である。粘性が弱く流動性に富んだ高温のマグマが，地表や地下の浅いところで急激に冷えて固まった岩石である。

4 (電気分解－3種類の水溶液の電気分解)

(1) 塩化銅水溶液の電気分解は，$CuCl_2 \rightarrow Cu + Cl_2$により，陽極Cでは塩素$Cl_2$が発生し，陰極Dには銅$Cu$が析出する。

(2) 塩酸は塩化水素HClの水溶液であり，電気分解は，$2HCl \rightarrow H_2 + Cl_2$により，陽極Eでは塩素

Cl_2が発生し，陰極Fでは水素H_2が発生する。

重要 (3)　水酸化ナトリウム水溶液の電気分解は，ナトリウムNaが析出できないため，結局，水の電気分解と同じになる。$2H_2O \rightarrow 2H_2 + O_2$により，陽極Aでは酸素$O_2$が発生し，陰極Bでは水素$H_2$が発生する。よって，電極Eと同じ気体$Cl_2$が発生するのは電極Cであり，電極Fと同じ気体$H_2$が発生するのは電極Bである。

(4)　電流の向きは，電池の正極から負極の向きであり，A→B→C→D→E→Fの向きである。電子の移動する向きはその逆なので，F→E→D→C→B→Aの向きである。電極Cでは，塩化物イオンCl^-が電子を手放し，電極Bでは水素イオンH^+が電子を受け取る。

(5)　(3)で解説したように，電極AとBでは，水の電気分解が起こっている。$2H_2O \rightarrow 2H_2 + O_2$により，陽極Aの酸素$O_2$と，陰極Bの水素$H_2$の体積比は1：2である。

基本 (6)　(2)で解説したように，塩酸の電気分解では，陽極Yでは塩素Cl_2が発生し，陰極Xでは水素H_2が発生する。発生する体積比は1：1だが，塩素は水に溶けやすいので，図2の実験では塩素はあまり集められない。

(7)　グラフから，電気分解される塩酸の量は，電流を流した時間に比例する。問題文より，電流を流しはじめてから5分後の塩酸1mLを中和するのに必要な水酸化ナトリウム水溶液の量は9mLであり，同様に12分後の塩酸1mLの場合は7.6mLである。つまり，7分間で1.4mL減っているので，1分間当たり0.2mLずつ減っている。このことから，電流を流す前の塩酸1mLを中和するのに必要な水酸化ナトリウム水溶液の量は，$9+0.2\times5=10$(mL)，あるいは，$7.6+0.2\times12=10$(mL)となる。塩酸3mLであれば，中和するのに必要な水酸化ナトリウム水溶液の量は，$10\times3=30$(mL)となる。

5 (力－ばねにつるされたおもりや磁石)

(1)　100gのおもりをつるすと1.5cmのびるばねを使い，円柱のおもりをつるすと6.0cmのびたので，円柱のおもりの質量は，$100：1.5=x：6.0$　より，$x=400$gである。

(2)　質量400gの円柱のおもりにはたらく重力が4N，ばねの伸びが1.5cmのときばねにかかる力が1Nだから，机にかかる力は$4-1=3$(N)である。円柱の底面積が$24cm^2=0.0024m^2$だから，机にかかる圧力は，$3\div0.0024=1250$(N/m^2)，つまり1250Paである。

(3)　円柱のおもりの体積は，$24\times5=120$(cm^3)である。ビーカーの底面積が$30cm^2$だから，水面の高さは$120\div30=4$(cm)上がる。

(4)　ばねの伸びが6.0cmから4.2cmに，1.8cm小さくなった。ばねののび1.8cmにあたる力は，$100：1.5=x：1.8$　より，$x=120$gの質量にはたらく重力に等しい。そのぶんの力が台ばかりにかかるので，台ばかりの値は120gぶん増加する。なお，この120gに相当する力は浮力に等しく，$120cm^3$の円柱のおもりが押しのけた水の重さに等しい。

(5)　ばねにつるした磁石の下面のS極と，台ばかりに置いた磁石の上面のS極が反発する。そのため，ばねにつるした磁石には上向きの力がはたらき，ばねの伸びは小さくなる。一方，台ばかりに置いた磁石には下向きの力がはたらき，台ばかりの値は大きくなる。

(6)　ばねにつるした磁石の下面のS極と，台ばかりに置いた磁石の上面のN極が引き合う。そのため，ばねにつるした磁石には下向きの力がはたらき，ばねの伸びは大きくなる。一方，台ばかりに置いた磁石には上向きの力がはたらき，台ばかりの値は小さくなる。

(7)　ダイオードは，一方向にのみ電流を流すはたらきがある。図4の発光ダイオードが点灯するとき，コイルに流れる電流の向きを右手の4本指に合わせると，そのときコイルの上端がN極になっていると分かる。ばねにつるした磁石の下面がA→Bに近づくときに誘導電流が流れるのだから，磁石の下面もN極である。

やや難 (8)　図5では，A→Bのときに発光ダイオードが点灯している。ただし，A→Bの前半で発光ダイオードが点灯していないのは，磁石が遠すぎて誘導電流が小さすぎたためである。また，A→Bの最後でも点灯していないのは，最後の速度が遅いために，磁界の変化が小さく，誘導電流が小さすぎたためである。磁石のN極とS極を逆にすると，逆にB→Aのときに発光ダイオードが点灯する。しかし，図5と同様に，近すぎて速度が遅いときと，遠すぎるときには点灯しない。

6 (植物のからだのしくみ－樹木の内外の葉のちがい)

(1)　細胞の呼吸には，細胞質(細胞質基質)とミトコンドリアが関わっている。二酸化炭素を放出するのはミトコンドリアである。

(2)　呼吸によって放出する二酸化炭素量と，光合成で吸収する二酸化炭素量が等しいと，見かけ上では，二酸化炭素の増減がゼロになる。

重要 (3)　①　(A)の葉では，0ルクスの暗黒のとき，10分間で二酸化炭素を2.4mg放出しており，これが(A)の葉の呼吸量である。2500ルクスでは，見かけ上，二酸化炭素の増減がゼロだから，10分間に光合成で吸収する二酸化炭素量も2.4mgである。　②　気体であれば，呼吸によって吸収する酸素量と，光合成で放出する酸素量を測定することが考えられる。気体以外なら，呼吸によって消費するデンプン量と，光合成で生成するデンプン量を測定することも考えられる。

③　二酸化炭素は赤外線を吸収する温室効果ガスなので，赤外線の吸収量を測ることで，二酸化炭素濃度を知ることができる。　④　容器内の0.5Lの気体のうち400ppmが二酸化炭素なので，二酸化炭素の体積は，$0.5\times\frac{400}{1000000}=0.0002$(L)である。二酸化炭素1Lの質量が1.8gだから，0.0002Lであれば，$1.8\times0.0002=0.00036$(g)，つまり，0.36mgとなる。　⑤　葉が大きいと，そこに含まれる細胞の数も多いので，呼吸や光合成の量もそれに比例して増える。

やや難 (4)　⑥　まず，厚紙$10\times20=200$(cm^2)の質量が10.5gであることを利用して，(A)と(B)の葉の面積を求める。200：10.5＝(A)：18.9より，(A)の面積は360cm^2である。また，200：10.5＝(B)：25.2より，(B)の面積は480cm^2である。次に，(A)の葉の2500ルクスでの10分間の光合成量は，呼吸量と等しく2.4mgである。また，(B)の葉の2500ルクスでの10分間の光合成量は，グラフの読みの2.4mgに，呼吸量の0.8mgを加えて，3.2mgである。葉100cm^2あたりの光合成量を比較すると，(A)：(B)＝$\frac{2.4}{360}\times100:\frac{3.2}{480}\times100=1:1$となる。(A)は(B)に比べて1倍である。

⑦　(A)の葉の10000ルクスでの10分間の光合成量は，グラフの読みの6.0mgに，呼吸量の2.4mgを加えて，8.4mgである。また，(B)の葉の10000ルクスでの10分間の光合成量は，グラフの読みの3.2mgに，呼吸量の0.8mgを加えて，4.0mgである。葉100cm^2あたりの光合成量を比較すると，(A)：(B)＝$\frac{8.4}{360}\times100:\frac{4.0}{480}\times100=2.8:1$となる。(A)は(B)に比べて，2.8倍である。　⑧　(A)の葉の10分間の呼吸量は2.4mgである。また，(B)の葉の10分間の呼吸量は0.8mgである。葉100cm^2あたりの呼吸量を比較すると，(A)：(B)＝$\frac{2.4}{360}\times100:\frac{0.8}{480}\times100=4:1$となる。(A)は(B)に比べて，4倍である。

(5)　(4)の計算により，光が強いときの光合成量は(A)が(B)の2.8倍で，光合成の効率に大きな差が出る。光が弱いときの光合成量は(A)が(B)の1倍で同程度だが，呼吸量は(A)が(B)の4倍もある。(B)は呼吸量が少ないので，同程度の光合成量でも栄養分を貯えていくことが可能である。このように，樹木の内側の葉は，光量が少なくても成長できる仕組みになっている。

★ワンポイントアドバイス★

例年，問題数が多く，時間は不足しがちである。単純な問題をてきぱき済ませ，考察力の必要な問題に時間を残そう。

＜社会解答＞《学校からの正答の発表はありません。》

1　問1　A　インド洋　　B　大西洋　　問2　ウ　　問3　南　　問4　エ
問5　(例)　内陸部は極端に乾燥した気候であるため，人口は比較的降水の多い沿岸部に集中している。

2　問1　棚田　　問2　ア　　問3　(1)　B　ドイツ　　C　オランダ　　(2)　(例)　水運を利用して石炭や鉄鉱石などの原料，鉄鋼などの製品を輸送できるから。　問4　(形態)　輪中　(特徴)　洪水から集落を守るため，周囲に堤防をめぐらせている。　問5　(1)　茶　　(2)　カ
問6　(沖合)　ア　　(沿岸)　ウ　　問7　イ(→)ア(→)ウ　　問8　イ　　問9　(例)　山林や原野を焼き払ってできた灰を利用し，肥料なしで数年間耕作できる。

3　問1　A　隋　　B　日本書紀　　問2　(1)　ア　　(2)　イ　　(3)　対馬藩　　問3　姓
問4　飛鳥　　問5　(1)　渡来人の子孫　　(2)　(例)　中国の進んだ政治制度を学び，これを大化の改新によって成立した新政権の政治に生かした。　問6　(1)　栄西　　(2)　ウ
問7　東の天皇　　問8　(例)　手紙が，日本の天皇と中国の皇帝が対等な関係にあるという形式で書かれていたから。

4　問1　イ　　問2　エ　　問3　(1)　A　太平　　B　石炭　　(2)　(例)　アメリカ合衆国の軍政下に置かれていた。　問4　(例)　日ソ共同宣言が結ばれ，日ソ間の戦争が終結するとともに，国交が回復した。

5　問1　A　65　　B　2.1　　問2　C　25　　D　40　　E　75　　問3　(例)　人口の減少や少子高齢化によって購買力が低下するとともに，労働力の不足によって経済活動が低調となる。また，貯蓄に回るお金が少なくなり，企業が新たな投資をすることが難しくなる。
問4　F　小選挙区　　G　小選挙区比例代表並立　　H　一票の格差　　I　徳島

6　問1　イ　　問2　ウ　　問3　A　エ　　B　イ　　C　ア　　D　ウ　　問4　(1)　E　250　F　1,000　　G　20,000　　H　5,000　　(2)　(例)　食料品や燃料の価格が下がり，家計は潤うが，自動車や電気機器の輸出が振るわなくなり，関連する会社の業績が悪化する。
問5　I　自由　　J　平等　　K　良心　　問6　(例)　金銭的利益だけを追求する多国籍企業のビジネスモデルにより，先進国と発展途上国，あるいは富める人と貧しい人の間の経済的な格差がさらに広がる。

○推定配点○

1　問5　3点　　他　各2点×5
2　問3(2)・問4・問9　各3点×3(問4完答)　　他　各1点×10
3　問5(2)・問8　各3点×2　　他　各1点×11　　4　問4　3点　　他　各2点×5
5　問3　3点　　問4　各2点×4　　他　各1点×5
6　問4(2)・問6　各3点×2　　問5　各2点×3　　他　各1点×10　　計100点

＜社会解説＞

1　(地理－南極とその周辺地域の地誌)

問1　地図の左上にある陸地は，アフリカ大陸とマダガスカル島の一部，地図の右上にある陸地はオーストラリア大陸の一部とタスマニア島。よって，両者の間に広がるAの海洋はインド洋である。また，地図の左下～下にある陸地は南アメリカ大陸の一部。よって，アフリカ大陸と南アメリカ大陸の間に広がるBの海洋は大西洋である。

問2　同一経線上では，緯度1度の距離は約111km。地点「あ」と南極点は，同一経線上に位置し，両者の経度差は30度。よって，地点「あ」から南極点までの距離は，111km×30＝3,330km≒3,333km。

基本　問3　地球上のどの地点から見ても，南極点は南の方位にある。

問4　南極には，極地の研究のために各国の研究者が駐在しているだけで，一生居住している人は1人もいない。なお，イヌイットは，北極海沿岸のツンドラ地域に居住する先住民である。

重要　問5　Xはオーストラリア大陸。内陸部を中心に国土の約70％は乾燥気候で，人口は比較的降水が多い沿岸部に集中している。シドニー，メルボルン，ブリズベン，パース，アデレードの5大都市もすべて沿岸部に位置している。

2 （地理－水をテーマにした世界，日本の地理）

基本　問1　棚田は，急な斜面を耕して階段状に作った水田。米の生産だけでなく，水資源の涵養など多面的な機能を併せ持つが，高齢化の進行によって維持，管理が困難になっている。

重要　問2　まず，ウは突出して需要が多いことから農業用水。日本は水田耕作が盛んなため，大量の水が必要とされる。イは需要が年々減少していることから工業用水。工場では，回収水の利用が進められているので，需要は低下傾向にある。残ったアが生活用水となる。

やや難　問3　(1)　B　ライン川は，スイスのバーゼルを過ぎたあたりから，ドイツのカールスルーエ付近まで，ドイツとフランスの国境をなしている。　C　ライン川は，オランダに入ると，間もなくワール川，ネーデルライン川などに分かれ，マース川などと広大なデルタ地帯を形成。複雑な河川，運河網によって北海およびアイセル湖に注いでいる。　(2)　ルール工業地帯は，ドイツ北西部，ライン川の支流のリッペ川とルール川の間に位置するヨーロッパ最大級の工業地帯。ルール炭田の石炭とライン川水系の水運を背景に，鉄鋼，機械などの工業が発達した。

問4　輪中は，洪水の被害から集落を守るため，周囲に堤防をめぐらせた区域およびその集落。有名なのは濃尾平野の木曽・長良・揖斐の下流域に発達したもので，通常，輪中といえばこの地域のものをさす。

問5　茶は，高温多雨で排水良好な土地に適する嗜好作物。日本では，静岡県が最大の産地で，2018年現在，全国生産の41.0％を占めている。世界では，中国の生産が最も多く，これにインド，ケニア，スリランカが次いでいる。なお，日本の生産は世界第11位である(2017年)。

基本　問6　沖合漁業の漁獲量は，1980年代にピークを迎えたが，その後，イワシの不漁を大きな要因とし大きく落ち込んだ。しかし，現在でも，漁獲量は，遠洋漁業，沿岸漁業，海面養殖業よりもかなり多い。よって，アと判定できる。沿岸漁業の漁獲量は比較的安定している。しかし，少しずつであるが確実に減少している。この背景には，海の水質汚濁，沿岸の埋め立てによる漁場の縮小，藻場の消滅などがあるとされる。よって，沿岸漁業はウである。なお，イは遠洋漁業，エは海面養殖業。

問7　アは1960年代，イは1950年代，ウは1990年代。

問8　日本の林野面積は，1980年が25,198(千ha)，2000年が24,918(千ha)，2010年が24,845(千ha)で，大きな変化はない。

問9　焼畑は，森林破壊の原因とされてきたが，焼畑は特別な技術がなくても森林や原野を耕地化できるほとんど唯一の方法で，また地温を高め，土壌を変化させ，雑草・害虫の駆除に効果があることがだんだんとわかってきた。

3 （日本の歴史－資料を題材にした古代，中世の歴史）

基本　問1　A　隋は，楊堅(文帝)が581年に建国した中国の王朝。589年，南朝の陳を滅ぼして天下を統一，都を長安に定めた。　B　日本書紀は，奈良時代に成立した日本最古の勅撰の正史。神代から持統天皇までの朝廷に伝わった神話・伝説・記録などを漢文で記述した編年体の史書。舎人親王らの編纂により720年に完成した。

問2 (1) 大和政権が，朝鮮半島南部に任那日本府を置いたのも，朝鮮半島南部の鉄資源を確保することが目的の一つとされる。なお，米は弥生時代にすでに伝わっていた。また，木綿，火薬が日本に輸入されるようになるのは室町時代以降である。 (2) 李成桂は李氏朝鮮(朝鮮王朝)の初代国王。倭寇の討伐などの功により，政権，兵権を掌握し，1392年，朝鮮王朝を建てた。アは有田焼の創始者，ウは豊臣秀吉による朝鮮侵略に際し，これを迎え撃った朝鮮水軍の武将，エは大韓民国の初代大統領。 (3) 対馬藩は，対馬の府中に藩庁を置いた外様藩。藩主の宗氏は中世以来の守護大名の家柄。文禄・慶長の役ののち，日本と朝鮮との国交回復に努力し，国交回復後は江戸幕府の朝鮮貿易を独占的に担った。

問3 姓は古代日本における氏族の称号。臣(おみ)，連(むらじ)，君(きみ)，首(おびと)など30種近くに上る。大和政権の国家統一が進むにつれて，姓は朝廷から諸豪族に授けられ，次第に氏の尊卑を表すようになった。これに対し，603年に聖徳太子が定めた冠位十二階は，従来の氏姓による政治的地位の世襲を打破するために，個人の能力により位階を授与し，また昇進させ，能力主義によって人材を登用しようとしたものである。

問4 608年当時，推古天皇の宮は，小墾田宮《おはりだのみや》で，飛鳥地方(現在の明日香村付近)にあった。

やや難 問5 (1) 「漢人」(あやひと)は，渡来系(中国系)の人物に与えられた姓。 (2) 高向玄理《たかむこのくろまろ》，僧旻《そうみん》，南淵請安《みなぶちのしょうあん》らは，中国の進んだ政治制度，思想，文化などを学び，これらを大化の改新によって成立した新しい政権の運営に生かした。

問6 (1) 栄西は，日本臨済宗の祖。1168年，1187年と2度宋に渡り，日本に臨済禅を伝えた。また，宋から茶種をもたらして栽培し，『喫茶養生記《きっさようじょうき》』を著した。 (2) 宗門改帳は，キリスト教禁止の徹底を図るため，家族ごとに宗旨《しゅうし》と檀那寺《だんなでら》(所属する寺院)を記載した帳簿。のちに，人別改と合わせて宗門人別改帳となり，戸籍の役割を果たした。

問7 「日出づる処の天子」(日本の天皇)を「東の天皇」，「日没する処の天子」(中国の皇帝)を「西の皇帝」と表現していた。

重要 問8 「日出づる処の天子」(日本の天皇)が，「日没する処の天子」(中国の皇帝)に手紙を出すという形式が，「世界で天子とよばれるのは自分だけ」と考える中国の皇帝にとっては，耐えがたい屈辱であったと推察できる。

4 (日本と世界の歴史－手紙を題材にした歴史)

やや難 問1 クロムウェルが国王を処刑して共和政を実現したのは1649年。アは1775～83年，ウは1857～58年，エは1215年。

問2 日本が関税自主権を完全に回復したのは1911年。また，中華民国の成立が宣言されたのは1912年。なお，アは1898年，イは1905年，ウは1925年。

問3 (1) A カリフォルニアは，1848年にメキシコから獲得した太平洋岸の地域。直後に金が発見されたため，人口が急増し，1850年には州となった。 B 蒸気船は，蒸気を動力にして航行する船舶。多くの蒸気船は石炭を燃料としたため，石炭を産し，アメリカ合衆国と中国の間に位置する日本が，アメリカ合衆国の蒸気船にとって石炭の補給地として重要視されたのである。
(2) 切手に「ペルリ(ペリー)来琉百年記念」とあるのに注目。ペリーが初めて琉球(現在の沖縄県)に来航したのは1853年なので，この切手が発行されたのはその百年後の1953年。1953年当時，沖縄はアメリカ合衆国による軍政下に置かれていた。沖縄が日本に復帰したのは1972年である。

重要 問4 日ソ共同宣言は，日本とソ連との間の戦争終結の宣言。1956年10月，鳩山一郎首相とソ連のブルガーニン首相がモスクワで調印して成立。これによって，日ソ間の国交が回復したが，北方領土問題は棚上げとなった。

5 （公民－日本の人口問題，選挙制度など）

問1　A　高齢者は，国連，世界保健機関（WHO）などの定義では65歳以上の者。総人口に占める高齢者の割合が7％を超すと高齢化社会，14％を超すと高齢社会，21％を超すと超高齢社会とよばれる。　B　合計特殊出生率は，1人の女性が生涯に何人の子どもを産むかを表す数値。15～49歳の女性の年齢別出生率を合計したものである。合計特殊出生率がおよそ2.08のとき，人口は増加も減少もしないとされる。

問2　C　生存権は，人たるに値する生活を営むための諸条件の確保を，国家に要求する権利。日本国憲法では，その25条で，健康で文化的な最低限度の生活を営む権利を保障している。

やや難　D　介護保険制度は，2000年4月から実施された社会保険制度の一つ。被保険者（介護サービスを受ける人）は65歳以上の高齢者と40歳から64歳までの初老期認知症などによる要介護者。保険料は40歳以上の者が支払う。　E　後期高齢者医療制度は，2008年4月から実施された医療保険制度。75歳以上の高齢者，あるいは65歳以上75歳未満で一定の障害のある高齢者が被保険者となり，市町村が設置する後期高齢者医療広域連合が保険者となり財政運営や事務処理を行う。

問3　人口の減少や少子高齢化が進行し，購買力のある生産年齢人口が減少すると，商品の売れ行きが悪くなる。また，貯蓄に回せる余裕が少なくなり，企業が設備投資を積極的に行うことが難しくなる。これらのことから，経済成長率は低下すると考えられる。

重要　問4　F　小選挙区制は，1つの選挙区から1名の代表を選出する制度。選挙区が狭いため，選挙費用が少なくてすむなどの長所があるが，他方，死票が多く，小政党や新人が当選することが困難といった短所もある。　G　小選挙区比例代表並立制は，小選挙区制と比例代表制を組み合わせて行う衆議院における選挙制度。有権者は1人2票をもち，選挙区では候補者に，比例代表制では政党に投票する。　H　一票の格差は，小選挙区制などの選挙で，選挙区により議員1人あたりの有権者の数が異なるため，有権者のもつ1票の価値に地域差があること。日本国憲法第14条に定める「法の下の平等」に反するとして，現在に至るため，是正を求める訴訟が繰り返されている。　I　47都道府県の中で，鳥取県，島根県，高知県，徳島県はこの順に人口が少ない。このため，2015年，隣接する鳥取県，島根県で1つの選挙区，高知県，徳島県で1つの選挙区とし，それぞれを新たな選挙区とした。

6 （公民－国際政治と国連，為替レートなど）

基本　問1　ILOは，International Labor Organizationの略称で，国際労働機関と訳す。ベルサイユ条約に基づき，1919年国際連盟の一機構として設立された。アはIMF，ウはIDA，エはIAEA。

問2　国連総会では，一国一票の原則が採用され，すべての加盟国は一票ずつ投票権をもっている。　ア　多数決の原則を採用している。　イ　国連総会は毎年必ず9月の第3火曜日から招集される（通常総会）。これ以外に，特別総会，緊急特別総会が開かれることがあるが，これらは不定期である。　エ　国連総会では，一国一票の原則が採用されているので，安全保障理事会の常任理事国に対しても拒否権は与えられていない。

問3　A　ワシントン条約は，「絶滅のおそれのある野生動植物の種の国際取引に関する条約」の略称。1973年，アメリカ合衆国の首都ワシントンで採択された。　B　モントリオール議定書は，「オゾン層を破壊する物質に関するモントリオール議定書」の略称。1987年，カナダのモントリオールで採択された。　C　京都議定書は，1997年に京都で開催された気候変動枠組条約第3回締約国会議で採択された，温室効果ガス削減の具体的な数値目標を定めた議定書。　D　パリ協定は，2015年にフランスのパリで開かれた気候変動枠組条約第21回締約国会議で採択された，

2020年以降の地球温暖化対策の新しい法的枠組み。

問4 (1) E 50円×5＝250円。 F 200円×5＝1,000円。 G 100万÷50＝2万ドル。 H 100万÷200＝5千ドル。 (2) 図から，日本は食料品，原料品，鉱物性燃料などは輸出額より輸入額が大きく，一般機械，電気機器，輸送用機器は輸入額より輸出額が大きいことが読み取れる。

やや難 問5 世界人権宣言は，1948年の第3回国連総会で採択された，国連加盟国が達成すべき共通の人権基準に関する宣言。その第1条は，名文としても知られる。

問6 本文中の「同じ地球にくらす仲間の人間が空腹や疲労や屈辱にじっとたえている現実をよそに，金銭的利益だけを追求する経済・ビジネスモデル，そしてそれに執着する企業や政府。」という記述に注目して考える。

★ワンポイントアドバイス★

試験時間は50分であるが，問題の量が多く，論述問題も数多く含まれているので，手際よく問題を解いていくことが重要。時間切れにならない工夫が求められる。

＜国語解答＞《学校からの正答の発表はありません。》

一 問一 a 対照 b 断続 c 達観 d 殺傷 e 一助 問二 1 カ 2 イ 3 エ 4 ウ 5 オ 6 ア 問三 (例) 「思う」「感じる」という場合は，そう思った，感じた理由を他の人に説明する必要はないが，「考える」という場合は，そう考えた理由を説明する必要があるという違い。 問四 A 自分自身で考える B 考えを言葉にして相手に伝える C 相手の考えに耳を傾ける D みんなと，みんなで考える 問五 (例) 敗戦国が報復のために次の戦争を起こし，それに加担する国も現れ，しだいに規模が拡大して行く。 問六 (例) 戦争とは何か，原因は何か，という事実を分析し，その原因をなくすべきだと考えることが，戦争を減らすことにつながるから。

二 問一 A ウ B イ C ウ 問二 i ア ii ウ iii イ 問三 (例) 同じことを何度も言われて面倒だから。 問四 (例) 起きる気はないが，起きそうな様子は見せようとする気持ち。 問五 イ 問六 ウ 問七 エ 問八 (例) 何度も起こしに来る祖母を不愉快だと感じていたが，やがて意地を張っていたことが可笑しくなり，やさしい気持ちが芽生え，すがすがしい感情に至った。

三 問一 i なお ii きょう 問二 A ウ B イ C イ 問三 ① ウ ⑤ エ ⑥ イ 問四 ② エ ④ イ ⑦ オ 問五 (例) 禅尼が，障子の破れを自分でつくろっていること。 問六 1 一間づつ張られける 2 (例) 物は破れた所だけをつくろって用いるものだと息子に見習わせ，倹約に気づかせたかったから。

○推定配点○

一 問一 各1点×5 問二・問四 各2点×10 他 各4点×3

二 問一・問二 各2点×6 問八 5点 他 各4点×5

三 問一・問二 各1点×5 問三・問四 各2点×6 他 各3点×3 計100点

＜国語解説＞

一　(論説文－漢字，脱語補充，四字熟語，文脈把握，内容吟味，要旨)

問一　a 「対照的」は，互いの性質の違いがはっきり目立つ様子。同音の「対象」「対称」と区別する。　b 「断続」は，切れたり続いたりすること。「断」を使った熟語はほかに「断絶」「断水」など。「断」の訓読みは「ことわ(る)」「た(つ)」。　c 「達観」は，物事の細部にとらわれず，本当のところを悟って落ち着いた心でいること。「達」を使った熟語はほかに「達人」「達成」など。　d 「殺」の音読みはほかに「サイ」「セツ」。熟語は「相殺」「殺生」など。訓読みは「ころ(す)」。　e 「一助」は，少しのたすけ，何かの足し，という意味。「助」を使った熟語はほかに「助長」「助力」など。訓読みは「たす(かる)」「たす(ける)」「すけ」。

問二　1　直前に「朝から晩まで」とあるので，一日中，いつも，常に，という意味の「四六時中」が入る。　2　直前に「前向きな」とあるので，物事をよくして行こうとする様子，という意味の「建設的」が入る。　3　直後に「心は言葉にしなくても相手に伝わることがあるかもしれない」とあるので，言葉に出さなくても自分の考えや気持ちが相手に通じることを意味する「以心伝心」が入る。　4　直後の「進む」につながる語としては，まっすぐ，という意味の「直線」が適切。　5　直後に「何度も行き来するような一連の繰り返し作業」とあるので，自由自在に行うことを意味する「縦横無尽」が入る。　6　直後の「『戦争を考えないと戦争はずっとなくならない』」を指すので，「逆説的」が入る。

問三　直後に「ある人が，『自分は思う，感じる』といった場合，『なぜ，どうして，そう思う，感じるのか』についてそう思った，感じた理由を他の人に対して必ずしも説明する必要はないだろう」とあり，その後で「『考える』は，『どうして，そう考えるのか』について，そのように考えた人がその理由を説明しなければならない」と説明されている。

問四　A　直前の段落に「『考えること』の第1段階は，さしあたり『自分自身で考える』ことである」とある。　B　直前の段落に「第2段階の『考える』は，その考えを言葉として相手に伝えることである」とある。　C　直前の段落に「第3段階では，相手の話に耳を傾ける，つまり，相手の考えを言葉として受け止める姿勢を持つことである」とある。　D　直前の段落に「第4段階は，……つまり，『みんなと，みんなで考える』ことである」とある。

やや難　問五　直前に「ある戦争がいったん起こったとしても，遅かれ早かれいつかは終わる。他方で，その間にも他の地域や場所で他の戦争が起こっている」とある。「連鎖」には，一つの事件の発生をきっかけとして，次々に同類の事件が誘発されること，という意味があるので，あるきっかけによって，よくないこと(＝戦争)は次々に起きてしまう，連鎖的に発生すればその規模は大きくなって行く，ということを具体的に示せばよい。

問六　「戦争は……」で始まる段落に「戦争は今日明日にはなくならないとしても，『いかにして戦争を起こさないようにするか』，『いかにして起こる戦争の数を減らすか』……について考えること考えることには意味がある」とあり，その理由については次の段落に「『戦争を考えないと戦争はずっとなくならない』ということである。……『それは何であるのか』『なぜそれが戦争を起こすのか』という事実を分析すること，そしてその背景として『負の連鎖は戦争の原因となる悪いものであるから，なくすべきである』と私たちが考えることが，戦争を減らし，なくなる方向付けを行うイチジョになるからである」と説明されている。

二　(小説－語句の意味，敬語，情景・心情，文脈把握，内容吟味，表現，大意)

問一　A 「角」には，他人とのつきあいが円滑に行かない点，という意味がある。おだやかでない言い方を「角が立つ」というので，ウが適切。　B 「その手は食わない」は，策略やごまかしにはだまされない，という意味なのでイが適切。　C 「ませた」は，大人びた，という意味なのでウが適切。子供が年のわりに大人びていることをいう。

問二　i　「おいで」は「行く」「来る」の尊敬語。「なさる」は「する」の尊敬語。　ii　語尾の「ます」は丁寧語。　iii　「いただく」は，「もらう」の謙譲語。

問三　直前に「暫くした。すると眠っていると祖母が又同じことを云った」とある。同じことを何度も言われるので，いちいち返事をするのが面倒だったのである。

問四　「気休め」には，人を安心させるための言葉，という意味がある。ここでは「唸りながら……のびをして見せた」という動作を指す。この後，「そう云って彼は今にも起きそうな様子をして見せた」「彼は又眠りに沈んで行った」とあることから，起きる気にはまだなれないが，起きそうな様子だけは見せようとする気持ちが読み取れる。

やや難　問五　直前に「もう少しこうして居て起しに来なかったら，それに免じて起きてやろう，そう思っている」とあり，その前には「起きてもいいのだが，余り起きろ起きろと云われたので実際起きにくくなって居た」とあるので，イが適切。

やや難　問六　少し前に「信太郎ももう眠くはなくなった。起きてもいいのだが余り起きろ起きろと云われたので実際起きにくくなって居た」とあることから，起きろと云われなくなったから起きる気になった，という文脈が読み取れるので，ウが適切。

問七　起こしに来る祖母と，意地になってなかなか起きようとしない信太郎とのやりとりは，やがて，「信太郎は急に可笑しくなった」「涙が自然に出て来た」「彼は胸のすがすがしさを感じた」という感情へと変化して行くが，弟の信三と妹二人が無邪気に騒ぐ様子が間に挟まれることによって，ユーモラスな雰囲気や家族の温かみをもたらしているといえるので，「ユーモラスに包み込んで」とあるエが適切。

やや難　問八　信太郎の心情は，「急に呼び返される不愉快から腹を立てた」「起きてもいいのだが……起きにくくなって居た」「もう少しこうして居て起しに来なかったら，それに免じて起きてやろう」「彼もむっとした」「信太郎は急に可笑しくなった」「可笑しい中に何だか泣きたいような気持が起って来た」「胸のすがすがしさを感じた」と変化している。

三　(古文－仮名遣い，語句の意味，口語訳，指示語，文脈把握，内容吟味，大意)

〈口語訳〉　相模守時頼の母は，松下禅尼という名でいらっしゃった。(ある時)相模守を(自分の家に)招き入れなさることのあったおり，すすけた明かり障子の破れた所だけを，禅尼が，自分で，小刀で，切りまわして切り張りをなさっていたので，兄の城介義景が，その日の準備をして(その家に)控えていたが，「その仕事はこちらにいただいて，某男に張らせましょう。そういうことは得意な者でございます」と申し上げなさったところ，「その男は，私の細工には決してかなわないでしょう」と言って，なお，一こまずつお張りなさっていたのを，義景が，「全部を張りかえます方が，ずっとわけないことでありましょう。まだらでありますのも，見苦しいことではありませんか」と重ねて申されたので，「私もあとでさっぱりと張り替えようと思いますが，きょうだけは，とくにこうしておくのがよいのです。物は破れている所だけをつくろって用いるものだと，若い人に見習わせて，気をつけさせようとするためです」と申された。(これは)たいそう珍しいことであった。

世の中を治める道は，倹約が根本である。女性ではあるけれども，聖人の心に似ている。天下を保つほどの人を子として持っていらっしゃったのは，まことに，並の人ではなかったということである。

問一　i　語頭以外の「はひふへほ」は，現代仮名遣いでは「わいうえお」となるので，「ほ」は「お」に直して「なお」となる。　ii　「けふ」の「ふ」は，現代仮名遣いでは「う」になるので「けう」となる。「keu(けう)」の「eu(えう)」は，「yo(よー)」と発音するので，「けう(keu)」

は「kyo(きょー)」と発音し，現代仮名遣いでは「きょう」と表記する。

問二　A　直前に「兄の城介義景」とあるので，発言者は「城介義景」。　B　前に「禅尼手づから小刀して……」とあり，その「禅尼」に「城介義景」が「なにがし男に張らせ候らはん」と言ったことに対する返答なので，発言者は「松下禅尼」。会話文中の「尼」は，禅尼自身を指す。

C　冒頭に「尼」とあり，自分自身を指しているので，発言者は「松下禅尼」。

問三　①　直前に「禅尼」とあり，「小刀して切りまはしつつ張られければ」とあることから，「禅尼」が小刀を使って障子を張っている様子を指すとわかるので，ウが適切。「手づから」は，自分の手で，自分自身で，という意味。　⑤「ありがたし」には，めったになく珍しい，めったになく素晴らしい，尊い，恐れ多い，といった意味があるので，エが適切。　⑥「通ふ」には，行き来する，という意味のほかに，共通する，似る，という意味があるので，イが適切。ここでは「聖人の心」に通じる(＝似ている)という意味。

問四　②「たまはる(賜はる)」は，いただいて，くださって，という意味なので，エが適切。

④「よも」は，下に推量の助動詞「じ」を伴って，まさか～ないだろう，という意味になる。「まさる」は，すぐれている，という意味。まさか自分よりすぐれてはいないだろう，という意味なので，イが適切。　⑦「ただ人」は，ふつうの人，という意味。「あらざりける」と打ち消しているので，オが適切。

問五　直前の「明かり障子の破ればかりを，禅尼手づから小刀して切りまはしつつ張られければ」という禅尼の行為を指す。

問六　1　直前に「尼も後は，さはさはと張りかへんと思へども」とあることから，さっぱりと張り替える前の修理の様子を指すとわかる。今やっている修理の様子は，前に「一間づつ張られける」と表現されている。　2　その理由は，直後に「物は破れたる所ばかりを修理して用ゐるものことぞと，若き人に見ならはせて，心つけんためなり」と説明されているので，物を大事に扱うことを息子(相模守時頼)にさせたかったから，という内容にすればよい。

★ワンポイントアドバイス★

現代文の読解は，内容を的確に表現する記述力を身につけ，高度な読解力を目指そう！
古文は，重要古語の知識を充実させ，長めの文章を口語訳できる力をつけよう！

解答用紙集

○月×日　△曜日　天気（合格日和）

◆ご利用のみなさまへ
＊解答用紙の公表を行っていない学校につきましては、弊社の責任において、解答用紙を制作いたしました。
＊編集上の理由により一部縮小掲載した解答用紙がございます。
＊編集上の理由により一部実物と異なる形式の解答用紙がございます。

人間の最も偉大な力とは、その一番の弱点を克服したところから生まれてくるものである。　――カール・ヒルティ――

東京学参株式会社

お茶の水女子大学附属高等学校　2024年度　◇数学◇

※ 154％に拡大していただくと，解答欄は実物大になります。

（注意：特に指示がない限り，解答には計算，作図，説明なども簡潔に記入すること）

1．答えのみでよい。

(1)	(2)

2．(1) は答えのみでよい。

(1) 分速　　　　m

(2)

8時　　　分　　　秒

(3)

m

3．(1)

(2)

(3) 答えのみでよい。

C(　　,　　)	D(　　,　　)	S＝

4．答えのみでよい。

(1)①	②	③	④
(2)		(3)	

5．(1)

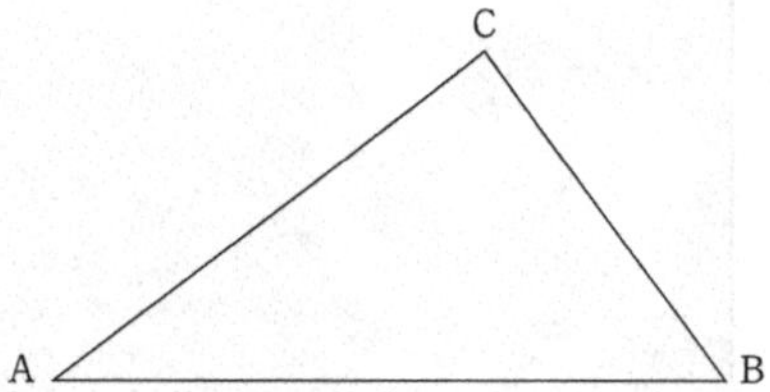

(2) ①は答えのみでよい。

① ∠DEA＝

②

DA＝　　　　　，AF＝

③

BD＝　　　　　，S＝

お茶の水女子大学附属高等学校　2024年度

◇英語◇

※ 149％に拡大していただくと，解答欄は実物大になります。

1

1	2	3	4

2 (1) They

.

(2) I

.

(3) I

.

3 1　2　3　4

5　6　7　8

9　10　11　12

13

4 (1)

(2)

(3)

5

1	2	3	4	5	6

6 (1)

(2)

(3)

(4)

(5)

(6)

7 (1) ?

(2) I

.

お茶の水女子大学附属高等学校　2024年度

◇理科◇

※ 154％に拡大していただくと，解答欄は実物大になります。

1

(1)	(2)	(3)	(4)	(5)

(6)		(7)	
①	②	A	B

2

(1)	(2)
cm³	

(3)	(4)
① N	

(3)	(5)	(6)
② 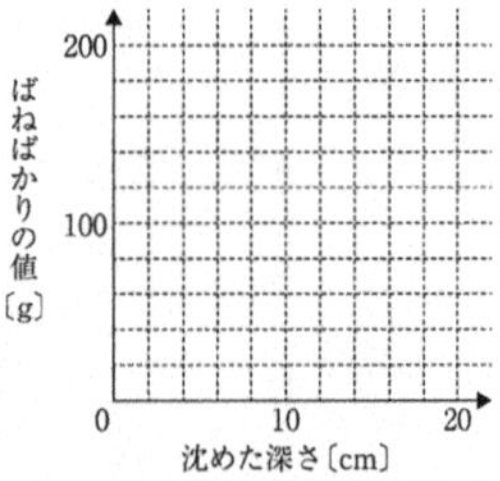	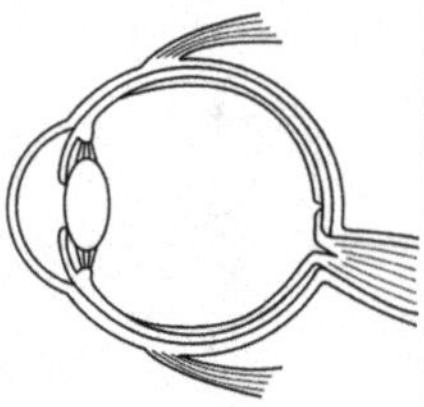	
		(7)

3

(1)	(2)	(3)	
		①	②

(4)	(5)	(6)	(7)
		N	

4

(1)	(2)	(3)	(4)	(5)
	V	mA	A	V

(6)	(7)	(8)	
		電流：	電圧：

5

(1)	(2)	(3)	
		A	B

(4)

(5)			
③	④	⑤	⑥

(6)	
試験管：	質量：　g

6

(1)	(2)	
	①	②

(3)

(4)		(5)	(6)
①	②		

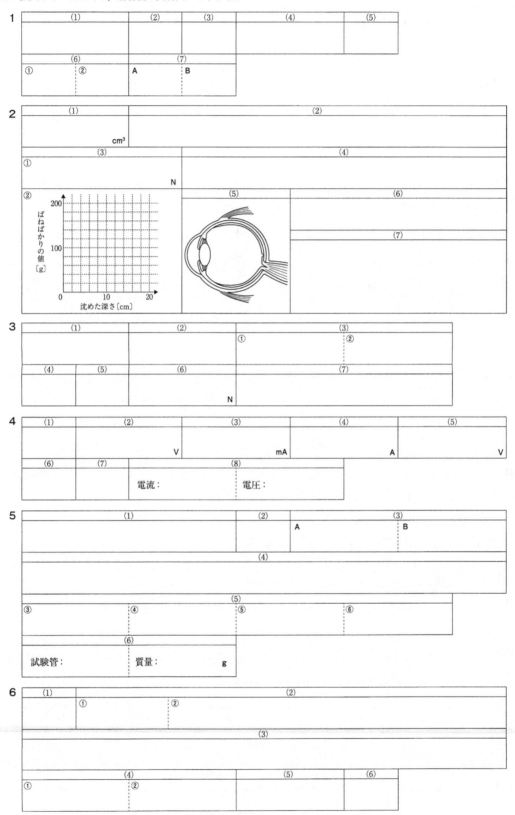

お茶の水女子大学附属高等学校　2024年度

◇社会◇

※ 145%に拡大していただくと，解答欄は実物大になります。

1

問1	Ⅰ		Ⅱ							
問2	a		b		c		d			
問3	1									
問3	2									
問3	3		4							
問4	茶		綿花							
問5										

2

問1	A		B			
問2						
問3						
問4						
問5						
問6						

3

問1					
問2					
問3					
問4	1		2		
問5					
問6	1		2		
問7	1		2		
問8					
問9					

4

問1	A		B		C	
問2						
問3						
問4						
問5						
問6						

5

問1	A		B		C		D	
問2								
問3								
問4								
問5								
問6	1							
	2							
問7								
問8								
問9								
問10								

お茶の水女子大学附属高等学校　２０２４年度

※１５６％に拡大していただくと，解答欄は実物大になります。

◇国語◇

一

問一	Ⅰ	Ⅱ	Ⅲ	Ⅳ	Ⅴ

問二 (25, 50, 60)

問三 (25, 30)

問四 (25, 30)

問五				
1	i	ii	iii	iv
2	(25)			

二

問一	a	b	c	d	e

問二	A	B	C

問三

問四 (25, 50)

問五

問六 (25, 50, 75, 100)

三

問一	a	b	c

問二	i	ii	iii

問三

問四　1

問四　2 (25, 40)

問五	③	④

問六

お茶の水女子大学附属高等学校　　2023年度　　◇数学◇

※ 161％に拡大していただくと，解答欄は実物大になります。

（注意：特に指示がない限り，解答には計算，作図，説明なども簡潔に記入すること）

1．(1) ～ (3) は答えのみでよい。

(1)	(2)
(3)	

(4)　作図に用いた補助線は消さずに残しておくこと。

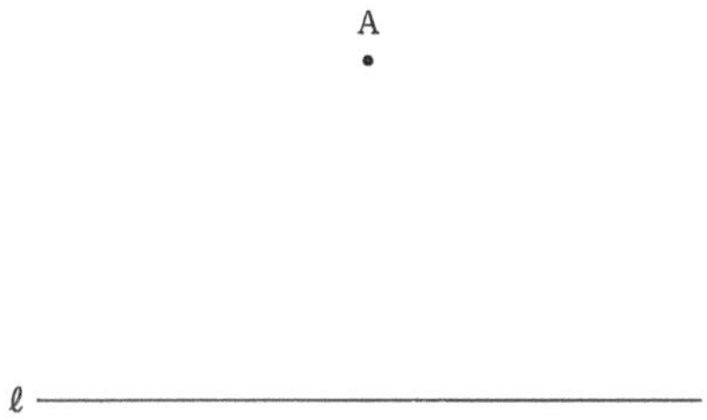

2．(1) 答えのみでよい。

①		=16
②		=600
③		=24

(2)

3．(1) 答えのみでよい。

直線A′D′	点Bのx座標

(2)

(3)

4．(1)

(2) ①

②

お茶の水女子大学附属高等学校　2023年度　◇英語◇

※ 161％に拡大していただくと，解答欄は実物大になります。

1

1	2	3	4

2 (1) We use social networking sites

.

(2) They

.

(3) But sometimes we

.

3 1　2　3　4

5　6　7　8

9　10　11　12

13

4 (1)

(2)

(3)

(4)

5

1	2	3	4	5

6 (1)

(2)

(3)

(4)

7

〔　　　語〕

お茶の水女子大学附属高等学校　2023年度　　◇理科◇

※ 161％に拡大していただくと，解答欄は実物大になります。

1

(1)	(2)	(3)	(4)	(5)		

(6)	(7)	
	A	B

2

(1)		(2)
① A	② ℃	cm³

(3)

(4)	
名称	はたらき

(5)

(6)
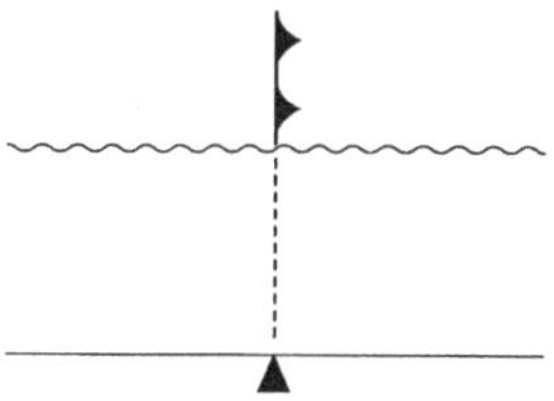

3

(1)			(2)	(3)	(4)
X	Y	Z			

(5)	(6)	(7)

4

(1)	(2)	(3)
		Pa

(4)		(5)	(6)
X	Y	N	J

(7)			(8)	
①	②	③	①	②

5

(1)	(2)	
	②	⑤

(3)

(4)		(5)
a	b	

(6)		

6

(1)	(2)

(3)	
記号	理由

(4)	(5)		(6)
g	① ＜ ＜ ＜ ＜	②	

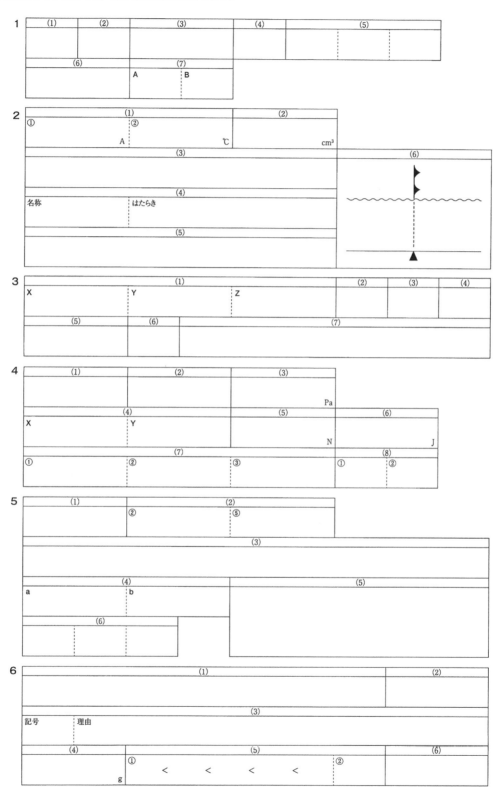

お茶の水女子大学附属高等学校　2023年度

◇社会◇

※ 161％に拡大していただくと，解答欄は実物大になります。

1

問1 ／ 問2 1 ／ 2 ／ 3 ／ 4 ／ 問3 ／ 問4 X ／ Y

問5 1 台地 ／ 2 E ／ F ／ G

問5 3

問5 4

問6

2

問1 ／ 問2 愛知 ／ 福岡 ／ 問3 ／ 問4 1

問4 2

問5

3

問1 A ／ B ／ C ／ D ／ 問2

問3 ／ 問4 1 ／ 2 ／ 3 ／ 問5 ／ 問6

問7 1

問7 2

問8 1 ／ 2

4

問1 ／ 問2 ／ 問3 1 B ／ C

問3 2

問4 1

問4 2 ／ 問5

5

問1 ／ 問2 ／ 問3 D ／ E ／ 問4 1 ／ 2

問5

問6 1

問6 2

問7 ／ 問8 1 ／ 2 ／ 3

問8 4

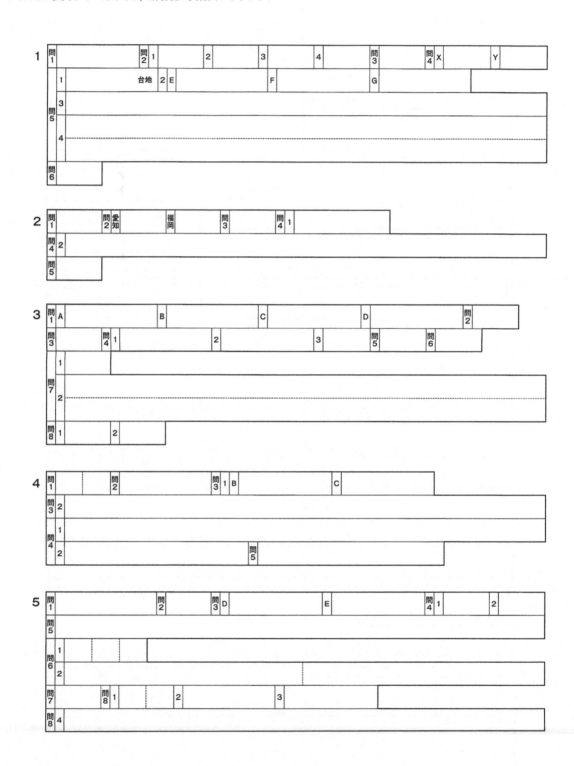

お茶の水女子大学附属高等学校　２０２３年度

◇国語◇

※１６１%に拡大していただくと、解答欄は実物大になります。

一

- 問一　25　50
- 問二　25　50　60
- 問三　25　50　70
- 問四　25　50　75　80

二

- 問一　a　b　c　d　い　e
- 問二　A　B　C
- 問三　25　50
- 問四
- 問五
- 問六
- 問七
- 問八　25　50　75　100

三

- 問一　1　2　月
- 問二　①　②　③　④
- 問三　25　40
- 問四
- 問五　ア　イ　ウ　エ　オ
- 問六

お茶の水女子大学附属高等学校　2022年度　◇数学◇

※ 175%に拡大していただくと，解答欄は実物大になります。

（注意：解答には計算，作図，説明なども簡潔に記入すること）

1．（答えのみでよい。）

(1)	(2)

2．

(1)

A（　　　，　　　），B（　　　，　　　）

(2)

C（　　　，　　　）

3．

(1)

(2)

①

A ――――――― B

②

4．

(1)

(2)

①

②

5．

(1)（答えのみでよい。）

(2)

(3)（答えのみでよい。）

※ 156%に拡大していただくと，解答欄は実物大になります。

1　1

2

3

4

2　(1) Today, we use smartphones ＿＿＿＿＿＿＿＿ .

(2) Also, we can easily ＿＿＿＿＿＿＿＿ on our smartphones.

(3) However, ＿＿＿＿＿＿＿＿ .

3　1　2　3　4

5　6　7　8

9　10　11　12

13

4　(1)

(2)

(3)

5

1	2	3	4	5

6　(1)

(2)

(3)

(4)

7

〔　　　　語〕

お茶の水女子大学附属高等学校　2022年度　　◇理科◇

※ 175％に拡大していただくと，解答欄は実物大になります。

1

(1)	(2)	(3)

(4)	(5)	(6)	(7)	(8)

2

(1)	(2)	(3)
Ω	A	g

(4)	(5)	
g	① 積	② 積

(6)

(7)	(8)

3

(1)		(2)	(3)	(4)	
A	B			①	②

(5)		(6)	(7)
X	Y		

4

(1)	(2)	(3)		(4)
J	N	摩擦力	重力	

(5)	(6)	(7)

5

(1)	(2)	(3)	(4)		(5)	(6)
			開いている弁	閉じている弁	mL	秒

(7)
両生類の心臓のつくり
生じている不都合

6

(1)		
①	③	⑥

(2)	(3)
cm^3	

(4)

(5)	(6)

◇社会◇

※ 175％に拡大していただくと，解答欄は実物大になります。

1

問1	問2 果実	野菜	問3 1	2	問4 1	2

問5

問6

問7

問8

2

問1	問2 1	2 海	3	4	問3

問4

3

問1	問2

問3 1 C	D	E	F	2

問4 1	2	問5 1 G	H	I

問5 2

問6 1

問6 2

4

問1	問2	問3	問4

5

問1 A	B	C	D	E

問2	問3	問4	問5

問6 1	2	問7	問8

6

問1

問2 1

問2 2	問3	問4

問5 1	2

お茶の水女子大学附属高等学校　２０２２年度

※１６１％に拡大していただくと、解答欄は実物大になります。

◇国語◇

一

問一　a　　b　　じ　c　　d　　え　e

問二　25　50

問三

問四

問五

問六　25　50　75　80

問七

二

問一

問二　A　　B　　C

問三

問四　25　40

問五

問六

問七　25　50　60

三

問一　a　　b　　c

問二　①　　③

問三

問四　20

問五

お茶の水女子大学附属高等学校　　2021年度

◇数学◇

※ 167％に拡大していただくと，解答欄は実物大になります。

（注意：解答には計算，作図，説明なども簡潔に記入すること）

1.

(1)

(2)

(3)

(4)

①

②

③

2.

(1)

(2)

3.

(1)

(2)

①

②

（注意：解答には計算，作図，説明なども簡潔に記入すること）

4．

(1)

(2)

①

A（　　　，　　　），B（　　　，　　　）

②

点kの個数（　　）個，k＝

5．

(1)

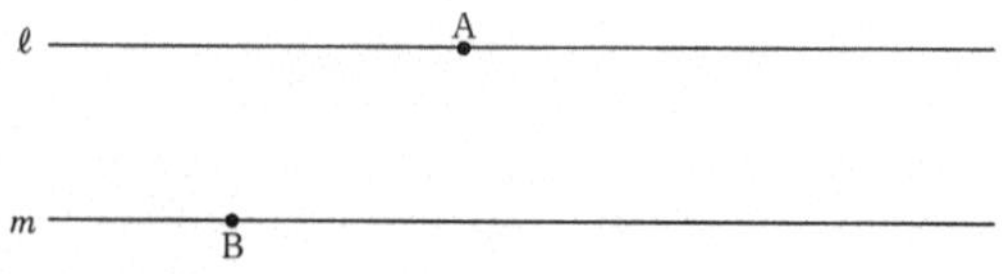

(2)

(3)

(4)

お茶の水女子大学附属高等学校　2021年度

◇英語◇

※ 164%に拡大していただくと，解答欄は実物大になります。

1

1

2

3

4

2

(1) Robots

.

(2) The robots

.

(3) Then .

3

1　2　3　4

5　6　7　8

9　10　11　12

13

4

(1)

(2)

(3)

5

1	2	3	4	5

6

(1)

(2)

(3)

(4)

(5)

7

（　　語）

お茶の水女子大学附属高等学校　2021年度

◇理科◇

※ 172％に拡大していただくと，解答欄は実物大になります。

1

(1)	(2)	(3)	(4)	(5)

(6)	(7)	(8)

2

(1)	(2)	(3)	
kg	m	溶媒	溶質

(4)	(5)		(6)
	①	②	

(7)

3

(1)	(2)	(3)

(4)	(5)

(6)	(7)		(8)
	2番目	5番目	

4

(1)	
①	②

(2)

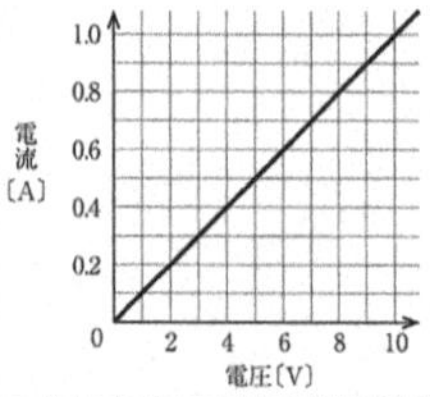

(3)	(4)	
Ω	③	④

(5)	(6)

(7)
Ω

5

(1)	(2)		(3)
極	気体A	気体B	個

(4)	(5)	
	①	② :

(6)	
化学反応式	目的

6

(1)			(2)	
a	b	c	d	e

(3)	(4)	(5)

(6)	(7)	
	①	②

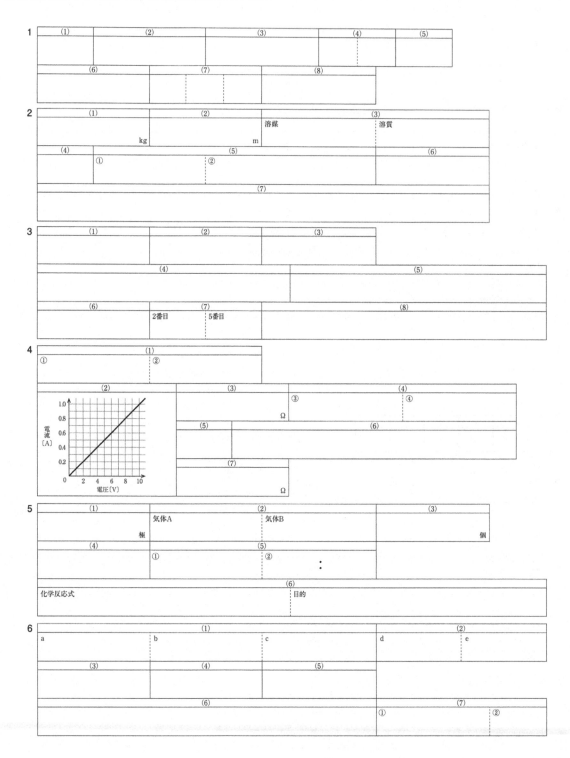

※ 156%に拡大していただくと，解答欄は実物大になります。

1

問1	A		B		C		
問2	1 b	c	2	川			
	3					4	
問3	ア		イ		問4 か	き	
問5							

2

問1		問2	問3	問4 愛知	沖縄	
問5	1					
	2					

3

問1	問2	問3 C	D	問4	問5	
問6	問7	問8 1	2	→ →		
問9	1					
	2					

4

問1	A	B	問2	
問3				
問4	問5	問6		

5

問1	A	B	C	D		
	E	F				
問2	有罪　無罪	問3 1 G	H	I		
問3	2					
問4						
問5						
問6						

お茶の水女子大学附属高等学校　２０２１年度

◇国語◇

※１６１%に拡大していただくと，解答欄は実物大になります。

一

問一　a　b　める　c　d　e

問二　A　B

問三　Ⅰ　Ⅱ

問四

問五　25

問六

問七　1　2

問八

問九　1　40　24

問九　2

二

問一　Ⅰ　Ⅱ　Ⅲ　Ⅳ　Ⅴ

問二

問三　A　B　C

問四

問五　30　25

問六　60　50　25

問七　1

問七　2

問八

三

問一　a　b　c

問二　i　ii　iii

問三

問四

問五

問六　20

問七　∫

問八

お茶の水女子大学附属高等学校　2020年度　◇数学◇

※150％に拡大していただくと，解答欄は実物大になります。

（注意：解答には計算，作図，説明なども簡潔に記入すること）

1．

(1)

(2)

(3)

2．

(1)

$a=$　　　　，もう１つの解

(2)

$a=$　　　　ア　　　　イ

3．

(1)

B（　　，　　），C（　　，　　）

(2)

(3)

DE＝　　　　，DF＝

(4)

（注意：解答には計算，作図，説明なども簡潔に記入すること）

4.

(1)

(2)

(3)

5.

(1)

A —— C

(2)

(3)

お茶の水女子大学附属高等学校　2020年度

◇英語◇

※155％に拡大していただくと，解答欄は実物大になります。

1
1
2
3
4

2
(1) .
(2) .
(3) .
(4) .

3
1　2　3　4
5　6　7　8
9　10　11　12

4
(1)
(2)
(3)

5

1	2	3	4	5

6
(1)
(2)
(3)
(4)
(5)

7

（　　語）

お茶の水女子大学附属高等学校　2020年度

◇理科◇

※159％に拡大していただくと，解答欄は実物大になります。

1

(1)	(2)	(3)		(4)	(5)

(6)	(7)	(8)

2

(1)	(2)	(3)
倍		

(4)	(5)	
	①	②

(6)	(7)				(8)
	①	②	③	④	Ω

3

(1)		(2)	(3)
X	Y		分　秒後

(4)		(5)
惑星1	惑星2	

(6)	(7)	(8)

4

(1)	(2)		(3)	
	電極E	電極F	電極E	電極F

(4)	(5)	(6)	(7)
B　C			mL

5

(1)	(2)	(3)	(4)
g	Pa	cm	g

(5)	(6)	(7)	(8)
		極	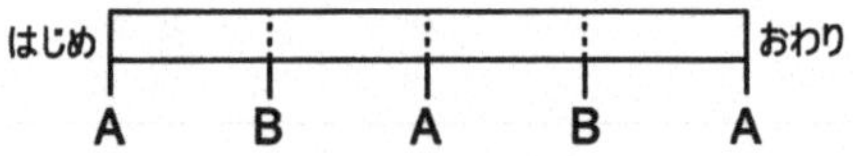

6

(1)	(2)

(3)				
① mg	②	③ ガス	④	⑤ mg

(4)			(5)
⑥ 倍	⑦ 倍	⑧ 倍	

※150%に拡大していただくと，解答欄は実物大になります。

1

問1	A		B		問2		問3		問4	
問5										

2

問1		問2		問3	1	B		C				
問3	2											
問4	形態		特徴									
問5	1		2		問6	沖合		沿岸		問7	→ →	問8
問9												

3

問1	1	A		B		問2	1		2		3	
問3		問4		問5	1							
問5	2											
問6	1		2		問7							
問8												

4

問1		問2		問3	1	A		B	
問3	2								
問4									

5

問1	A		B		問2	C		D		E	
問3											
問4	F		G		H		I				

6

問1		問2		問3	A		B		C		D		
問4	1	E		F		G		H					
問4	2												
問5	I		J		K								
問6													

お茶の水女子大学附属高等学校　２０２０年度

※153%に拡大していただくと、解答欄は実物大になります。

◇国語◇

一

問一	a		b		c		d		e		
問二	1		2		3		4		5		6

問三	25 / 50 / 75 / 80
問四	A
	B
	C
	D
問五	
問六	25 / 50 / 60

二

問一	A		B		C	
問二	ⅰ		ⅱ		ⅲ	

問三	
問四	25 / 30
問五	
問六	
問七	
問八	25 / 50 / 70

三

問一	ⅰ		ⅱ			
問二	A		B		C	
問三	①		⑤		⑥	
問四	②		④		⑦	
問五						
問六	1					
	2					

〈ダウンロードコンテンツについて〉

本問題集のダウンロードコンテンツ、弊社ホームページで配信しております。現在ご利用いただけるのは「2025年度受験用」に対応したもので、**2025年3月末日**までダウンロード可能です。弊社ホームページにアクセスの上、ご利用ください。

※配信期間が終了いたしますと、ご利用いただけませんのでご了承ください。

高校別入試過去問題シリーズ

お茶の水女子大学附属高等学校　2025年度

ISBN978-4-8141-2901-0

[発行所] 東京学参株式会社

〒153-0043　東京都目黒区東山2-6-4

書籍の内容についてのお問い合わせは右のQRコードから　⇒

※書籍の内容についてのお電話でのお問い合わせ、本書の内容を超えたご質問には対応できませんのでご了承ください。

2024年6月20日　初版